數位貿易政策與資訊科技法律

五南圖書出版公司 印行

主編序
科技・人文・數位貿易

　　1944 年布列頓森林會議時，世界各國領袖倡議籌建全球經貿體系，因而組成「國際貨幣基金會」與「世界銀行集團」，幾經波折後，於 1995 年完成最後一塊拼圖，設立「世界貿易組織」（World Trade Organization, WTO），成為國際貿易體制的重要機構。在「以法律為基礎」（rule-based）的烏拉圭回合談判結束時，會員間締結了有史以來議題最廣泛、條文最龐雜的多邊貿易協定，自此 WTO 成為促進全球自由貿易的重要組織，享有「經貿聯合國」之美譽。[1] 然而，在當時為求達到談判的共識決，仍有許多完而未了的談判，留待 WTO 成立後繼續協商，重要議題包括：電子商務、競爭、文化、農業、勞工、投資、政府採購等。[2] 2021 年為 WTO 成立的第二十六年，在歷經過去各大經濟體之間激烈衝突的風風雨雨，又遭逢世紀瘟疫對國際貿易的重創，走過四分之一世紀的 WTO 能否重新回到世界經貿外交的核心位置，考驗著所有成員對多邊貿易架構的態度、信心與決心。

　　服務貿易總協定（General Agreements on Trade in Services, GATS）是 WTO 多邊架構中相當特別的一個協定。首先，「服務貿易」本身高度的虛擬性、動態性、複雜性，不像「貨品貿易」的物理實體特徵容易辨識；其次，在服務貿易談判初期，「已開發國家」（以歐美為首）與「開發中國家」（以南方國家為主）針鋒相對，最終在各方折衷妥協下，GATS 締約方提交了「服務業承諾表」，並以「正面表列」方

---

[1]　John Jackson, William Davey & Alan Sykes, Legal Problems of International Economic Relations, Cases, Materials, and Text, West Academic Publishing (7th ed., 2021).

[2]　Peter Van den Bossche & Werner Zdouc, The Law and Policy of the World Trade Organization: Text, Cases and Materials, Cambridge University Press (4th Ed., 2017).

式填寫各會員對於服務業的市場進入、國民待遇、額外承諾等細節。[3]
由於服務貿易的「非實體」特性，難以像關稅一樣被量化衡量，使得各
會員得依照服務業 12 大類行業別，與 155 項次行業別來記載各服務業
業別的開放承諾。[4] 而次行業別的開放與否，必須逐一對應服務提供的四
種模式：跨境提供服務（模式一）、境外消費（模式二）、商業據點呈
現（模式三）、自然人呈現（模式四），[5] 在檢視服務業的開放中，至少
有 620 種以上的可能性，其複雜程度堪稱國際協定中之少見。隨著 WTO
會員自願性提交並經由會員多邊談判確認後，服務業的開放程度百花齊放，
由於每個會員的經濟發展程度不同，難以評比真實的服務貿易自由度，更無
法要求成員間「對等開放」。杜哈回合談判時，有感於服務貿易的日新月
異，部分成員於 2011 年底組成服務貿易「真正之友」（Really Good Friends,
RGF）的次級團體開展新協定的談判，[6] 期能簽訂「國際服務貿易協定」
（Trade in Service Agreement, TiSA）。台灣目前的產業經濟結構重心以占六

---

[3] GATS「服務業承諾表」的「正面表列」係指會員承諾開放的服務業部門始載於承諾表中，
至於未載於承諾表的部門，並非「不開放」，而是保留國內規章的彈性，不受承諾表的
拘束。*See* Petros C. Mavroidis, Trade in Goods, Oxford University Press (2nd ed., 2013).

[4] WTO 將服務業分為 12 大類：「商業服務業」、「通訊服務業」、「營造及相關工程服務
業」、「配銷服務業」、「教育服務業」、「環境服務業」、「金融服務業」、「健康
與社會服務業」、「觀光及旅遊服務業」、「娛樂、文化及運動服務業」、「運輸服務
業及其他服務業」。

[5] 服務貿易之提供模式分成以下四種：(1) 模式一跨境提供服務（Cross-border Supply）：
即服務提供者和服務消費者皆不移動，僅服務移動；(2) 模式二境外消費（Consumption
Abroad）：即服務消費者至服務提供者所在地接受服務；(3) 模式三商業據點呈現
（Commercial Presence）：即服務提供者至服務消費者所在地設立商業據點提供服務；(4)
模式四自然人呈現（Presence of Natural Persons）：即服務提供者以自然人移動方式至服
務消費者所在地提供服務。

[6] 服務業談判次級團體 RGF 之成員已於 2013 年開啓複邊「服務貿易協定」（Trade in
Services Agreement, TISA）之談判，共有 23 個成員，包括：我國、澳洲、加拿大、哥
倫比亞、哥斯大黎加、歐盟、香港、冰島、以色列、日本、墨西哥、紐西蘭、智利、挪
威、秘魯、韓國、瑞士、土耳其、美國、巴基斯坦、巴拿馬、巴拉圭以及列支敦斯登。

至七成的「服務業」為主，在 WTO 談判場域中參加 RGF 次團體，不僅是化被動為主動，也是與其他類似經濟體合作交流的必然選擇。

「數位貿易」是本論文集的主題，從上述 WTO 多邊貿易體系的發展背景可知，橫跨「電子商務」與「服務貿易」的領域。近年在數位科技不斷發展下，又遇上新冠疫情全球境管與封城的推波助瀾，使得各服務業「數位化進程」來到了前所未有的境界。「數位貿易」顧名思義便是以數位傳輸方式所進行的貿易活動，服務提供者與消費者透過網際網路的方式進行，藉由資料傳輸跨境完成交易，而不需人們實體跨境，屬於服務業模式一的「跨境提供服務」。[7] 我們注意到二個有趣的現象：其一，隨著人工智慧科技不斷創新，過去「模式一」下的「技術不可行」已經不是理所當然，例如：遠距醫療、遠距文化藝術表演等；其二，WTO 會員多數對於「模式一」的開放承諾為「無限制」，現在對於新型態「數位貿易」跨境服務模式的傳輸或內容限制，顯然要重新審視與思考。[8]

當然，由於 WTO 多邊貿易談判的遲緩與僵滯，使得「數位貿易」議題轉移到區域經貿組織或貿易協定的談判中持續進行。我們可以看到本論文集中不斷出現對於亞太經濟合作組織（APEC）數位貿易論壇、重要區域貿易協定下的電子商務專章，以及雙邊或多邊數位經濟協定（Digital Economy Agreement, DEA）等規則之探討。[9] 同時，WTO 前四大經濟體會員（美國、中國大陸、歐盟、日本）也相繼制定「數位貿易」規則，提高對於資料跨境傳輸的境內監管，甚而提出「數位主權」（digital sovereignty）主張，其中又以歐盟作為最重要的實踐與行動者，在平衡「數位貿易」與「公共利益」

---

[7] Wentong Zheng, *The Digital Challenge to International Trade Law*, 52 N.Y.U. J. Int'l L. & Pol. 539 (2020).

[8] Aaditya Mattoo & Ludger Schuknecht, *Trade Policies for Electronic Commerce* (World Bank Policy Research Working Papers, Paper No. 2380, 2000).

[9] Linxin Dai, *A Survey of Cross-Border DATA Transfer Regulations through the Lens of the International Trade Law Regime*, 52 N.Y.U. J. Int'l L. & Pol. 955 (2020).

之間著墨最深、管制力道最強。[10] 對照大經濟體對於「數位貿易」的本位主
義與保護措施，來自於「南方觀點」的中小型經濟體也不遑多讓，反向提出
跨境傳輸資訊自由、禁止資料在地化，以及兼顧個人資料與隱私權保護之做
法。[11] 兩大陣營的針鋒相對，勢必在數位科技高度發展的當下，掀起另一波
貿易規則的競逐，令人眼花撩亂。本論壇於 2021 年秋季舉辦，不但對於新
興數位貿易議題的探索躬逢其盛，更冀望透過反省、思辨、批判的視角，思
考台灣未來在數位貿易政策的國際接軌與國內調和，認清世界局勢發展，擺
脫二元化思維，尋找最有利的自身位置。

　　本論壇的核心是「數位貿易法律與政策」，我們微調後將其定名為「科
技・人文・數位貿易」。籌辦的初衷希望能跨域、越界、對話，因此將上
述內涵解構成至少五個面向的跨域元素，包括：科技、人文、數位、貿易、
法律。而在本論壇與會貴賓及論文集的作者群中，亦涵蓋法律、政治、資
訊、醫學、文化、金融、外文、表演藝術等實務專家及學者，從資深教授到
博士生新秀、從臨床醫師教授到斜槓詩人作家，皆受邀於論壇分享並將文章
收錄於本書當中，可謂促成一次難能可貴的異質跨域實驗。本論文集共收錄
十三篇學術論文、一篇專題演講及圓桌論壇發言稿，由此可見數位貿易議題
於各領域的熱烈討論與迴響。回顧去年從穀雨邀稿與徵稿以來，經過稿件匿
名審查、線上論壇發表、回覆修正稿、到即將於立夏付梓，我們很高興能為
台灣在數位貿易之學術與實務發展歷程中，提供第一本跨域專書論文集。本
書收錄文章內容既深且廣，大致包含以下主題：科技發展與倫理指引、經貿
原則與例外規範、平台市場與競爭秩序、金融創新與科技監理、遠距醫療與
長期照護、表演藝術與虛擬宇宙、永續社會與數位平權、文化創意與數位貿
易。本論文集的內容排序大致依照論壇發表之順序，而本序文以下則將「同
類主題」文章並列敘述，使讀者較能依領域參照，便於閱讀及理順思路。

---

[10] Svetlana Yakovlevaa & Kristina Irionaa, *Toward Compatibility of the EU Trade Policy with the General DATA Protection Regulation*, 114 AJIL Unbound 10 (2020).

[11] Neha Mishra, Building Bridges: *International Trade Law, Internet Governance, and the Regulation of DATA Flows*, 52 Vand. J. Transnat'l L. 463 (2019).

　　人工智慧的科技發展不僅影響人類生活方式、改變全球消費者對於未來的想像、更加速數位貿易的創新發展。18 世紀以降歷次工業革命的「機器」屬於靜態貨品；而人工智慧時代的「機器」不但會學習、模仿、判斷，更具備「不帶情感與偏見的純粹理性」特質，[12] 超越貨品、服務、智慧財產的範疇，現實世界的規範體系能否讓人工智慧適足以「載舟」而非「覆舟」，無疑是科技與人文學界的無窮辯證。洪德欽教授長期在歐盟法與國際經濟法領域著書立論、見解精闢，[13] 特別指出歐盟針對人工智慧發展策略，乃建立在「以人為中心」原則以及風險管制為基礎，避免歧視、壟斷、不當使用、濫用，甚至違法使用，以審慎樂觀的角度看待「歐盟人工智慧指引」對「基本權」中有關個人隱私、人性尊嚴、消費者保護、不歧原則、民主參與、賦權責任等帶來的影響，以及作為台灣有意義的借鏡，可謂為本書「數位貿易規範」之核心概念進行既宏觀又完美的破題。

　　依循洪老師文章的脈絡反思現存國際經貿體系及相關條約協定，可看出數位貿易的發展，不斷挑戰前一世紀多邊貿易暨跨國租稅體系所建立的「原則」，而進入混沌複雜的「例外」。當「原則」與「例外」界線不再清晰時，「義大利麵碗效應」（spaghetti-bowl effect）[14] 將如影隨形的在各種多邊與區域貿易協定中若隱若現。林映均助理教授細心檢視當代重要的多邊與區域貿協定間關於「電子商務專章」的法律競合與衝突，從「原則的例外」一路談到「例外的例外」，未來是否又回到「例外的原則」，這樣錯綜複雜的多層

---

[12] 「不帶情感與偏見的純粹理性」一語源自於亞里斯多德的名言「法律是不帶情感與偏見的純粹理性」（Law is Reason Free from Passion），此處借用該名言用來形容「人工智慧」與「人類」、「機器」的不同。

[13] 參閱洪德欽，WTO 法律與政策專題研究，第三版，台北：新學林，2017 年。

[14] 「義大利麵碗效應」係指 WTO 會員如簽訂過多的區域貿易協定（RTA）規則，則 RTA 與多邊貿易協定間、RTA 與 RTA 彼此間，都會產生適用次序的爭議與混亂，而各種不同規範的貿易協定及其規則就像「碗裡的義大利麵條」，絞在一起，纏繞不清。*See* Jagdish N. Bhagwati & Douglas A. Irwin, Political Economy and International Economics, The MIT Press (New ed., 1996).

次規範，正與半世紀以來各國貿易政策在「全球化」與「區域整合」的輾轉糾葛若合符節。[15] 另一方面，林宜賢會計師以橫跨國際法與租稅會計、兼顧理論與實務的經驗，提醒政府藉由數位貿易帶來的頻繁跨國交易，跨國企業將平台經濟所產生的龐大利潤移轉到低稅負國家或地區，這種激進的租稅規劃方式，使得消費地主國稅基侵蝕日益嚴重，不但使中小企業難以生存，更造成社會財富分配不公的問題擴大。林老師提出我國應積極參與「稅基侵蝕及利潤移轉包容性架構多邊協議」，正是數位貿易時代的重要基礎建設，對跨境交易與利潤的社會公平分配有長遠影響。

　　談論數位貿易之興起與發跡，不得不重視「數位平台」（digital platform）的崛起，隨之而生的「平台經濟」更起了推波助瀾的效果。1998年，羅昌發教授以其專著《貿易與競爭之法律互動》[16] 開啓國內探討「競爭法」與「貿易法」交錯互動關係之先河。前者規範目的係爲「維持一國境內的市場競爭秩序」、後者規範目的則是爲「促進一國跨境的市場開放及消除壁壘」。二者時而互補、時而互斥，遲至今日仍未能形成具有拘束力的國際競爭規範，可見各國政府仍將市場競爭秩序的「規制權」視爲主權的一部分，難以撼動。[17] 近年來歐美各國針對 Google、Facebook、Amazon、Apple 等大型數位平台的反競爭與反壟斷調查，顯示數位平台監理趨於嚴格。鄭嘉逸專案經理系統性的歸納歐美國家對於「數位平台」競爭監理的立法趨勢，並將數位平台、數據資料、演算法所形塑的三維經濟市場結構加以分析並得出精彩推論，即使各國的管制密度與重點不同，但對於「數位平台」監理已是殊途同歸。張馨予博士生就上述問題更進一步直搗「科技巨擘濫用市場支配地位」的問題核心，將競爭法上最關鍵的市場界定、市場力量、競爭態樣等衡量標準進行結構性論述，更點出歐盟 2020 年爲因應數位經貿秩序所制定的「數位服務法」（Digital Service Act, DSA）及「數位市場法」（Digital

---

[15] 關於本議題可參閱王震宇，區域貿易協定：理論、發展與實踐，台北：五南，2020 年。

[16] 羅昌發，貿易與競爭之法律互動，台北：元照，1998 年。

[17] Maria Wasastjerna, Competition, Data and Privacy in the Digital Economy: Towards a Privacy Dimension in Competition Policy? Wolters Kluwer (2020).

Markets Act, DMA），儼然成爲維護市場競爭秩序的二大法案，引領全球對於數位平台競爭監理議題的重視。「數位貿易」既已突破疆界與邊境，意味著競爭秩序也必須從傳統國內市場的規模，提升到全球市場的視角。王牧寰、楊儷綺二位研究員合著的論文，將數位平台衍生的問題過渡到「基本權」探討，對於數位平台上涉及「違法內容移除」與「過度刪除言論」間的道德兩難介紹了「累積義務」（cumulative obligation）模式，加深了全面性平台問責法制化的可能性，雖然饒富實驗性與開創性，但卻處處值得我們深思。

若說「數位平台」是屬於服務提供者的中介角色，串流於平台間的「跨境資料傳輸」（cross-border data flows）則是數位貿易中的科技必備元素。[18] 郭戎晉助理教授與王煜翔分析師的二篇文章皆以此新興的數位貿易科技議題撰文，面對各國政府相繼築起的「數位主權」及「數位民族主義」（digital nationalism）高牆，WTO 的多邊貿易架構顯然是力有未逮。[19] 戎晉從歐盟法院 *Schrems* 案作爲探討核心，彰顯歐盟在頒布「一般資料保護規則」（General Data Protection Regulation, GDPR）後，針對「適足性水平」（adequate level of protection）與「對等保護」執法態度產生的變化，從該文也觀察到美國爲此而設計的「安全港隱私原則」與前者失效後接替的「隱私盾協議」均無法通過歐盟標準，無疑加深了數位貿易在歐美間的潛在衝突。煜翔的文章中也呼應了上述歐美間的難解問題，更深入分析不僅是 APEC 所提出「跨境隱私保護規則」（Cross-Border Privacy Rules, CBPR）橋接歐盟 GDPR 的可能性，並提出 G20 峰會倡議「更具信任感的數據自由流通」（Data Free Flow with Trust, DFFT），作爲呼籲世界各國應共同努力建立全球數據治理體系。當然，我們也深知「科技中立」的烏托邦必須與現實殘酷地相互對照，才能突顯理想主義的可貴。事實上，當美國、歐盟、中

---

[18] Mira Burri, *The Regulation of DATA Flows through Trade Agreements*, 48 Geo. J. Int'l L. 407 (2017).

[19] Rolf H. Weber, *Digital Trade in WTO-Law - Taking Stock and Looking Ahead*, 5 Asian J. WTO & Int'l Health L. & Pol'y 1 (2010).

國大陸等三大經濟體紛紛將「敏感」、「重要」、「核心」、「戰略」或「國家安全」等「不確定法律概念」像緊箍咒一樣套在跨境傳輸活動時，「資料在地化」（data localization）的要求，無疑成為數位貿易時代最政治正確的關鍵詞，有誰還會記得 G20 峰會的倡議？與掌控數據資料相比，大經濟體在面對「非關稅貿易障礙」的質疑就更顯得無動於衷。於此同時，新加坡、紐西蘭、澳洲、智利等「南方國家」所提出的「數位經濟協定」（Digital Economy Agreement, DEA）將「數位落差」及「區域合作」納入條約義務，寄望各國能實踐更多「數位包容」（digital inclusion），這些南方國家的努力能否扭轉三大經濟體在「數位主權」上的衝突與對立？我們除了耐心等待時間的驗證，不也該由此反思台灣所在與應處的談判立場？

　　「數位貿易」除了上述對於國際規範造成的影響外，對於「服務本身」也有翻天覆地的改變，我們發現高度監管下的「國內規章」（domestic regulation）並未隨著技術進步而開放，仍存在許多基於公共利益、國家政策、互惠承認以及保障國內就業等，維持限制性措施。[20]「金融科技」在數位貿易時代更是值得探討的議題，汪志堅教授以其資訊科學背景，討論以加密貨幣技術運用於跨國貿易支付工具，搭配區塊鏈基礎的電子文件，則跨國貿易將很容易以智能合約來加以約定，「去中心化」的過程可以降低國際貿易的交易成本。目前加密貨幣仍屬於虛擬世界的交易，尚未被各國政府承認為「法幣」，但此新興技術已受到高度重視。吳盈德教授論文所提供的實證資料，提出「社群銀行」的構想將使數位通路取代傳統實體通路，並用數位轉移方式即可完成資金調撥或金流交易等服務。上述問題在羅至善處長的分享中更清楚說明「科技創新」與「監理思維」中間的巨大鴻溝，羅處長用「轉譯遺落」（lost in translation）[21] 來表達「跨域思維」的軟技巧，以其曾在金

---

[20] Panagiotis Delimatsis, International Trade in Services and Domestic Regulations: Necessity, Transparency and Regulatory Diversity, Oxford University Press (2008).

[21] "lost in translation" 是羅至善處長於本次會議的圓桌論壇分享時所用的詞彙。筆者在此將其翻譯為「轉譯遺落」，係由於跨領域間的對話原本就不容易，而不同專業彼此間所運用的「詞彙」，若不經過換位思考的「軟技巧」，則很容易使得「跨域思維」變成誤讀、錯譯或失焦。

融科技園區（Fintech Space）協助推動「監理沙盒」創新團隊的實務經驗，說明「金融創新」與「科技監理」的運用，需要更多跨領域的「協同式創新」。三位專家學者不約而同對台灣「金融數位基礎建設」的法規鬆綁提出精闢建議，並關注金融科技對於傳統金融服務衝擊的因應之道，具有綜觀全局的視野。[22]

「醫療服務」是另一個受到政府高度監管的專業服務，醫療行為受到醫師法的嚴格限制，吳俊穎教授及楊增暐助理教授共同著作的文章提到，「戰爭」及「疫情」常常為許多新興科技提供了應用場域，也迫使各國政府採取較為寬鬆的管制措施。尤其 2019 年底後，新冠肺炎疫情造成全球性封城管制，明顯影響了病患的就醫行為、醫院的工作流程，以及醫病關係的互動；若再搭配人工智慧、5G 通訊、區塊鏈、次世代基因定序分析、大數據雲端計算等科技，不僅帶來後疫情時代醫療場域的重構，也為「醫病關係」開啟更多的想像空間。吳教授更指出先進科技之輔助功用不僅限於遠距醫療，其餘整合跨領域之創新研發，諸如人工智慧判讀、掃描影像、電子病歷、穿戴式感測裝置，及居家健康監控所匯集而成之巨量數據，納入雲端技術進行資料串連並予加值利用，更有助於遠距醫療診斷應用。過去我們認為外科手術以「非接觸式」實施的遠距醫療服務是「技術不可行」，現在以人工智慧的精準醫療技術已經化不可能為可能，跟不上時代的恐怕不是智慧醫療，而是尚未開放的國內規章。與上述人工智慧及遠距醫療相似的是長期照護服務，蔡璧竹博士生將數位貿易場域放進以人與人的互動為核心的「社會福利與長照服務」，璧竹之文章以 2019 年「優照護」平台訴願案為例，突顯社會福利服務數位轉型的潛在爭議。參照歐盟於 2017 年公布機器人民事法律規範建議時指出，「人與人接觸是人類照護工作的基本面向，倘如以機器人完全取代照護工作的人性要素，則可能造成照護工作『非人性化』的嚴重後果」。無論是醫療行為、醫病關係或長期照護等服務，在在顯示「科技始終來自於人性」，這也是我們面對科技創新與數位貿易時，「開放」與

---

[22] 關於此議題亦可參考，汪志堅等著，金融科技、人工智慧與法律，台北：五南，2020 年。

「管制」之間，無法迴避最深層的人性尊嚴與人文省思，科技在此反而成為無足輕重的考量因素。[23]

延續我們對於數位貿易下人文關懷的討論，就不得不談到「數位平權」與「社會永續」的議題。「數位平權」源自於數位不平等所造成的「數位落差」，並延伸擴展至「數位包容」。[24] 須文蔚教授長期主持教育部數位平權推動計畫，須老師分享其關心偏鄉弱勢者的基礎建設、資訊素養以及相關應用能力的經驗，並呼應前文論點，提出台灣應該把「數位主權」當作一種「基本權」，其中重要的翻轉重點應該是放在培育弱勢族群的資訊素養，以消弭日益惡化的社會貧富差距。須老師進一步指出，過去台灣學界不乏對於科技應用與相關科技法律之研究，但卻很少關注於更具包容性與信任感的教育政策，對於後疫情下所不得不採取的遠距教育服務而言，「數位包容」更觸動我們的即時共感。若將數位環境下的「貿易正義論」延伸到國際社會，我們可以看到楊宗翰助理教授與翁藝庭專員跨越「國際法」與「國際政治」的文章，提出相當具有批判性的見解，[25] 文章中引述「電子商務發展之友」（friends of E-commerce for development）[26] 的「南方觀點」立場，倡議全球整體貿易體系應該朝向「公平、公正、透明」的目標，且「數位貿易」與「數位科技」應該是用來縮減全球數位落差、提升經濟發展動能，並且為最不發達的貧窮國家提供數位經濟的解決方案。2021 年 WTO 會員選出奈及利亞籍伊衛拉女士（Ngozi Okonjo-Iweala）擔任首位來自於非洲國家的秘書長，可謂「南方」力量的興起。二十年前設定的杜哈發展議程（Doha Development Agenda, DDA）能否實現，考驗著 WTO 會員對於「發展觀點」的支持程度。

---

[23] Steve Charnovitz, Debra P. Steger & Peter Van den Bossche, Law in the Service of Human Dignity: Essays in Honour of Florentino Feliciano, Cambridge University Press (2005).

[24] Richard O. Mason, *Four Ethical Issues of the Information Age*, 10 MIS Quarterly 5 (vol. 1, 1986).

[25] Mathias Risse & Gabriel Wollner, On Trade Justice: A Philosophical Plea for a New Global Deal, Oxford University Press (2019).

[26] 「電子商務發展之友」次團體成員包括：阿根廷、智利、哥倫比亞、哥斯大黎加、肯亞、墨西哥、奈及利亞、巴基斯坦、斯里蘭卡、烏拉圭等 WTO 會員。

楊老師與翁專員更於文中提出建議，認為台灣經貿政策應從法規技術層面提升到哲學與經濟思潮層次。此思辨深度令人讚賞，是全論文集中對數位貿易政策最具批判性思考的佳作之一。

　　數位貿易所建構的虛擬環境對表演藝術及文化產業同樣帶來挑戰與變革，與金融服務及醫療服務的影響等量齊觀，唯一不同的是，政府對於文化服務的態度是「低度監管」，甚至長期採行補貼政策。夏學理教授有感於新冠肺炎疫情下傳統表演藝術票房的大幅虧損，呼籲表演藝術團體與其坐等政府補貼，不如運用數位環境，顛覆以往消費者對於表演藝術講究「現場、即時、互動」的感官認知，讓文化產業再刺激、再升級、再超越，讓「現場斷裂」遁入「數位鏈結」，在後疫情時代創造更多的「擬真體驗」。與夏老師分享內容相互呼應的是李正上處長對文化內容產業在國際市場趨勢的實務經驗。李處長服務於 2019 年甫成立的文化內容策進院，他開門見山的將虛擬世界的「元宇宙」（Metaverse）[27] 概念進行介紹分析。在數位科技不斷發展下，「元宇宙」作為數位與物理世界交會的「閾境」（liminality）[28]，在這樣的數位環境中，不僅「虛擬」與「真實」的身分難以分辨，「元宇宙」更可串聯起各種不同的 IP，[29] 利用虛擬的分身在「元宇宙」中做遊戲、消費、學習、社交，甚至產出的文化內容作品在這宇宙中做交易或交換，令人嘆為觀止。藉由夏老師與李處長二位表演藝術及文化產業專家的分享，我們更可以深刻體會，走在比「數位貿易」更前衛、更越界、更去畛域的文化藝術產業，顛覆的豈止是貿易協定中已經幾近成為外交史素材的「文化例外」而

---

[27]「元宇宙」的概念最初來自於尼爾·史蒂芬森出版的科幻小說《潰雪》書中的 Metaverse 一詞指的是一個完全虛擬的世界，人類在其中可以化身為各種角色存在。*See* Neal Stephenson, Snow Crash, Del Rey (1992).

[28]「閾境」（liminality）的涵義比較接近比較接近人類學的「中介時期」或地理學上「中間地帶」之意，此處係指在「虛擬」與「現實」的前沿、中介、交會地帶。

[29]「IP」在文化研究中指涉的是創作的「內容」，而以法律上的意義，則為「智慧財產權」，通常包括：著作權、專利權、商標權、營業秘密等。

已，[30] 我們更要追問在「元宇宙」下，什麼是「跨境」？什麼是「原產地」？什麼是 TRIPS（與貿易有關的智慧財產權協定）？甚至質疑什麼是「法律」？誰的「法律」？我們現在仍充滿疑惑的是，「元宇宙」中再現的究竟是「現實」？還是「科幻」？抑是「比科幻還要科幻的現實」？上述「元宇宙」的討論已經超越「數位貿易」的範疇，但卻真實寫進許多跨國科技企業及大型平台的技術開發及營運計畫。[31]

　　從「元宇宙」回到現實世界，最後也最重要的論述，與其說是本次數位貿易論壇的專題演講，不如說是以文化創意產業的省思作為全書總結。羅智成老師以詩人、長期關注國際趨勢與文化觀察家的視野，從人文思考的視域來分析數位時代的文化元素，在數位貿易中尋找文化創意的通關密語，超越傳統貨品貿易或服務貿易的範疇，反思當代國際貿易體系自烏拉圭回合談判以來，最難以捉摸卻又魂縈不散的「文化主體性」及「文化例外」問題，[32] 尤其當這些文化貨品與服務貿易問題隨著科技發展與世紀瘟疫逃逸到數位空間後，更顛覆了當代貿易法的想像，不得不回頭探索「科技‧人文‧數位貿易」複雜交錯的距離。羅老師將「文化」視為一種「價值」，所有的文化活動基本上指的就是我們所相信或追求的價值，體現在生活上的實踐、表現、創造，甚至反省與批判。本書的作者群已經探討諸多國際貿易與競爭規範、科技應用與創新服務、甚至引介虛擬宇宙的多重身分，但羅老師提醒我

---

[30] 「文化例外」（cultural exception，或稱「文化免議」），是為保護本國文化不被其他非本國的外來文化影響而豁免適用多邊貿易協定之主張，原本由法國最先提起，而後在 WTO 談判場域不斷出現，也有許多《保護和促進文化表現形式多樣性公約》的締約國將保護國內文化措施，排除於貿易規則之外，但「文化例外」條款目前仍未具體納入多邊協定中。參閱吳珮慈，光影夢土建築師：「法國國家電影動畫中心」影視音產業策進的奇妙工法，譯鄉聲影：文化、書寫、影像的跨界敘事，台北：五南，2021 年，頁 183-206。

[31] Facebook 執行長馬克‧佐克柏（Mark Zuckerberg）於 2021 年 11 月宣布將其名稱改為 "Meta"，預計從社群媒體公司轉型為一間「元宇宙」公司；而以國內而言，與「元宇宙」相關的沉浸式虛擬實境（VR）設備都隨之受到關注，包括宏達電等電子公司紛紛將「元宇宙」周邊產品作為主要的研發投資重點。

[32] Tania Voon, Cultural Products and the World Trade Organization, Cambridge University Press (2007).

們反璞歸眞的重要性，簡言之，所有的文化創意都必須展現「對人性的理解」，而非對於科學專業硬知識或自然物理定律的理解。數位貿易環境中「內容才是王道」，而內容並非只有在服務行業別中定義出「文化創意產業」就能開花結果，反而各種服務業應基於對「人性的理解」才能創新與突破。我們試著從文化輸出國家的優勢去理解羅老師「尋找文化創意咒語」的意涵，美國、英國、日本、法國之所以在數位貿易時代能透過科技將文化輸出於世界，正是文化創意的底蘊所積累的氛圍滲透到各行各業中，提供了一種對「美好生活的想像」；韓國近年來風靡全球的流行文化，像「寄生上流」或「魷魚遊戲」等以反烏托邦的黑色幽默嘲諷眞實人生，尖銳批判韓國社會貧富差距猶如地獄，這不啻在全球疫情下對「人性理解」的深刻映照，對「美好生活的想像」必須賭上生命進行魷魚遊戲，道出社會底層的無奈與悲歌。羅老師指出，說對了「芝麻開門」通關密語，才能打開寶庫；台灣文化創意的咒語又是什麼？我們的文化創意內容對「人性的理解」、對「美好生活的想像」、對「普世價值」有做出什麼貢獻？說到底，台灣在數位貿易時代的優勢、附加價值、以及在全球中的定位，不應只是傳統貨品與代工技術領域，各行業將「文化創意」元素內化，才是通關密語。[33]

　　本書從舉辦線上論壇到集結成冊出版，首先感謝經濟部國際貿易局的邀請與遠見，爲「數位貿易」跨域研究打造一個學術與實務交流的場域，並容忍我讓本論壇走出國際經貿法的舒適圈及同溫層，與更多跨界的專家學者交流對話。X-Lab（人文社會異質跨域實驗室）、中華民國國際法學會、資策會科法所的參與協辦，更增添論壇的深度與廣度，五南出版公司將本書付梓問世，在此一併致謝。同時，更誠摯感謝在這段疫情期間一起共事的編輯委員、製作企劃、助理團隊，沒有你們的付出與協助，就無法說好這段故事。更感謝本論文集的每一位作者無私的分享與撰文，爲台灣在數位貿易時

---

[33] 以「魷魚遊戲」爲例，IP 的成功不僅讓韓國文化藉由數位串流平台 Nefliex 向全世界輸出，連帶讓韓國傳統成衣（運動服裝）與食品（椪糖）利用該國所簽訂的自由貿易協定擴增出口，甚至在 2021 年發行加密貨幣「魷魚幣」，並深入 Roblox 遊戲平台的「元宇宙」中，讓韓國許多區塊鏈、虛擬實境（VR）、擴增實境（AR）的高科技公司帶來一波波的機會。

代的發展歷程，提供了最佳建言與精彩紀錄。最後，謝謝來自於全球超過 1,500 位以上的觀眾線上熱情參與並點閱收看本論壇。我們後會有期！

2022年3月

國立臺北大學法律學院

X-Lab（人文社會科學異質跨域實驗室）

參考文獻

一、中文

王震宇，區域貿易協定：理論、發展與實踐，台北：五南，2020 年。

吳珮慈，光影夢土建築師：「法國國家電影動畫中心」影視音產業策進的奇妙
工法，譯鄉聲影：文化、書寫、影像的跨界敘事，台北：五南，頁 183-
206，2021 年。

汪志堅等著，金融科技、人工智慧與法律，台北：五南，2020 年。

洪德欽，WTO 法律與政策專題研究，第三版，台北：新學林，2017 年。

羅昌發，貿易與競爭之法律互動，台北：元照，1998 年。

二、英文

Books

Bhagwati, Jagdish N. & Douglas A. Irwin, Political Economy and International Economics, The MIT Press (New ed., 1996).

Charnovitz, Steve, Debra P. Steger & Peter Van den Bossche, Law in the Service of Human Dignity: Essays in Honour of Florentino Feliciano, Cambridge University Press (2005).

Delimatsis, Panagiotis, International Trade in Services and Domestic Regulations: Necessity, Transparency and Regulatory Diversity, Oxford University Press (2008).

Jackson, John, William Davey & Alan Sykes, Legal Problems of International Economic Relations, Cases, Materials, and Text, West Academic Publishing (7th ed., 2021).

Mavroidis, Petros C., Trade in Goods, Oxford University Press (2nd ed., 2013).

Risse, Mathias & Gabriel Wollner, On Trade Justice: A Philosophical Plea for a New Global Deal, Oxford University Press (2019).

Stephenson, Neal, Snow Crash, Del Rey (1992).

Van den Bossche, Peter & Werner Zdouc, The Law and Policy of the World

Trade Organization: Text, Cases and Materials, Cambridge University Press (4th Edition., 2017).

Voon, Tania, Cultural Products and the World Trade Organization, Cambridge University Press (2007).

Wasastjerna, Maria, Competition, Data and Privacy in the Digital Economy: Towards a Privacy Dimension in Competition Policy? Wolters Kluwer (2020).

Periodicals

Aaditya Mattoo & Ludger Schuknecht, *Trade Policies for Electronic Commerce* 10 (World Bank Policy Research Working Papers, Paper No. 2380, 2000).

Linxin Dai, *A Survey of Cross-Border DATA Transfer Regulations through the Lens of the International Trade Law Regime*, 52 N.Y.U. J. Int'l L. & Pol. 955 (2020).

Mira Burri, *The Regulation of DATA Flows through Trade Agreements*, 48 Geo. J. Int'l L. 407 (2017).

Neha Mishra, *Building Bridges: International Trade Law, Internet Governance, and the Regulation of DATA Flows*, 52 Vand. J. Transnat'l L. 463 (2019).

Richard O. Mason, *Four Ethical Issues of the Information Age*, 10 MIS Quarterly 5 (vol. 1, 1986).

Rolf H. Weber, *Digital Trade in WTO-Law -- Taking Stock and Looking Ahead*, 5 Asian J. WTO & Int'l Health L. & Pol'y 1 (2010).

Svetlana Yakovlevaa & Kristina Irionaa, *Toward Compatibility of the EU Trade Policy with the General DATA Protection Regulation*, 114 AJIL Unbound 10 (2020).

Wentong Zheng, *The Digital Challenge to International Trade Law*, 52 N.Y.U. J. Int'l L. & Pol. 539 (2020).

目錄 | CONTENTS

Part 1

數位貿易與國際經貿秩序

歐盟有關人工智慧的倫理指引與法律規範*

洪德欽**

壹、前言

人工智慧（Artificial Intelligence, AI）自 2010 年之後，在深度學習等方面有重大突破，結合數位科技之發展，已逐漸應用於物聯網、區塊鏈、電子商務、數位服務、自動駕駛、機器人、工業自動化、智慧交通等不同領域。AI 的發展與應用帶來產業、經濟與貿易的創新模式，同時對人類倫理關係、社會生活及消費方式等，帶來重大深遠的影響與挑戰。尤其，AI 系統具有高度不透明性、複雜性，且運用存有一定的偏見（bias）或歧視性，創新伴隨著一定的不確定及潛在風險，而需有適當管制。本文主題是歐盟 AI 的倫理指引與法律規範，將討論：AI 的概念、倫理與法律在歐盟 AI 的建構、人本主義與倫理原則的定位、基本權利與歐洲價值扮演之角色；歐盟如何調和創新、風險與管制，使 AI 發展可以提高歐洲產業創新性、經濟競爭力及生活便捷性，並增進歐盟整體利益及歐洲人民福祉；以及歐盟如何建立一個可以信任的 AI 系統？又該系統有哪些核心要素？歐盟 AI 規則法案有哪些安全要素與風險管制？歐盟建制有何特徵、意涵與影響？對我國又有何啓示？歐盟乃一重要市場及 WTO 主要會員之一，對數位經濟及數位貿易之發展，具有重要影響力，歐盟 AI 的倫理指引與法律規範，因此乃一主流議題，值得研究。

* 感謝兩位匿名審查人，針對本文提供諸多寶貴建議。
** 中央研究院歐美研究所研究員兼副所長。

貳、AI的功能與論證

一、AI的概念與功能

　　根據歐盟執委會之定義，AI 為透過整合機器、軟體、資料及數位科技等運用，展現智慧行為的系統，具有分析環境，並在一定程度自主基礎上，採取行動以達成目標[1]。依據歐盟「人工智慧法」（Artificial Intelligence Act）法案[2]，將 AI 系統界定為：運用機器學習與深度學習，並結合一項或一組邏輯及知識智能、統計、概率、搜尋、改善處理等方法或技術，所開發之軟體系統，用以針對一組人類設定目標，產生預測、建議或決定等內容之產品或服務。

　　美國 2019 年國防授權法（National Defense Authorization Act）第 238 條對 AI 的定義為[3]：

- 任何在不同、無法預測且沒有嚴密人類監督之情況下運作的系統，或是可以透過使用資料集學習並提高效能之系統。

- 用電腦軟體、硬體或其他方法開發的人工系統，從事需要人類感知、認知、計畫、學習、溝通或實際行動能力的工作。

- 設計成能夠模仿人類思考或行動方式的系統，包括認知架構與神經網絡。

- 一組旨在模仿認知行為的技術，其中包括機器學習。

- 旨在從事理性行為的系統，包括透過感知、計畫、理性思考、學

---

[1] "Artificial intelligence (AI) endows systems with the capability to analyse their environment and take decisions with some degree of autonomy to achieve goals." European Commission, Digital Single Market, https://ec.europa.eu/digital-single-market/en/artificial-intelligence, last accessed 25/03/2021.

[2] European Commission, Proposal for a Regulation laying down harmonized rules on Artificial Intelligence (Artificial Intelligence Act) and Amending Certain Union Legislative Acts, COM (2021) 206 final, Brussels, 21 April 2021.

[3] Congressional Research Service, "Artificial Intelligence and National Security" R45178 (2019).

習、溝通、決策並行動之智能軟體或機器人。

　　在 AI 的功能方面，依據歐盟 AI 策略[4]，AI 正在改變各國經濟、社會、產業及生活等模式。運算能力、資料取得程度、演算法效能的提高，將使 AI 成為 21 世紀最具戰略重要性的一項科技，其應用將重塑國際經貿關係及全球價值鏈。歐盟在 AI 的發展與應用，具有下列優勢[5]：

　　• 歐洲於 2018 年擁有近四分之一世界級的研究人員、實驗室、新創企業。機器人領域為歐盟強項，其他領先世界的產業也應作為人工智慧發展的前哨站，例如，智慧交通運輸、醫療健康、製造業等。

　　• 擁有 27 個會員國的數位單一市場。歐盟法律將透過資料保護、資料自由流通、加強網路安全等協助企業在歐盟市場的投資、營運、擴大產業及市場規模。

　　• 豐富的產業、研究及公共部門資料可訓練 AI 系統。執委會正致力於簡化資料分享及開放更多資料提供 AI 系統重複及整合使用，特別是公共部門的資料，例如，公共設施、環境、研究、醫療健康等。

　　AI 的發展與歐盟數位產業、創新產業、數位經濟、數位單一市場及數位貿易等息息相關。歐盟提出三項 AI 戰略目標：(1) 將歐洲建構成 AI 技術發展的前沿位置，並鼓勵公、私部門採用 AI 技術；(2) 為 AI 帶來的社會經濟變化做好準備；(3) 確保適當的倫理與法律架構，規範 AI 新秩序等，尤其針對高風險 AI 的使用。整體而言，AI 目標及功能在於提高歐盟產業、經濟及貿易的創新性、競爭力及調適性等，以發揮更大綜效[6]。

二、AI相關問題

　　AI 科技與產品服務將改變人類的生活方式，在提升效率、生產力及生活便捷性的同時，AI 對個人、倫理、基本權利、社會、產業、經貿及法律

---

[4] European Commission, Communication on Artificial Intelligence for Europe, COM (2018) 237 final, Brussels, 25 April 2018.

[5] Id., at 3-5.

[6] COM(2016) 180 final, COM (2017) 479 final, COM(2018) 237 final, COM (2019) 237 final.

等層面皆產生各種挑戰。AI倫理問題與法律規範，包括下列幾項重要議題：資料所有權、個人隱私、資訊安全、社會公平、責任、民主與信任等[7]。

（一）資料所有權與流通

資料對 AI 的運作至關重要。當我們使用電子郵件、透過網路購物、社群網站時，大量的資料受到蒐集及應用。Google、Facebook、Amazon 等網路公司掌握大量資料，可能導致壟斷現象，使資料所帶來的效益無法受到有效分配，進而無法大量增加社會福祉[8]。歐盟法律規範如何在資料所有權以及社會公共利益間取得適當平衡，是一項重大挑戰。

（二）隱私與安全

社會與經濟的數位化代表各種機構、平台與企業擁有大量的個人資料，包括個人資料、消費紀錄、健康資訊、生物特徵、行動資訊等。在網路上每個行動都受到記錄、追蹤，所產生的資料可用於進一步取得個人資訊，消費者無法控制這個程序，而資訊可能以不利於消費者的方式處理[9]。因此，如何妥善保護資料，在不影響 AI 科技發展的同時，亦確保個人資料不會遭到不當利用，也是歐盟 AI 規範的一項重點。

（三）社會公平

AI科技的發展也對社會公平與正義帶來挑戰。例如，英格蘭銀行（Bank of England）於 2016 年預測有 1,500 萬個工作，在未來十到二十年內受到自動化威脅，涵蓋不同產業與職業[10]。例如，機器人為一項重要AI應用科技，

---

[7] 洪德欽、蔡政宏，專題序－歐美 AI 的發展與挑戰，歐美研究，第 50 卷第 2 期，頁 138-139，2020 年 6 月。評論另見劉靜怡，人工智慧潛在倫理與法律議題鳥瞰與初步分析－從責任分配到市場競爭，劉靜怡主編，人工智慧相關法律議題芻議，台北：元照，頁 1-45，2018 年 11 月。

[8] 楊惟任，人工智慧的挑戰和政府治理的因應，國會季刊，第 46 卷第 2 期，頁 67-83，2018 年。

[9] European Parliament, Artificial Intelligence: Challenges for EU Citizens and Consumers 4 (2019).

[10] Edward Potton, *Artificial Intelligence and Automation in the UK* 3 (House of Commons Briefing Paper No. 8152, 2017).

機器人的高效率有可能取代許多人類工作，進而減少就業機會。另外，以
AI 系統處理個人資料也可能影響公民的權益，尤其在 AI 具有偏見或歧視的
情況[11]。

（四）演算法透明性

演算法對人民生活之影響日益提高，包括教育、融資與資訊取得，
因此透明性相當重要。AI 具有很高技術專業性及複雜性，在資訊不對稱
（information asymmetry）情況下，AI 系統如何做出決策，包括一些重大決
定（如貸款或就業申請），多數人皆是難以理解。AI 演算法編寫方式及軟
體設計程式，以及資料蒐集及處理方式等，皆會影響 AI 決策的真實性或公
平性，歐盟如何提高 AI 的可解釋性與透明性，以強化 AI 的合理性並修正
AI 系統的缺失或偏見，將攸關大眾對 AI 科技的信心[12]。

（五）民主與信任

AI 在公部門亦有相當廣泛的應用，政府機關可以利用 AI 從事正當的
政治與行政工作，包括提升效率、降低成本與改善服務。然而，政府機關
也可以使用這些科技限制個人自由或影響民主程序。在反恐、反分裂、國
家安全等理由下，監控資本主義（surveillance capitalism）與監控威權主義
（surveillance authoritarianism）的發展匯流趨勢，也值得注意及重視。美
國的 PRISM 計畫以及中國的社會信用系統在蒐集資料過程可能也從事監控
行為，乃 AI 科技不當利用的顯例[13]。另外，Cambridge Analytica 不當使用
Facebook 使用者資料，企圖分析並影響美國大選以及英國脫歐公投，受到
廣泛批評，也突顯 AI 科技對民主政治也會造成潛在威脅[14]。

---

[11] European Parliament, *supra* note 9, at 5-6; AI 偏見問題評論詳見 Eric Goldman, *Search Engine Bias and the Demise of Search Engine Utopianism*, 8(1) Yale J. L. & Technology, 188, 188-200 (2006).

[12] European Parliament, Resolution on a comprehensive European industrial policy on artificial intelligence and robotics, 2018/2088 (INI), 12 February 2019, para. U, p. 3.

[13] European Parliament, *supra* note 9, at 3.

[14] The Guardian, *The Cambridge Analytica Files*, https://www.theguardian.com/news/series/cambridge-analytica-files, last accessed 26/03/2019.

　　歐洲擁有世界頂尖的 AI 研發人才，創新產業及堅厚產業基礎。歐盟在 AI 發展的挑戰之一，乃如何提高歐洲產官學界對 AI 發展的警覺心及接受度，挹注更多投資經費，培育更多專業人才，並調整產業結構，同時建構適當的倫理指引與法律規範，維持倫理道德、基本權利及歐盟價值等高標準保障。AI 倫理指引與法律規範將回應或解決下列五個關鍵問題：(1) 確保 AI 安全性；(2) 符合人類倫理道德；(3) 符合公共利益及人民福祉；(4) 符合民主決策及公平性；(5) 確保 AI 系統的可解釋性、透明性責任性及可信任性。倫理指引及法律規範在歐盟 AI 的發展中，扮演核心要件。

三、AI倫理與規範的論證

（一）公共利益論

　　從公共利益學理之角度探討 AI 法規，揭示了政府管制之基本經濟原理，藉以論證政府管制之必要性。根據 Barry Mitnick 的定義，法規（regulation）是「政府為公共利益而制定之規則以管制私人活動」[15]。該定義強調法規與其執行皆以社會大眾的福祉為依歸。AI 是一項強大的科技，具有潛在巨大效益，但是，AI 對社會帶來許多新的挑戰，包括對個人隱私、社會公平以及民主的威脅等，造成相當程度的外部效應（external effects）。

　　一般而言，外部效應可分為兩種：負面外部效應與正面外部效應。AI 的正面外部效應包括該科技的有效應用，如利用自動駕駛提升交通安全，或利用 AI 監測系統提升災難應變能力等。負面外部效應包括機器人／自駕車可能造成人身或財務損害，以及隱私權侵害等。根據經濟原理，因為不需負擔外部成本，理性參與者過度投資造成負面外部性的活動[16]。

　　因此，為了保障公共利益，政府應該矯正這樣的負面外部效應，常見的方法包括課稅、補助、法規以及行政管制。綜上所述，為了保障人民權利與

---

[15] Barry M. Mitnick, The Political Economy of Regulation 7(1980).

[16] Petit, Nicolas, Law and Regulation of Artificial Intelligence and Robots-Conceptual Framework and Normative Implications 25 (2017). 自駕車潛在風險，詳見洪德欽，歐盟自動駕駛車之發展策略與法律規範，歐美研究，第 50 卷第 2 期，頁 354、355、359，2020 年 6 月。

福祉不因爲科技的發展而受到損害，政府乃有採取干預措施、制定周全法規之必要性。

（二）消費者保護

現代經濟的核心是尊重市場的自由運作，並降低政府的干預。然而，近代經濟學之父亞當史密斯在《國富論》指出「消費是所有生產的唯一目的與意義；生產者的利益是應該受到保障，但不應超過促進消費者利益所必要的程度」[17]。從古代巴比倫的《漢摩拉比法典》到 18 世紀的《國富論》，消費者保護在數個世紀以來以不同的形態存在於政府哲學、法規與實踐之中[18]。

AI 的發展與普及爲消費者帶來的挑戰包括資訊不對稱、資料壟斷、演算法不透明性等，對消費者權益以及市場效率有相當大的威脅。因此，爲了確保市場正常運作、避免壟斷、設立商品與服務之最低標準、要求資訊揭露與透明性以及調和國際標準與實踐等目標，政府介入干預有其必要[19]。

1985 年公布，並於 2015 年修正之《聯合國消費者保護指導綱領》的重要目標包括：(1) 消費者能夠獲得基本商品和服務；(2) 保護弱勢和處於不利地位的消費者；(3) 消費者能獲得適足訊息，使其能根據個人意願和需求做出知情選擇；(4) 爲保護電子商務消費者，其保護程度應不低於使用其他形式商務的消費者；(5) 保護消費者隱私和全球資訊自由流動[20]。這些目標皆以基本權利爲基礎，而與電子商務與 AI 科技發展高度相關，可見透過 AI 法規保障消費者爲政府保障人民權利之一項重要措施。

（三）公平競爭

AI 產業中的重要資產是資料，各種資料可以被用來影響我們的行爲與思想，從消費行爲到民主過程，觸及層面非常廣大。2016 年開始，AI 產業

---

[17] Adam Smith, The Wealth of Nation, Book IV, 660 (1776).

[18] John TD. Wood, *Consumer Protection: A Case of Successful Regulation*, *in* Regulatory Theory: Foundations and Applications 633-52 (Drahos Peter ed., 2017).

[19] *Id.*, p. 635.

[20] The United Nations, "United Nations Guidelines on Consumer Protection" Resolution 70/186 of 22 December 2015, p. 4 (2016).

中資料壟斷的現象日趨嚴重，Facebook 擁有 77% 的社群流量，而 Google 擁有 81% 的搜尋引擎市場[21]。2019 年 3 月 20 日歐盟競爭執行委員 Margrethe Vestager 表示，Google 公司利用搜尋服務的主導地位，迫使旗下 AdSense 的客戶簽訂排他性協議，阻擋競爭對手平台的內容[22]。這是歐盟在二年內第三次針對 Google 的壟斷性行為做出處罰，彰顯其對大型網路公司壟斷市場問題的重視。

　　獨占廠商可以提高定價以使利潤極大化，但同時剝奪消費者剩餘（consumer surplus），造成無謂損失（deadweight loss），代表有一部分在競爭市場中可以完成的交易沒有成交，使消費者權益受到損害。針對企業競爭進行管制的「競爭政策」，旨在規範產業中的經濟競爭活動，保護消費者及競爭對手或同業不受限制交易、價格過高、資源不當配置等反競爭或不公平行為所侵害[23]。綜上所述，因為壟斷、獨占而造成的市場失靈可以透過政府干預得到緩和，維護市場有效運作，進而保障消費權益。

（四）資訊不對稱

　　資訊不對稱指的是參與交易各方對資訊掌握的程度有重大差異，而此現象可能導致市場失靈[24]。在 AI 產業中，資訊不對稱時常出現在資料蒐集者（控制者）與資料主體之間。例如，資訊服務在要求使用者同意授權其蒐集、利用個人資料時，通常採取「接受或拉倒」（take-it or leave-it）的方式，使用者可以做出決策的時間很短，而服務提供者可以花較長的時間準備

---

[21] Clara Hendrickson & William Galston, Big Technology Firms Challenge Traditional Assumptions about Antitrust Enforcement, 06/12/2017, https://www.brookings.edu/blog/techtank/2017/12/06/big-technology-firms-challenge-traditional-assumptions-about-antitrust-enforcement/, last accessed 22/03/2019.

[22] 經濟日報，Google 壟斷搜尋廣告市場歐盟重罰 521 億元，https://money.udn.com/money/story/5599/3709647（最後瀏覽日：2019 年 3 月 22 日）。

[23] 張佳弘，從政府管治探討競爭政策，公平競爭季刊，第 7 期，頁 1-32，2000 年。

[24] Bruce Greenwald, Joseph Stiglitz & Andrew Weiss, *Information Imperfection in the Capital Market and Macroeconomic Fluctuation*, 74(5) American Economic Review 194-200 (1984).

相關條款，進而導致資訊不對稱[25]。若使用者沒有詳細閱讀條款，或是仔細研究賦予服務提供者資料取用權限對其造成之影響，使用者隱私可能遭受極大風險。

另外，資訊不對稱也因為演算法的不透明性而產生。由於 AI 科技具有高度專業性與複雜性，一般大眾也不易理解演算法，形成資訊不對稱。演算法中有許多潛在的偏見與歧視，例如，特定消費者看到的商品價格可能較高，或無法接受資訊或機會（如貸款、租屋合約等）。因此，這樣的資訊不對稱也會產生社會不公平。

資訊不對稱所造成的市場失靈與社會不公平，可以透過政府制定法規解決。法規應強調 AI 的可解釋性，以提升大眾對系統決策過程的意識，並修正演算法中的偏見與歧視。另外，法規也應強化資料控制者對使用者資料之保護，並促使其以更適當的方式揭露資料蒐集以及使用資料。資料之蒐集及使用攸關 AI 的發展。AI 除了具有可搜尋、可取得、可交互使用及可重複使用等功能之外，必須設計及遵守「可解釋性」原則，這也是 AI 倫理與規範的要件，以解決資訊不對稱問題，提高大眾對 AI 的信心[26]。

歐盟條約[27]第 3.1 條規定歐盟目標在促進歐洲人民的和平、價值及福祉。第 3.3 條規定歐盟內部市場應奠基於一個高度競爭的社會市場經濟，以促進價格穩定、經濟平衡發展，以及科技進步。另外，歐盟運作條約（TFEU）[28]第 4.2 條 (f) 款及第 169 條規定消費者高標準保障，以確保消費者

---

[25] 鄭嘉逸，AI 發展挑戰隱私保護與法規，https://www.taipeiecon.taipei/article_cont.aspx?MmmID=1201&MSid=1001302024412112605（最後瀏覽日：2019 年 3 月 22 日）

[26] Bryce Goodman & Seth Flaxman, *European Union Regulation on Algorithmic Decision-Making and a Right to Explanation*, 38(3) AI Magazine 50-57 (2017). 歐盟針對個資保護，已於 2016 年通過一項「一般資料保護規則」(GDPR)，詳見 Regulation 2016/679 on the protection of natural persons with regard to the processing of personal data and on the free movement of personal data, OJ 2016, L119/1. GDPR 的國際影響，評論詳見劉靜怡，淺談 GDPR 的國際衝擊及其可能因應之道，月旦法學雜誌，第 286 期，頁 5-31，2019 年 3 月。

[27] The Treaty on European Union, OJ 2012, C236/13.

[28] Treaty on the Functioning of the European Union, OJ 2012, C236/47.

健康、安全及經濟等權益。TFEU 第 12 條規定歐盟在界定及執行其政策及活動時，應將消費者保護納入考量[29]。

　　TFEU 第 16 條規定歐盟人民有權保護其個資及資料。TFEU 第 101 條及第 102 條規定歐盟競爭政策，以維護企業間公平交易，確保內部市場功能的正常發揮並讓歐盟人民分享歐洲整合之利益。第 36 條規定歐盟可以依據公共道德、公共安全及公共政策等公共利益理由，採取限制措施或其他必要性要求，以維護歐洲人民的健康、安全及生命等權益。綜上所述，歐盟針對 AI 的發展，也依據上述這些憲法性條款以及學理原則，從事倫理分析以及法律建構。

參、歐盟AI倫理指引

一、發展背景

　　鑑於 AI 對社會、經濟、人民生活、基本權利、倫理、法律等各方面皆可能帶來影響及其他延伸問題。歐盟自 2018 年以來，即積極從事 AI 倫理與法律管制的建構。歐盟於 2018 年 5 月 25 日提出「歐盟 AI 戰略」[30]、2018 年 12 月公布「可信任 AI 倫理指引」草案（first draft for EU AI ethical guidelines），並於 2019 年 4 月 8 日正式通過該指引[31]、2020 年 2 月 19 日公布「AI 白皮書」[32]、2020 年 2 月 19 日同時公布歐盟數位戰略（COM(2020) 66 final）以及 AI、網路、機器人安全與義務影響報告（COM(2020) 64 final），以及 2021 年 4 月 21 日提出 AI 規則法案（COM(2021) 206 final）等，

---

[29] 洪德欽，消費者權利在歐盟基改食品標示之規定與實踐，歐美研究，第 38 卷第 4 期，頁 517-522，2008 年 12 月。

[30] European Commission, Artificial Intelligence for Europe, COM (2018) 237 final.

[31] European Commission, Ethics Guidelines for Trustworthy AI. High-Level Export Group on Artificial Intelligence, 8 April 2019.

[32] European Commission, White Paper on AI-A Europe approach to excellence and trust, COM (2020) 65 final.

AI 倫理與規範，已從理念論述朝向原則建立及法制化發展。

　　AI 倫理指引在歐盟基本權利憲章[33] 的基礎上發展，以及與 AI Alliance 中的利益關係者進行諮詢。根據歐盟基本權利憲章，歐盟 AI 倫理指引乃為了因應未來產業變化、安全性、社會包容、演算法透明化等議題。基於歐盟科學與新科技倫理小組及其他相關工作成果，此指引討論人工智慧科技對基本權利的影響，例如，隱私、尊嚴、消費者保護、不歧視原則等。歐盟基本權利署（EU Fundamental Rights Agency）也評定 AI 新科技產品生產者及使用者面臨的基本權利問題[34]。

二、AI倫理與規範的歐盟模式

　　AI 倫理與規範涉及相關議題包括：基本權利、歐洲理念、個資及隱私權保障、AI 公平性、偏見及歧視的規範、透明性及可解釋性、社會評等（social scoring）之禁止、即時遠端生物辨識系統（real-time remote biometric identification systems）之管制、自主權及控制權、穩健性及完全性、評估程序、監管建制、網路安全、問責機制等議題[35]。

　　在 AI 倫理指引及法律規範建制方面，涉及 AI 及 AI 系統的概念之界定、AI 倫理及立法宗旨以何為原則，是以人為本、國家中心或商業利益？規範模式是建構 AI 基本法或分散各種不同法律加以規範？管制模式是以風險還是創新為基礎？風險概念為何及如何分類？禁止風險及高風險 AI 系統又如何界定？監管模式如何採取強度監理？安全包括哪些要件？問責方法有哪些、評審、許可、註冊、監管、行政罰鍰，又包括哪些利害關係人等等議題。上述議題皆納入歐盟 AI 白皮書內容之討論，並具體規定於歐盟 AI 規則法案相關條款，以建立可信任的 AI 體系，並以人為本，以基本權利及消

---

[33] Charter of Fundamental Rights of the European Union, OJ 2012, C326/391.

[34] Fabienne Ufert, *AI Regulation Through the Lens of Fundamental Rights: How Well does the GDPR Address the Challenges Posed by AI?*, 5(2) European Papers 1090-1901(2020).

[35] Vodafone Institute for Society and Communications, *Mapping Regulatory Proposals for Artificial Intelligence in Europe* 9, 50 (2018).

費者保障為核心，以及以風險管制及安全要求為內涵[36]。

三、歐盟AI倫理指引要點

2019 年 4 月 8 日通過的歐盟 AI 倫理指引，乃為建立一個可信任的 AI 體系，尤其應該：(1) 合法，遵守相關法律；(2) 倫理，尊重道德原則、基本權利及歐洲價值；(3) 健全，從技術創新出發，又考量社會環境，平衡 AI 的永續性發展[37]。

可信任 AI 倫理指引包括七項原則[38]：

（一）人類及機構監督

AI 系統應該透過適當監管機制，由人類負責監管，使 AI 做出明智決定，並遵守相關法律，確保人員健康、安全、財產等保障，並增進人民及社會福祉。

（二）AI技術穩健性及安全性

AI 系統須具備彈性及安全性，以及預防障礙或意外風險的救援方案及管理計畫，確保 AI 系統的準確、可靠及可重複驗證。

（三）隱私保障及資料治理

確保隱私資料及基本權利之保障，建置資料治理機構，確保資料品質完整性，並對抗網路攻擊，確保資料安全性。

（四）透明性

AI 資料、系統及商業模式應該確保透明性，建立解釋技術及追溯機

---

[36] Council of the European Union, "Presidency Conclusions-The Charter of Fundamental Rights in the Context of Artificial Intelligence and Digital Change," 11481/20, Brussels, 21 October 2020, pp. 3, 14.

[37] European Commission, *supra* note 31, at 5.

[38] *Id.*, at 11-13. 評論另見王煜翔，從 AI 政策白皮書觀察歐盟未來 AI 監管法規之發展重點，WTO 及 RTA 電子報專題分析彙編 2020，台北：中華經濟研究院 WTO 及 RTA 中心，頁 176-178，2021 年 4 月。

制。AI 監管機關須建置資料庫、技術設備及專業人員等，強化建構 AI 治理能力及基礎設施。

（五）多元及公平

AI 系統應避免偏見，尤其在軟體設計更應如此，並應留意避免發生對特定或弱勢群體的歧視或不公平待遇，以增加 AI 系統的多元及公平使用，造福多數人群。

（六）社會及環境福祉

AI 系統應重視環境保護及生物多樣性，考量 AI 系統對社會及環境影響，以造福全人類及後代子孫，促進永續發展。

（七）問責機制

AI 系統應建立完善的問責機制，以明確各利害關係人的法律責任，以利 AI 的創新及發展、審慎設計及操作、風險管制及預防，以及有效遵守及執行 AI 法規，建立一個可信任的 AI 系統及監管機制[39]。

肆、歐盟AI規則法案

一、立法理由及目標

歐盟 AI 規則法案[40]，提案理由指出 AI 的功能及重要性。AI 乃一快速發展的技術，可以為個人、產業、經濟、社會等各領域及活動，帶來便捷性及許多利益。AI 運用於產業以造福環境、衛生、氣候變遷、金融、農業、交通、運輸、物流、司法、安全、公共服務等部門，提高歐洲產業的競爭力，進而改善經濟結構及促進經濟成長。AI 乃歐盟數位經濟及單一數位市場的重要內涵，有助於創新歐洲的產業、經濟及效率。

---

[39] 評論另見甘偵蓉、許漢，AI 倫理的兩面性初探—人類研發 AI 的倫理與 AI 倫理，歐美研究，第 50 卷第 2 期，頁 245-247，2020 年 6 月。

[40] European Commission, *supra* note 2.

在立法宗旨方面，AI具有許多潛在利益，然而不當使用或被濫用也會產生許多風險，甚至損害歐盟的基本權利、歐洲價值或其他公共利益。歐盟因此需要訂定一項歐盟層級的統一AI法律，以促進AI在歐盟內部市場的研發、創新及使用，同時確保對基本權利、健康、安全等公共利益及歐盟理念的高標準保護；另保障內部市場AI產品及服務的自由流動、公平競爭、公平及合理使用。歐盟AI規則法案支持歐盟成為發展安全、可靠及符合道德及倫理規則的全球AI領導者。

在立法目的方面，歐盟AI規則法案追求許多重要目標，尤其促進AI在歐洲的發展、創新及使用，確保基本權利、歐洲價值、內部市場AI產品及服務的自由流動、公平競爭、公平、合理及不歧視使用，建立以人為本並增進人類福祉的歐盟層級統一法律，提高AI在歐盟內部27個會員國間法律關係的明確性、適用一致性及適當的管制及責任機制。

AI規則法案具體目標包括：

（一）解決部分AI系統的不透明性、複雜性、偏見、歧視、一定程度不可預測性及部分自主行為等，以確保AI系統的合理使用及適當管制。

（二）確保AI產品與服務在歐盟市場中的安全性，並遵守歐盟基本權利及歐盟價值相關規定。

（三）強化對AI系統在基本權利和安全要求的監管及治理機制與有效執行。

（四）促進合法、安全及可靠的AI系統，以及單一數位市場的開發和創新。

（五）提高AI法律關係的明確性，以及歐盟AI法規在內部市場適用的一致性，以確保公平競爭。

在支持AI創新方面，歐盟主要採取AI監理沙盒（regulatory sandboxes）方式。AI規則法案第53條規定，一個、數個或由歐盟資料保護監管機關（European Data Protection Supervisor, EDPS）所建立的AI監理沙盒，應該在一個可控環境及在一定期間內，提供創新性系統的加速開發、測試、評估，尤其在該AI系統投入市場使用或提供服務之前。AI監理沙盒應在歐盟及相關會員國主管機構直接指導及監督下進行，以確保遵守相關法規。

　　歐盟及會員國針對 AI 監理沙盒的監管範圍，包括涉及個人資料及資料的處理及傳輸之保護。AI 監理沙盒不得影響主管機構的監督及糾正權（the supervisory and corrective powers）。AI 系統開發及測試過程，如果發現或產生任何影響人員健康、安全及基本權利的重大風險，均應立即修正及緩解（mitigation），否則應中止開發及測試程序。若監理沙盒實驗對第三方造成任何損害，AI 監理沙盒參與者應承擔相關責任。該規則的施行細則（implementing acts）並就 AI 監理沙盒的資格標準、申請要件及程序、選擇標準、參與及退出沙盒程序、參與者權利及義務等運作方式及條件，詳加規定，以提高 AI 監理沙盒的可操作性，以及規則的可行性及實效。該規則第54 條進一步針對個人資料的處理要件，以及公共利益考量等，加以規定。第 55 條則針對小規模提供者及使用者，規定優先使用 AI 監理沙盒的適格條件，提供較其他大型者更加優惠的措施。

　　在基本權利保障方面，歐盟條約前言揭示歐盟將追求自由、民主、尊重人權及基本權利與法治等原則。歐盟條約第 3(1) 條規定，歐盟目標在於促進和平，其理念以及歐洲人民的福祉。第 2 條規定歐盟乃奠基於尊重人類尊嚴、自由、民主、平等，法治、尊重人權等理念。第 3(5) 條規定在對外關係方面，歐盟將支持與促進其理念和利益，並保護歐盟公民。歐盟並將促進全球和平、安全與永續發展、推動各種族間的團結及相互尊敬、自由與公平貿易、消除貧窮與保護人權、嚴格遵守並發展國際法等目標。因此，歐盟AI 政策以及對外政策也須符合上述歐盟一般性目標及原則[41]。

　　歐盟條約第 6 條規定歐盟認肯《歐盟基本權利憲章》規定的權利、自由及原則。該憲章與歐盟條約及歐盟運作條約具有相同法律效力。憲章保障的權利，包括第 1 條人性尊嚴、第 7 條及第 8 條個人隱私及個人資料、第 21條不歧視、第 23 條男女平等。在自由保護方面，則有第 11 條言論自由、第12 條集會自由。其他權利包括第 47 條司法救濟及公平審判權、第 31 條公平工作機會權利、第 24 條兒童權利、第 26 條身心障礙人士權利、第 28 條

---

[41] A. Dimopoulos, *The Effects of the Lisbon Treaty on the Principles and Objectives of the Common Commercial Policy*, 15(2) European Foreign Affairs Review 165-169 (2010).

消費者高標準保護權利，以及第 37 條環境保護權利等。AI 規則及其他相關法律皆需將這些權利保護納入考量及保障。

歐盟條約第 21 條規定歐盟對外行動將以其理念與原則為基礎，在全球領域推動民主、法治、人權與基本自由、人類尊嚴（human dignity）、平等及團結原則，遵守聯合國憲章及國際法。歐盟將界定及推動共同政策、行動及合作，以追求下列目標：

（一）捍衛歐盟理念、基本利益、安全、獨立性及倫理道德。

（二）支持及鞏固民主、法治、人權及國際法原則。

（三）維護和平、預防衝突及強化國際安全。

（四）促進開發中國家永續性經濟、社會及環境發展，尤其是脫離貧窮。

（五）鼓勵所有國家接軌世界經濟，包括逐步廢除國際貿易限制。

（六）協助發展國際規範以維護及改善環境品質，以及全球自然資源的有效管理，確保永續發展。

（七）對遭受天然或人為災難的人群、國家及地區提供協助。

（八）促進國際體系的多邊合作及全球善治的發展。

歐盟在發展及執行不同對外行動（包括 AI 政策）時，必須將上述歐盟理念、原則及目標納入考量，以確保歐盟在不同對外行動間，以及對外行動與其他歐盟政策間的協調一致，並提高效率，進而在對外行動方面，發揮更大綜效與影響[42]。

二、高風險管制

AI 規則法案乃以「高風險」（high risk）為管制核心，以確保 AI 系統的安全，並符合倫理要求及法律規範。規則法案第 1 條規定，AI 規則適用範圍包括：(1) 適用在歐盟市場上市及投入使用之 AI 系統的調和法律；(2) 禁止使用部分 AI；(3) 高風險 AI 系統的特定要求，以及使用者義務規定；(4)

---

[42] P. J. Cardwell, *Mapping out Democracy Promotion in the EU's External Relations*, 16(1) European Foreign Affairs Review 21-40 (2010).

AI 系統涉及自然人反應、情感識別系統、生物識別分類系統，生成或操控影像、音頻或影片內容等透明規則之調和；(5)AI 系統的市場監管規則。AI 規則主要適用於高風險 AI 系統及其產品、服務、相關安全組件等方面之監管。AI 系統或產品安全組件乃指涉及 AI 系統或產品的「安全功能」、系統失靈，或功能故障，而危及自然人健康、安全或財產者[43]。

AI 規則法案也規定禁止使用部分 AI 系統。第 5 條規定，禁止使用下列 AI：

（一）將潛意識技術（subliminal techniques）應用到人的意識（consciousness），並以特定方式嚴重扭曲他人行為，從而導致或可能導致對方或他人生理或心理傷害。

（二）將 AI 系統用於特定人群，因年齡、身體或精神障礙等不同特定人群的脆弱性，產生重大扭曲或影響，從而導致或可能導致對方或他人生理或心理之傷害。

（三）政府部門或委託單位將 AI 系統用於評估自然人社會行為、預測個人行為，或在一定期間對自然人信用進行評估或分類特徵，而導致對該人或整個群體有害或不利之影響。因此禁止將 AI 用於社會評等，以維護人類尊嚴及社會公平性[44]。

（四）在公共場所（publicly accessible spaces）使用即時處理（real time）遠程生物特徵辨識 AI 系統。但可以經由授權，在以下情形中例外使用：(1) 針對性搜尋潛在犯罪受害人，包括失蹤兒童；(2) 針對具體、實質及迫切的威脅，以預防對自然人的生命、人身安全或恐怖攻擊等威脅；(3) 依據 2002/584/JHA[45] 偵測、定位及辨別特定犯罪人、嫌疑犯，或在該會員國罪刑三年以上的罪犯或嫌疑犯。上述例外使用並應符合「必要及比例」

---

[43] 以自動駕駛車為例，歐盟亦採取風險管制的安全要求，詳見，洪德欽，歐盟自動駕駛車之發展策略與法律規範，歐美研究，第 50 卷第 2 期，頁 384-386，2020 年 6 月。

[44] 吳宗翰，歐盟公布草案禁止 AI 用於社會評等，國防安全雙週報，第 29 期，頁 9-13，2021 年。

[45] Council Framework Decision 2002/584/JHA on European arrest warrant and the surrender procedures between Member States, OJ 2002, L190/1.

（necessary and proportionate）條件，並符合暫時性、一定區域內及特定個人等限制。

在高風險 AI 系統監管方面，第 6 條規定監管範圍包括：(1)AI 系統、產品、服務，以及其安全組件；(2)AI 規則法案附件二列舉須經由第三方合格評估的 AI 系統本身或其安全組件產品；(3)AI 規則法案附件三列舉的 AI 系統，也應視爲高風險。

AI 規則法案附件二列舉產品，包括：飛航安全、車輛、農業及森林機械車輛、航海設備、鐵路系統、車輛技術零件、民用航空器等。

附件三列舉的 AI 系統包括：用於自然人生物辨識及分類、道路交通、水電瓦斯天然氣等重要基礎設施、教育及訓練、就業及勞工管理、私人或公共社會福利、法律執行、移民、庇護及邊境管制管理、司法及民主選舉等。

歐盟針對 AI 的規範與管制，乃以風險爲基礎，針對高風險 AI 系統、產品及服務，上市之前及在整個生命週期，皆需經過嚴格的評估，以及上市後的監測，以確保其安全性、合法性、公平透明、合乎道德且受人控制。歐盟列舉的高風險 AI 系統產品及服務包括：(1) 可能危及公民生命及健康的關鍵基礎設施，例如交通；(2) 教育或職業培訓，這可能決定某人一生中接受教育和專業課程的機會，例如考試評分；(3) 產品的安全組件，例如 AI 在機器人輔助手術中的應用；(4) 就業、工人管理和自僱機會，例如用於招聘程序的簡歷分類軟體；(5) 基本的私人和公共服務，例如信用評等拒絕公民獲得貸款的機會；(6) 可能干涉人們基本權利的執法，例如評估證據的可靠性；(7) 移民、庇護和邊境管制管理，例如驗證旅行證件的眞實性；(8) 司法和民主程序，例如將法律應用於一組具體的事實等 [46]。

第 7 條規定，除了本規則之外，歐盟執委會可以依據委任授權訂頒法規，用以強化本規則之執行以及高風險 AI 系統之監管。執委會在評估 AI 系統是否對人們健康及安全造成危害的風險，或對基本權利導致不利影

---

[46] European Commission, Excellence and Trust in Artificial Intelligence–EU and AI, https://ec.europa.eu/info/strategy/priorities-2019-2024/europe-fit-digital-age/excellence-trust-artificial-intelligence_en, last accessed 30/09/2021.

響，或其他潛在損害或風險時，應將下列標準納入考慮：

（一）AI系統使用預期目的。

（二）AI系統使用及可能使用之程度及範圍。

（三）AI系統之使用已造成對人們健康及安全的損害，或對基本權利產生不利影響，或已有前揭損害或不利影響之書面指控提交給會員國主管機構。

（四）此損害或不利影響尤其會對多數人造成損害或不利影響。

（五）前揭損害或不利影響的程度，源自AI系統之結果，或出於法律或實際原因，無法合理選擇停用。

（六）相對於AI系統的使用者而言，潛在受害或遭不利影響者較為弱勢，尤其是因權力、知識、經濟、社會環境，或年齡所引致。

（七）AI系統容易導致逆轉（reversible），而對人們健康或安全產生影響。

（八）歐盟現行法規之規定：(1)針對AI系統產生風險規定有效補救或糾正措施，但不包括損害賠償之請求；(2)預防或大幅降低該等風險的有效措施。

第8條規定高風險系統應符合本規則相關規定要求，尤其第9條規定「風險管理制度」的預期目標。第9條規定，AI系統提供者應建立一項實施、記錄及維護與高風險AI系統有關的風險管理體系（A risk management system），並定期更新，以(1)辨識及分析每個高風險系統已知及可預見的風險；(2)監管高風險AI系統依其預期目標合理使用，以及評估濫用可能導致的風險；(3)針對各種風險及潛在損害或不利影響，採取適當管理措施，在確定最適風險管理措施後，應盡可能消除或降低風險，其次採取適當措施及解決方案，以及在適當情況下培訓使用者等。在開發高風險AI系統的過程中，應在AI系統及產品或服務在投入市場或投入使用之前進行測試（testing）。第19條規定，高風險AI系統供應商，應確保其系統在投入市場或投入使用之前，已依本規則第43條規定，通過合格評定程序（the conformity assessment procedure），並取得CE合格標章（CE marking of conformity）。

第 16 條規定高風險 AI 系統供應商義務，包括：

（一）確保高風險 AI 系統符合本規則安全規定及要求。

（二）建立符合第 17 條標準及要求的 AI 管理系統。

（三）編製高風險 AI 系統的技術檔案。

（四）保留及管理高風險 AI 系統自動產生的日誌及工作表。

（五）確保高風險 AI 系統在投入市場或使用之前，經過相關合格評估程序。

（六）遵守第 51 條規定的註冊義務。

（七）針對不符合安全要求的高風險 AI 系統，採取必要的修改及糾正措施。

（八）將糾正措施通知會員國主管機構及其他指定機構。

（九）在高風險 AI 系統貼上 CE 標章，以表明其符合本規則規定。

（十）依據會員國主管機構的要求，證明其高風險 AI 系統符合本規則安全要求。

第 17 條規定高風險 AI 系統供應商，應建立高品質管理系統（a quality management system），確保符合本規則相關規定。該系統應以書面記錄 AI 系統的運作、決策、指示等事項，且應至少包括下列事項：

（一）高風險 AI 系統法規遵守策略，包括符合安全評估及上市使用評估程序，以及修改管理程序。

（二）用於該項高風險 AI 系統的設計、控制及驗證的技術、程序及系統性行動或措施。

（三）用於高風險 AI 系統開發、品質控制及品質保證的技術、程序及系統性行動或措施。

（四）在開發高風險 AI 系統過程，進行檢查、測試及確認的程序，以及執行這些程序的頻率及次數。

（五）在未有歐盟統一技術規則及標準之前，用於確保高風險 AI 系統可符合本規則安全要求之特別方法。

（六）一套完整的資料管理系統及程序，確保資料蒐集、分析、標記（data labeling）、儲存、過濾（data filtration）、萃取（data mining）、使

用（data aggregation）、保留、操作、整合及多元使用等方面之安全性及合法性。

（七）建立第 9 條規定的風險管理體系。

（八）依據第 61 條規定，建立上市後的監測及管理系統，以執行及維護本規則之規定及要求。

（九）依據第 62 條規定，建立嚴重事件及功能故障（malfunctioning）的報告程序。

（十）與會員國主管機構間的通訊，包括提供的相關資料，或對其他機構、經營商、客戶及利害關係人之通知。

（十一）記錄所有相關文件及資訊的系統及程序。

（十二）資源管理，包括與供應相關措施的安全性。

（十三）問責架構（an accountability framework），規定管理階層及其他員工對本條款的相關責任。

依據第 61 條規定，高風險 AI 供應商應建立售後監測系統及計畫，並從事 AI 系統運作相關資料的蒐集、記錄、分析及調適等工作，以符合安全性及本規則其他要求。第 62 條規定供應商針對 AI 系統重大事件或功能故障的報告義務，應於釐清 AI 系統與事件或故障間的因果關係後，立即或最遲於 15 天之內通知會員國主管機構。供應商並應依據第 21 條採取適當糾正及調整措施。

第 24 條規定製造商（product manufactures）義務，AI 系統產品及服務製造商，應負責使其 AI 系統產品及服務符合本規則規定，且應與供應商負擔相同義務（same obligations）。

第 26 條規定進口商義務，高風險 AI 系統引入市場之前，該系統進口商應確保：

（一）該系統的供應商已經執行適當的合格評估程序，起草技術文件，合格標章及提供前揭相關文件及使用說明。

（二）進口商不得將不符合本規則的高風險系統引入歐盟市場。進口商應將存有第 65 條第 1 項涉及人員健康、安全或基本權利之風險，通知 AI 系統供應商及市場監管機構。

（三）進口商應在高風險系統上，或其包裝及附件文件中，標記其名稱、註冊商標名稱或註冊商標，以及地址及聯絡方式。

（四）進口商應確保其負責的高風險 AI 系統的操作、儲藏、運輸情況，不會危及本規定的安全要求。

（五）在會員國主管機構之附理由請求（a reasoned request）下，進口商應向其提供所有符合安全要求的文件及資訊，同時以易於理解之方式及文字加以說明，並與會員國主管機構就該系統採取的任何行動進行。

第 27 條規定高風險 AI 系統經銷商（distributors）義務。第 28 條規定經銷商、進口商、客戶及其他第三方義務。第 29 條規定客戶義務。第 13 條規定透明性並向客戶提供資訊及說明。第 14 條規定對高風險 AI 系統可以由自然人執行有效監督及管理，包括使用適當人機介面工具（human-machine interface tools）。第 15 條規定高風險 AI 系統必須具備適當的準確性、健全完備及網路安全。高風險 AI 系統並應具有彈性及調適的技術及能力，修正錯誤或排除故障，同時具有自動備份及反饋迴路（feedback loops）等安全設計及內置技術，以預防、控制及對抗資料中毒或網路攻擊，確保 AI 系統的安全性、準確性及可靠性。

第 40 條規定高風險 AI 系統應符合歐盟統一標準，適用第 41 條共同規範，符合第 43 條合格評定，取得第 44 條所述之證書（certificates），提供第 48 條符合歐盟標準及規範的書面聲明，遵守第 52 條某些 AI 系統透明性義務等。第 60 條規定歐盟針對高風險 AI 系統，採取「註冊」（registration）制度，在進入市場或使用之前，供應商或其授權代理人，應於第 60 條規定的歐盟資料庫（the EU database）中註冊該系統。

三、歐洲AI委員會

規則第四篇規定高風險 AI 系統的治理，尤其將成立「歐洲人工智慧委員會」（European Artificial Intelligence Board，下稱 AI 委員會），作為歐盟層級監管機構。

AI 委員會應向歐盟執委會提供建議及協助，包括：(1) 促進會員國監管機構就本規則規範事項之有效合作；(2) 協調並協助執委會與會員國監管機

構就本規則規範事項及 AI 新興議題，提供指導及分析；(3) 協助各會員國與執委會以確保本規則在歐盟的一致性適用。

第 57 條規定歐洲 AI 委員會的組織結構，委員會乃由會員國主管機構主管或同等級高階官員代表，以及歐盟資料保護監督機關主管所共同組成。AI 委員會得依簡單多數決並經執委會同意後通過規則。AI 委員會得針對特定議題，設立小組，進行研究分析。AI 委員會由執委會擔任主席，並由執委會提供行政及分析支援，以執行本規則規定之相關業務。

第 58 條規定歐洲 AI 委員會的任務，包括：(1) 在會員國間蒐集及分享專業知識及最佳實踐；(2) 促進會員國間 AI 行政管理及監理沙盒運作之協調合作和一致；(3) 針對本規則相關事項，發布意見、建議或書面指引等，以調和 AI 系統的技術標準、安全要求及行政罰鍰等事項。

第 60 條規定歐盟執委會應與會員國合作，建立一個「歐盟資料庫」，受理高風險 AI 系統之註冊，並得向 AI 系統供應商提供技術及行政支援。歐盟資料庫的資訊應對外公開。歐盟執委會乃歐盟資料庫的負責人，並應提供適足的技術及行政支援，以維持其有效運作。第 73 條規定歐盟執委會被授權可以針對本規則採取委任立法，通過相關法規，以強化本規則之執行及調適。

第 59 條規定各會員國應指定一個主管機構（competent authority），以確保本規則的執行。會員國主管機構應確保其活動及任務的客觀性及公正性。會員國主管機構並應指定一個國家監管機構（national supervisory authority），作為 AI 系統「市場監管機關」。會員國應提供其主管機構充分的財力及人力資源，以執行本規則相關任務，尤其應有常設性 AI 技術、安全風險、標準設定及法律等專業人員之設置。會員國主管機構可以提供指導、意見及諮詢，同時設立一個中央聯絡點，與高風險 AI 系統經營商聯絡及溝通。歐盟執委會應促進會員國間主管機構的經驗交流，以發展最佳實踐及改善安全要求。

第 63 條第 2 項規定，會員國市場監管機關應定期向歐盟執委會報告有關市場監管活動結果。第 64 條規定市場監管機關能調取資料及文件，提供廠商培訓、驗證及測試資料等。第 65 條規定會員國市場監管機關處理存有

風險 AI 系統的程序。會員國市場監管機關如有充分理由認為 AI 系統存有風險，應就相關 AI 系統是否符合所有安全要求及相關義務進行評估。風險如果涉及基本權利、健康安全或公平競爭，會員國市場監管機關應通知相關權責國家主管機構，並與之合作，進行評估並採取糾正、召回（recall）、撤照（withdraw）或其他適當限制或防衛等措施。第 70 條規定會員國主管機構及市場監管機關針對執行本規則所取得之資料，如果涉及機密，應予特別保護。

　　第 71 條規定會員國就本規則之執行，針對違反相關規定及條件者，應訂定相關處罰法規，包括罰金（penalties）、行政罰鍰（administrative penalties），並採取所有必要措施以確保本規則之適當且有效執行。罰金應該有效，合乎比例以及具有制裁性（dissuasive）。違反規則第 5 條禁止性 AI 及第 10 條資料及資料管理規定者，應課處 3,000 萬歐元或系爭公司全球年總營業額 6% 上限的行政罰鍰（administrative fines）。違反本規則其他要求或規定義務者，應處 2,000 萬歐元或系爭公司全球年總營業額 4% 上限的行政罰鍰。前揭行政罰鍰課處之時，應適當考慮：(1) 違反行為的性質、嚴重性、持續時間及後果與影響；(2) 其他市場監管機關是否已對同一違法行為的同一廠商處以行政罰鍰；(3)系爭廠商的經營規模以及市占比率等因素。

　　綜上所述，在 AI 規則法案下，歐盟可望建立一個穩健性及準確性的歐盟層級 AI 監管體系，包括：(1) 以歐盟 AI 規則作為法律依據，統一適用於 27 個會員國，提高法律適用一致性及法律關係明確性，避免 AI 監管系統在歐盟市場的分裂性適用；(2) 建立 AI 監管機構，包括歐洲 AI 委員會、EDPS、會員國 AI 系統主管機構及市場監管機關等專責機構，負責 AI 規範及使用之監管；(3) 明確界定 AI 系統的定義、風險分類、禁止性及高風險 AI 系統及產品、服務之種類、安全要求、合格評估程序、問責機制等規定，可以強化及落實 AI 規則之執行及法律遵守。AI 規則乃以「風險」作為管制基礎，建立以人為中心的 AI 系統，強化人員健康安全、消費者權益及基本權利等方面之保障，以提高歐洲人民及 AI 業者對 AI 系統的信任。

　　歐盟 AI 規則因此得以建立一個值得信任的 AI 系統，包括：(1) 健全的 AI 監管體系、人力資源及風險管制；(2) 技術穩健及安全性；(3) 隱私保護

及資料管理；(4)技術透明性；(5)普及性、不歧視、降低偏見，提高公平性；(6)明確的問責機制；(7)以人爲中心，提高歐洲人民福祉等。歐盟 AI 倫理與法律建構，有利於 AI 及新興科技的發展，法律關係明確性，強化歐盟產業及經濟競爭力，並對歐盟目前推動的「綠色新政」（Green Deal）的實現以及新冠肺炎（COVID-19）疫情的解決，有所貢獻 [47]。

AI 如同 5G 及其他新興高科技的發展，涉及 AI 系統、產品、服務等技術標準、產品規格及法律規範的設定與建置，勢將引發歐盟、美國、中國及日本等國的激烈競爭，突顯國際合作的重要性，以提高 AI 系統效率，並確保世界資源的有效使用 [48]。歐盟也在 OECD、UNESCO、WTO 及國際電信聯盟（ITU）等國際組織及論壇，倡議及推廣歐盟 AI 倫理理念以及 AI 規範規則，從事歐盟理念及法律輸出，建構歐盟標準及規格，除了確保歐盟「數位主權」（digital sovereignty）之外，亦可強化歐盟在國際 AI 倫理與規則設定及發展過程的規範角色及柔性領導地位，發揮更大影響力 [49]。

在對台灣的啓示方面，歐盟 AI 系統及服務乃以倫理指引爲法理、人本主義爲原則、風險管制爲中心，以規範高風險及禁止性 AI。歐盟 AI 規則草案因此偏向「強度管制」，以保障歐盟理念及基本權利，確保 AI 的安全性及可信任性。然而，對我國而言，AI 乃一新興產業，高度結合 IC、IT、晶圓及晶片等產業，對我國乃是一項具有重大戰略意涵及利基的產業。我國針對 AI 產業，除了管制，應同時兼顧獎勵措施，以扶植並壯大 AI 產業之發展。我國針對 AI 產業，將來如果立法，並須有獎勵研發創新的機制。我國於 2018 年通過「無人載具創新實驗條例」，2019 年科技部通過「AI 科研發

---

[47] European Union, The Role of Artificial Intelligence in the European Green Deal 9-11 (2021).

[48] Meredith Broadbent, *What's Ahead for a Cooperative Regulatory Agenda on Artificial Intelligence?*, Center for Strategic & International Studies, 17-18 (March 2021).

[49] Helene Sjursen, *The EU as 'Normative' Power: How Can Is Be?*, 13(2) J. European Public Policy 245-246 (2006); Robert Falkner, *The Political Economy of Normative Power European: EU Environmental Leadership in International Biotechnology Regulation*, 14(4) J. European Public Policy 522 (2007).

展指引」[50]。AI 指引屬於軟法性質，我國將來如果進一步訂定 AI 相關法律，可以明確 AI 法律關係，激勵 AI 創新與發展，這也是一種法律進步與 AI 的基礎建設，以提高我國 AI 的競爭力。

AI 的發展必須結合大資料、數位科技、IC 及 IT 等資通訊、演算法及深度學習等產品及服務。台灣在電腦、電子、資通訊、晶圓、晶片、智慧及精密機械等產業，向來具有很高競爭力。針對 AI 系統，我國也可以發展為全球價值鏈及供應鏈的重要研發及生產基地。歐盟 AI 規則法案第 24 條規定製造商義務，第 26 條規定進口商義務，我國 AI 系統及產品、服務及組件等，對歐盟出口也必須符合相關規定，否則將衍生相關法律責任。

歐盟乃我國第四大貿易夥伴，於 2019 年，我國是歐盟在亞洲第五大貿易夥伴。辦公與電信設備，包括電腦、電子資料處、電信、電子元件、晶圓及晶片等，乃是台灣與歐盟最重要貿易項目。於 2019 年前揭辦公與電信設備，台灣出口占歐盟進口總額比率高達 20.7%。歐盟 AI 系統、產品、服務及元件等也將大量依賴這些辦公與電信、IC、IT 等產品，對台灣出口是一大利基。另外，截至 2019 年，歐盟在台灣外來投資總量 25%，位居第一位。歐盟對台灣投資以及服務貿易，乃我國技術移轉主要來源之一。台歐貿易與投資關係，對我國技術升級、產業結構調整及 IC、IT 及 AI 出口貿易，至關重要[51]。我國因此必須重視歐盟 AI 倫理指引及法律規範，相關產品及服務必須符合歐盟安全要求、規格標準以及風險管制，以對我國 AI 產業的發展與創新有所貢獻。

在建議方面，主要包括：

（一）我國應積極調查歐盟、美國、中國、日本、韓國及印度等主要國家 AI 發展策略及補貼措施，歐美日等主要國家間「晶片聯盟」或 AI 聯盟之協議內容及發展趨勢，從事比較研究與影響評析。

---

[50] 評論詳見張麗卿，AI 倫理準則及其對臺灣法制的影響，月旦法學雜誌，第 301 期，頁 97-117，2020 年 6 月。

[51] European Economic and Trade Office, EU-Taiwan Relations 2020 16, 22, 32-33 (2021); 以及洪德欽，WTO 法律與政策專題研究，第三版，台北：新學林，頁 434-435，2017 年 9 月。

（二）我國對歐盟對外簽署的 FTA、BIA 或其他經貿協定，有無內括 AI 相關條款、深度分析其對我國 AI 產業發展及出口貿易之影響；並得作爲我國未來與歐盟洽簽 BIA 或 FTA 之比較參考。

（三）我國也應盤點歐盟及美國在 WTO 及其他國際論壇，針對 AI 議題的談判立場，以評估其對國際規則及標準規格發展之影響。

（四）我國針對美國與歐盟要求我國晶片公司揭露或提供更多商業資訊，甚至商業機密資料之長臂管轄，涉及哪些法律問題？在 WTO 的合法性？又對我國晶圓產業有哪些影響等，也宜及早研析，並妥爲因應。

（五）我國針對 AI／晶片的原料及關鍵組件、水電、土地及專業人才等之供應及創新，是否安全可控，也需有短、中、長期的戰略規劃。

（六）新冠肺炎（COVID-19）於 2020 年大流行之後，打亂全球晶片供應鏈，外加中美貿易對抗，歐美及中國皆挹注大量經費，補貼本國晶片及 AI 產業之發展；大量生產如果導致產能過剩，勢必引發更激烈競爭，甚至採用反傾銷、反補貼、限制進口等措施，對我國晶片及 AI 產業長期競爭優勢地位，形成嚴峻挑戰，我國也應及早未雨綢繆，妥爲因應。我國也得針對此等補貼，在 WTO 提出倡議，以強化管制，並維護會員合法權益，確保公平貿易與公平競爭。

上述調查及評估，凡此種種，在在可以使我國知己知彼，從事超前部署，採取妥當因應措施並動態調整發展策略，以建立台灣 AI 服務在全球價值鏈之關鍵地位。在知識經濟時代，創新的基礎，在於高深的學問、前瞻性研發能力以及客觀務實的政策規劃。產業創新與國家發展如同逆水行舟，不進則退。AI 及晶片產業不斷地日新月異，我國也要秉持日新又新的創新精神，奮發精進，力爭上游，精益求精，止於至善，以增進人類福祉，並對全球經貿有所貢獻。

伍、結論

AI 的發展可以改善人類生活福祉，提高企業經營效率，促進產業創新。然而，AI 的發展也伴隨著一定科學不確定性及潛在風險，尤其可能對

基本權利、隱私權、健康安全等方面之影響。依據科學中立原則，AI 如果僅是科技創新，將如同機器人，其好壞主要取決於人類的決定及使用。所以，歐盟針對 AI 發展策略，乃建立在「以人為中心」原則以及風險管制為基礎，避免 AI 歧視、壟斷、不當使用、濫用，甚至違法使用。歐盟 AI 策略，在促進 AI 的發展及使用之外，同時重視 AI 為人類服務，以增加人類生活及社經活動的福祉。歐盟透過倫理指引與法律建構，以建立一個可信賴 AI 體系，提高人類對 AI 的信心，並提供 AI 活動的一個高標準「制度保障」。

倫理指引與法律規範在歐盟 AI 發展過程，扮演一個重要角色。倫理指引可以反思及論證 AI 法律的立法宗旨、原則、目標，作為法律規範及 AI 系統的管制模式及制度架構。法律規範可以解決 AI 延伸相關問題，明確法律關係及責任、調和 AI 創新發展與風險管制，形塑一個可信任，具有創新性、準確性、穩健性、公平性及安全性的 AI 系統及治理制度。歐盟針對 AI 倫理與規範的建構，乃從理念到原則、原則到規範、從軟法到強制性法律、從風險分類到問責機制、從研發到上市使用、從會員國到歐盟層級統一適用的 AI 監管體系建置進程。

歐盟乃全球 AI 創新中心之一和 WTO 主要會員，對國際 AI 規則與標準的發展，深具影響力。歐盟 AI 規則法案，針對進口商及 AI 系統、產品及服務在歐盟市場之使用，也必須符合 AI 規則等規定。歐盟乃一重要市場、我國技術來源與重要貿易夥伴。因此，我國必須重視歐盟 AI 倫理指引及法律規範，尤其系統規格、技術標準、安全要求及風險管制。俗諺「他山之石，可以攻錯」，歐盟 AI 的發展策略及管制體系，可以提供我國諸多參考及啟示，對我國 AI 的發展與創新，台灣與歐盟 AI 系統的合作關係，諒皆有所助益。

參考文獻

一、中文部分

洪德欽，WTO 法律與政策專題研究，第三版，台北：新學林，2017 年 9 月。

劉靜怡，人工智慧潛在倫理與法律議題鳥瞰與初步分析—從責任分配到市場競爭，劉靜怡主編，人工智慧相關法律議題芻議，台北：元照，頁 1-45，2018 年 11 月。

王煜翔，從 AI 政策白皮書觀察歐盟未來 AI 監管法規之發展重點，WTO 及 RTA 電子報專題分析彙編 2020，台北：中華經濟研究院 WTO 及 RTA 中心，頁 171-179，2021 年 4 月。

甘偵蓉、許漢，AI 倫理的兩面性初探—人類研發 AI 的倫理與 AI 倫理，歐美研究，第 50 卷第 2 期，頁 231-292，2020 年 6 月。

吳宗翰，歐盟公布草案禁止 AI 用於社會評等，國防安全雙週報，第 29 期，頁 9-13，2021 年。

洪德欽，消費者權利在歐盟基改食品標示之規定與實踐，歐美研究，第 38 卷第 4 期，頁 517-522，2008 年 12 月。

洪德欽，歐盟自動駕駛車之發展策略與法律規範，歐美研究，第 50 卷第 2 期，頁 354、355、359，2020 年 6 月。

洪德欽、蔡政宏，專題序—歐美 AI 的發展與挑戰，歐美研究，第 50 卷第 2 期，頁 137-145，2020 年 6 月。

張佳弘，從政府管治探討競爭政策，公平競爭季刊，第 7 期，頁 1-32，2000 年。

張麗卿，AI 倫理準則及其對臺灣法制的影響，月旦法學雜誌，第 301 期，頁 97-117，2020 年 6 月。

劉靜怡，淺談 GDPR 的國際衝擊及其可能因應之道，月旦法學雜誌，第 286 期，頁 5-31，2019 年 3 月。

楊惟任，人工智慧的挑戰和政府治理的因應，國會季刊，第 46 卷第 2 期，頁 67-83，2018 年。

經濟日報，Google 壟斷搜尋廣告市場 歐盟重罰 521 億元，https://money.udn.

com/money/story/5599/3709647（最後瀏覽日：2019 年 3 月 22 日）。

鄭嘉逸，AI 發展挑戰隱私保護與法規，https://www.taipeiecon.taipei/article_
　　cont.aspx?MmmID=1201&MSid=1001302024412112605（最後瀏覽日：
　　2019 年 3 月 22 日）。

二、外文部分

European Economic and Trade Office, EU-Taiwan Relations 2020 16, 22, 32-33
　　(2021).

European Parliament, Artificial Intelligence: Challenges for EU Citizens and
　　Consumers 3-6 (2019).

European Union, The Role of Artificial Intelligence in the European Green Deal
　　9-11 (2021).

Mitnick, Barry M., The Political Economy of Regulation 7(1980).

Petit, Nicolas, Law and Regulation of Artificial Intelligence and Robots -
　　Conceptual Framework and Normative Implications 25 (2017).

Smith, Adam, The Wealth of Nation, Book IV, 660 (1776).

Wood, John TD., *Consumer Protection: A Case of Successful Regulation*, *in*
　　Regulatory Theory: Foundations and Applications 633-52 (Drahos Peter ed.,
　　2017).

Cardwell, P. J., *Mapping out Democracy Promotion in the EU's External
　　Relations*, 16(1) European Foreign Affairs Review 21-40 (2010).

Dimopoulos, A., *The Effects of the Lisbon Treaty on the Principles and Objectives
　　of the Common Commercial Policy*, 15(2) European Foreign Affairs Review,
　　165-169 (2010).

Falkner, Robert, *The Political Economy of Normative Power European: EU
　　Environmental Leadership in International Biotechnology Regulation*, 14(4) J.
　　European Public Policy 522 (2007).

Goldman, Eric, *Search Engine Bias and the Demise of Search Engine Utopianism*,
　　8(1) Yale J. L. & Technology, 188, 188-200 (2006).

Goodman, Bryce, & Flaxman, Seth, *European Union Regulation on Algorithmic*

Decision-Making and a Right to Explanation, 38(3) AI Magazine 50-57 (2017).

Greenwald, Bruce, Stiglitz, Joseph, & Weiss, Andrew, *Information Imperfection in the Capital Market and Macroeconomic Fluctuation*, 74(5) American Economic Review 194-200 (1984).

Potton, Edward, *Artificial Intelligence and Automation in the UK* 3 (House of Commons Briefing Paper No. 8152, 2017).

Sjursen, Helene, *The EU as 'Normative' Power: How Can Is Be?*, 13(2) J. European Public Policy 245-246(2006).

Ufert, Fabienne, *AI Regulation Through the Lens of Fundamental Rights: How Well does the GDPR Address the Challenges Posed by AI?*, 5(2) European Papers 1090-1901(2020).

Broadbent, Meredith, *What's Ahead for a Cooperative Regulatory Agenda on Artificial Intelligence?*, Center for Strategic & International Studies, 17-18 (March 2021).

Congressional Research Service, "Artificial Intelligence and National Security" R45178 (2019).

Council Framework Decision 2002/584/JHA on European arrest warrant and the surrender procedures between Member States, OJ 2002, L190/1.

Council of the European Union, "Presidency Conclusions-The Charter of Fundamental Rights in the Context of Artificial Intelligence and Digital Change," 11481/20 Brussels, 21 October 2020, pp. 3, 14.

European Commission, Artificial Intelligence for Europe, COM (2018) 237 final.

European Commission, Communication on Artificial Intelligence for Europe, COM (2018) 237 final, Brussels, 25 April 2018.

European Commission, Digital Single Market, https://ec.europa.eu/digital-single-market/en/artificial-intelligence, last accessed 25/03/2021.

European Commission, Excellence and Trust in Artificial Intelligence–EU and AI, https://ec.europa.eu/info/strategy/priorities-2019-2024/europe-fit-digital-age/excellence-trust-artificial-intelligence_en, last accessed 06/07/2021.

European Commission, Ethics Guidelines for Trustworthy AI. High-Level Export Group on Artificial Intelligence, 8 April 2019.

European Commission, Proposal for a Regulation laying down harmonized rules on Artificial Intelligence (Artificial Intelligence Act) and Amending Certain Union Legislative Acts, COM (2021) 206 final, Brussels, 21 April 2021.

European Commission, White Paper on AI-A Europe approach to excellence and trust, COM (2020) 65 final.

European Parliament, Resolution on a comprehensive European industrial policy on artificial intelligence and robotics, 2018/2088 (INI), 12 February 2019, para. U, p. 3.

European Union, Consolidated version of the treaty on European Union and the treaty on the functioning of the European Union, OJ 2010, C83: 47-200.

Hendrickson, Clara, & Galston, William, Big Technology Firms Challenge Traditional Assumptions about Antitrust Enforcement, 06/12/2017, https://www.brookings.edu/blog/techtank/2017/12/06/big-technology-firms-challenge-traditional-assumptions-about-antitrust-enforcement/, last accessed 22/03/2019.

Regulation 2016/679 on the protection of natural persons with regard to the processing of personal data and on the free movement of personal data, OJ 2016, L119/1.

The Guardian, *The Cambridge Analytica Files*, https://www.theguardian.com/news/series/cambridge-analytica-files, last accessed 26/03/2019.

The Treaty on the European Union, OJ 2012, C236/13.

The United Nations, "United Nations Guidelines on Consumer Protection" Resolution 70/186 of 22 December 2015, p. 4 (2016).

Treaty on the Functioning of the European Union, OJ 2012, C236/47.

Vodafone Institute for Society and Communications, *Mapping Regulatory Proposals for Artificial Intelligence in Europe*, 9, 50 (2018).

例外的例外？從電子商務例外規定探討貿易協定規範間的適用關係*

林映均**

壹、前言

　　隨著網際網路與數位科技的發展，無論是企業經營、跨國貿易以及產業發展都受到結構性衝擊。特別是去（2020）年年初爆發新冠肺炎（Coronavirus disease 2019）疫情以來，為防止病毒傳播與抑制疫情擴散而採取社交距離措施與邊境管制措施等，更是加速電子商務與相關商業應用的進展，並促使各國政府在國內政策與國際規範上，都必須採取更為積極的應對。由於以世界貿易組織（World Trade Organization, WTO）為核心的多邊規範架構尚未有電子商務規定，故近年來備受關注的是自由貿易協定（雙邊或區域性）的規範發展。

　　雙邊或區域性貿易協定涵蓋電子商務議題最早可溯及到 2001 年，紐西蘭與新加坡當年簽訂的雙邊貿易協定，是自由貿易協定首次納入電子商務的條文。只是，當時的電子商務條文只針對關務便捷化的無紙化貿易議題，且條文內容偏重締約國之合作，而非具強制性義務性質的實體規範[1]。經過數十年的發展，貿易協定之電子商務有著重要的轉變：(1) 從原本零零落落的

---

* 本文係中原大學補助法學院跨域創新小組計畫之部分研究成果。感謝兩位匿名審查委員的寶貴建議，使本文臻於完善，惟礙於篇幅限制，部分審查委員提出的意見將另外撰文說明。作者自負文責。

** 中原大學法學院財經法律學系助理教授。

1 紐西蘭與新加坡緊密經濟合作協定第 12 條針對關務程序便捷的無紙化貿易，規定「雙方之關務行政機構與貿易團體，將共同打造有助於電子商務應用之環境，以實踐亞太經合會電子商務行動藍圖之無紙化貿易倡議」。

一兩個條文,逐漸發展出電子商務專章的規模;(2) 規範議題不再只侷限和通關便捷化面向,而是擴及到電子商品與服務之關稅與非關稅貿易措施,以及涉及電子商務系統運作之跨境資訊流通與個人權益保護;(3) 條文的性質從偏重合作與政策宣示性質,逐漸轉為具有強制性與義務性質的實體要件與程序要件。根據 Monteiro 與 Teh 在 2017 年發表的研究指出,截至 2017 年年中通報 WTO 的區域貿易協定中,已有超過四分之一(約 27%)的區域貿易協定(包含雙邊貿易協定)已有電子商務規範[2]。長期推動亞太地區和全球貿易自由化的亞太經合會(Asia Pacific Economic Cooperation, APEC),也十分關注貿易協定關於電子商務規範的發展,不但將該議題納入下世代貿易投資議題的重點項目,並與競爭政策、中小企業、貿易與勞工等議題,同屬於多邊貿易體系尚未有所規範之 WTO-X 議題[3]。

　　近年來在若干區域貿易協定的推動下,電子商務規範更加完善,特別是跨太平洋夥伴全面進步協定(Comprehensive and Progressive Agreement for Trans-Pacific Partnership, CPTPP)、區域全面經濟夥伴協定(Regional Comprehensive Economic Partnership, RCEP)、美加墨自由貿易協定(United States-Mexico-Canada Agreement, USMCA)所制定的電子商務專章,以及紐西蘭、新加坡與智利針對電子商務簽署的單一協定——「數位貿易夥伴協定」(The Digital Economy Partnership Agreement, DEPA)。該些協定不但展現電子商務規範的可能樣貌,更顯示出貿易協定電子商務規範與基本原則之趨同發展。有學者即針對既有貿易協定之電子商務規範歸類為三個面向:市場進入、貿易便捷化、規範。市場進入面向的規範涉及到關稅、數據接近與流通、自然人移動等議題;貿易便捷化部分則包含無紙化貿易、電子簽

---

[2]　Jose-Antonio Monteiro and Robert Teh (2017), *Provisions on Electronic Commerce in Regional Trade Agreements*, WTO Working Paper ERSD 2017-11, 5.

[3]　APEC, 2016/AMM/008app06, Collective Strategic Study on Issues Related to the Realization of the FTAAP, at 37-50; APEC, 2019/SOM1/CTI/051, *Prominent 'Next Generation' Trade and Investment Issues: A Stocktake of Trade Policy Responses in the APEC Region, Other Regions and the WTO*, at 29-31 (2019); 林映均,亞太自由貿易區在 APEC 的發展與現況,APEC 研究中心編著,一次看懂 APEC 十大議題,頁 55-70,2020 年。

章、電子認證；規範部分則是有關智慧財產權、個人資訊保護、消費者保障與競爭環境等國內規範之對接與調和[4]。另有學者進一步對於該些貿易協定規範造成 WTO 協定的影響進行分析與評估，討論議題包含電子商品與服務對於既有商品和服務供給模式分類的挑戰、服務開放承諾範圍之檢討，以及數據在 WTO 協定的定位和引發之規範議題[5]；或是建議從電子商務經營角度重新定義數位貿易模式以檢討相關貿易障礙[6]。

　　然而，目前的研究對於貿易協定電子商務規範的例外規定與事由尚未有深入討論。例外規定除了使締約國得以在特定情況下例外不遵守其承諾的貿易開放與義務，該規定之範圍也關乎締約國在此貿易協定下之規範空間與彈性。特別是當貿易協定創設電子商務專章時，有無一併為電子商務議題創造特別的例外規定，或是適用貿易協定的其他規定？

　　有鑑於貿易協定對於若干電子商務議題已發展出具強制性與義務性質的實體規範，為瞭解電子商務例外規定的規範態樣與內容，並掌握在同一貿易協定架構下該些規範與其他專章間的適用關係，本文分析目前較具代表性之貿易協定關於電子商務例外規定之設計，探討該些規定適用上的挑戰以及從中衍生不同規範間適用關係的疑義。

　　本文內容除了前言以外，分成三個部分。第一部分先就貿易協定之例外

[4] Amir Ebrahimi Darsinouei (2017), *Understanding E-Commerce Issues in Trade Agreements: A Development Perspective Towards MC11 and Beyond*, CUTS International Research Study, at 11-14; Mark Wu (2017), *Digital Trade-Related Provisions in Regional Trade Agreements: Existing Models and Lessons for the Multilateral Trade System*, IDB & ICTSD Overview Paper, at 9-22.

[5] Carlos A. Primo Braga (2005), *E-Commerce Regulation: New Game, New Rules*? 45 QUA. REV. E. & F. 541, 550-556; Henry Gao (2018), *Regulation of Digital Trade in US Free Trade Agreements: From Trade Regulation to Digital Regulation*, 45(1) LEGAL ISSUE OF ECONOMIC INTEGRATION 47, 50-67; Neha Mishra (2019), Privacy, *Cybersecurity, and GATS Article XIV: A New Frontier for Trade and Internet Regulation*? 19 (3) WORLD TRADE REV. 341, 352-364.

[6] Dan Ciuriak and Maria Ptashkina (2018), *The Digital Transformation and the Transformation of International Trade*, IDB & ICTSD Issue Paper, 3-9.

規定，說明例外規定的規範態樣與法律效果，作爲之後分析電子商務例外規定之分析基礎。第二部分以 DEPA、CPTPP、RCEP 和歐盟—加拿大全面經濟與貿易協定（the EU-Canada Comprehensive Economic and Trade Agreement, CETA）爲例，比較分析貿易協定就電子商務議題例外規定的規範方式。第三部分則針對電子商務例外規定的設計，探討該些規定可能衍生的適用上挑戰，作爲 WTO 正在進行的電子商務複邊談判有關例外規定的參考。

貳、貿易協定之例外規定態樣與效果

　　WTO 協定與自由貿易協定（雙邊或區域）的規範包含實體與程序性規範，除了規定締約國間的市場開放承諾、維護跨境貿易流通與秩序的原則性規範外，也提供締約國間對於條文解釋與適用疑義的爭端解決程序。實體規範部分，市場開放承諾與原則性規範旨在透過要求締約方履行一定作爲（如降低關稅或解除貿易限制措施），或是限制與禁止締約國採取特定行爲（例如不得對締約國他方出口之貨物給予歧視性待遇），界定出締約方積極與消極的作爲義務。但是，除了義務性內容外，WTO 協定與自由貿易協定也會提供例外規定，使締約國得以在特定情形下，例外地採取和協定規範不一致或違反其承諾的作爲。

　　由於例外規定允許的特定情形大多是反映締約國爲發揮政府功能所享有的政策決策空間，使得締約方得以主張例外規定以免除其採取不一致措施或違反義務作爲可能衍生的國家責任[7]。因此，例外規定具有雙重規範意義：其一是對於貿易協定的規範設計而言，此類規定涉及到締約國在一貿易協定下義務性規範和偏離義務行爲之間的互動關係[8]；其二係對於締約國而言，

---

[7]　Gabriele Gagliani (2015), *The Interpretation of General Exceptions in International Trade and Investment Law: Is A Sustainable Development Interpretive Approach Possible*, 43 DENV. J. INT'L. & POL'Y 559, 561.

[8]　Caroline Henckles (2018), *Should Investment Treaties Contain Public Policy Exceptions?* 59 B.C.L.REV. 2825, 2827; CaronlineHenckles (2020), *Permission to Act: The Legal Character of General and Security Exceptions in International Trade and Investment Law*, 69 I.C.L.Q 557, 559.

透過義務性規範與例外規定之適用，得以界定出其在該貿易協定下享有的規制權空間。

　　關於 WTO 協定與自由貿易協定的例外規定類型，存在狹義與廣義的定義。若採狹義的定義方式，WTO 協定與貿易協定的例外規定主要係指一般例外（general exceptions）和安全例外（security exceptions）[9]。Henckles 則提及貿易協定存在三種例外規定態樣，包括一般例外與安全例外、界定適用範圍的除外條款，以及特定議題保留採取不一致措施的權利，並進一步依據規範功能和權利義務關係平衡的角度，探討例外條款在解釋上應屬於締約國的抗辯事由或是允許締約國規制權的行使基礎[10]。本文為盡可能掌握貿易協定和電子商務專章的例外規定圖像，以下主要借用 Henckles 提及的三種規範態樣進行說明與分析，合先敘明。

一、一般例外與安全例外

　　一般例外與安全例外規定較為典型的範例是 WTO 協定在商品貿易與服務貿易規範中的設計，亦即關稅貿易總協定（General Agreement on Tariff and Trade, GATT）第 20 條的一般例外與第 21 條之安全例外；以及服務貿易總協定（General Agreement on Trade in Services, GATS）第 14 條的一般例外與第 14 條之 1 的安全例外。該些例外規定主要藉由「該協定之規定不禁止締約國採取措施（noting in this Agreement should be constructed to prevent...）」，或是「會員採取之措施不受該協定之限制（A member shall not be precluded by... from applying...）」等用語，明示 WTO 會員可對違反協定規範之措施主張例外免除責任的事由。

　　雖然一般例外與安全例外都是 WTO 會員得據以主張和 GATT 或 GATS

---

[9] See generally, Glyn Ayres and Andrew D. Mitchell (2011), *General and Security Exceptions under the GATT and the GATS*, in Carr, Indira JahidBhuiyan and ShawkatAlam eds., INTERNATIONAL TRADE LAW AND WTO (Federation Press 2012), SSRN: https://ssrn.com/abstract=1951549, last accessed 12/10/2021; CaronlineHenckles, *id.* at 559-61.

[10] Caroline Henckles, *supra note 9*, at 563-65, 75-82.

不一致措施例外免責的基礎，但兩者存在規範要件的差異。最主要的差異是必要性認定和不一致措施的效果。

GATT 第 20 條與 GATS 第 14 條的一般例外規定，對於允許的例外事由（如保護公共道德、保護人類、動植物的生命或健康、或為確保落實國內特定法規而採取的措施），多以「必要性」（necessary to）要件要求採取的措施與其主張政策目的間存在關聯性，且以「序言」（chapeau）要求該不一致措施不得造成專斷或不合理的歧視（arbitrary or unjustifiable discrimination），或構成妨礙貿易的隱藏性限制（disguised restriction on trade）。反觀 GATT 第 21 條與 GATS 第 14 條之 1 的安全例外，允許 WTO 會員對於關乎其重大安全利益，或為履行聯合國憲章有關維持國際和平與安全等情事而採取違反相關規範之措施，其中對於必要性的認定是交由會員自行判斷（it considers necessary to），且未規定不一致措施的效果不能構成專斷或不合理的歧視，或造成妨礙貿易的隱藏性限制。

比較一般例外與安全例外給予 WTO 會員的規制權空間，安全例外提供會員在選擇達成維護安全利益目的所實施措施的政策空間與彈性，理論上優於一般例外規定。但為避免安全例外成為 WTO 協定的漏洞，GATT 第 21 條與 GATS 第 14 條之 1 對於符合安全例外的事由，限於關乎會員重大安全利益，或是會員為履行聯合國憲章有關維持國際和平與安全等情事所採取的措施。

GATT 與 GATS 的一般例外與安全例外，也成為其他自由貿易協定制定一般例外與安全例外的基礎。部分貿易協定將該些規定仿效 GATT 與 GATS 的內容；部分貿易協定則是直接將 GATT 與 GATS 的例外規定納入成為協定的部分內容。

以 CPTPP 為例，在第 29.1 條的一般例外規定，第 1 項與第 3 項分別對於貨品貿易與服務貿易的一般例外，直接採取前者規範方式，將 GATT 第 20 條與 GATS 第 14 條的部分款項（第 a、b、c 款）直接納入協定的部

分內容，並明定準用 GATT 與 GATS[11]。CPTPP 第 29.2 條之安全例外，雖然未直接援用 GATT 或 GATS 規定，但內容與 GATT 第 21 條和 GATS 第 14 條之 1 十分雷同，亦規定該協定不得要求締約一方提供或取得其認定一旦揭露將違反其重要安全利益之資訊，或不禁止締約一方採取任何其認爲屬於履行維護或恢復國際和平或安全之義務，或保護其重要安全利益之必要措施[12]。CPTPP 第 29.2 條安全例外對於系爭措施的必要性也是適用自行認定原則（self-judging），交由締約國自行認定與判斷（it determines 或 it considers）。

二、界定範圍之排除條款

　　第二種排除條款的類型，主要是透過界定規範或義務的適用範圍，以釐清締約方可採取不一致措施的範圍[13]。例如，GATT 第 11 條關於數量限制的規定，該條第 2 項指出數量限制禁止規定不適用於爲因應糧食短缺、爲符合國際商品分類或分銷標準與規範、或其他允許之政策目的等情事所實施之進出口限制。該項允許不一致措施的規範方式，是藉由「該條第 1 項規定不適用於下列情形（The provisions of paragraph 1 of this Article shall not extend to

---

[11] CPTPP, Article 29.1:

1. For the purposes of..., Article XX of GATT 1994 and its interpretative notes are incorporated into and made part of this Agreement, mutatis mutandis.

2. ...

3. For the purposes of..., paragraphs (a), (b) and (c) of Article XIV of GATS are incorporated into and made part of this Agreement, mutatis mutandis.

[12] CPTPP, Article 29.2:

Nothing in this Agreement shall be construed to:

(a) require a Party to furnish or allow access to any information the disclosure of which it determines to be contrary to its essential security interests; or

(b) preclude a Party from applying measures that it considers necessary for the fulfilment of its obligations with respect to the maintenance or restoration of international peace or security, or the protection of its own essential security interests.

[13] Caroline Henckles, *supra note* 9, at 559.

the following ...）」的要件加以界定。根據 GATS 第 1 條之定義，該條第 3 項將適用於該協定的服務範圍排除政府行使公權力所提供的服務；GATS 第 13 條也明定最惠國待遇、國民待遇與市場開放等規範，排除適用於政府機構為管理目的而進行的採購行為。

以 CPTPP 為例，關於適用範圍的排除規定，CPTPP 第 10 章的跨境服務貿易。CPTPP 第 10.2 條關於第 10 章（跨境服務貿易）的適用範圍，於第 3 項規定不適用於該章規範的情形包含：(1) 第 11.1 條定義之金融服務，但若金融服務是由屬於該協定規範之投資且不非締約一方境內的金融機構，仍應適用第 10.2 條的規範；(2) 政府採購；(3) 政府為行使公權力所提供之服務；(4) 締約一方提供的補助或補貼（包含政府資助的貸款、擔保與保險）。CPTPP 第 10.5 條也將對於空運服務之適用範圍，利用排除條款有所限縮。

三、保留採取不一致措施的權利

第三種類型則是保留締約國採取不一致措施的權利，特別是針對具體項目或議題，保有採取違反協定規範或不一致措施的政策空間。例如，GATS 第 2 條第 2 項關於最惠國待遇的豁免，允許會員得在服務開放承諾表記載不符合最惠國待遇之措施與情形；或是 GATT 第 14 條允許會員基於國家收支平衡或經濟發展的目的，例外採取違反非歧視性數量限制規定之措施；GATT 第 19 條亦允許會員為保護國內廠商因大量進口而受到損害，採取暫時性緊急防衛措施。此外，GATT 第 24 條與 GATS 第 5 條規定，允許 WTO 會員為進一步促進貨品貿易或服務貿易自由化，另外簽訂如關稅聯盟、自由貿易區或是區域貿易協定等貿易協定。

此種保留條款類型在區域性貿易協定部分，以 CPTPP 為例，除了允許締約一方為因應緊急情事採取暫時性防衛措施外，也展現在締約一方可針對特定項目提出之不符合措施（non-conforming measures）規定。具體而言，CPTPP 第 2.3 條貨品貿易的國民待遇義務，該條第 3 項規定該協定附件 2-A 所列之國民待遇與進出口限制內容，不適用該條第 1 項規定的國民待遇義

務[14]。CPTPP 第 9 章（投資）中，第 9.12 條規定國民待遇（第 9.4 條）、最惠國待遇（第 9.5 條）和高階經理人與董事會（第 9.10 條）等規定，不適用締約一方在承諾表記載之措施[15]。CPTPP 第 10 章（跨境服務貿易），第 10.7 條第 1 項也針對締約一方在承諾表提出之措施，明定不適用於該章的國民待遇（第 10.3 條）、最惠國待遇（第 10.4 條）、市場進入（第 10.5 條）與當地據點（第 10.6 條）等規定[16]；第 10.7 條第 2 項允許屬於締約一方在承諾表中列為不開放的服務項目與相關活動，締約一方可對該些項目採取之措施不適用國民待遇、最惠國待遇、市場開放和當地據點等規定[17]。換言之，一旦 CPTPP 締約國在關於投資與跨境服務貿易提出之承諾表中，載明將繼續維持或實施的不符合措施，或不適用於市場開放承諾的項目，即可對於該些措施或項目保有採取可能違反該協定的規制空間。

此外，CPTPP 第 29.4 條關於租稅措施，也明定該協定不影響締約一方在任何租稅公約下的權利與義務[18]。該條第 3 項更進一步針對租稅公約和該協定可能產生的規範衝突，明定倘若租稅公約和該協定有不一致之處，在不一致範圍內應優先適用租稅公約規定[19]。換言之，締約一方得採取相關措施

---

[14] CPTPP, Article 2.3.3 ("Paragraph 1 shall not apply to the measures set out in Annex 2-A (National Treatment and Import and Export Restrictions").

[15] CPTPP, Article 9.12.1 ("Article 9.4 (National Treatment), Article 9.5 (Most-Favoured-Nation Treatment), Article 9.10 (Performance Requirements) and Article 9.11 (Senior Management and Boards of Directors) shall not apply to: ...").

[16] CPTPP, Article 10.7.1 ("Article 10.3 (National Treatment), Article 10.4 (Most-Favoured-Nation Treatment), Article 10.5 (Market Access) and Article 10.6 (Local Presence) shall not apply to: ...").

[17] CPTPP, Article 10.7.2 ("Article 10.3 (National Treatment), Article 10.4 (Most-Favoured-Nation Treatment), Article 10.5 (Market Access) and Article 10.6 (Local Presence) shall not apply to any measure that a Party adopts or maintains with respect to sectors, sub-sectors or activities, as set out by that Party in its Schedule to Annex II").

[18] CPTPP, Article 29.4.2 ("Except as provided in this Article, nothing in this Agreement shall apply to taxation measures").

[19] CPTPP, Article 29.4.3 (Nothing in this Agreement shall affect the rights and obligations of any Party under any tax convention. In the event of any inconsistency between this Agreement and any such tax convention, that convention shall prevail to the extent of the inconsistency").

以履踐其在租稅公約所承擔的義務或可享有的權利。一旦該些措施引起其他締約國疑慮或爭議，該些措施有無違反協定義務而產生國家責任的判斷基準，原則上優先適用租稅公約規定，確保締約國在處理租稅議題上的政策空間。

四、小結

　　儘管貿易協定下的例外規定存在不同的規範方式與態樣，該些例外規定的法律效果大致上可分成抗辯或允許作為兩種情形。例外規定作為抗辯事由的情形，係指當締約一方違反協定應遵守的義務或承諾，可適用例外規定作為正當化違反行為的事由，使其無須負擔因違反義務產生的國家責任。因此，例外規定作為抗辯事由的效果下，適用例外事由的前提是有違反義務或違反承諾行為的存在。倘若沒有違反協定義務與承諾的行為，即沒有引用例外規定的需要。另一種情形則是允許締約國一定作為的基礎，只要締約國採取特定的行為符合例外規定之要件，即不適用該協定之規範。換言之，此時的例外規定是限縮規範的適用範圍[20]。

　　從上述提及三種貿易協定中例外規定的規範方式來看，第二種排除條款與第三種保留規範權兩種類型的規定，法律效果似乎偏向允許締約國為一定作為，而非作為抗辯違反協定行為的理由。而且，為維護貿易協定的規範完整性和政策目的，允許締約國一定行為的規定通常會特定出排除的行為類型與要件，避免排除的範圍遭到過度解釋，導致相關的協定規範或承諾形同具文。

　　至於第一種有關一般例外與安全例外，通常被視為是抗辯事由。以貿易協定為例，一般例外與安全例外規定讓締約一方在違反協定的義務或市場開放承諾時，得據以主張作為正當化其違反義務或承諾行為的基礎，免除衍生的國家責任。由於一般例外與安全例外的主要係為締約國保留為實現公共政策或維護國家利益的規範空間與彈性，故規定的例外事由大多為開放

---

[20] Caroline Henckles, *supra note 9*, at 561-62.

性文字，使例外規定得以因應締約方之間不同的政策環境與規範需求[21]。惟Henckles 進一步認為從規範功能而言，一般例外與安全例外的效力，若能透過條約解釋將此該些規定解釋為協定允許締約一方的規制權，較可避免產生規範無效的情形[22]。惟本文主要討論電子商務例外規定的規範方式和衍生的規範間適用關係，故下列未就電子商務例外規定的法律效果進行深入探討。

參、貿易協定關於電子商務例外規定的規範方式

　　經由上述分析可知，例外規定代表貿易協定對於締約國欲追求的政策目標和其他公共政策目標間的折衝與衡平；例外規定所在的不同規範脈絡也隱含著締約方在特定議題上擁有的規制權空間。本文選定 CPTPP、RCEP、DEPA 和 CETA，作為代表國際上貿易協定對於電子商務採取的不同規範方式（專章式規範或單一協定），並反映重要經濟體或國家對於貿易協定電子商務規範的立場。以下針對該些協定的電子商務例外規定進行類型化分析。

一、電子商務的規範架構

　　在探討貿易協定電子商務例外規定的規範方式與內容之前，宜先說明電子商務議題在此四個貿易協定規範架構中的定位。

　　紐西蘭、新加坡與智利於 2020 年 6 月 12 日簽署，並於同年 12 月 28 日生效的數位經濟夥伴協定（DEPA），將數位貿易與電子商務的規範聚焦在三個面向：點對點的數位貿易（如無紙化貿易、數位身分、電子收據、電子支付與金融科技）、強化數據流通環境（如個人數據保護、跨境數據流通、開放政府數據、數據創新與規範沙盒），以及打造數位系統的信任並促進數位經濟的參與（如人工智慧、中小企業合作、線上消費者保護、數位包容性）。該協定將相關規範依主題分成 15 組（module）。該 15 組規定依序為：初始條款與一般定義（module 1）、企業與貿易便捷化（module 2）、

---

[21] *Id.*, at 563.

[22] *Id.*, at 575-76.

數位商品待遇與相關議題（module 3）、數據議題（module 4）、廣泛信任環境（module 5）、企業與消費者信任（module 6）、數位身分（module 7）、新興趨勢與科技（module 8）、創新與數位經濟（module 9）、中小型企業合作（module 10）、數位包容性（module 11）、共同委員會與聯絡點（module 12）、透明化（module 13）、爭端解決（module 14）、例外（module 15）。由於 DEPA 只針對數位貿易與電子商務進行規範，故相關規範適用上不會如其他貿易協定，產生不同專章間規範適用關係的爭議。

原本由美國主導談判並企圖作為 21 世紀高品質、高標準與涵蓋範圍廣泛的貿易協定典範的跨太平洋夥伴協定（Trans-Pacific Partnership Agreement），在美國於 2017 年 1 月 23 日宣布退出後，其餘 11 個會員重新審視並調整部分協定內容後，於 2018 年 3 月 8 日完成 CPTPP 的簽署（同年 12 月 30 日生效）。CPTPP 將所涵蓋的議題，各自依主題分為 30 個專章，其中在第 14 章制定電子商務專章，並於第 29 章規定「例外與一般條款」。在 CPTPP 規範架構下，電子商務議題的例外規定除了要掌握第 14 章（電子商務）外，亦須檢視該協定第 29 章例外與一般條款的安排。倘若，電子商務涉及到投資、跨境服務或商品貿易等議題，亦須注意第 14 章有無明定如何處理該章和其他專章間的適用關係。

CPTPP 關於電子商務的規範架構也適用於 RCEP 與 CETA 的情形。

東協（Association of Southeast Asian Nations, ASEAN）為深化以東協為核心的區域內經濟整合，於 2011 年 11 月通過「東協區域全面經濟夥伴關係架構」（ASEAN Framework for Regional Comprehensive Economic Partnership），在東協加六（中國、日本、韓國、紐西蘭、澳洲與印度）的談判架構下推動 RCEP。雖然印度於 2019 年 11 月宣布退出談判，剩餘的成員依然在 2020 年 11 月 15 日完成談判並簽署。由於 RCEP 自我期許為現代化、高品質與廣泛的貿易協定，其涵蓋議題也相當多元。在總計 20 個專章中，第 12 章為電子商務專章；第 17 章則規定「一般條款與例外規定」。因此，RCEP 關於電子商務的例外規定，不僅要檢視第 12 章的電子商務專章，亦須配合第 17 章例外規定的解釋；並在涉及到如投資、跨境服務或貨品貿易等議題，也需考慮第 12 章的電子商務專章有無規定和其他專章規定適用

上的安排。

　　歐盟執委會在 2006 年為因應 WTO 宣布杜哈談判回合停滯，同年 10 月公布「全球歐洲」（Global Europe）文件，揭示歐盟的貿易政策除了持續參與杜哈回合談判，將透過洽簽雙邊自由貿易協定以擴大境外市場、深化和策略夥伴關係，並確保國際貿易的競爭環境[23]。歐盟簽署的雙邊貿易協定內容與 CPTPP、RCEP 相似，除了深化 WTO 既有議題，亦涵蓋 WTO 尚未規範的議題（如競爭政策、投資、環境、中小企業）；近年來更把電子商務與數位貿易議題納入談判重點[24]。

　　惟歐盟對於電子商務在雙邊貿易協定下的規範定位，會因談判對手國有所變化。舉例而言，歐盟與加拿大在 2016 年 10 月 30 日完成談判的「全面經濟與貿易協定」（於 2017 年 9 月 21 日生效），將電子商務議題規定在該協定第 16 章的「電子商務專章」；歐盟正在與澳洲進行的雙邊貿易協定，也是將電子商務單獨規範在「數位貿易專章」。反觀歐盟於 2018 年間分別與日本、新加坡簽署的貿易協定，此二協定選擇將電子商務和投資、服務貿易共同化約成一章。歐盟—日本經濟夥伴協定的電子商務規定，必須審視該協定第 8 章之「服務、投資自由化與電子商務」；歐盟—新加坡自由貿易協定的電子商務規定，也必須審視第 8 章之「服務、建立與電子商務」內容。歐盟與墨西哥正在進行談判的雙邊貿易協定，亦是將電子商務與數位貿易議題規範在「服務章」，未另外成為單獨的專章。

　　理論上，專章式的規範能提升特定議題的規範完整度與細緻度，但歐盟雙邊貿易協定的電子商務規定未特別突顯此優勢。對比 CETA 和歐盟—新加坡貿易協定，前者的電子商務專章涵蓋的議題包括一般性規範與定義、電子交易的關稅、電子商務的信任與信心、其他合作與對話事項，以及該章和其他專章間的適用關係。歐盟—新加坡貿易協定的第 8 章，對於電子商務的規

---

[23] Commission of the European Communities, COM (2006)567, *Global Europe: Competing in the World* (2006).

[24] 黃偉峰，歐盟對外簽署自由貿易協定之文本分析與類型研究，政治科學論叢，第 55 期，頁 97-100，2013 年 3 月。

定則有關稅、由電子方式提供的服務、電子簽章以及其他合作事項。

　　整體上，歐盟的貿易協定對於電子商務的規範廣度與深度不如 CPTPP 與 RCEP，更不及於單一協定的 DEPA。但由於歐盟的雙邊協定對於電子商務也是專章式規範，故電子商務例外規定的適用方式與 CPTPP、RCEP 雷同，須先檢視電子商務所在的專章有無特別規範，再審視適用其他專章或該協定所規定的一般例外。

二、電子商務的例外規定

（一）界定適用範圍的排除條款和保留採取不一致措施的例外事由

　　從廣義的角度而言，貿易協定的例外規定不限於標示為「例外」的規定，也包含界定適用範圍的排除條款與保留實施不一致措施的例外事由。據此檢視四個協定，僅有 DEPA 較為全面地涵蓋三種例外規定態樣；CPTPP、RCEP 與 CETA，此三個協定的電子商務專章都未提供適用該章的一般例外規定，而是針對具體議題的不一致措施給予特別例外事由。在此之下，一般例外規定將回歸適用協定本身的例外規定。以下先說明涉及界定適用範圍和保留採取不一致措施的例外規定。

　　關於界定電子商務專章適用範圍的例外規定類型，均存在 CPTPP、RCEP 與 DEPA。CPTPP 第 14.2 條與 RCEP 第 12.3 條均明定，電子商務專章不適用於政府採購，或是締約一方（包含代表締約一方）持有或處理之資訊或與該資訊相關之措施。DEPA 第 1.1 條除了將適用範圍排除政府採購、締約一方持有或處理的政府數據之外，也排除「執行政府公權力所提供的服務」（the exercise of governmental authority）與金融服務（不包含適用第 2.7 條的電子支付）。DEPA 第 15.5 條則進一步將締約一方境內的稅賦措施（taxes or taxation measures）排除於該協定的適用範圍之外，以確保締約方在稅收事務上的規制權。

　　有關保留締約方採取不一致措施的例外規定類型，CPTPP、RCEP 與 DEPA 亦都提供相關規定。在 CPTPP 與 RCEP 電子商務專章中，此種類型的規定主要集中在計算設施之位置和跨境資訊傳輸兩個議題。

1. 計算設施之位置：CPTPP 第 14.13 條雖然要求締約一方不能對使用者（covered person）提出以在其境內使用或設置計算設備作為執行業務的條件，但該條第 3 項允許締約一方得在符合例外事由時採取不一致措施。關於計算設施位置例外事由的適用要件為：(1)為實現正當公共政策（legitimate public policy）目的；(2) 該措施不構成專斷或無理之歧視，或隱藏性貿易限制；(3) 對計算設施的使用或位置之限制，不應超過達成政策目的所需的程度（not greater than required to achieve the objective）。RCEP 第 12.14 條的規範內容和 CPTPP 相近，該條第 3 項也同樣允許締約一方得在符合例外事由之下採取不一致措施，但例外事由的範圍較 CPTPP 來得廣。

RCEP 第 12.14 條第 3 項除了允許締約一方為實現正當公共政策之目的而限制或要求業者在其境內使用或設置計算設備，也允許締約一方在考量保護其重要安全利益之下（it considers for the protection of its essential security interests）採取不一致措施。由於此二例外事由所要保護締約方規範空間的目的不同，相關要件也有不同的處理。倘若締約一方是為實現正當公共政策目的而採取不一致措施，該措施必須是達成此政策目的的必要方法（necessary to achieve a legitimate public policy），且不能構成專斷或無理之歧視，或隱藏性貿易限制。然而，倘若締約一方是為保護重要安全利益目的，且其認為採取的措施是保護其安全利益的必要方法，即不受第 12.14 條第 2 項的規範，而且其他締約方不能對此類措施提出異議。

2. 跨境資訊移轉：CPTPP 第 14.11 條規定在尊重各締約方各自關於電子方式移轉資訊的國內法規範之下，要求締約一方原則上應允許業者可基於業務所需，以電子方式進行跨境資訊移轉。但該條第 3 項允許締約一方得為達成正當公共政策目的（legitimate public policy），例外限制或禁止跨境資訊移轉。而該條對於例外事由的要件，採取與第 14.13 條第 3 項針對計算設施位置的例外事由一致的方式，要求該不一致措施不能構成專斷或無理之歧視，或隱藏性貿易限制，且該措施對於業者的限制不應超過達成政策目的所需的程度（not greater than required to achieve the objective）。

RCEP 對於跨境資訊移轉也採取和 CPTPP 相似的規範內容。第 12.15 條第 2 項要求締約一方不能禁止業者為執行業務所需進行電子方式的跨境資訊

移轉。但若符合該條第 3 項的例外事由，得採取違反該條第 2 項規定的措施。而允許採取不一致措施的例外事由也如該協定第 12.14 條關於計算設施位置的內容一樣，提供兩種例外事由。倘若締約一方是為實現正當公共政策目的而採取不一致措施，該措施必須是達成此政策目的的必要方法，且不能構成專斷或無理之歧視，或隱藏性貿易限制。倘若締約一方是為保護其重要安全利益的目的，只要其認為採取的方式是達成此目的的必要方法，即不受第 12.15 條第 2 項的規範，且其他締約方不得對此類措施提出異議。

值得注意的是，RCEP 第 12.15 條和第 12.14 條不同之處在於正當公共政策目的的註解。第 12.15 條第 3 項對於正當公共政策目的特別在註解 14 說明，「實施此類為達成正當公共政策目的之不一致措施和目的之間的必要性，應由實施措施的締約方決定」（decided by the implementing Party）[25]。對比 RCEP 第 12.14 條對於必要性要件的沉默，探究第 12.15 條第 3 項註解對於必要性程度說明的政策動機，其目的係為確保締約一方對於限制或禁止跨境資訊移轉的規範空間與自主性。特別是 RCEP 第 12.17 條規定此電子商務專章所產生的爭議，不適用該協定第 19 章的爭端解決程序，而是透過有爭議締約方之間的諮商程序或交由 RCEP 聯合委員會來解決彼此的爭議，一旦其他締約方對於他方採取限制或禁止跨境資訊移轉的措施有所異議，也不能質疑此措施和主張的政策目的之間欠缺必要性。

儘管 RCEP 第 12.15 條有意避免締約方的政策決定事後遭爭端解決機構的審查，但該條第 3 項註解 14 說明必要性「由實施措施締約方自行決定」的文字，恐存在解釋上疑義。

觀察 WTO 案件涉及例外規定的必要性要件，必要性的認定包含「政策目的所欲實現的保護程度」、「實施措施能否達成政策目的的保護程度」以及「措施與目的間必要性的存在」。對於政策目的所欲實現的保護程度以及實施措施能否達成政策的保護程度，WTO 爭端解決小組與上訴機構原則上

---

[25] RCEP, Article 12.15, paragraph 3, footnote 14 ("For the purpose of this subparagraph, the Parties affirm that the necessity behind the implementation of such legitimate public policy shall be decided by the implementing Party").

尊重實施措施會員提出的主張，不做事後審查[26]。倘若將 RCEP 第 12.15 條
第 3 項註解 14 交由締約方自行決定的範圍及於措施與目的間必要性的存在，
此項規定將實質上剝奪其他締約方提出異議的權利，進而使第 12.15 條第 3
項對於兩個例外事由是否允許其他締約方提出異議的區別安排，形同具文。

　　至於 DEPA 部分，對於保留締約方採取不一致措施的例外範圍，規定
比 CPTPP 與 RCEP 來得廣。除了計算設施的位置和跨境資訊移轉等規定的
例外事由外，另外有關紐西蘭為處理和境內原住民間權利義務的懷唐伊條約
（Treaty of Waitangi）、貨幣與匯率政策等議題也保留締約一方採取不一致
措施的權利。

　　DEPA 第 4.4 條關於計算設施的位置的規定和 CPTPP 第 14.13 條相似，
原則上要求締約一方不能將境內使用或設置計算設施作為業者執行業務的條
件，但為達成正當公共政策目的（legitimate public policy），採取不一致措
施。例外事由的要件也與 CPTPP 第 14.13 條相同，該措施不能構成專斷或
無理的歧視，或是隱藏性貿易限制；且該措施限制使用與設置計算設施的
程度不應超過實現其所主張政策目的所需的程度（not greater than required to
achieve the objective）[27]。

---

[26] Panel Report, *United States — Measures Affecting the Cross-Border Supply of Gambling and Betting Services*, ¶ 6.461, WTO. Doc. WT/DS285/R (adopted April 20, 2005); Appellate Body Report, *Korea — Measures Affecting Imports of Fresh, Chilled and Frozen Beef*, ¶¶ 161-64, 176, WTO Doc. WT/DS161/AB/R (adopted December 11, 2000); Appellate Body Report, European Communities—Measures Affecting Asbestos and Products Containing Asbestos, ¶¶ 168, 172-74, WTO. Doc. WT/DS135/AB/R (adopted April 05, 2001); Appellate Body Report, *European Communities—Measures Prohibiting the Importation and Marketing of Seal Products*, ¶¶ 5.200-01, WTO. Doc. WT/DS400/AB/R, WT/DS401/AB/R (adopted June 18, 2014).

[27] DEPA, Article 4.4 ("3. Nothing in this Article shall prevent a Party from adopting or maintaining measures inconsistent with paragraph 2 to achieve a legitimate public policy objective, provided that the measure: (a) is not applied in a manner which would constitute a means of arbitrary or unjustifiable discrimination or a disguised restriction on trade; and (b) does not impose restrictions on the use or location of computing facilities greater than are required to achieve the objective").

　　DEPA 第 4.3 條針對電子方式進行跨境資訊移轉，規範內容也與 CPTPP 第 14.11 條極爲相似。原則上要求締約方應允許業者爲執行業務所需，以電子方式進行資訊的跨境移轉。但是，締約一方得爲實現正當公共政策的目的，例外採取限制或禁止措施。而例外事由的要件與該協定第 4.4 條相同，此不一致措施不能構成專斷或無理的歧視，或是隱藏性貿易限制；且該措施限制跨境資訊移轉的方法不應超過實現其所主張政策目的所需的程度。

　　對於紐西蘭爲實現維護其境內原住民權益的任務（包含履行懷唐伊條約所定的義務），DEPA 第 15.3 條也保留紐西蘭得例外採取不一致措施的權利，只要相關措施符合該條規定的要件。第 15.3 條第 1 項規定此類措施不能成爲紐西蘭對其他締約方採取專斷或無理的歧視，或成爲商品貿易、服務貿易與投資等隱藏性限制措施[28]。

　　然而，不一致措施不能構成「專斷或無理的歧視或是隱藏性貿易限制」的要件，並未出現在 DEPA 第 15.4 條有關貨幣與匯率政策的例外事由。DEPA 第 15.4 條第 1 項允許締約一方爲「審愼理由」（prudential reasons），採取相關措施以保護投資者、存戶、保單持有者或金融機構或金融服務供給者對其負有信託責任者，或爲確保金融體系的完整性和穩定性等目的。對於此類措施，DEPA 並未要求一定不能構成「專斷或無理的歧視或是隱藏性貿易限制」，且未要求「措施的內容不應超過實現其所主張政策目的所需的程度」等要件，而是要求實施措施的締約方，不能將之作爲「規避其在該協定應履行的承諾或義務的理由」[29]。此外，第 15.4 條爲避免「審

---

[28] DEPA, Article 15.3, paragraph 1 ("Provided that such measures are not used as a means of arbitrary or unjustified discrimination against persons of the other Parties or as a disguised restriction on trade in goods, trade in services and investment, nothing in this Agreement shall preclude the adoption by New Zealand of measures it deems necessary to accord more favourable treatment to Maori in respect of matters covered by this Agreement, including in fulfilment of its obligations under the Treaty of Waitangi").

[29] DEPA, Article 15.4, paragraph 1 ("Notwithstanding any other provisions of this Agreement, a Party shall not be prevented from adopting or maintaining measures for prudential reasons, ...If these measures do not conform with the provisions of this Agreement, they shall not be used as a means of avoiding the Party's commitments or obligations under those provisions").

慎理由」的例外事由過於抽象，該條註解特別說明締約方認知審慎理由的範圍，主要是涉及「維護個別金融機構或跨境金融服務供給者的安全、穩健、完整性或財務責任，以及支付與清算系統的安全、財務與運營的完整性」。

相較於 DEPA 對於「審慎理由」的註解說明，以及 RCEP 對於限制跨境資訊移轉的必要性要件的註解說明，CPTPP、RCEP 與 DEPA 對於同樣屬於抽象概念的「正當公共政策」，卻未特別說明可能的範圍或涉及的情事，留給締約方相當程度的政策空間。DEPA、CPTPP、RCEP 與 CETA 對於電子商務例外規定，屬於排除適用範圍類型與保留不一致措施例外情形的類型，相關的適用要件整理如下表所示。

表 2-1　DEPA、CPTTP、RCEP 與 CETA 電子商務排除適用範圍類型與保留不一致措施比較表

	DEPA	CPTPP	RCEP	CETA
電子商務規範架構	單一協定	電子商務章（第 14 章）	電子商務章（第 12 章）	電子商務章（第 16 章）
適用範圍的排除	第 1.1 條：政府採購締約一方持有或處理的政府數據、執行政府公權力所提供的服務。 第 15.5 條：稅賦措施。	第 14.2 條：政府採購、締約一方持有或處理的政府資訊。	第 12.3 條：政府採購、締約一方持有或處理的政府資訊。	無規定
保留不一致措施的例外				
計算設施的位置	第 4.4 條第 3 款 • 事由：為實現正當公共政策目的。 • 要件：該措施不構成專斷或無理之歧視，或隱藏性貿易限制；所為之限制不應超過達成政策目的所需的程度。	第 14.13 條第 3 項 • 事由：為實現正當公共政策目的。 • 要件：該措施不構成專斷或無理之歧視，或隱藏性貿易限制；所為之限制不應超過達成政策目的所需的程度。	第 12.14 條第 3 項 a 款： • 事由：為實現正當公共政策目的。 • 要件：該措施不構成專斷或無理之歧視，或隱藏性貿易限制；所為之限制不應超過達成政策目的所需的程度。	無規定

表 2-1 DEPA、CPTTP、RCEP 與 CETA 電子商務排除適用範圍類型與保留不一致措施比較表（續）

	DEPA	CPTPP	RCEP	CETA
			第 12.14 條第 3 項 b 款： • 事由：締約一方考量保護其重要安全利益。 • 要件：無。	
跨境資訊移轉	第 4.3 條： • 事由：為實現正當公共政策目的。 • 要件：該措施不構成專斷或無理之歧視，或隱藏性貿易限制；所為限制不應超過達成政策目的所需的程度。	第 14.11 條第 3 項： • 事由：為實現正當公共政策目的。 • 要件：該措施不構成專斷或無理之歧視，或隱藏性貿易限制；所為之限制不應超過達成政策目的所需的程度。	第 12.15 條第 3 項 a 款： • 事由：為實現正當公共政策目的（註解：措施與目的間的必要性，由實施措施的締約方決定）。 • 要件：該措施不構成專斷或無理之歧視，或隱藏性貿易限制；所為之限制不應超過達成政策目的所需的程度。 第 12.15 條第 3 項 b 款： • 事由：締約一方考量保護其重要安全利益。 • 要件：無。	無規定
其他	第 15.3 條第 1 項： • 事由：為實現維護其境內原住民權益的任務（包含履行懷唐伊條約所定的義務）。 • 要件：不能構成專斷或無理			

表 2-1　DEPA、CPTTP、RCEP 與 CETA 電子商務排除適用範圍類型與保留不一致措施比較表（續）

	DEPA	CPTPP	RCEP	CETA
	的歧視或是隱藏性貿易限制。 第 15.4 條第 1 項： • 事由：爲審慎理由（註解：維護個別金融機構或跨境金融服務供給者的安全、穩健、完整性或財務責任，以及支付與清算系統的安全、財務與運營的完整性）。 • 要件：不能作爲規避其在該協定應履行的承諾或義務的理由。			

（二）一般例外與安全例外

關於電子商務專章的一般例外與安全例外規定，除了 DEPA 本身是針對電子商務與數位貿易獨立且完整的協定，其在第 15 組規定的一般例外與安全例外，其餘三個協定雖然創設了電子商務專章，卻未另外針對此專章制定一般例外或安全例外。在專章沒有特別安排之下，電子商務的一般例外與安全例外應回歸適用貿易協定所規定的一般例外與安全例外。因此，從貿易協定完整性與一致性的角度，該些貿易協定的電子商務專章一定程度避免加劇不同規範之間的適用衝突。

具體而言，CPTPP 的電子商務一般例外與安全例外須適用該協定第 29.1 條與第 29.2 條；RCEP 的電子商務一般例外與安全例外需回歸到第 17.12 條與第 17.13 條規定的一般例外與安全例外；CETA 的電子商務議題則

是適用第 28.3 條的一般例外和第 28.6 條的國家安全例外。然而，若進一步檢視 CPTPP、RCEP 與 CETA 的一般例外與安全例外的內容，存在若干細節上差異，以下說明之。

1. 一般例外

在一般例外部分，無論是 CPTPP、RCEP 或 CETA，都是將 GATT 與 GATS 的一般例外規定直接納為條文的內容，並明定準用（mutatis mutandis）GATT 第 20 條與 GATS 第 14 條（包含相關的註解）。不同之處在於，電子商務相關措施究竟是被歸類為適用 GATT 第 20 條的情形，或是適用 GATS 第 14 條，抑或是兩者皆可。

CPTPP 第 29.1 條與 CETA 第 28.3 條對於電子商務相關措施的一般例外，是歸類於適用 GATS 第 14 條例外規定的議題。觀察此二協定一般例外規定的安排，適用 GATT 一般例外規定的議題大多與商品貿易有關，例如貨品的國民待遇與市場進入、原產地規則、成衣與紡織品、關務行政與貿易便捷化、動植物檢疫；適用 GATS 一般例外的議題則有跨境服務貿易、商務人士短期進入、電信與投資。如此的議題分類大致與 WTO 協定的規範架構相符。其次，CPTPP 第 29.1 條第 3 項與 CETA 第 28.3 條第 2 項雖然準用 GATS 第 14 條一般例外，但對於準用範圍限制在 GATS 第 14 條第 a 款至第 c 款的情形[30]。惟，CETA 第 28.3 條較 GATS 第 14 條 a 款增加了「保護公共安全」（public security）的例外事由[31]。

RCEP 第 17.12 條大致採取和 CPTPP、CETA 相似的分類：屬於商品貿易的議題適用 GATT 一般例外規定；屬於服務貿易相關的議題則適用 GATS

---

[30] CPTPP, Article 29.1, paragraph 3 ("For the purposes of Chapter 10 (Cross-Border Trade in Services), Chapter 12 (Temporary Entry for Business Persons), Chapter 13 (Telecommunications), Chapter 14 (Electronic Commerce) 2 and Chapter 17 (State-Owned Enterprises and Designated Monopolies), paragraphs (a), (b) and (c) of Article XIV of GATS are incorporated into and made part of this Agreement, mutatis mutandis. ..."); CETA, Article 28.3, paragraph 2.

[31] CETA, Article 28.3, paragraph 2 (a) ("to protect public security or public morals or to maintain public order").

一般例外規定。但是，RCEP 不同之處是將電子商務和投資安排爲既可適用 GATT 一般例外，亦可適用 GATS 的一般例外規定。而且，準用 GATS 第 14 條規定的範圍，並未限制在第 a 款至 c 款的情形[32]。換言之，GATS 第 14 條第 d 款的「不符合第 17 條（國民待遇）的差別待遇，若爲確保對其他會員之服務供給者公平或有效課徵直接稅者」，以及第 e 款「與第 2 條規定（最惠國待遇）不符者，此差別待遇是因該會員爲遵守避免雙重課稅所簽協定，或其他國際協定或協議中之避免雙重課稅條款者的目的」，都是 RCEP 締約方對於電子商務相關措施可主張的例外事由。

CPTPP、CETA 與 RCEP 的規定突顯出貿易協定對於電子商務的本質，究竟是商品貿易或服務貿易尚未有定論。事實上，CPTPP 第 29.1 條第 3 項關於電子商務專章適用 GATS 一般例外規定，也在註解中特別說明：「此規定不影響數位商品認定爲商品或服務的判斷」[33]。換言之，倘若電子商務措施是涉及到數位商品，在 CPTPP 規範下，仍有將其解釋爲商品貿易而依第 29.1 條第 1 項適用 GATT 一般例外的可能。

觀察 DEPA 關於一般例外的規範，DEPA 第 15.1 條也是傾向不去定義電子商務措施的性質，而是依措施實施的對象而給予適用 GATT 一般例外或 GATS 一般例外的彈性。DEPA 第 15.1 條第 1 項至第 3 項採取和 CPTPP、RCEP 與 CETA 相同的做法，直接將 GATT 和 GATS 關於一般例外的規定納爲協定內容的部分，且明定準用 GATT 第 20 條與 GATS 第 14 條，且準用範圍包括 GATT 與 GATS 此二規定的相關註解[34]。然而，DEPA 第 15.1 條第

---

[32] RCEP, Article 17.12, paragraph 2 ("For the purposes of Chapter 8 (Trade in Services), Chapter 9 (Temporary Movement of Natural Persons), Chapter 10 (Investment), and Chapter 12 (Electronic Commerce), Article XIV of GATS including its footnotes is incorporated into and made part of this Agreement, mutatis mutandis").

[33] CPTPP, Article 29.1, paragraph 3 ("This paragraph is without prejudice to whether a digital product should be classified as a good or service").

[34] DEPA, Article 15.1 , paragraph 1 ("For the purposes of this Agreement, Article XX of GATT 1994 and its interpretive notes are incorporated into and made part of this Agreement, mutatis mutandis"); paragraph 3 ("For the purposes of this Agreement, Article XIV of GATS (including its footnotes) is incorporated into and made part of this Agreement, mutatis mutandis. ...").

4 項另外擴大 GATT 與 GATS 的一般例外事由，包含「為保護國寶或具有歷史或考古價值的地點，或支持具有國家價值的創意藝術」[35]。

2. 安全例外

關於安全例外部分，四個協定的規定大致上是參考 GATT 與 GATS 的安全例外規定，再做各自相應的調整。

CPTPP 第 29.2 條與 DEPA 第 15.2 條的安全例外規定內容較為簡潔，將原本 GATT 第 21 條與 GATS 第 14 條之 1 規定的範圍，刪減到兩種情形：(1) 該協定不得要求任一締約方提供認為透露必違反其重大安全利益之資料；(2) 該協定不得禁止締約方在其認為必要之下，採取相關措施以履行關於維護或恢復國際和平或安全的義務，或保護其重大安全利益。

RCEP 第 17.13 條的安全例外則較為完整保留 GATT 第 21 條與 GATS 第 14 條之 1 的內容。除了 CPTPP 與 DEPA 規定的兩種情形外，也包含「任一締約方可為保護其重大安全利益而採取必要措施」。所謂「保護其重大安全利益」的情形係指：(1) 關於具有原子分裂性之物質或製造該物質之原料；(2) 有關武器、彈藥或其他戰爭物資的交易，以及涉及販賣直接或間接供給軍用之其他物品的運輸或與提供服務相關的行動；(3) 在國內緊急時期、戰爭、或其他國際關係緊張時期。RCEP 除了較 GATT 與 GATS 增加「國內緊急時期」（in time of national emergency），也另外增加「為保護包含通訊、電力、水利在內的重要公共基礎建設」的例外[36]。

相較於 RCEP 第 17.13 條擴大安全例外範圍的做法，CETA 第 28.6 條則主要依循 GATT 第 21 條與 GATS 第 14 條之 1 的安全例外內容，唯一調整

---

[35] DEPA, Article 15.1, paragraph 4 ("For the purposes of this Agreement, subject to the requirement that such measures are not applied in a manner which would constitute a means of arbitrary or unjustifiable discrimination between the Parties where like conditions prevail, or a disguised restriction on trade, nothing in this Agreement shall be construed to prevent the adoption or enforcement by a Party of measures necessary to protect national treasures or specific sites of historical or archaeological value, or to support creative arts of national value").

[36] RCEP, Article 17.13 (b)(iii) ("taken so as to protect critical public infrastructures7 including communications, power, and water infrastructures").

之處是對於為維護國際和平與安全的例外情形，刪除「締約一方在聯合國憲章下的義務」。

　　整體而言，RCEP 希望透過安全例外的擴大，盡可能保有締約方的規制權與政策空間。DEPA、CPTPP、RCEP 與 CETA 的一般例外與安全例外的規範重點，整理如下表所示。

表 2-2　DEPA、CPTTP、RCEP 與 CETA 的一般例外與安全例外的規範重點比較

	DEPA	CPTPP	RCEP	CETA
一般例外				
條文基礎	第15組規定（第15.1～15.6條）。	電子商務專章無規定，適用該協定的一般例外（第29.1條）。	電子商務專章無規定，適用該協定的一般例外（第17.12條）。	電子商務專章無規定，適用該協定的一般例外（第28.3條）。
例外事由	• 準用 GATT 第20條和 GATS 第14條。 • 為保護國寶或具有歷史或考古價值的地點，或支持具有國家價值的創意藝術。	準用 GATS 第14條第a款至第c款。 （註解：此規定不影響數位商品認定為商品或服務的判斷）。	準用 GATT 第20條和 GATS 第14條。	準用 GATS 第14條第a款至第c款。
安全例外				
條文基礎	第15.2條。	電子商務專章無規定，適用該協定的安全例外（第29.2條）。	電子商務專章無規定，適用該協定的安全例外（第17.13條）。	電子商務專章無規定，適用該協定的國家安全例外（第28.5條）。
例外事由	• 任一締約方提供認為透露必違反其重大安全利益之資料；	• 任一締約方提供認為透露必違反其重大安全利益之資料；	• 任一締約方提供認為透露必違反其重大安全利益之資料；	• 任一締約方提供認為透露必違反其重大安全利益之資料；

表2-2　DEPA、CPTTP、RCEP與CETA的一般例外與安全例外的規範重點比較（續）

	DEPA	CPTPP	RCEP	CETA
	• 締約方在其認為必要之下，採取相關措施以履行關於維護或恢復國際和平或安全的義務，或保護其重大安全利益。	• 締約方在其認為必要之下，採取相關措施以履行關於維護或恢復國際和平或安全的義務，或保護其重大安全利益。	• 締約方在其認為必要之下，採取相關措施以履行關於維護或恢復國際和平或安全的義務，或保護其重大安全利益； • 為保護其重大安全利益的情事（增加國內緊急時期、為保護包含通訊、電力、水利在內的重要公共基礎建設）。	• 締約方在其認為必要之下，採取相關措施以履行關於維護或恢復國際和平或安全的義務，或保護其重大安全利益； • 為保護其重大安全利益的情事。

肆、貿易協定電子商務例外規定的適用上挑戰

　　電子商務本身既無可供辨識的物理特性與特徵，也無具體的服務內容。在傳統貿易活動的分類上，電子商務無法直接歸類為商品或服務，必須仰賴活動的內容、屬性以及電子方式在該活動扮演的角色而定。依據WTO在1998年成立電子商務工作計畫的文件，當時對於電子商務的理解是「凡是以電子方式進行商品的生產、配送、行銷、販售或遞送以及服務活動」[37]。換言之，貿易活動各個環境的電子化與網路化都是電子商務的內涵。隨著電

---

[37] WTO, WTO Doc. WT/L/274, Work Programme on Electronic Commerce (adopted September 25, 1998), ¶ 1.3.

子與網路技術應用層面的日趨廣泛和複雜，電子商務的規範議題也擴及到網路安全、電子交易系統的信任、個人資訊的隱私與保護、資訊與數據的跨境移轉等。因此，電子商務規範本身面臨到行為界定的不確定性以及和其他議題交錯的複雜。

電子商務議題的開放性與複雜性，具體反映在貿易協定電子商務專章在處理例外規定的兩個重點：準用 WTO 規定以及適用其他專章規範的義務。以下分別說明此二規範重點衍生的適用上挑戰。

一、準用WTO規定的範圍

貿易協定電子專章未特別規定只適用於該章的一般例外，而是針對個別議題提供例外事由以及可採取保留不一致措施的情形。反觀貿易協定的投資、政府採購等議題，該些議題也多採取專章式規範，但專章中則含有一般例外規定，例如 CPTPP 第 9 章投資章的第 9.12 條規定（不符合措施規定），配合締約方提出的承諾表規定適用該章規範的相關措施的一般例外情形；CPTPP 第 15 章的政府採購專章，第 15.3 條也規定適用於該章的例外規定。CPTPP 第 14 章的電子商務專章，則是將一般例外規定直接在第 29 章和其他議題一併規定，而且直接準用 GATS 第 14 條部分例外事由（第 a 款至第 c 款）。

「準用」固然是締約方為了避免規範重複且立法便宜的方式，因而明定特定事項直接援用類似性質事項的規範。然而，準用到 WTO 協定的規範方式則產生準用範圍的疑義。

所謂「準用 GATS 第 14 條第 a 款至第 c 款」，係指除了已被納入成為 CPTPP 協定部分內容的規定要件外，也包含 WTO 針對該些規定的條文解釋和相關爭端案件的全部準用，還是只在電子商務和服務貿易性質不相牴觸的範圍內才適用 WTO 的條文解釋與適用經驗？若是屬於後者的有條件準用，電子商務和服務貿易性質不相牴觸的範圍應由誰認定？是採取不一致措施的締約方自行認定，還是屬於提出爭議的締約一方負責舉證說明？其次，CPTPP 第 29.1 條第 3 項註解說明準用 GATS 第 14 條的規定不影響數位產品被分類為商品或服務的判斷。言下之意是，電子商務仍有特定活動被歸類為

商品貿易，而依CPTPP第29.1條第1項準用GATT第20條一般例外的可能。

　　檢視 GATT 第 20 條與 GATS 第 14 條的例外事由，雖然此二例外規定是各自針對商品貿易與服務貿易的特性而設計，但在屬於抽象概念的例外事由上，GATS 第 14 條增加GATT 第 20 條第 a 款所沒有的「為維持公共秩序」，以及在確保特定事項國內法律規範之遵行而採取的情形，也提供較 GATT 第 20 條第 d 款更貼近維護以數據為基礎電子商務環境所需的例外事由，如防止欺騙或詐欺行為或處理因服務契約違約、保護個人資料處理與散布相關的個人隱私和個人資料的保密性，以及安全（safety）。

　　有鑑於當代電子商務正朝向以數據為核心的運作模式，GATS 第 14 條對於保留締約方在電子商務議題規制權的空間明顯大於 GATT 第 20 條。在此之下，CPTPP 會員可能會因為準用 GATS 一般例外對於其規制權的行使較為有利，而影響關於電子商務措施的態樣與選擇，最終形同間接認定電子商務屬於服務貿易的實質判斷（de facto classification）。

　　進一步接續的問題是，倘若締約一方在貿易協定服務貿易承諾表中，就模式一（跨境提供）原則上做出開放承諾[38]，亦即該締約一方政府原則上就跨境提供的服務供給模式不做任何限制。在此之下，該締約一方若已做出開放承諾，還有因為限制電子方式提供服務，適用例外規定之可能？再者，若締約一方在承諾表中對於模式一做出開放承諾，是否所有影響電子方式提供服務貿易之措施，都可屬於違反模式一開放承諾之情形，而可能適用CPTPP 第 29.1 條第 3 項準用 GATS 之一般例外[39]？換言之，貿易協定對於

---

[38] 以 GATS 為例，模式一（mode 1）是境外提供服務（cross-border supply），針對服務供給者和消費者在各自的國境內，透過如國際海運、電話、郵件、電報或網路等方式提供服務；模式二（mode 2）是關於境外消費（consumption aboard），係由消費者移動到服務供給者或服務所在地享受服務；模式三（mode 3）係關於設立商業據點（commercial presence），由服務供給者到其他會員境內設立商業據點以提供服務；模式四（mode 4）的自然人呈現（presence of natural persons）則係由服務供給者透過自然人到其他會員境內提供服務。張新平，WTO 服務貿易總協定適用範圍及相關定義之探討，政大法學評論，第 113 期，頁 321-322，2010 年 2 月。

[39] 感謝審查委員對於電子商務的服務貿易特性所提出的寶貴意見。

電子商務的規範雖然預見到可能同時涉及貨品貿易與服務貿易，卻未說明措施定性之基礎，亦未針對電子商務涉及的服務供給模式進行模式間的釐清。

二、適用同一協定其他專章的義務與例外

貿易協定電子商務專章為因應電子商務和其他議題的交錯特性，對於締約方的部分義務也採取直接適用其他專章規範的方式，以避免重複規範。締約方對於電子商務議題在必須遵守其他專章規定的義務之下，也享有適用其他專章規定的例外或不符合措施規定。

以 CPTPP 為例，CPTPP 第 14.2 條第 4 項規定：「影響以電子方式傳遞或呈現服務的措施，應遵守第 9 章（投資）、第 10 章（跨境服務貿易）及第 11 章（金融服務）等相關規定之義務，包括本協定所列適用於該些義務的例外或不符合措施。」第 14.2 條第 5 項與第 6 項則針對數位產品、電子方式跨境移轉資訊、計算設施之位置與原始碼等個別議題規定適用第 9 章、第 10 章、第 11 章以及該協定其他相關條文的義務和例外。CPTPP 第 14.2 條第 4 項至第 6 項的規定固然為確保電子商務相關規範的完整性，避免締約方利用電子商務議題來規避其他專章的義務。然而，此種規範方式也加深不同規範之間的適用複雜性與難度。

若以條文標定為例外的狹義例外規定而言，依據 CPTPP 第 14.2 條第 4 項至第 6 項規定以及第 29.1 條，涉及電子商務的措施在適用例外規定時，可為三種情形。第一種情形是涉及到數位產品、電子方式跨境移轉資訊、計算設施之位置與原始碼等相關的措施，可適用的例外規定包括第 9 章、第 10 章與第 11 章規定的例外與不符合措施、第 14 章電子商務專章針對該些議題規定的例外事由（如第 14.13 條第 3 項針對計算設施之位置的例外、第 14.11 條第 3 項針對跨境資訊移轉的例外），以及第 29.1 條第 3 項對於投資、跨境服務貿易與金融服務的一般例外規定。第二種情形是措施所規範的事項未涉及數位產品、電子方式跨境移轉資訊、計算設施之位置與原始碼等議題，此類措施可適用的例外規定包含第 9 章、第 10 章與第 11 章的例外規定，以及第 29.1 條第 3 項的一般例外規定。第三種情形則是不涉及以電子方式傳遞或提供服務的措施，該些措施的例外規定則需視規範對象被認定為

商品或服務，而分別適用第 29.1 條第 1 項或第 3 項的一般例外規定。

　　在如此多層次的規範架構下，締約方在適用例外規定以正當化不一致措施時，首要面臨的問題是措施的定性問題，究竟該措施是屬於涉及到數位產品的不歧視待遇、跨境移轉資訊或原始碼等議題，還是屬於影響電子方式提供服務的措施？倘若一措施可適用的例外規定包含第 14 章電子商務專章、第 9 章、第 10 章與第 11 章等可適用的例外規定，以及第 29.1 條的一般例外，則例外規定之間有無存在特別法與普通法的適用關係？再者，CPTPP電子商務專章第 14.11 條與第 14.13 條所規定的例外事由，是以「為實現正當公共政策目的」為基礎，一旦締約方的不一致措施既可適用第 14.11 條的例外事由，亦可適用第 29.1 條第 3 項準用 GATS 第 14 條的一般例外。第 14.11 條的「正當公共政策目的」解釋上可涵蓋的政策空間似乎大於 GATS第 14 條第 a 款至 c 款的範圍，如此之下，實施措施的締約方主張第 14.11條的例外事由將更為有利，造成規範之間的競爭關係，進而影響第 29.1 條一般例外的功能。

伍、結論

　　電子商務目前已經是貿易協定的重點議題之一。在雙邊或區域性貿易協定對於電子商務涵蓋的議題日趨多元之下，專章式規範有助於貿易協定建立較為完整且具體的電子商務規範。本文在檢視包含 CPTPP 在內的四個協定後，發現貿易協定雖然為電子商務議題採取專章式規範，且就特定議題保留締約方採取不一致措施的規範空間，卻未在電子商務專章設定一般例外，而是由協定採取準用 WTO 規定或是直接適用其他專章例外規定的方式規定。在此之下，本文指出貿易協定電子商務的例外規定將衍生若干適用上挑戰，例如準用 GATT 與 GATS 一般例外規定的範圍是否需要因應電子商務特性做必要的調整？電子商務相關措施適用其他專章的例外規定以及協定的一般例外時，是否存在適用上優先次序的問題？

　　其次，以紐西蘭、新加坡與智利針對電子商務簽訂之 DEPA 為例，將該協定放在多邊貿易協定與區域性貿易協定適用關係的脈絡下，此數位貿

易夥伴協定的規範究竟是 WTO 協定的特別規定，應以特別法優於普通法原則優先適用？對此問題，DEPA 締約方亦預見彼此至少負有履行 WTO 協定之義務，故在該協定第 1.2 條約定，該協定之規範不影響締約方既有的國際協定義務；若該協定規範與締約方其他既有之國際協定產生不一致的情形，有爭議之締約雙方應當透過諮商尋求彼此均接受的解決方法[40]。然而，例如 CPTPP 或 RCEP，並未針對倘若未來 WTO 電子商務複邊協定通過後，一旦有締約方加入該 WTO 複邊協定，且 WTO 複邊協定和貿易協定電子商務章之間的規範發生衝突時，應如何處理的問題[41]。

再者，本文觀察到貿易協定對於電子商務的規範密度越高，其對電子商務例外規定的適用安排也較為複雜，而呈現多層次的適用架構。如此一來，不但加深實務操作上判斷適用基礎的難度，因為不同例外規定保留締約方規制權的範圍也有不同，恐將影響締約一方對於電子商務的規範態樣，進而產生貿易協定下不同規範間的競合關係，或是削弱部分較不利締約方規制權的條文的規範功能。

本文認為雙邊或區域性貿易協定對於電子商務的規範經驗，將有助於 WTO 會員對於正在進行的電子商務複邊談判，思考如何透過例外規定取得在擁抱電子商務的新貿易商機和會員規制權之間的平衡，並且盡量避免產生 WTO 不同協定的規範衝突和適用爭議。

---

[40] DEPA, Article 1.2.2 ("If a Party considers that a provision of this Agreement is inconsistent with a provision of another agreement to which it and at least one other Party are party, on request, the relevant Parties to the other agreement shall consult with a view to reaching a mutually satisfactory solution. This paragraph is without prejudice to a Party's rights and obligations under Module 14 (Dispute Settlement)").

[41] 感謝審查委員對於貿易協定與 WTO 協定間適用關係提出的意見。

參考文獻

一、中文部分

林映均，亞太自由貿易區在 APEC 的發展與現況，APEC 研究中心編著，一次看懂 APEC 十大議題，2020 年 10 月。

黃偉峰，歐盟對外簽署自由貿易協定之文本分析與類型研究，政治科學論叢，第 55 期，2013 年 3 月。

張新平，WTO 服務貿易總協定適用範圍及相關定義之探討，政大法學評論，第 113 期，2010 年 2 月。

二、外文部分

Ayres, Glyn and Andrew D. Mitchell (2011), *General and Security Exceptions under the GATT and the GATS*, in Carr, Indira Jahid Bhuiyan and Shawkat Alam eds., INTERNATIONAL TRADE LAW AND WTO (Federation Press 2012), SSRN: https://ssrn.com/abstract=1951549.

Braga, Carlos A. Primo (2005), *E-Commerce Regulation: New Game, New Rules?* 45 QUA. REV. E. & F. 541-58.

Gagliani, Gabriele (2015), *The Interpretation of General Exceptions in International Trade and Investment Law: Is A Sustainable Development Interpretive Approach Possible*, 43 DENV. J. INT'L. & POL'Y 559-88.

Gao, Henry (2018), *Regulation of Digital Trade in US Free Trade Agreements: From Trade Regulation to Digital Regulation*, 45(1) LEGAL ISSUE OF ECONOMIC INTEGRATION 47-70.

Henckles, Caroline (2018), *Should Investment Treaties Contain Public Policy Exceptions?* 59 B.C.L.REV. 2825-44.

-- (2020) *Permission to Act: The Legal Character of General and Security Exceptions in International Trade and Investment Law*, 69 I.C.L.Q 557-84.

Mishra, Neha (2019), Privacy, *Cybersecurity, and GATS Article XIV: A New Frontier for Trade and Internet Regulation?* 19 (3) WORLD TRADE REV. 341-64.

數位稅對跨境服務貿易之影響與國際法規對數位貿易活動課稅制度發展新趨勢

林宜賢*

壹、前言

經濟合作與發展組織（OECD）於 2015 年提出「稅基侵蝕與利潤移轉行動方案」（BEPS 1.0），針對數位經濟的課稅方式提出建議，但至今仍成效不彰，因此七大工業國（G7）財政部長和央行行長於 2021 年 6 月 4、5 日在倫敦舉行會談，與會者包括國際貨幣基金組織（IMF）、世界銀行（WB）、OECD 等，商定為加深多邊經濟合作，採取具體行動以因應當前歷史性的數位經濟課稅挑戰，為了達到公平分配消費國家的課稅權，G20/OECD 於 2021 年 10 月 8 日發表正式聲明表示支持 BEPS 2.0 第一支柱（Pillar One）：針對大型跨國企業，消費國可對此企業所得額超過 10% 利潤率部分，擁有至少 25% 課稅權；第二支柱（Pillar Two）G7 承諾建立全球最低稅賦制並確定最低稅率 15%，而 G7 亦將進行協調此新課稅規則的適用，包含取消現有數位服務稅（Digital Service Tax），此新國際稅法規則也已經受到包容性架構協議中總共 136 個協議國家與地區的支持。

BEPS 2.0 主要目的係透過持續國際合作平台，建立全球性公平、可維持性與現代化的國際租稅系統，並且增進可以支持經濟成長的稅收政策，重申全球執行 G20/OECD BEPS 的重要性，以強化稅收之確定性，對於因應數位化經濟稅務挑戰之最新進展，全力支持由兩大支柱所組成的「工作計畫」，以發展 BEPS 之包容性架構，盡力取得全球一致的解決方案，近年來各國政府對於金融帳戶資訊自動交換上之稅務透明度，已經有相當大

---

* 安永台灣稅務服務部執業會計師。

的成就，隨時公布對於尚無法完全執行國際性通認的稅務透明度標準法域之最新名單，考慮所有可強化的標準對於這些法域施以防禦措施，呼籲全世界的法域都簽署與立法通過「稅務相互行政協助多邊公約」（Multilateral Convention on Mutual Administrative Assistance in Tax Matters），透過稅收政策經驗分享與協調機制成立稅務合作平台（Platform for Collaboration in Tax, PCT），以持續支持發展中國家建立稅務稽徵能力。

由於數位稅對於跨境服務貿易有非常重大的影響，此國際法規對數位貿易活動的新課稅制度，值得我國政府部門與跨國企業密切注意其發展趨勢，並預先準備和研議必要因應措施。

貳、服務貿易之課稅權與財富分配議題

傳統服務業多以當地中小企業為主，提供精緻與客製化的服務給當地消費者，中小企業能蓬勃發展，並提供龐大的就業市場，因此在社會中創造相當多的中產階級讓財富分配較為平均。然而跨境服務貿易的興起，資本雄厚的少數跨國企業以數位化的方式提供各種多元與標準化的服務給各國消費者，造成消費所在地的中小企業因為缺乏競爭力而逐漸減少，也降低了就業的機會。在中小企業工作的員工原來賺取較為穩定的薪資所得，並因為雇主為當地企業，有較好的勞工保障與職工福利，當中小企業消失後，這些員工雖然仍可以轉到跨國企業下賺取較為不穩定的變動所得，但是實際雇主為外國企業，因此缺乏勞工保障與職工福利，中產階級的個人與家庭也逐漸減少，因此跨境服務貿易數位化下造成社會財富分配不公平的問題越來越嚴重，國家的「經濟支柱」也產生動搖。

在中小企業提供服務與數位產品的經濟模式下，金流以境內交易為主，企業主缺乏規避稅賦的機會與動機，一個國家的財政收入（所得稅與消費稅）能夠完整而公平的課徵。但是在跨國企業提供服務與數位產品的經濟模式下，金流以跨境為主，企業主能夠進行租稅規避的方式非常多也容易進行，經營跨境服務貿易之企業主所進行的租稅規避手段多採用低稅或免稅的境外公司，因此不僅造成收入與所得來源地的國家稅基被侵蝕，也構成企業

主居住地的國家稅基被侵蝕。

因應數位化經濟稅務挑戰為 BEPS 1.0 行動計畫中最主要的範圍之一，在 2015 年度所公布之最終報告中屬於行動計畫一（Action 1 Report）。此行動計畫一發現全球經濟正在高度數位化，對於數位經濟之圍堵防護工作非常困難，同時也觀察到經濟的數位化產生許多很廣泛的直接稅收挑戰，在此數位時代中，主要攸關之議題為要如何將從跨境商業活動所產生的所得，適當分配在各國之中以行使課稅權。在 2018 年 3 月所公布之「數位化下稅收挑戰期中報告」（Tax Challenges Arising from Digitalization Interim Report-Interim Report 2018），對於新型而持續改變數位化內容之營運模式的價值創造，以及所產生出來的稅收挑戰，提出了深入的分析。這些挑戰包括在可以高度移動所得產生之因素下，仍然可以移轉所得到低稅賦之環境，包容性架構之會員國對此期中報告分析尚無法有所共識與結論，所有會員國承諾持續合作於 109 年共同發布最終報告，企盼在有一致認同基礎下獲得長期性解決方案之目標。

在 BESP 1.0 行動計畫一之分析性框架下，對於審查方案有一致性的合議應該從兩大議題來形成共識之基礎：第一個議題陳述了數位化經濟下對課稅權如何分配之廣泛討論；第二個議題則陳述其他 BEPS 應解決的議題。此兩大議題處理方式可使吾人認知經濟的數位化是無所不在的，所產生廣泛的議題主要係由高度數位化事業產生，但不限於只有高度數位化的事業才會面臨這些議題，所衍生的問題是在這世界上之企業可以有效地深度介入不同法域的經濟生活，而無需透過任何重要的實體場所，並且面臨越來越多新型而經常的無形價值驅動因素，該企業之稅賦應該如何支付？同時數位化經濟的特質也加劇了 BEPS 的風險程度，很容易地讓利潤移轉到可以規避稅賦或者只會被課徵非常低稅率的企業主體上。

例如以傳統經濟商業模式銷售貨物與勞務的實體商店，必須座落在消費者當地所在國家地區，當地稅捐稽徵機關可以很容易獲取其收入資訊對實體商店課稅，但是在數位經濟商業模式下，銷售貨物與勞務係透過虛擬商店，而虛擬商店無需在消費者當地所在國家地區設立營業據點申報納稅，可將跨境電子商務設立在開曼群島或英屬維京群島等租稅天堂，這些租稅天堂

因為財務與稅務資訊不透明，無法讓消費者當地所在國家地區的稅捐稽徵機關查核課稅，因此很容易讓利潤移轉到可以規避稅賦或者只會被課徵非常低稅率的主體上，造成所得來源國家的稅基被侵蝕而嚴重衝擊國家財政收入。

OECD 針對解決方案進行全面性的研究工作，透過修改利潤分配規則、修正課稅關聯地（nexus rules）法規，以及反稅基侵蝕利潤移轉條款，來達到課稅權的全面性合理分配方式。為了達到打擊稅基侵蝕與利潤移轉，讓課稅權能夠重新分配到來源地與居住地，進而解決財富公平分配之社會議題，OECD 於 BEPS 2.0 提出兩大支柱以鞏固世界各國的經濟發展與財政稅收：

（一）第一支柱：消費地政府可針對提供跨境服務的企業所得額超過10% 利潤率部分，擁有至少 20% 課稅權，將課稅權分配到消費地所在國。

（二）第二支柱：建立全球最低稅賦制並建議最低稅率 15%，將課稅權分配回居住地所在國。

參、第一支柱之課稅權分配機制

第一個支柱集中探討課稅權之分配與課稅關聯地議題，在許多研究方案中建議應該將課稅權力分配更多到有價值創造的市場或使用者所在法域，而過去對於事業活動透過參與在使用者或市場所在法域，不被認為應該要納入適當的利潤分配架構之中。包容性架構同意基於無偏見的基礎上進一步採取這些研究方案，認知到這些研究方案對於國際租稅領域的基礎層面會造成相當程度的衝擊，例如部分研究方案要求重新考慮現行移轉訂價有關超額性利潤或報酬之分配規則應修改；部分研究方案則認為需要修改之分配規則應該超越超額性報酬。然而在所有的的案例中，這些研究方案所提供的解決方式都超過了常規交易原則，甚至也超過了在現行一般公認基礎規則下課稅權力之行使應該在具有實體場所之限制。

包容性架構的工作將從正確性與簡易性之間尋找出適當的平衡點作為驅動方式，這也象徵任何解決方案需要能夠讓稅捐稽徵機關與納稅義務人均能夠可適當執行，並考慮不同層級人員的發展與能力，包容性架構對於尋求

解決方案、稅務行政作業簡化以及課稅權分配機制採開放之態度，但必須基於有理論之基礎，而且在不會導致重複課稅之結果下可以納入「扣繳稅」（withholding taxes）的方式。包容性架構認為任何被採用的方案，不僅會對於一小群高度數位化事業產生影響，而且也會影響更廣泛從事跨境業務經營的企業，例如在某市場法域中執行有限風險配銷架構而產生有關行銷性無形資產利潤之企業。這些方案的設計考慮因素需要執行更進一步的技術研究工作，例如應考量潛在範圍之限制、業務線要如何劃分、利潤決定與分配方式、課稅關聯地與租稅協定的應用等因素。

依據 OECD 所提出的第一支柱課稅權分配機制，將針對集團合併總營業收入超過一定金額的跨國大型企業，若其全球總利潤超過 10%，就必須將其超額的利潤至少 20% 分配到消費地所在國家課稅，例如某集團企業合併營收為 200 億，該營收之 10 億來源自台灣境內消費者所支付，而其全球總利潤為 30%，因此超額利潤為 20%，假設利潤分配率為 20%，因此該集團企業必須將營收之 4%（= 20%×20%），也就是將 4,000 萬（= 10 億×4%）之所得分配到台灣境內來課稅。

肆、第二支柱之課稅權分配機制

在第二個支柱下，包容性架構同意應該採行無偏見的課稅權基礎，以強化特定法域對利潤的課稅能力，而該利潤在另一個擁有課稅權力的法域中卻適用較低的有效稅率，這些研究方案發現數位化經濟所帶來的稅收工作挑戰，對於其他 BEPS 行動計畫形成了更大範圍的挑戰，因而也反映出最近的發展，例如美國的稅制改革。

在第二個主軸下的研究方案將透過發展兩個相互關聯的課稅規則：所得納入課稅規則與稅基侵蝕支出之課稅規則，持續注意利潤被移轉到適用稅率很低或者無稅賦主體上的風險。在第二個主軸下的研究方案不會去改變任何國家或課稅法域，自行設定其稅率或者完全不要有企業所得稅制度的自由，但是相對的，研究方案會考量若是沒有了多邊的行動（multilateral action），對於所有的國家，包括大型與小型、已開發與開發中國家，將會

為了要吸引更大的稅基以及要保護現行稅基，產生無法協調、採取單邊行動，進而構成相互衝突的負面結果。

　　包容性架構之會員已經討論了這些創新研究方案，但對於每一個方案仍要求更深入的分析以及相互之關聯性，在做出最終決定之前，理解必須確實做到對於財政稅收、經濟與商業行為影響評估工作的重要性。所有會員都能體認到，要一起面對這些稅收工作的挑戰，需要基於相互合作與多邊的基礎，才能夠在國際租稅環境下完成，近幾年來許多國家已經採取單邊課稅措施，減緩逐漸緊張的局面。

　　包容性架構之會員也均同意任何新發展的課稅規則，不應該讓沒有經濟利潤的地區構成稅賦負擔，但也不應該產生任何重複課稅的問題。會員們均強調稅務確定性（tax certainty）的重要性，以及需要建立有效的工具以避免稅務爭端以及爭端解決機制。會員國有注意到所有的課稅主權法域，無論是大型與小型、已開發與開發中國家，都應該確保其在此「工作計畫」領域中的參與程度，也注意到應該降低納稅義務人申報遵從成本以及稅務機關行政負擔，所制定的課稅規則必須在租稅政策內容可容許範圍內，盡可能越簡單越好，包括透過以適當的簡化措施來執行「工作計畫」。鑑於此新穎的課稅方法必須能夠清楚而且容易被會員國接受與執行，因此制定一個全球最低稅率為絕大部分會員國的共識，現行暫定的全球最低稅率為 15%。

伍、我國現行對跨境服務貿易之課稅方式

　　我國政府部會在因應數位化經濟稅務挑戰之 BEPS1.0 行動計畫一也有相當積極之作為，財政部於 107 年 1 月 2 日發布「台財稅字第 10604704390 號令」，制定外國營利事業跨境銷售電子勞務課徵所得稅規定。

　　此函令係屬於單邊處理數位化經濟稅務挑戰之課稅措施，在公布之前曾召開公聽會，邀請國際著名電子商務公司代表參加，包括：Apple、Airbnb、Facebook、Google 等，與會代表對於函令中所規定之兩個課稅參數多無法接受：(1) 核定屬經營「提供平台服務之電子勞務」者，淨利率為30%；(2) 其全部交易流程或勞務提供地與使用地均在我國境內（例如境內

網路、廣告服務）者，其境內利潤貢獻程度爲 100%，部分交易流程或勞務提供地與使用地其中之一在我國境內（例如影音下載、遊戲程式）者，其境內利潤貢獻程度爲 50%。

　　基於以上函令之課稅方式以及我國現行營利事業所得稅率爲 20% 之基礎下，境內利潤貢獻程度爲 100% 之境內網路、廣告服務等類型之外國電子商務公司在我國應該申報納稅之有效稅率爲 3%（＝ 30%×100%×20%），而影音下載、遊戲程式等類型之外國電子商務公司在我國應該申報納稅之有效稅率爲 6%（＝ 30%×50%×20%）。

　　如同包容性架構之研究案所陳述，數位經濟下跨境電子商務之營運涉及跨國企業在許多國家業務單位之涉入，銷售據點都是非實體商店，實難將其獲利程度清楚劃分在每一個國家，而財政部此函令內容，有相當高的機會將跨境電子商務企業之獲利分配到我國境內之部分過度高估，一則是跨境電子商務企業之整體獲利經常不到 30%，例如 Uber 全球獲利仍然屬於虧損狀態；二則應該分配利潤到我國境內之比率多半在 50% 以下，但是就該函令之規定，Facebook 所有之利潤 100% 貢獻程度屬於中華民國來源所得，而忽略了該公司在其他國家，例如美國與愛爾蘭，所投入之研究發展與大量資訊蒐集分析工作所應當分配之貢獻程度。所以此函令確實已經無法符合包容性架構成員國所建議：單邊措施應盡量避免構成重複課稅之重要原則。

　　另外此函令對於跨境電子商務公司之課稅對象僅限於「銷售電子勞務」，對於 Alibaba 與 Amazon 等跨境電子商務「銷售實體貨物」之公司，卻仍無法行使我國之課稅主權。銷售電子勞務公司所經營之業務，多數在我國境內並無提供相同業務之企業，因此對於我國產業之衝擊並不大，但在我國卻是要繳納偏高之稅賦，然而銷售實體貨物之電子商務平台公司，才是衝擊我國境內經營實體店面中小企業的最大主因。這些銷售實體貨物之電子商務平台公司爲了服務消費者可以迅速取得貨物，均在我國境內設立有發貨快遞中心，因此銷售實體貨物跨境電商之「重要經濟關聯場所」涉入我國之程度遠遠高於銷售電子勞務跨境電商之「重要數位關聯場所」，影響經濟層面非常巨大，但是卻無需在我國繳納任何所得稅賦，造成 OECD 所提出稅基侵蝕與利潤移轉之嚴重租稅不公平現象，而我國稅捐稽徵機關卻無法獲取正

確與有效的稅務資訊與財務資訊來執行課稅主權。

以上所指的「銷售實體貨物」之課稅主體與客體，係指國外公司銷售貨物給我國境內消費者的營業利潤，以及國外網路平台代銷貨物收取之佣金。依據財政部對外國跨境電商的課稅規定為：「利用網路接受上網者訂購貨物，再藉由實體通路交付：(1) 在中華民國境內無固定營業場所及營業代理人之營利事業、教育、文化、公益、慈善機構或團體、或其他組織，於中華民國境外利用網路直接銷售貨物予境內買受人，並直接由買受人報關提貨者，應按一般國際貿易認定，非屬中華民國來源所得。……。」但是實務上許多跨境電商銷售貨物之模式並非以「一般國際貿易」方式，在接受國內客戶訂單後才將貨物從海外製造地或發貨地，以「國際運輸」方式交付給國內買受人。由於銷售貨物之電子商務企業多以 24 小時內送達貨物之條件來吸引消費者，因此經常將國內外製造供應商已經產製的商品，先行存放在我國境內保稅快遞物流中心，當國內買家在網站上下單付款後，貨物係從此境內保稅快遞物流中心以「國內運輸」之方式交付給國內買受人，並不符合「一般國際貿易」之條件。因此無論是將貨物提前存放在我國境內的國外公司，或者國外網路平台業者，其銷售貨物的利潤以及代銷貨物之佣金，均已經構成中華民國來源所得，應該依法申報繳納我國所得稅。

陸、OECD BEPS 2.0對我國課稅權之影響

國際上為了取得來自其他國家企業與個人之稅務資訊，可以透過簽署全面性所得稅協定，並依據協定第 25 條資訊交換規定（各協定條文編號不盡相同），透過外交換文方式以取得足夠而正確的稅務資訊，在不構成兩個協定主權法域對同一所得構成重複課稅之前提下，核課外國與本國企業與個人之所得稅賦。

但是透過此種雙邊租稅協定之方式來執行資訊交換，僅限制在特定個案之請求，若我國稅捐稽徵機關無法提出適當的理由或者足夠的規避稅賦證據，對方協定國家之主管機關可以拒絕提供任何稅務資訊，因此雙邊資訊交換之效率不彰而且效果也相當有限。而且許多企業與個人之資訊也無法被所

居住地的國家政府所全面掌握，因為企業與個人跨境貿易獲利所得之財務資訊，經常躲藏在境外銀行帳戶，所以跨國合作以取得金融業為非當地客戶所維持的金融帳戶資訊，是課稅稽徵程序中更重要的資訊來源。因此我國稅捐機關為了要獲取足夠而正確的稅務與財務資訊，透過雙邊的自動資訊交換機制仍是相當不足的，唯一的方式就是我國也能參與 OECD 所提倡多邊工具之包容性架構，並且依據「工作計畫」第一大主軸所提出的跨境利潤分配原則，修改「台財稅字第 10604704390 號令」，重新制定外國營利事業跨境銷售電子勞務課徵所得稅規定，才能讓外國電子商務公司能夠在不被重複課稅的前提，在我國經營業務，以及本於租稅公平原則的基礎上，和國內企業一樣申報繳納合理稅賦。

　　參與包容性架構引進「工作計畫」內容到我國的稅務法規，對我國之影響不僅只是行使對外國電子商務公司之課稅主權，也能夠協助我國跨境電子商務公司如何基於「工作計畫」內容所提出的跨境利潤分配原則，將利潤適當分配在進行跨境電子商務活動之法域申報納稅，同時讓在其他法域所申報繳納之稅賦得以扣抵我國的營利事業所得稅賦，以避免重複課稅，亦為相當重要的議題。

　　例如跨國電子商務公司之商務活動涉及台灣、新加坡與美國，創造出合併實際利潤為 30%，但是若台灣、新加坡與美國的稅捐機關都認為應當有15% 利潤分配在當地國申報納稅，那三個法域就會產生總和擬制 45% 利潤被視為課稅基礎，因而對電子商務公司產生嚴重的重複課稅問題，假設三個法域都願意基於「工作計畫」第一大主軸所提出的跨境利潤分配原則行使課稅主權，例如台灣、新加坡與美國均分 30% 實際利潤，各自對 10% 利潤課稅，電子商務公司就不再會面臨重複課稅問題。

　　而「工作計畫」第二大主軸也對於調查我國電子商務公司將利潤隱藏在英屬開曼群島與維京群島免稅天堂之境外公司，有相當重要的助益，例如我國電子商務公司之商務活動創造出合併實際有效稅率只有 10%，但是台灣營利事業所得稅率為 20%，可以推估有一半的利潤隱藏在無實質營運境外公司之金融帳戶之中，因此我國若均能夠參與在包容性架構中，透過 OECD 基於共同申報準則所建構出來的多邊自動資訊交換平台，以獲得我國電子商

務公司隱藏在英屬開曼群島與維京群島的免稅利潤，就能夠總和出該公司之
實際總利潤為 10%，進而依據「工作計畫」第二支柱最低稅率 15% 重新處
理跨境利潤分配，例如重新分配給台灣之課稅率為 5%，就可以達到確保數
位經濟下我國電子商務公司會在台灣支付稅賦，避免跨國企業將利潤轉移到
低稅率法域或免稅天堂的重要目的。

柒、結論

　　由於稅基侵蝕及利潤移轉包容性架構之參與不限制必須為 G20/OECD
之會員國，因此我國若能申請加入此包容性架構，積極參與「因應數位化經
濟稅務挑戰工作計畫」，依據國際共同承認之利潤分配原則來重新制定我
國的課稅規定，未來與所有包容性架構之會員國，透過多邊資訊交換的平
台，共同分享跨電子商務企業之財務稅務資訊，並且遵循預定於 2022 年發
布最終報告之利潤分配原則，不僅能降低對銷售電子勞務之跨境電商重複課
稅問題，也能針對銷售實體貨物之跨境電商行使我國課稅主權，同時也能夠
協助我國之跨境電子商務公司，在其他法域中進行商貿活動時，依據各國所
一致認同的「兩大支柱」之利潤分配原則與課稅權法則，在每個法域中申報
納稅，避免構成重複課稅議題而影響公司之營運，讓數位經濟下的國內外的
大型電子商務公司與中小型新創事業在我國具有穩定健全的稅務環境下，基
於稅捐公平正義的基礎上來發展商業活動，獲取與價值創造相當的利潤，善
盡申報納稅之義務。

參考文獻

OECD Multilateral Convention for Inclusive Framework, 2016.

OECD Report on Pillar One Blueprint, 2020.

OECD Report on Pillar Two Blueprint, 2020.

OECD/G20 Base Erosion and Profit Shifting 15 Action Plans Final Report, 2015.

OECD/G20 Base Erosion and Profit Shifting Project 2.0, 2021 Final Statement.

US Treasury Letter on OECD Pillar One and Pillar Two, 2020.

Part 2
數位貿易與平台經濟之競爭

數位平台之競爭監理：國際趨勢與案例研究

鄭嘉逸*

壹、前言

　　平台經濟是推動未來經濟增長的新動能，數位平台作爲平台經濟的核心基礎，展現出了強大的生命力，隨著數位平台規模的不斷擴大，平台競爭成爲政策監管的核心領域。事實上，數位平台的競爭態勢，確實已經到達不可輕忽的地步，以 KPMG 在 2018 年所發布的全球數位經濟市場規模報告顯示，在總計調查 242 家公司中，共有 187 家企業市值超過 10 億美元，但其中包括 Apple、Facebook、Amazon、Google、Microsoft、阿里巴巴（Alibaba）及騰訊（Tencent）等 7 家企業總市值約爲 4.9 兆美元，占比達 68.6%[1]，又依據中國信息通信研究院的監測報告顯示，2019 年全球數位平台的市場總值較 2018 年成長 2.65 兆美元，其中全球前十大平台占成長總額的比例爲 75.47%[2]，由此已可約略看出數位平台市場中大者恆大的趨勢。除此之外，從各服務領域的市占率，亦可觀察到少數服務提供者壟斷的現象，例如在作業系統的市場中，Microsoft 的 Windows（72.97%）與 Apple 的 OS X（15.4%）在桌上型作業系統之市占率高達 88% 以上，而在行動裝置上，Google 的 Android（72.18%）與 Apple 的 iOS（26.96%）之市占率更

高達 99%[3]；在音樂串流服務市場，Spotify（32%）、Apple Music（18%）、Amazon Music（14%）、Tencent Music（11%）4 家服務提供者，即占全球 2021 年第一季總營收的 75%[4]。

全球經濟合作組織（OECD）在 2020 年底舉行「數位市場中的支配地位濫用」的圓桌論壇中，針對目前數位平台競爭現況的討論，可約略歸納出下列幾點[5]：(1) 由於強大的網路效應與規模經濟，在數位市場中顯示出可能導致持續穩定的市場勢力特徵，使這些大型數位平台發揮強大的鎖定效應，使新進者難以競爭；(2) 基於數位服務市場一定程度的垂直整合策略，使大型平台同時扮演守門人與服務提供者的角色，數位市場中潛在支配力的濫用與壟斷的現象可能特別明顯；(3) 新興商業模式可能涉及不公平競爭行為，如排他性、價格擠壓、搭售等，而這些行為可能與傳統形態不同，對競爭執法造成困難；(4) 各國對於支配力濫用或壟斷行為的認定標準，可能存在差異，執法的密度可能對消費者、產業造成程度不一的損害或不確定性；(5) 數位市場的快速變化、跨國企業的資料蒐集、相關競爭損害工具的使用，都可能對競爭執法部門在進行調查與評估時，造成一定程度的困難。

除競爭相關議題外，數位市場中的其他政策問題，或許無法完全由競爭監理中得到滿意的答案，例如消費者保護措施、個人資料保護等，也是近來許多國家所關注的重點。本文以下針對近年來反壟斷案例的調查，分析其在數位平台、數據資料、演算法所形塑的三維數位經濟市場結構，濫用市場支配力或不公平競爭行為之態樣，次針對相關競爭法規政策的創立與實踐，聚焦大型數位平台競爭議題，以勾勒全球數位平台競爭政策發展的整體趨勢發展，並提出我國未來的發展方向。

---

[3] Statcounter, operating system market share by platform, https://gs.statcounter.com/os-market-share, last accessed 10/08/2021.

[4] MIDiA, MIDia Research Music Model (06/21), https://www.midiaresearch.com/blog/global-music-subscriber-market-shares-q1-2021, last accessed 10/08/2021.

[5] OECD, Abuse of dominance in digital markets (2020), www.oecd.org/daf/competition/abuse-of-dominance-in-digital-markets-2020.pdf, last accessed 10/08/2021.

貳、數位平台的不公平競爭行為

在數位經濟的架構當中，數位平台、資料、演算法可稱是其重要支柱。數位平台是其基礎組織，依據不同的服務或產品類別，串聯起多個不同的用戶群體，形成數位經濟的生態系統；資料則是數位經濟中的生產要素，透過各種不同面向的資料，往往可以發現新的商機；而演算法正是最後的推手，扮演數位經濟的分配機制，依據對各種不同資料的蒐集與分析，向終端使用者主動推送各種資訊，以促成交易的機會。本研究擬由近年來相關的案例中，探討為何這些行為可能涉及不公平之競爭行為。

一、數位平台

近年來，利用其平台地位，而實施相關不公平競爭的行為態樣，大致上可分為拒絕其他平台接取、扼殺式併購、價格平價協議、雙重身分，及二選一等五種類型，以下分別說明：

（一）拒絕其他平台接取（cutting off API Access）

API 接取是 2010 年 Facebook 在開發者大會上所公布的新功能[6]，可以使 Facebook 作為與其他公司連接，使其直接透過 Facebook 平台接觸終端用戶，目前有許多的網站登錄可透過 Facebook 的帳號連接，即為 API 接取應用的落實。由於 Facebook 在全球擁有大量的用戶，透過 API 接取的方式，一有利應用服務業者大量取得新用戶，對於終端用戶而言，當其使用 Facebook 帳號登入應用服務，亦會產生鎖定效果，同時 Facebook 也可以鞏固其市場占有率。因此，Facebook 的 API 連接介面就成為各種應用服務的入口，拒絕 API 接取將嚴重影響用戶體驗和營運商的生存空間[7]。

---

[6] Facebook, The Next Evolution of Facebook Platform, 2010.4.22, https://developers.facebook.com/blog/post/377/?locale=zh_TW, last accessed 10/08/2021.

[7] CMA, Online platforms and digital advertising market study, Appendix J: Facebook Platform and API access, https://assets.publishing.service.gov.uk/media/5efb1dd2d3bf7f7699160dd6/Appendix_J_-_Facebook_Platform_and_API_access_v4.pdf, last accessed 10/08/2021.

Facebook 在 2013 年時，因為其競爭對手 Twitter 收購短視頻的平台營運商 Vine，Facebook 聲稱 Vine 複製其核心功能，隨即切斷 Vine 與 Facebook 的 API 連接埠，使 Vine 的用戶體驗大幅降低[8]；此外，Facebook 也曾切斷與其競爭之即時通訊服務供應商 MessageMe[9]、照片共用應用程式 Circle 等與 Facebook 的 API 連接埠，使其無法與自己的業務相競爭。

在 FTC 對 Facebook 的起訴書中提及，Facebook 在平台互連接取上採取反競爭的手段，並具體體現於其提供給第三方廠商的 API 接取上，第三方應用軟體如果要與 Facebook 平台進行資料交換，就必須使用 Facebook 提供的 API，Facebook 阻止其他可能與其相競爭的第三方 API，同時也限制相關應用軟體與第三方 API 的合作，基於此，這些第三方公司的競爭能力受到限制，而無法對 Facebook 相互競爭[10]。此外，Facebook 曾在 2013 年的服務條款中指出，Facebook 將不會為在功能上有重合的競爭對手提供 API 介面，但 FTC 的起訴書亦指出，拒絕 API 接取的正當理由應只限於法律禁止的惡意軟體、詐騙資訊等，Facebook 常年來對於第三方廠商軟體發展人員接取其平台施加反競爭條件，其本質是利用其壟斷地位，限制或拒絕正常交易訴求，而構成 Sherman Act 第 2 條有關進行違法壟斷行為並從中得利之規定。

（二）扼殺式併購

扼殺式收購係指企業在識別潛在競爭對手後，透過併購的方式消除此一威脅，在美國 Clayton Act 第 7 條亦有規定，併購不得意圖削弱競爭或壟斷市場。在 FTC 對 Facebook 的起訴案中，亦認為 Facebook 在 2012 年收購

---

[8] Roberto Baldwin, Facebook Gets Passive-Aggressive About Blocking Vine, WIRED, https://www.wired.com/2013/01/facebook-vine-policy/, last accessed 10/08/2021.

[9] Kim-Mai Cutler, Facebook Brings Down The Hammer Again: Cuts Off MessageMe's Access To Its Social Graph, Techcrunch, 2013.6, https://techcrunch.com/2013/03/15/facebook-messageme/?guccounter=1&guce_referrer=aHR0cHM6Ly93d3cuZ29vZ2xlLmNvbS88&guce_referrer_sig=AQAAAL2bOkX73lOQNCSovL6AivI8m2b768etNrvNPc4xuW6-_4MRi7qGf2e337BJJAbUpappmor98Ooi6jUC4LFbB-Kusq5PD_O2LA8ixqjsp6S73d6FytOOORWEdNFd-hSVGRqITIYo4j5-9yvmE-tiWqnlIIpbpFZ2rdk1YL2ZLCQJ, last accessed 10/08/2021.

[10] FTC v. Facebook, Case No.: 1:20-cv-03590, at para. 129-160.

Instagram 及 2014 年收購 Whatsapp 違反前述 Clayton Act 第 7 條之規定。

　　Instagram 是一種讓用戶以照片共享爲基礎的個人社交平台應用，因爲其創新性，迅速成爲個人社交平台應用的重要服務提供者，Facebook 曾透過改善其功能，而希望與 Instagram 競爭，但 2011 年 9 月，Facebook 認爲其無法追趕上 Instagram，因此，決定以收購的方式以確保其在個人社交平台服務的市場地位[11]。在 Whatsapp 的案子上，爲了加速透過電子簡訊建立個人社交網路，Facebook 決定收購當時最具成長性的公司，使其競爭對手不復存在；根據 FTC 起訴書中的描述，Facebook 當時決定應以收購勝於競爭，內部員工甚至表示 Whatsapp 是唯一有可能成長爲下一個 Facebook，而進行收購的公司[12]。

　　在 2013 年，Facebook 收購一家大數據公司 Onavo，這家公司的主要業務是透過對用戶行爲的監控，以追蹤並分析最受使用者青睞的服務；在收購此一公司後，Facebook 進一步利用其平台的資料，以識別哪些服務可能對其產生競爭性威脅，以進行戰略性併購[13]。

（三）價格平價協議

　　數位平台是企業與消費者接觸與進行交易的場所，基於數位平台服務條件的不同，例如上架費、客服品質等，同樣一款商品，在不同的平台上會基於成本的差異，而有不同的價格。所謂價格平價協議（price parity agreement），是指一方數位平台要求在該平台上的業者，不得在其他平台上以更低的價格銷售相同貨品，又稱爲跨平台平價協議（cross platform parity agreement）[14]。

---

[11] *Id.,* at para.78-106.

[12] *Id.,* at para.107-128.

[13] *Id.,* at para.74-75.

[14] Bundeskartellamt, The effects of narrow price parity clauses on online sales – Investigation results from the Bundeskartellamt's Booking proceeding, p. 12020.8, https://www.bundeskartellamt.de/SharedDocs/Publikation/EN/Schriftenreihe_Digitales_VII.pdf?_blob=publicationFile&v=3, last accessed 10/08/2021.

　　早在 2010 年，當時 Apple 就與五家出版商協議，要求其在 iBookstore 的價格，不得高於其在 Amazon 的銷售價格，當時引發歐盟及美國司法部的調查，最後均達成合解，要求其在一定期限內不得再達成特定價格之協議[15]。事實上，直到 2019 年，Amazon 才宣布在美國的市場服務條款中，取消價格平價之條款[16]，在此之前，Amazon 亦曾被日本及歐盟進行調查，認為價格平價條款可能涉及濫用市場地位之不公平競爭行為[17]。在今（2021）年初，中國電商巨擘阿里巴巴亦因涉及二選一，而受到競爭主管機關的裁罰，所謂二選一，可被視為比價格平價協議更濫用市場地位的不公平競爭條款，是指要求企業在不同的數位平台中進行選擇，如果在其他平台上銷售，則阿里巴巴將拒絕該業者在其平台上銷售商品。

（四）雙重身分

　　所謂雙重身分係指數位平台本身既是規則制定者，又同時是平台上的服務參與者，而使其有能力限制或排除其他服務提供者，並獲取利潤。在前述美國眾議院的調查報告中，Apple 在 iOS 系統的不公平競爭行為，多與其具雙重身分有關。

1. App Store 之傭金與銷售限制

　　Apple 在 App Store 中設置應用程式的傭金抽成制度，並限制應用程式僅能透過 App Store 購買，否則將在商店中移除違規的應用程式，而這也是目前 Apple 與遊戲開發商 Epic 間訴訟的核心。本案源起於 Epic 公司在其開發的遊戲中置入自有付款管道（epic direct payment），因為若透過 Apple 的內購功能（In-App Purchase, IAP），Apple 將可由每一筆購買交易中抽

---

[15] OECD, Hearing on cross platform parity agreement, 2015.10, para. 29-39, https://www.oecd.org/officialdocuments/publicdisplaydocumentpdf/?cote=DAF/COMP(2015)6&docLanguage=En, last accessed 10/08/2021.

[16] Shannon Bond, Amazon eases price restrictions on third-party vendors, Financial Times, 2019.3. https://www.ft.com/content/3beea4a6-445b-11e9-b168-96a37d002cd3, last accessed 10/08/2021.

[17] 李文秀，從歐盟調查 Amazon 電子書案探討最優惠條款是否構成濫用市場地位之反競爭行為，經貿法訊，第 232 期，頁 17，2018 年 5 月。

取 30% 的處理費用，而 Apple 在相關服務條款中，禁止在 App 裡提供 IAP 以外的付款管道，又稱為「反引導條款」（anti-steering provisions），因此 Apple 不僅將該遊戲下架，甚至中止該公司的開發者帳號。事實上，著名音樂串流公司 Spotify 亦在歐盟提告 Apple 藉由在 App Store 訂定不利於串流音樂服務競爭對手的嚴格規定，剝奪使用者訂購較便宜串流音樂服務的選項，扭曲了市場競爭 [18]。

　　目前在其他的作業系統平台中，除了 iOS 以外，消費者都可以透過應用商店以外的管道安裝軟體，但 App Store 是唯一的軟體發布、下載安裝的途徑，Apple 透過禁止其他付費處理選項，限制其與 Apple 的 IAP 機制競爭，並且透過 IAP 中獲得 30% 傭金作為支付處理費用，更以 IAP 作為進入 App Store 的條件，排除其他付費處理方式，而對支付處理造成的競爭的扭曲 [19]。

2. 利己的預先設定

　　Apple 透過在出廠的設備上預先安裝自己的應用程式，並設定權限讓使用者優先選擇自己的服務。雖然 Apple 公司表示，用戶可以刪除大部分預裝的應用程式，但在 2020 年 9 月發布的 iOS 14 系統中，卻不允許消費者選擇第三方廠商的網頁瀏覽器或電子郵件應用作為預設設置；荷蘭消費者和市場管理局（ACM）的報告顯示，應用供應商認為自己在與 Apple 應用的競爭中處於非常不利的地位，因為 iOS 設備上的預先安裝程式，導致消費者不會在 App Store 中尋找同類產品，此外，某些 API 為預設應用程式獨占，例如行動支付功能中所使用的 NFC，僅授權 Apple Pay 使用，第三方廠商則無

---

[18] European Commission, Antitrust: Commission opens investigations into Apple's App Store rules, 2020.6, https://ec.europa.eu/commission/presscorner/detail/en/ip_20_1073, last accessed 10/08/2021.

[19] Subcommittee on antitrust, commercial and administrative law of the committee on the judiciary, Investigation of competition in digital markets, 2020, p. 339, https://judiciary.house.gov/uploadedfiles/competition_in_digital_markets.pdf?utm_campaign=4493-519, last accessed 10/08/2021.

法使用這些功能[20]。

3. 利己之搜尋排名

2019 年，華爾街日報曾在報導中指出，在 App Store 的搜尋結果之中，Apple 會傾向將其開發的應用程式安排在較高的順位，每當 Apple 公司推出新的應用軟體，競爭對手應用程式的搜索排名就會下滑，例如，Spotify 長期以來一直是音樂相關搜索結果的第一名，但當 Apple Music 在 2016 年 6 月加入 App Store 後，不久就迅速成為了搜索結果的第一名。截至 2018 年底，Apple 共有 8 個應用程式出現在音樂分類的前 8 個搜索結果中，而 Spotify 跌至第 23 位[21]。

二、資料

資料為數位經濟增長、競爭力、創新、創造就業和社會進步的重要生產要素，資料的自由流通，使資料得以最佳之方式，供需要者存取或重複使用，以促進產業及經濟之發展，相對的，若資料流通的管道被特定的業者所壟斷，對於數位經濟的發展即有負面影響。

（一）市場支配力之濫用

雖然歐盟對於科技巨頭有多起因資料相關的裁罰案，但其多涉及個人資料保護的範疇，迄今因競爭或反壟斷因素而進行調查或處分者，當屬德國聯邦反壟斷局（Bundeskartellamt）在 2019 年對於 Facebook 將不同來源的用戶資料進行融合處理之調查[22]。本案最主要的關鍵在於，Facebook 在其服務條款中，要求使用者同意 Facebook 蒐集使用者在 Facebook 網站或其他應用服

---

[20] ACM, Market study into mobile app stores, p. 83, 2019.4, https://www.acm.nl/sites/default/files/documents/market-study-into-mobile-app-stores.pdf, last accessed 10/08/2021.

[21] Tripp Mickle, Apple Dominates App Store Search Results, Thwarting Competitors, WALL ST. J (July 23, 2019), https://www.wsj.com/articles/apple-dominates-app-store-search-results-thwarting-competitors-11563897221, last accessed 10/08/2021.

[22] Bundeskartekkamt, Bundeskartellamt prohibits Facebook from combining user data from different sources, 2019.2.17, https://www.bundeskartellamt.de/SharedDocs/Meldung/EN/Pressemitteilungen/2019/07_02_2019_Facebook.html, last accessed 10/08/2021.

務的個人資料，並將這些資料與使用者的 Facebook 帳號相融合。易言之，Facebook 不僅可以透過自己的服務蒐集資料，也可以透過其他與 Facebook 有 API 接取得第三方應用服務來取得個人資料，並將這些資料進行融合分析，使 Facebook 可以爲每一個使用者帳號建立一個資料庫。德國聯邦反壟斷局認爲，這些條款不但不符合個人資料保護原則，也不符合競爭法的規範，屬於剝削性商業條款。

根據聯邦反壟斷局的調查，Facebook 在全球有 23 億活躍用戶，其中 15 億用戶每天使用 Facebook。截至 2018 年底，德國約有 3,200 萬月活躍用戶，其中 2,300 萬爲日活躍用戶，且數量仍在增加。雖然在個人社交網路市場上仍存在有其他的競爭者，但其規模均不足以與 Facebook 競爭，在替代性上也十分有限。此外，如 LinkedIn、Youtube、Whatsapp 等應用服務，雖然在個人社交網路的商業模式上有所重疊，但其所提供的服務及滿足用戶的需求上，與 Facebook 仍有所差別。因此在產品市場的界定爲個人社交網路的全國性市場上，Facebook 在德國占據市場支配地位，因此應受制於競爭法項下的市場支配力濫用管制。

除了市場占有率以外，聯邦反壟斷局也認爲由於直接於網路效應的規模經濟，Facebook 受益於其用戶數的增加，而增強其在社交網路市場的吸引力，並且對用戶產生一定程度的鎖定效應，提高市場進入門檻；在間接的網路效應上，廣告服務可由其龐大的用戶基數取得利益，使廣告商更不易投向其他的競爭對手。考量社交網路服務是資料驅動型的服務，如果再與其他服務連結，其用戶數量顯然使其在獲取資料上更有優勢，因此 Facebook 顯然具備市場支配地位。

既然 Facebook 具備市場支配地位，對用戶與競爭秩序而言，是否有造成危害？Facebook 提供免費服務，相關的資料處理條款並不會造成用戶的直接經濟損失，但是用戶無法控制其個人資料的利用方式，不知道有哪些資料基於何種目的，而與其 Facebook 的帳號內的資料相結合，因此其眞正造成的損害是根源於個人對於資料的控制權。根據調查顯示，德國使用者多數瞭解資料處理的相關條款十分重要，也理解資料傳輸的含義，但是 Facebook 的資料融合處理造成使用者無法預見單一個人資料的意義，且由

於 Facebook 的市場支配地位，使用者沒有拒絕資料融合的選擇權，這也違反了人民受憲法保護的資訊自決權。

　　另一方面，資料融合處理不僅能夠改善 Facebook 的服務品質，更可以對第三方廣告商精準投放定向廣告有所助益，這也使得 Facebook 對於廣告商來說越來越不可或缺；在網路社交廣告領域中，廣告客戶和競爭對手不得不面對占據支配地位的供應商，而對其造成相當程度的競爭損害。

　　根據 2018 年 5 月通過施行的通用資料保護原則（GDPR），Facebook 要求應將其他應用服務所產生之活動資料分配給 Facebook 帳戶進行資料融合分析的行為，既非履行契約所必須，亦非利益衡平的考量，Facebook 在處理相關資料並未取得用戶的任何有效同意，用戶無法自由的決定其個人資料應被如何利用，因此認定 Facebook 的相關條款屬於剝削性商業條款。

　　聯邦反壟斷局認為，由於社交網路服務是資料驅動型的服務，如果獲取使用者的個人資料對該企業的市場地位至關重要，則其處理其使用者的個人資料不僅與資料保護部門有關，也應為反壟斷機構所關切。在數位經濟中，資料的蒐集和處理以及相關的條款和條件代表了與競爭強度相關的企業活動。根據德國限制競爭防止法（GWB）第 18 條規定市場支配地位之認定，其 3a 項規定[23]，在多邊市場和網際網路中，評估企業市場地位時，應考慮到以下情況，包括：(1) 直接和間接的網路效應；(2) 多個服務的並行使用和用戶選擇改變；(3) 與網路效應相關的規模經濟；(4) 其他與競爭相關的數據；(5) 創新驅動的競爭壓力，因此數位平台和網路的資料，應被視為具有市場支配地位的相關因素。

---

[23] (3a) Insbesondere bei mehrseitigen Märkten und Netzwerken sind bei der Bewertung der Marktstellung eines Unternehmens auch zu berücksichtigen:

　　1. direkte und indirekte Netzwerkeffekte,

　　2. die parallele Nutzung mehrerer Dienste und der Wechselaufwand für die Nutzer,

　　3. seine Größenvorteile im Zusammenhang mit Netzwerkeffekten,

　　4. sein Zugang zu wettbewerbsrelevanten Daten,

　　5. innovationsgetriebener Wettbewerbsdruck.

（二）濫用第三方資料

　　由於數位平台上除了平台經營者外，也包含許多商業用戶，這些商業活動所產生的資料，能夠協助平台經營者改良其自有品牌經營的策略。以 Amazon 為例，在美國眾議院的調查報告中，即指出 Amazon 透過使用第三方商業用戶的銷售資料，以識別目前市場上最具盈利價值的商品，以創造具有競爭力的自有品牌，從而與該商業用戶競爭[24]，從銷售調查中發現，Amazon 雖然在商品數量上不如其商業用戶，但是在許多類別的銷售額中，卻都持續的增長，甚至在幾個類別，還超越本來占據優勢的商業用戶。

　　儘管 Amazon 曾在 2014 年制定商業用戶資料保護政策，以保護商家的商業資訊，並禁止 Amazon 的零售部門使用非公開的商家商業資訊，並與這些商家競爭[25]。然而調查的證據顯示，Amazon 經常使用平台上商家的商業資訊，以強化自有品牌與零售業務，透過對其銷售成本、供應商、零售價格等資訊，以提供相競爭的商品；此外，Amazon 也透過其提供給廠商的輔助工具或物流服務，以逆向解析廠商的成本結構[26]。相同的情況也出現在 Amazon 的雲端服務平台 AWS 上，透過用戶使用資料的蒐集，以瞭解第三方軟體的使用情況，並創建 AWS 的自有版本[27]。

　　再以 Google 為例，眾議院的報告中也提出，Google 為建立其平台上的其他服務，以提高流量與廣告收入，其要求第三方廠商允許 Google 可以直接取得其內容，否則將從 Google 搜尋結果中排除其相關內容[28]。此外，在智慧型裝置的平台上，Google 的內部文件顯示，Google 要求終端裝置的製造商為每一部裝置設定一組獨特的代碼 ID，使 Google 可以透過硬體與軟體蒐集用戶的個人資料，以強化及維持 Google 在廣告市場的壟斷地位[29]。

---

[24] *Supra* note 19, at 274-282.

[25] *Id.*, at 276.

[26] *Id.*, at 281.

[27] *Id.*, at 316-321.

[28] *Id.*, at 183-187.

[29] *Id.*, at 217-218.

三、演算法

演算法作為驅動數位經濟發展的分配機制，其以大數據資料為基礎，透過分析技術以預測使用者的偏好，提供相關服務或商品的資訊，進而改善廠商的商業決策，以取得競爭優勢[30]，並擴大利潤，例如Uber能依據當前區域的候車人數、交通路徑的擁塞程度等，動態的調整乘車價格[31]。自2017年來，包括OECD、德國與法國競爭主管機關[32]、英國[33]、日本[34]等國家均有對於演算法可能涉及不公平競爭，而發布相關的政策報告。大致上，可以將演算法所導致的不公平競爭區分成兩大類：

（一）共同行為

所謂共同行為演算法是指透過演算法的運用，監測市場上類似商品或服務價格的變動，使廠商之間的價格決策趨於一致，而創造出廠商間的共同行為，此一類型多被應用於產品或服務的價格訂定。在 OECD 的報告中曾指出有四類演算法，可以促進廠商間的共同行為，包括：(1) 監視型演算法；(2) 平行演算法；(3) 信號型演算法；(4) 自主學習型演算法[35]，目前均已累積

---

[30] OECD, Algorithm and Collusion: Competition Policy in the Digital Age, 2017, https://www.oecd.org/daf/competition/Algorithms-and-colllusion-competition-policy-in-the-digital-age.pdf, last accessed 10/08/2021.

[31] Sherice Jacob, How Uber uses data to improve their service and create the new wave of mobility, NeilPatel Blog, 1999.10.6, https://neilpatel.com/blog/how-uber-uses-data/, last accessed 10/08/2021.

[32] Bundeskartellamt, Algorithms and Competition, 2019.11, https://www.bundeskartellamt.de/SharedDocs/Publikation/EN/Berichte/Algorithms_and_Competition_Working-Paper.pdf?__blob=publicationFile&v=5, last accessed 10/08/2021.

[33] CMA, Algorithms: How they can reduce competition and harm consumers, 2021.1, https://www.gov.uk/government/publications/algorithms-how-they-can-reduce-competition-and-harm-consumers/algorithms-how-they-can-reduce-competition-and-harm-consumers, last accessed 10/08/2021.

[34] 公正取引委員會，アルゴリズム /AI と競争政策，2021 年 3 月，https://www.jftc.go.jp/houdou/pressrelease/2021/mar/210331_digital.html（最後瀏覽日：2021 年 8 月 10 日）。

[35] *Supra* note 30, at 24-32. 在國內學者的研究中，亦將此種共同行為稱之為合謀。陳和全，訂價演算法與競爭法議題初探，公平交易季刊，第 28 卷第 2 期，頁 108-111。

許多的案例。未來最值得關注者，莫過於在人工智慧的發展趨勢下的自主學習型演算法，因其透過深度機器學習，而自行判斷並做出共同行為，是否可視為經營者之間存在合意，仍需要進一步研究，若由人工智慧可在學習過程中，將競爭法的原則作為其進行判斷所必須遵守的規則，或許可避免相關爭議的發生。

（二）單獨行為

透過演算法，企業可以有更強大的力量創造競爭優勢，而這些行為即有可能構成競爭法上的不公平競爭行為，例如維持轉售價格、價格保證、掠奪性定價、濫用市場定位，或差別定價行為[36]。由近年相關案例觀察，最受到矚目者仍屬濫用市場定位的不中立演算法所導致的排序差異，以及針對使用者個人化的演算法所涉及的歧視問題。

1. 不中立演算法

2017 年歐盟的 Google Shopping 比價購物案[37]，應可作為此類型的指標案例。Google 從 2004 年起，在歐洲經濟區（European Economic Area）經營比價購物服務，而當時已有數個比價購物搜尋引擎在此一市場上競爭，由於 Google 當時的競爭的成效不彰。因此自 2008 年起，Google 希望藉著其在一般搜尋引擎市場的優勢，而提升其比價購物服務的市場競爭力。第一，Google 給予其比價購物服務在搜尋結果上，出現在較顯著的位置，即當消費者欲搜尋某項商品與 Google Shopping 的展示內容相關時，系統會將 Google Shopping 的內容顯示在搜尋結果的前幾項；第二，Google 調降比價購物服務競爭者的搜尋結果排序，透過演算法參數的調整，相關證據表明，其競爭對手在 Google 一般搜尋的結果出現在第 4 頁，而在其他搜尋引擎卻排序在前幾位。易言之，透過演算法的參數設置，Google 有效的操縱搜尋結果的排序，而提高 Google Shopping 的能見度[38]。

---

36 陳和全，訂價演算法與競爭法議題初探，公平交易季刊，第 28 卷第 2 期，頁 99-107。

37 Case AT.39740 — Google Search (Shopping), 2017.

38 European Commission, Antitrust: Commission fines Google € 2.42 billion for abusing dominance as search engine by giving illegal advantage to own comparison shopping service,

　　基於 Google 的市占率、擴張速度與其他競爭者的進入障礙，Google 的一般搜尋服務自 2007 年以來，在歐洲經濟區一直具備市場主導者地位。歐盟認為，透過在一般搜尋結果中呈現 Google 比價購物服務的結果，減少了從 Google 的一般搜尋結果頁面連結至競爭的比較購物服務的流量，屬於濫用市場支配力的行為，將會對比價購物服務市場造成反競爭效果。從調查證據中顯示，消費者傾向於點擊在一般搜尋結果中較高排序的連結，而 Google 一般搜尋結果的排名對搜尋結果的點擊率有直接影響，對於 Google 突出其比價購物服務在一般排序結果的策略，亦使得其比價購物服務的流量有顯著的增長。而這些行為可能導致競爭對手的競爭力下降，同時也會使消費者無法取得最相關的比價購物服務的能力[39]。

2. 個人化演算法操弄與歧視

　　個人化演算法可以透過資料對使用者進行側寫（profile），根據其搜尋結果、過往購物偏好等，而提出個人化的服務方案。正面的說，平台經營者除能夠更精準的針對目標用戶，亦可透過行銷策略將商品推送給更多潛在消費者，降低消費者的搜尋成本；但負面的觀點，具有市場支配地位的業者，可以透過資料分析，榨取消費者的利益，例如對價格不敏感者施行同物不同價的價格歧視政策，以此實現自身利益最大化，即俗稱「大數據殺熟」[40]；甚至是利用複雜且不透明的定價技術，對消費者的價格進行無法預測的即時調整[41]。

2017.6, https://ec.europa.eu/commission/presscorner/detail/en/IP_17_1784, last accessed 10/08/2021.

[39] *Supra* note 37.

[40] OECD, Personalised Pricing in the Digital Era, at pp. 10-11, https://www.oecd.org/competition/personalised-pricing-in-the-digital-era.htm, last accessed 10/08/2021.

[41] 以 Uber 為例，過往即有相關研究或報導指稱消費者的價格，可能會根據其支付方式、時間敏感、價格敏感等因素定價。在 2016 年，Uber 的經濟研究負責人表示，Uber 發現消費者在其手機幾乎沒電時，有可能願意支付更高的暴漲價格。See Shankar Vedantam & Maggie Penman, This Is Your Brain On Uber, NPR, 2016.5.17, https://www.npr.org/2016/05/17/478266839/this-is-your-brain-on-uber, last accessed 10/08/2021.

在歐盟的一份消費者研究中發現，在接受調查的 160 個網站中，有 61%
的網站會對使用者的搜尋結果進行個別化的差異排序，而使消費者受到搜尋
排序的影響，而無法準確的判斷搜尋結果排序的方式與原因[42]。透過個人化
演算法，企業將可以使消費者無法在客觀中立的條件下進行行為決策，從而
實現價格歧視。此外，如 Facebook 或 Youtube，通常會利用使用者的歷程使
用資訊，向其顯示內容的建議，而推薦系統有可能導致同溫層或效應，限縮
使用者接取言論的範圍[43]。事實上，個人化的演算法歧視未必涉及競爭的議
題，更多的可能涉及人權歧視的問題[44]。

參、國際法規政策趨勢

一、歐盟

近年來，對大型數位平台進行反壟斷調查和鉅額罰款，例如 2019 年認
定 Google 濫用線上搜尋廣告仲介市場的支配地位，與第三方廠商簽訂限制
性契約，阻止其使用 Google AdSense 平台以外的仲介服務，並裁處 14.9 億
歐元之罰款[45]；此外，歐盟也正對 Apple 及 Amazon 等啟動反壟斷調查，聚
焦於大型數位平台是否透過其規模與資料蒐集分析的優勢，進行自我嘉惠之

---

[42] European Commission, Consumer market study on online market segmentation through personalised pricing/offers in the European Union, 2018.7.19, https://ec.europa.eu/info/publications/consumer-market-study-online-market-segmentation-through-personalised-pricing-offers-european-union_en, last accessed 10/08/2021.

[43] Vestager, M, Algorithms and democracy – AlgorithmWatch Online Policy Dialogue, 2020.10.30, https://ec.europa.eu/commission/commissioners/2019-2024/vestager/announcements/algorithms-and-democracy-algorithmwatch-online-policy-dialogue-30-october-2020_en, last accessed 10/08/2021.

[44] *Supra* note 33, at 17.

[45] European Commission, Statement by Commissioner Vestager on Commission decision to fine Google € 1.49 billion for abusive practices in online advertising, https://ec.europa.eu/commission/presscorner/detail/en/STATEMENT_19_1774, last accessed 10/08/2021.

行為，一系列的執法行動，使歐盟已經成為數位市場競爭執法的觀測指標。

除此之外，對於數位平台之公平競爭，歐盟同時也採取「事前」（Ex ante）管制的方式，強化可能涉及不公平競爭行為的事前監管。歐盟主管競爭事務的執行委員維斯塔格（Margrethe Vestager）認為：「競爭規則必須具有內在的靈活性以適應數位市場的快速變化，使其能夠處理跨市場的各種反競爭行為，因此，歐盟應探討是否需要一種新的競爭工具，以便及時有效地解決結構性競爭問題，確保整個經濟中的市場公平和競爭。」[46] 而此一思維已被反映在 2019 年的「提升線上中介服務商業用戶的公平性與透明性規則」[47]（Regulation on promoting fairness and transparency for business users of online intermediation services），以及 2020 年底所提出的「數位市場法」（Digital Market Act）草案。

（一）提升線上中介服務商業用戶的公平性與透明性規則

在歐盟數位單一市場策略的框架下，隨著透過線上中介服務進行交易數量的增加，為可以接觸到更多消費者，使微型、中小型企業（SME）對這些中介服務的依賴性與日俱增。「平台對商業用戶」[48]（Platform to Business, P2B）間的依賴性日益增強，而中介服務的提供者因掌握消費者用戶之通路，而較商業用戶具有更優越的議價能力，而中介服務提供者單方面的行為可能涉及不公平交易行為，而對商業用戶的合法利益造成損害，亦可能間接地損害歐盟消費者的利益。因此，為解決網路平台經濟中潛在的摩擦[49]，使利用線上平台的商業用戶商擁有公平、透明及可預測之商業環境，因而在

---

[46] European Commission, Antitrust: Commission consults stakeholders on a possible new competition tool, 2020, https://ec.europa.eu/commission/presscorner/detail/en/ip_20_977, last accessed 10/08/2021.

[47] Regulation (EU) 2019/1150, on promoting fairness and transparency for business users of online intermediation services, https://eur-lex.europa.eu/legal-content/EN/TXT/?uri=celex%3A32019R1150, last accessed 10/08/2021.

[48] European Commission, Platform-to-business trading practices, https://digital-strategy.ec.europa.eu/en/policies/platform-business-trading-practices, last accessed 10/08/2021.

[49] *Supra* note 47, at Preamble (2).

2019 年通過此一規則，並於通過後 12 個月正式實施，本規則主要規範包括
以下四項：

1. 服務之條件與限制應公平

本項主要規範於第 3 條與第 4 條，第 3 條要求中介服務提供者應確保其
服務條款或條件以簡明易懂之語言起草，並且可在契約達成前即能取得，及
說明其對於商業用戶智慧財產權影響的相關資訊。此外，對於相關條款的
變更，應至少在 15 天前通知用戶，如該變更涉及用戶技術或商業模式的調
整，應給予更長的時間，違反前述規定之契約條款或變更，其條款無效[50]。

第 4 條為中介服務的限制、暫停與中止，其規定數位平台決定限制或暫
停向特並商業用戶提供線上中介服務，應在限制或暫停生效之前，或在限制
生效時，以可持續存在的媒介（durable medium）向該商業用戶及相關使用
者說明做出此一決定的理由；如數位平台已決定對特定商業用戶終止提供服
務，應在終止生效前至少 30 天，向該用戶及相關業務之使用者提供說明理
由。此外，數位平台業者亦應提供內部申訴處理機制[51]，使商業用戶可獲得
適當的救濟管道[52]。

2. 提升平台之透明度

本項主要規範於第 5 條的排序與第 7 條的差別待遇。第 5 條規定數位平
台應在其服務條款中，說明其排序之主要參數，及這些主要參數相對重要性
的原因，若主要參數涉及商業用戶向數位平台支付報酬之數額，數位平台亦
應就該數額高低對主要參數之影響提出說明；搜尋引擎業者除適用前述規
定外，若其在特定情況下更改排序，或因第三方通知後而將特定網站除名
時，搜尋引擎業者應提供使用者檢查該通知內容[53]。

第 7 條為數位平台提供差別待遇之規範，其規定數位平台應在其服務
條款中說明其所給予或可能給予的任何差別待遇，包括提供差別待遇的經

---

[50] *Id.*, at Article 3.

[51] *Id.*, at Article 11.

[52] *Id.*, at Article 4.

[53] *Id.*, at Article 5.

濟、商業或法律理由；搜尋引擎針對其向消費者提供的商品或服務所給予或可能給予的任何差別待遇，亦同[54]。

3. 線上爭端解決機制

　　電子商務領域發生爭議時，要維護相關消費者權利相對困難，其原因主要在於尋求實體法律的保護，其訴訟過程漫長且費用高昂，不符合成本效益以尋求法令救濟，導致消費者往往在與業者交涉無果後就放棄了後續的爭端處理。緣此，為了更有效地保護消費者在電子商務中的合法權益，能夠兼顧快速、效率、成本以解決消費者和業者間之爭議，歐盟在 2013 年 5 月 2 日制定「消費者 ODR 規則」（Regulation on consumer ODR）[55]，目的在於為歐盟境內的 B2C 跨境電子商務建構一個訴外糾紛解決機制的線上解決平台，從而為消費者和業者提供一個快速、高效、低成本解決爭議的通道。

　　本規則第 11 條要求數位平台應建立內部申訴處理系統，使商業用戶免費且易於使用，並確保在合理的時間範圍內處理。該申訴系統要確保其透明度與平等待遇，使申訴人得就其所遭遇之違規問題或技術問題提出申訴，並依據申訴之重要性與複雜性進行處理。此外，數位平台每年應針對申訴相關資料進行公告，包括申訴總數、主要申訴類型、處理申訴所需的平均時間以及有關申訴結果的匯整資訊[56]。

4. 代表提出訴訟

　　由於數位平台與商業用戶之間的實力不對等，商業用戶亦可能恐懼數位平台對其進行報復，而躊躇於提出訴訟。因此本規則第 14 條規定，代表商業用戶的合法利益的組織和協會，以及會員國指定的政府機關，有權根據各會員國之法規，代表業者在法院提起訴訟。

---

[54] *Id.,* at Article 7.

[55] Regulation (EU) No 524/2013 of the European Parliament and of the Council of 21 May 2013 on online dispute resolution for consumer disputes and amending Regulation (EC) No 2006/2004 and Directive 2009/22/EC (Regulation on consumer ODR).

[56] *Supra* note 47, at Article 11.

（二）「數位市場法」草案

2020 年 12 月 15 日，歐盟委員會正式公布「數位市場法」（Digital Markets Act）的草案全文[57]，其核心內容是將數位市場中達到一定規模或具有一定影響的科技企業界定為「守門人」（gatekeeper），符合條件的企業在數位市場競爭中將負有特定義務。

1.「守門人」企業之界定標準

「守門人」標準直接涉及企業將被納入數位市場法的規範，亦即法律適用的主體範圍。根據數位市場法草案第 3 條第 2 項符合以下三個條件的核心平台服務（core platform service）[58] 提供者將被推定為「守門人」[59]：

(1) 擁有對國內市場重大影響的市場規模，即在過去三個會計年度內，該企業於歐盟經濟區的年均營業額達 65 億歐元以上，或該企業的前一會計年度之企業市值達 650 億歐元以上，且該企業在至少三個歐盟國家提供核心平台服務。

(2) 其核心平台作為商業用戶接觸終端使用者之重要閘道，即使用該企業之核心平台服務的月活躍使用者數超過 4,500 萬，或前一會計年度內擁有超過 1 萬家註冊於歐盟境內的商業用戶。

(3) 在特定業務領域具有或可預見擁有穩固且持久之市場地位，即在過去的三個會計年度內，該企業每年都達到前項有關用戶數規定的門檻。

惟若前述的三項條件無法被全部滿足時，歐盟政府得透過市場調查[60]，並依照所取得之相關資訊，包括網路效應、對終端用戶或企業用戶之鎖定效應、市場結構的特徵等相關的因素，綜合進行判定。此外，依據第 4 條的規

---

[57] European Commission, Proposal for a Regulation on Digital markets act, https://eur-lex.europa.eu/legal-content/en/TXT/?qid=1608116887159&uri=COM%3A2020%3A842%3AFIN, last accessed 10/08/2021.

[58] *Id.,* at Article 2. 根據數位市場法第 2 條對核心平台服務的定義，其主要包括線上中介服務、網路搜尋服務、線上社交網路服務、視訊分享平台、無號碼之通訊服務、作業系統、雲端運算服務、廣告服務，實質上已包含所有類別的網路平台。

[59] *Id.,* at Article 3.

[60] *Id.,* at Article 15, Article 3.

定，如所依據之事實發生重大變化，或委員會之決定基於不完整、不正確或誤導性資訊，委員會可主動或應該企業之要求，重新審查、修改或廢除其依據第 3 條所作成之決定，對於指定守門人企業之決定，至少每二年審查該企業是否仍符合前項之相關條件 [61]。

2.「守門人」企業之特定義務

依數位市場法草案第 3 條第 8 項之規定，企業應當於被指定為守門人後六個月，履行第 5 條與第 6 條所規定之義務，要求守門人企業做出積極的行為，同時減少不公平的市場行為，例如要求數位平台應對商業用戶與終端用戶都能有公平開放的使用環境，以推動創新服務。

綜觀對守門人企業的義務規範，雖然未直接出現如公平交易法中不公平競爭等相關規範的直接表述，但絕大部分的規範都屬於競爭法的範圍，甚至部分規範已可指涉過去或現在正在進行的反壟斷調查個案。例如，第 6 條 (k) 款規定，「守門人企業應以公平及非歧視之服務條件，向商業用戶開放軟體應用商店」[62]，所指涉者即為近來受到反壟斷調查的 Apple 公司與 Google；又如第 5 條 (b) 款規定，「允許商業用戶透過第三方廠商網路中介服務，以不同於「守門人」的價格或條件向終端使用者提供相同的產品或服務」[63]，與前述 Google 被裁罰之廣告仲介案，及 2019 年奧地利競爭主管機關 BWB 針對 Amazon 涉及自我嘉惠而歧視其他零售商案[64]。易言之，數位市場法之重點即在於解決核心平台服務企業的市場競爭問題。

此外，相關義務規範亦十分重視有關資料競爭與運用的議題，如第 6 條

---

[61] *Id.,* at Article 4.

[62] *Id.,* at Article 6.1.(k). "apply fair and non-discriminatory general conditions of access for business users to its software application store designated pursuant to Article 3 of this Regulation."

[63] *Id.,* at Article 5.1.(b). "allow business users to offer the same products or services to end users through third party online intermediation services at prices or conditions that are different from those offered through the online intermediation services of the gatekeeper."

[64] BWB, Austrian Federal Competition Authority initiates investigation proceedings against Amazon, 2019.4, https://www.bwb.gv.at/en/news/detail/news/austrian_federal_competition_authority_initiates_investigation_proceedings_against_amazon/, last accessed 10/08/2021.

(a) 款前項規定，「不得在與商業用戶的競爭中使用其任何基於商業活動所產生未公開的資料，包括商業用戶的終端使用者資料，及使用平台上活動的終端使用者資料」[65]，以確保守門人企業無法強迫商業用戶與其分享資料，而可確保其可相互競爭。在資料運用上，第 5 條 (a) 款亦規定，「不得將核心平台服務的個人資料與『守門人』企業其他個人資料合併使用，也不得與來自第三方廠商服務的個人資料合併使用；除非終端使用者知曉選擇權並做出同意」[66]，或第 6 條 (h) 款規定，「對商業用戶和終端使用者在平台活動產生的資料提供有效的可攜性保障，尤其是應當向終端使用者提供所需工具以實現資料可攜」[67]，這些規定一方面符合 GDPR 下個人選擇權與同意權的規範，同時也使用戶可以將資料轉移到不同平台，以促進平台的競爭。

根據第 8 條之規定，守門人企業亦可向歐盟委員會要求暫停第 5 條與第 6 條中規定的核心平台服務之具體義務，當中，守門人企業應證明履行該義務將對其商務運作產生經濟可行性的危害，委員會亦應於收到請求後三個月進行審查與決定，且對於暫停履行義務之決定，每年應重新進行審查[68]；此外，依據第 9 條之規定，委員會亦得因公共利益而主動暫停守門人企業有關

---

[65] *Supra* note 57, at Article 6.1.(a). "refrain from using, in competition with business users, any data not publicly available, which is generated through activities by those business users, including by the end users of these business users, of its core platform services or provided by those business users of its core platform services or by the end users of these business users."

[66] *Id.*, at Article 5.1.(a). "refrain from combining personal data sourced from these core platform services with personal data from any other services offered by the gatekeeper or with personal data from third-party services, and from signing in end users to other services of the gatekeeper in order to combine personal data, unless the end user has been presented with the specific choice and provided consent in the sense of Regulation (EU) 2016/679."

[67] *Id.*, at Article 6.1.(h). "provide effective portability of data generated through the activity of a business user or end user and shall, in particular, provide tools for end users to facilitate the exercise of data portability, in line with Regulation EU 2016/679, including by the provision of continuous and real-time access."

[68] *Id.*, at Article 8.

第 5 條或第 6 條之規範義務 [69]。

二、美國

　　2019 年以來，美國開始強化針對數位平台的反壟斷執法調查，包括聯邦交易委員會（FTC）、司法部反壟斷署（DOJ）、眾議院及多個州檢察長 [70]，陸續對 Google、Apple、Facebook、Amazon 等 4 家主要數位平台企業，進行調查。2020 年 10 月，眾議院司法委員會發布數位市場競爭調查報告 [71]，當中記錄過去十六個月對 Facebook、Google、Apple、Amazon 的壟斷調查，並提出要求進行反壟斷執法及強化反壟斷立法的改革建議。因此在 2021 年 6 月 11 日，美國國會眾議院公布四項與大型數位平台監理相關的法規草案，包括終止平台壟斷法案（Ending Platform Monopolies Act）[72]、美國選擇與線上創新法案（American Choice and Innovation Online Act）[73]、平台競爭與機會法案（Platform Competition and Opportunity Act）[74]、近用法案（ACCESS Act）[75]。這四項法案固然在適用的範圍有所差異，但其具有一個共同點，即是將違法的行為視為違反 FTC Act 第 5 條之不公平競爭方法，因此其本質上具有反壟斷競爭法的特色。本文以下將由此四項法案對大型數位平台的界定，及各法案對平台行為規範的不同面向，進行分析。

（一）大型數位平台之界定

　　在四項法案中均有對於大型數位平台的界定，在美國，將之稱為「涵蓋

---

[69] *Id.*, at Article 9.

[70] 例如 2019 年以紐約州為首，共 47 個州檢察長聯合進行反壟斷調查，See CNBC, 47 attorneys general are investigating Facebook for antitrust violations, https://www.cnbc.com/2019/10/22/47-attorneys-general-are-investigating-facebook-for-antitrust-violations.html, last accessed 10/08/2021.

[71] *Supra* note 19.

[72] Ending Platform Monopolies Act, H.R.3825.

[73] American Choice and Innovation Online Act, H.R.3816.

[74] Platform Competition and Opportunity Act, H.R.3826.

[75] ACCESS Act, H.R.3849.

平台」（Covered Platform），採取量化與質化的認定標準。在量化標準方面，共有兩項標準，第一是該平台之年營業額或市值超過 6,000 億美元，第二是使用者之標準，即該年度內單月活躍終端使用者達 5,000 萬人以上，或單月商業用戶達 10 萬人以上。在質化標準方面，該平台必須構成「關鍵交易夥伴」（Critical Trading Partner）[76]，其定義爲該平台有能力控制或阻礙商業用戶接觸終端消費者，或使商業用戶無法使用該平台之工具或輔助服務以有效對終端消費者提供服務[77]。

（二）行爲規範

前述四項草案，終止平台壟斷法案及美國選擇與線上創新法案與歐盟數位市場法草案相似，主要是針對大型平台的反競爭行爲進行管制；平台競爭與機會法案是針對大型數位平台以扼殺式併購（killing acquisition），收購競爭對手或潛在競爭對手，以促進數位市場的競爭和經濟機會爲主要規範事項；近用法案則是針對大型數位平台應依據規定標準保證資料的可攜性和互通性，使消費者更容易將他們的資料移轉到其他平台，以促進競爭，降低進入壁壘及線上消費者和企業的轉換成本。

1. 終止平台壟斷法案

本法所規範之違法利益衝突行爲（unlawful conflict of interest），共可分爲二類。第一，自該平台被指定爲涵蓋平台時起，不得擁有、控制與其平台業務無關之企業，並利用其平台銷售或提供產品或服務。易言之，當該平台被指定爲涵蓋平台後，若收購與其原業務無關的事業，不得利用其平台進行產品與服務的銷售，其目的在於避免涵蓋平台利用其平台之影響力，使自己的產品較其他提供相似產品或服務的商業用戶具有更大的優勢，而使其競爭者處於不利的地位[78]。

---

[76] *Supra* note 72, Sec.5(5). See also *supra* note 73, Sec2(g)(4); *supra* note 74, Sec.3(d); *supra* note 75, Sec.5(6).

[77] *Supra* note 72, Sec.5(7). See also *supra* note 73, Sec2(g)(6); *supra* note 74, Sec.3(f); *supra* note 75, Sec.5(8).

[78] *Supra* note 72, Sec.2(a)(1).

第二，涵蓋平台業者要求商業用戶購買或利用該平台之產品或服務，作為使用該平台之條件，或以之作為該商業用戶在此一平台具有優勢地位之條件。簡言之，平台控制者利用自己的影響力，對於購買平台服務的商業用戶，較其他商業用戶有更優勢之地位，而為不當之差別待遇[79]。

2. 美國選擇與線上創新法案

本法旨在規制涵蓋平台從事某些違法歧視性行為（unlawful discriminatory conduct），區分為三項違法行為與十項歧視行為。三項違法行為分別為：(1) 給予涵蓋平台經營者自身的產品、服務或業務優於其他經營者的產品、服務或業務的待遇；(2) 排擠或損害與涵蓋平台經營者自身產品、服務或業務相關的其他經營者的產品、服務或業務；(3) 歧視處境相似（similarly situated）的商業用戶[80]。

有關十項歧視行為，本研究將其區分為五類：(1) 自我嘉惠行為，如第7款規定「在任何使用者介面上，包括涵蓋平台提供的搜索或排名功能，給予涵蓋平台運營商自己的產品、服務或業務線相比其他商業用戶更優惠的待遇」[81]；(2) 管制規避行為，如第10款規定「對向任何執法機構舉報平台實際或潛在違反州或聯邦法律的任何商業用戶或涵蓋平台的用戶進行報復」[82]；(3) 對使用平台之用戶施以限制、排擠或干涉行為，如第8款規定「干涉或限制商業使用者對其商品或服務的定價」[83]；(4) 獨家交易或歧視行為，如第1款規定「限制或阻礙商業用戶接取或交互操作可用於涵蓋平台產品、服務或業務線的相同平台、作業系統、硬體和軟體功能」[84]；(5) 對平台活動生成資料的強制蒐集或獨占，如第4款規定「限制或阻礙商業用戶訪問生成於平台上的資料（這些資料是商業使用者或其客戶透過與商業使用者的產品或服務的交互產生的），例如阻止商業使用者將此類資料移植到其他系統或應用

---

[79] *Id.*, at Sec.2(a)(2).

[80] *Supra* note 73, Sec.2(a).

[81] *Id.*, at Sec.2(b)(7).

[82] *Id.*, at Sec.2(b)(10).

[83] *Id.*, at Sec.2(b)(8).

[84] *Id.*, at Sec.2(b)(1).

程式的合同或技術限制」[85]。質言之，這十款歧視行為可能同時涉及到複數的類別，且相關的行為態樣亦與歐盟數位市場法草案相同，多為可能涉及不公平競爭的行為態樣。

本法亦有規定歧視行為的豁免（affirmative defense），包括兩種態樣：(1) 該行為不會對競爭造成影響，即一般所稱效率抗辯；(2) 業者基於公共利益，且能證明其行為無法經其他歧視性更小的手段實現時[86]。

3. 平台競爭與機會法案

由於數位市場的變化非常快速，創新的服務與商業模式往往可以快速積累用戶的數量，而大型數位平台為了保持其影響力，避免其競爭力受到影響，進而以併購的方式，將具有潛力且羽翼未豐的新創企業消滅，一方面強化自身競爭力，一方面提前消滅未來可能的競爭威脅，此即為扼殺式收購[87]。最為著名的案例，莫過於Facebook於2012年對Instagram的收購，目前FTC亦針對此案進行反壟斷的調查與起訴[88]。

在法案中，其要求涵蓋平台在進行併購時，首先該併購必須通過克萊頓法第7條之驗證，即該併購並非意圖持續性的弱化競爭或創造壟斷[89]；其次，必須證明其所收購的對象符合相關條件，否則即屬違法併購（unlawful acquisitions）[90]。本研究將其所列的條件區分為兩個面向，第一個面向是產品與服務的競爭性，即雙方在產品或服務上沒有競爭關係，或被併購方並不構成新生或潛在競爭；第二個面向是對於併購方的市場地位，即雙方完成併購後，不能對涵蓋平台在銷售或提供產品服務方面的市場地位有所增長，或提

---

[85] *Id.*, at Sec.2(b)(4).

[86] *Id.*, at Sec.2(c)(1).

[87] OECD, Start-ups, Killer Acquisitions and Merger Control – Background Note, 2020.5, https://one.oecd.org/document/DAF/COMP(2020)5/en/pdf, last accessed 10/08/2021.

[88] FTC, FTC Sues Facebook for Illegal Monopolization, 2020.12, https://www.ftc.gov/news-events/press-releases/2020/12/ftc-sues-facebook-illegal-monopolization, last accessed 10/08/2021.

[89] *Supra* note 74, at Sec.2(b)(1).

[90] *Id.*, at Sec.2(b)(2).

高其保持市場地位之能力。一般而言，併購的目的縱然不是基於消滅競爭對
手，至少希望能穩固其市場地位，但本法的思維或以考量到涵蓋平台本身已
經具有極穩固的市場地位，如其可透過併購進一步確保市場地位，將使該領
域的可競爭性益加艱難，因此予以禁止。

4. 近用法案

　　近用法案著重於數位市場上資料競爭環境，要求涵蓋平台應確保資料可
攜性與操作互通性。具體而言，涵蓋平台應維護一組透明，且可供第三方廠
商接取的介面，在取得終端使用者的同意下，可以將資料安全的進行傳輸給
用戶或與平台競爭之廠商；另一方面，也規範與涵蓋平台競爭的業者，應合
理保護其資料，並在資料可攜或互通操作時，採取合理的措施避免造成涵蓋
平台系統的損害。如涵蓋平台在資料互通性的介面上有任何變動，均應該預
先通知與其競爭之企業，此外，涵蓋平台也不能因為提供平台服務給競爭企
業，而透過其使用介面蒐集終端使用者資訊，或利用這些使用資訊[91]。由於
近用法案屬於在資料利用上的綱要性規範，因此亦規定 FTC 應該設立一個
技術委員會，以制定資料可攜性與互通性的標準，以實施相關的規範。

三、日本

　　2019 年，日本政府為了在全球瞬息萬變的數位市場中促進競爭和創
新，以迅速有效地實施競爭政策，因此在內閣中設立跨部會的數位市場競爭
總部（デジタル市場競爭本部），負責數位市場的評估、規劃和制定競爭政
策，以及與國內外相關機構進行協調。同年，即提出數位平台交易透明化法
案（デジタル・プラットフォーマー取引透明化法案），並於 2020 年完成
「提升特定數位平台透明公正法」（特定デジタルプラットフォームの透明
性及び公正性の向上に関する法律）[92]之立法，並於今年 2 月正式施行。其

---

[91] *Supra* note 75, at Sec.3, Sec.4.

[92] 經濟產業省，「特定デジタルプラットフォームの透明性及び公正性の向上に関
する法律」の規制対象となる事業者を指定しました，https://www.meti.go.jp/pre
ss/2021/04/20210401003/20210401003.html（最後瀏覽日：2021 年 8 月 10 日）。

最主要的目的在於使受該法指定的數位平台營運商，確保其與其他商業用戶之間交易的公平與透明；雖與前述歐美的立法目的雷同，但日本採取不同的執法策略，其要求數位平台應採取積極的自律以提高透明度和公平性，以減少國家參與和監管。

本法對於特定數位平台的定義分成兩類，並於今年 4 月完成初次指定，第一類爲年銷售額 3,000 億日幣以上之購物平台，包括 Amazon、樂天與雅虎，第二類爲年銷售額 2,000 億日幣以上之應用軟體商店，包括 Apple 的 App Store 及 Google 的 Google Play。在被指定爲特定平台後，該平台必須揭露其交易條件和相關交易資訊，並建立爭端解決機制。此外，平台業者每年應向經濟產業省提交年度自我評估報告，說明所採取的措施和業務概況。

經濟產業省將根據年度自評報告對平台的營運狀況進行審核，同時也將發布其評估結果，並聽取商業用戶、消費者、學者等多方利害關係人之意見，促進平台與用戶的相互理解。其次，對於平台之營運行爲如果涉及不公平競爭，經產省依據本法亦可將其函送公平交易委員會進行調查。再者，若經濟產業省認爲特定平台營運者之行爲應予改正，縱使該業者未於日本國內設有營業所，亦可透過公示送達之方式要求其履行義務，惟相關業者若未予改正，目前尚無法確定其法律效果爲何。

四、國際立法趨勢分析

由前述歐盟、美國、日本之立法趨勢，對於數位經濟的競爭監理，縱使相關立法仍在初步的階段，對大型數位平台獨立進行管制，已是明確的方向；惟在策略上仍有輕重之別，歐盟、美國主要針對大型數位平台與用戶間的行爲，涉及平台本身的行爲、演算法歧視、個人資料或商業資料的流通使用等，進行預防性質的事前管制；在日本，所採用的策略是高度自律，要求大型數位平台必須每年陳報其自律行爲評估報告，並由主管機關對自評報告進行多方利害關係人之審查，以確認是否可能有涉及反競爭之行爲，經產省並可依據自評報告要求大型數位平台改善其行爲，甚至移送公平交易委員會進行調查。

（一）簡化大型數位平台之認定標準

　　大型數位平台的管制，在歐盟的競爭管制框架下，表面上是顯著市場力量（Significant Market Power, SMP）事前管制的變型。然而，兩者之間仍有極為顯著的差別，SMP 是嚴格遵守競爭法分析方法下的產物，其必須先完成相關市場的界定後，透過對已指認的特定市場實施市場分析，以釐清是否存在有顯著市場支配力的事業，而導致該市場無法充分競爭，再針對此一優勢市場力量的因素課以不對稱競爭措施，使市場回歸競爭。因此，歐盟係透過三階段的檢驗標準，包括「是否存在非暫時性的高度市場進入障礙」、「市場在相當的時間範圍內不會走向有效競爭」、「以競爭法無法有效地處理市場失靈」，以實施事前管制，矯正市場競爭失序的狀態[93]。

　　然而，目前國際上對於大型數位平台的競爭監理政策，並沒有採用傳統競爭分析的方法論，反而是採取設定絕對門檻標準的方式，透過該企業的營業額、市值、用戶數量，作為判斷其是否符合大型數位平台的標準，並對其施加管制義務。歐盟近期曾發布一份由聯合研究中心（Joint Research Center, JRC）針對數位市場法的經濟學家報告，其指稱，傳統的競爭政策評估方式較為遲緩，恐無法因應快速變化的數位經濟市場，透過絕對數量指標，有助於競爭主管機關在第一時間捕獲潛在具有較大危害的產業，然而，此一方式也可能忽略某些在利基型或區域型市場具有市場支配力的企業[94]。

（二）大型數位平台的行為義務

　　從立法趨勢而言，約略可分為兩種模式，分別是日本所採用的高度自律

---

[93] Commission Recommendation on Relevant Product and Service Markets Within the Electronic Communications Sector Susceptible to Ex Ante Regulation In Accordance With Directive 2002/21/EC of The European Parliament and of The Council on A Common Regulatory Framework for Electronic Communication Networks And Services, para. (9), 2003 O.J. L 114. para.

[94] Cabral, L., Haucap, J., Parker, G., Petropoulos, G., Valletti, T. and Van Alstyne, M., The EU Digital Markets Act, Publications Office of the European Union, Luxembourg, 2021, ISBN 978-92-76-29788-8, doi:10.2760/139337, JRC122910.

模式，及歐盟美國所採用的準競爭義務模式。

　　高度自律模式對於現行法制的變動較小，對於大型數位平台並不會有立即性的管制衝擊，而是要求大型數位平台應自律，以促進數位經濟的公平競爭，其監理方式則係透過年度自評報告的方式，以監測其是否有違反公平競爭，因此在維護市場公平競爭的力度較弱，對於用戶的保護相對不足，或許無法及時因應大型數位平台的反競爭行為。此外，由於日本的監管機關是經濟產業省，因此在涉及不公平競爭行為上，仍必須仰賴競爭主管機關的事後協力。

　　歐美的準競爭義務模式，主要是在管制規範中，預先將反競爭法的行為植入，例如自我嘉惠行為、獨家交易安排或拒絕交易、歧視行為[95]，此外，因應演算法或資料對於數位經濟的重要性，在相關條款中，也針對個人資料或商業資料的強制蒐集、獨占、阻礙流通等，設立條款或專法進行規範。此種管制模式更能主動預防不公平競爭的發生，甚至管制機關無需進一步調查相關證據即可適用；但是其管制模式也可能有過度管制的副作用，可能會對數位平台參與創新產生寒蟬效應，反而限制其發展。基此，相關法制均設有效率抗辯條款，即若大型數位平台可證明其行為是必要或有利於市場競爭，則可例外取得管制豁免。

肆、對我國之啓示

　　我國於今年初，曾因澳洲通過「新聞媒體與數位平台強制議價法」[96]，而興起對於大型數位平台壟斷的討論[97]。本文認為，是否應管制及採取何種管

---

[95] 可參考我國公平交易法第 9 條及第 20 條。

[96] Parliament of Australia, Treasury Laws Amendment (News Media and Digital Platforms Mandatory Bargaining Code) Bill 2021, https://www.aph.gov.au/Parliamentary_Business/Bills_Legislation/Bills_Search_Results/Result?bId=r6652, last accessed 10/08/2021.

[97] 秦宛萱，澳洲之後……台灣也能有《新聞媒體議價法》？專家：有 5 大挑戰要克服，信傳媒，2021 年 3 月 26 日，https://www.cmmedia.com.tw/home/articles/26540（最後瀏覽日：2021 年 8 月 10 日）。

制模式,可以嘗試由以下的觀點進行評估。

一、透過數位市場之調研以確認管制目的

事實上,澳洲在制定新聞媒體與數位平台強制議價法前,澳洲的競爭法主管機關於 2019 年已完成數位平台調查(Digital Platform Inquiry)[98],並提出「媒體廣告向線上市場移動,而數位平台能夠蒐集和利用大量用戶資料,並將其用於針對性強的定向廣告,並獲取相關的收益」。因此,數位平台在與媒體企業的交易中占有強大的議價能力,必須透過強制性議價規則解決相關問題,促進雙方商業談判,使新聞媒體企業獲得適當的報酬。此外,包括歐盟在 2016 年針對著作權指令的修正進行衝擊影響評估,在該報告的第 155 頁以下提到數位化對於出版物著作權權利的行使與取得補償上產生困難。證據顯示,在 2010 年至 2014 年之間,新聞出版商的總印刷收入減少了134.5 億歐元,數位收入增加了 39.8 億歐元,即淨收入損失 94.7 億歐元,亦即出版商的線上內容取得了越來越大的成功,但出版商的數位收入的增長並未能彌補印刷品的下降。研究發現,有許多的用戶在新聞集成平台上閱讀新聞摘要,而沒有點擊連結至新聞內容提供者的網站,使得線上新聞媒體的廣告及流量收入減少,而新聞媒體與這些數位平台的議價能力並不平等,使得新聞出版商很難在平等的基礎上與他們進行談判,包括與使用其內容有關的收益分潤[99]。

因此,對於數位平台是否有壟斷或不公平競爭的情事,目前在我國並未有完整的調查研究。易言之,目前在數位產業是否有因為大型數位平台實施不公平競爭之手法,有哪些數位產業受到反競爭行為的影響。因此,勢必要針對我國現況進行產業實證調查,以確認是否有規範之必要。其次,管制密度亦影響管制目的之選擇,管制的密度越低,越有利於鼓勵大型數位平台增

---

[98] ACCC, Digital Platform Inquiry, 2019, https://www.accc.gov.au/focus-areas/inquiries-finalised/digital-platforms-inquiry-0, last accessed 10/08/2021.

[99] https://eur-lex.europa.eu/resource.html?uri=cellar:e065cd0d-7a57-11e6-b076-01aa75ed71a1.0001.02/DOC_1&format=PDF, last accessed 10/08/2021.

加在我國之落地投資與新興服務的投入，反之，則有利於我國消費者與產業之保障。

二、管制模式的選擇與影響

從目前國際趨勢觀察，有兩個清晰的法制規範路徑，其一為高度自律模式，其二為準競爭義務模式，惟兩者間並無絕對的優劣。從大型數位平台的指定而言，如要訂定絕對量化標準，其標準應採取我國國內之產值為標準，或是以該平台全球之產值或用戶數為標準，其中仍有值得進一步思考的空間。其次，管制模式是否可能造成大型數位平台拒絕提供服務或僅提供有限服務，是吾等必須思考的問題。以澳洲為例，在其推動制定媒體議價法時，如 Google 即聲明其考慮退出澳洲市場[100]；此外，我國臺北市政府法規會曾於 2011 年依消保法要求 Google 與 Apple 修改其應用服務商店之服務條款，保障消費者 7 日退費之權利，使 Google 從 2011 年 6 月 27 日起關閉了其應用服務商店對台灣地區所有的付費軟體服務，直到 2013 年 2 月臺北市政府敗訴後，才逐步恢復服務。易言之，如未來我國採取相關管制措施，而導致大型數位平台限縮其在我國提供服務之範圍，應如何處理，如我國仍採取如當年高通案，在 2017 年公平交易委員會以高通濫用市場支配地位，裁罰 234 億台幣，復於 2018 年以產業經濟發展為由，與高通達成和解；恐對於我國是否能貫徹大型平台之監理，畫上問號。

三、整體建議

本文認為，現階段在大型數位平台的監理上，我國並無倉促立法的必要。相對的，現階段我國應採取更積極的態度，對於大型數位平台對我國產業的影響，進行相關的調查，以確認其在我國的競爭狀況，特別是在特定的產業或市場，如新聞媒體。若在此些個別領域確認相關產業處於競爭的弱

---

[100] Gerrit De Vynck, Google is threatening to pull its search engine out of Australia, The Washington Post, https://www.washingtonpost.com/technology/2021/01/22/google-australia-publishers/, last accessed 10/08/2021.

勢，則可進一步透過現行法令之方式協助我國相關產業強化競爭能力，例如在新聞議價方面，可透過公平交易法下第 15 條聯合行為的集體協商機制，使媒體產業可以聯合與大型數位平台進行廣告利益分潤的談判。

其次，相關主管機關必須掌握國內之發展需求，全面性的針對大型數位平台對國內產業法規影響進行評估，特別是國內產業與大型數位平台間的依存關係，並進行長期性的滾動性調查，藉由對競爭狀況的密切觀測，促使大型數位平台能進行相當程度的自律，使其不會透過平台市場支配力，或藉有操弄演算法或資料獨占的方式，對我國數位產業造成衝擊。

最後，我國依然必須對大型數位平台的監理，建立完整的配套措施，畢竟數位市場是一個快速變動的市場，相關的國際研究報告亦已指出其難以透過傳統的競爭政策方法論，對其進行不公平競爭行為的監理，現階段若我國不能對於數位市場進行完整的產業調查，必然無法設計符合我國需要之數位平台競爭治理法制。

參考文獻

一、中文部分

李文秀，從歐盟調查 Amazon 電子書案探討最優惠條款是否構成濫用市場地位之反競爭行為，經貿法訊，第 232 期，2018 年。

陳和全，訂價演算法與競爭法議題初探，公平交易季刊，第 28 卷第 2 期，2020 年。

二、外文部分

Bundeskartellamt, The effects of narrow price parity clauses on online sales – Investigation results from the Bundeskartellamt's Booking proceeding, 2020.

Bundeskartekkamt, Bundeskartellamt prohibits Facebook from combining user data from different sources, 2019.

Bundeskartellamt, Algorithms and Competition, 2019.

BWB, Austrian Federal Competition Authority initiates investigation proceedings against Amazon, 2019.

Case AT.39740 ─ Google Search (Shopping), 2017.

Cabral, L., Haucap, J., Parker, G., Petropoulos, G., Valletti, T. and Van Alstyne, M., The EU Digital Markets Act, 2021.

CMA, Online platforms and digital advertising market study, 2020.

CMA, Algorithms: How they can reduce competition and harm consumers, 2021.

European Commission, Consumer market study on online market segmentation through personalised pricing/offers in the European Union, 2018.European Commission, Antitrust: Commission opens investigations into Apple's App Store rules, 2020.

European Commission, Platform-to-business trading practices, 2020.

FTC v. Facebook, Case No.: 1:20-cv-03590.

KPMG, Unlocking the value of the platform economy, Dutch Transformation Forum, Nov., 2018.

OECD, Hearing on cross platform parity agreement, 2015.

OECD, Algorithm and Collusion: Competition Policy in the Digital Age, 2017

OECD, Algorithm and Collusion: Competition Policy in the Digital Age, 2017

OECD, Personalised Pricing in the Digital Era, 2018.

OECD, Start-ups, Killer Acquisitions and Merger Control – Background Note, 2020.

OECD, Abuse of dominance in digital markets, 2020.

Subcommittee on antitrust, commercial and administrative law of the committee on the judiciary, Investigation of competition in digital markets, 2020.

公正取引委員會，アルゴリズム／AI と競争政策，2021 年。

淺談因應數位科技巨擘濫用市場支配地位進行「資料」壟斷行為

張馨予*

壹、前言

　　隨著大數據（big data）時代之來臨，各種嶄新形態的商業模式正改變著全球民眾之生活習慣與企業之經營模式，又加上 2020 年初新冠肺炎疫情（COVID-19）之衝擊，各國進行封城隔離之影響下，消費者消費習慣明顯改變，致零售與電商市場生態變化更為劇烈，有人將此種經由網際網路與電子商務等創造之新經濟模式稱為「數位經濟」（digital economy）（香港稱其為「數碼經濟」；大陸則稱其為「數字經濟」）。而對於大型數位資訊服務提供者或國際數位科技巨擘而言，在數位經濟市場環境，將以能否掌握競爭所需之「資料」，作為取得市場競爭優勢之關鍵地位，即透過數據之蒐集、整理與運算分析，掌握不同類型資料，進行各種商業活動之規劃、改善或發展創新服務，取得數位經濟市場主導權之地位，更為後續形成龐大市場力，例如獲取消費者之消費行為模式及偏好，藉以提供廣告商發展精準行銷（precision marketing），並從而獲得自廣告商之利潤等。

　　然而，在此種看似能夠讓廣大消費者享有更優質與便利之產品與服務，同時，亦能夠為企業創造更多商機，及大幅降低市場交易成本等雙贏之商業模式下，卻存有諸多爭議，最常見的即是大型數位資訊服務提供者或國際數位科技巨擘，藉由掌握大數據及其運算分析技術，濫用市場支配地位，排除其他競爭者，得以維持其龍頭寶座，例如 Google 被指控利用其於搜尋及廣告上獨霸之地位，濫用對廣告市場之主導權，排除競爭者，操弄廣

---
*　東海大學法律學系博士班學生。

告投放，並依靠壟斷抬升廣告價格。

對此，近年歐盟與美國開始對美國五大科技公司（即 Google、Apple、Facebook、Amazon、Microsoft, GAFAM）進行相關調查與處分，並且歐盟於 2019 年通過「提升線上中介服務商業用戶的公平性與透明性規則」（regulation on promoting fairness and transparency for business users of online intermediation services）、2020 年 12 月公告「數位服務法案」（Digital Service Act, DSA）草案及「數位市場法案」（Digital Markets Act, DMA）草案，隨後日本亦於 2020 年 6 月 3 日通過「特定數位平台透明性及公正性提升相關法律」（特定デジタルプラットフォームの透明性及び公正性の向上に関する法律）等，以因應數位時代，確保公平競爭、維護創新環境，同時保障網際網路個人使用者之隱私、安全及使用權利。

因此，本文主要先從大數據資料與競爭關係作為切入，其中，主要介紹大數據市場經濟特徵及價值、以大數據資料所生之相關事業發展類型、大數據資料對市場結構之影響；次之，主要係探究數位科技巨擘如何應用大數據資料進行濫用市場支配地位之反競爭行為，並且以數位科技巨擘之市場特性以及其相關市場界定作為研究輔助；最後，主要探討在新興數位經濟下，國際上如何因應數位科技巨擘進行反競爭行為之法制規範，並以歐盟「數位市場法案」為討論重點。

貳、大數據「資料」與競爭關係

誠如前述，數位經濟帶動多元產業發展，並朝向多世代、多區域、多領域、虛實整合等趨勢發展，而「大數據」技術就是驅使這樣發展的主要動力，其中，「數據資料」更是被譽為有如數位經濟的「新型石油」一般，將其進行分析，是具有價值，能夠創建有形價值的盈利活動（Michael Palmer, 2021），為新時代的核心資源，以及新經濟體系的重要推動力。

一、大數據市場經濟特徵及價值與其所生之相關事業發展類型

關於「大數據」應用於市場經濟之特徵，主要以「數量」（volume）、

「速度」（velocity）、「多樣化」（variety）、「眞實性」（veracity）與「價值」（value）等五大要素爲基礎[1]，亦即透過對大幅資料規模之提升，以強化資料分析之精確度與廣度，再藉由降低蒐集、儲存、處理和分析資料之成本，來提高採取各種商業營銷策略（如市場策略、經營策略、銷售策略、管理策略等）之反應速度，同時，運用多元資料整合，將來自不同方面之片段新事實資料加以整合，並據此針對特定人、特定事情、特定物品、特定趨勢或方向等進行分析或預測偏好或行爲等（如掌握消費紀錄、購物頻率、飲食習慣等），且也由於這些資料是正確、無異常之眞實性資料，可以讓企業作爲重要決策之參考，所以其分析與應用是具有價值的，能夠提供一定效益，如協助創新或策略之改變、識別消費者需求、更新或調整其他營運服務、監測金融交易等。然而，這些特質是無法單獨呈現企業市場力量，尚須透過各特性之交互作用，並依個案形態之不同，而爲分析及應用成爲有價值、具重要性之市場營銷策略，此種將大量資料轉換爲具有用性之資訊，再轉換爲具價值性之情報的過程，稱之爲「大數據價值鏈」（the big data value chain）（邱映曦、戴豪君，2020：8-11；陳志民，2018：5-8）。

再者，由於大數據價值鏈係須經繁複之流程始能完成的，雖已有部分公司本身具備完善之蒐集、處理、分析及利用資料的能力，但這對於多數企業來說仍舊是非常困難的，所以爲了能夠使企業獲取大數據分析之利益，以提升事業競爭力，從而發展出相關專業且能滿足個別化需求之產業，供以「資料」作爲市場力來源之企業利用。而依資料之取得面向觀之，通常「結構化」資料所能產生之商業價值高於「未結構化」資料，所取得之資料中如係可直接控制之蒐集過程者，稱之爲「第一方數據」（first-party data），即企業依據自己所開發之應用程式、所建設之網站等來蒐集自身所定義及分類之

---

[1] 「大數據」是非常複雜及廣大之現象，自 2010 年初以來，其定義一直有所變化，不過，傳統上多將其定義以「數量」、「速度」、「多樣化」、「眞實性」等四大要素爲基礎，之後尚有學者提出其他特徵，如「複雜性」（complexity）、「價值」等，包括透過電腦技術和網際網路蒐集、存儲、分析、共享及連結創建大量數據。Maddalena Favaretto, Eva De Clercq and Bernice Simone Elger, *Big Data and discrimination: perils, promises and solutions. A systematic review*, 6 Journal of Big Data No.12 1, 1-2 (2019).

資料，所以該資料較能夠符合企業掌握目標受眾（target audience）之特性與需求；如係運用由他人所蒐集與建置之數據集者，稱之為「第三方數據」（third-party data），該數據如企業能直接取用，則可降低成本，利於企業參與市場競爭，不過，也由於該數據非企業本身所掌握目標受眾之資料，資料分類及定義係由第三方資料商自己決定，所以該數據未必能夠完全符合數據需求者之需要（陳志民，2018：7；游佳璇，2016）。

因此，依照資料本身及運用方式之不同可產生不同之服務形態事業，如以提供資料蒐集、儲存、處理、分析、應用等各類資料服務事業之「資料加值應用服務業者」（data application service providers），主要類型乃是包括運用各種科技工具及各類資料來源進行蒐集彙整並提供之「資料蒐集服務業者」；運用智慧標籤平台、標籤工具等技術，提供客製化資料處理服務之「資料處理服務業者」；運用資料科學、機器學習（machine learning）、分散式計算、虛擬化等專業與技術，提供資料分析與決策之「資料分析服務業者」；運用導入資料源技術，提供智慧分析、客群區分、整體應用服務解決方案等服務之「資料應用服務業者」等，所以此類服務之核心，主要將「資料」或其關聯服務運用各種科技工具，最大化資料之附加價值，藉以使企業於市場競爭中能夠獲得優勢。再如以資料作為其他產品或服務加值應用整體事業提升服務品質、創新商業模式、鞏固市場競爭力之公司，所以此類服務之企業通常本身能夠具備處理數位資料之能力，或是可與第三方合作完成資料加值應用服務之事業，例如知名外送服務平台 foodpanda 能夠自行進行分析、研究出相應之演算法機制，並提供當地市場做更深層的資料探索優化，尋找高度市場需求服務，以維持其市場之競爭力；日本知名眼鏡品牌 JINS 與國泰世華銀行皆利用 Data Driven Creative（以數據為準的廣告素材，簡稱 DDC）動態模式廣告，創造提供於消費者廣告內容客製化之行銷體驗（邱映曦、戴豪君，2020：15-22；〈運用數據實現廣告創意客製化，將品牌精準打進消費者的心〉，2018）。

據此，市場上以「資料」作為產業主體之事業形態，主要以作為產品核心，或是作為產品或服務資源兩大類，其項下所形成之商業模式可能種類繁多，關於其個別市場競爭上之特性亦會有所差異，不過，一般而言，

以「資料」作為市場導向之產業大致具有包括「須建立相當之資料規模作為進入目標市場之參進條件」、「須具備高度資料蒐集、處理、演算與分析等之專業技術能量」、「須具備熟悉資料科學與產業策略之專才」、「須不斷運用資料進行事業創新或滾動式調整」等特徵（邱映曦、戴豪君，2020：22-23），可見資料本身並非絕對具有市場力，尚須創造價值後才能夠對市場產生影響力，且其依照事業能力之不同而具備不同價值，所以「大數據資料」具有的市場特性可將其歸類有：(1) 資料具有「多維性」（multidimensionality），即資料之質量與價值不僅受數量影響，尚受其速度、多樣性和準確性影響（Daniel L. Rubinfeld and Michal S. Gal, 2017: 370）；(2) 資料具有「非競爭性」（nonrivalrous nature），即資料之蒐集並不會影響其他人獲取相同資訊，且資料之價值並非單一存在於所蒐集之資訊本身，而是從中可以提取之知識，所以透過蒐集，不同類型之資料亦可生成相同之知識（Daniel L. Rubinfeld and Michal S. Gal, 2017: 373; Inge Graef, 2015: 479）；(3) 大數據具有市場輸入特性，亦即大數據通常是作為其他產品或服務之市場輸入，而非以自身為產品（Daniel L. Rubinfeld and Michal S. Gal, 2017: 375）；(4) 大數據之蒐集可能是其他活動的副產品（Daniel L. Rubinfeld and Michal S. Gal, 2017: 377）；(5) 大數據可能表現出強大的網絡效應（network effect），如資料蒐集之規模、範圍或速度對可識別資料之準確性產生積極影響，從而形成網絡效應，同時，市場多邊性更是強化此種效應之市場形態（Daniel L. Rubinfeld and Michal S. Gal, 2017: 377）；(6) 大數據可能會增強歧視（discrimination），亦即當定義之資料類型或資料源被有意或無意地與其他資料類型或資料源區別對待時發生之偏差（Daniel L. Rubinfeld, and Michal S. Gal, 2017: 378; Agnes Böttcher, 2021）。

二、大數據「資料」對市場結構之影響

新競爭者之進入障礙是影響市場結構（structure）之重要因素，依產業組織理論，產業之市場結構變化將會影響廠商之行為（conduct），包括如定價行為、產品策略、研究開發、廣告與競爭策略等行為，而市場結構與廠商行為則會共同影響廠商之經營績效（performance），此三者之關係即為

產業經濟分析之 SCP（Structure-Conduct-Performance analysis）研究模式，乃是美國哈佛大學產業經濟學權威貝恩（Bain）、謝勒（Scherer）等人建立之三段論式產業分析範式（施曉娟，2005：2、7-10）。其中，潛在競爭者效力取決於進入條件之決定因素，包括如規模經濟、技術優勢、絕對成本優勢等，所以進入障礙可能對潛在競爭者進入市場構成不利條件，換言之，若原市場主要競爭企業積極影響進入條件，則有助於限制與自身相關行業之競爭者數量及競爭強度，以使其成爲該行業之市場唯一受益者，因此，通常進入障礙高之行業將比進入障礙低之行業，更能夠獲得較高之回報（Jasper Blees, 2003: 10）。

　　然而，由前述可知，大數據資料具有「多維性」、「非競爭性」、「市場輸入性」等特徵，因此，有論者提出，在數位經濟競爭市場中，一旦大型數位資訊服務提供者或國際數位科技巨擘爲大數據資料形成規模經濟（economies of scale）時，對於其他企業而言將會築起較高的市場進入障礙。例如由於資料之多維性，企業通常須創建更好的分析工具、更高級別的可確定性預測、依資料的各種特徵探尋替代途徑，所以如構成規模經濟，將可能提升市場進入障礙，另該特性尚可能使自不同來源之資料產生重要協同作用，此時，如資料來源係由不同資料所有者擁有，則恐怕會受到「訊息障礙」（即相關方必須意識到可能的協同效應）與「動機障礙」（即所有相關方皆須發現爲實現潛在之協同效應，而進行投資是值得的，且此障礙還可能因爲技術、法律、偏好或行爲受到影響）之影響，而亦同樣提高市場進入障礙（Daniel L. Rubinfeld and Michal S. Gal, 2017: 370-372）。

　　由於資料之非競爭性，而使大數據資料存有企業可以隨時蒐集、組織、儲存、分析成爲其私有物之事實，所以當大型數位資訊服務提供者或國際數位科技巨擘出現時，其即可能運用自身之資料蒐集工具及分析工具將具市場競爭價值之大數據資料集出售或授權於多數用戶公司，並藉由維持對大數據資料集之控制，以及相關法律限制之障礙與技術兼容之障礙，創造出更多的結構性障礙，以取得市場優勢地位，或是藉由資料蒐集者與資料分析師之垂直整合，對市場造成高度進入障礙，除克服因資料非競爭性所產生之搭便車問題（free rider problem）外，還可以增加資料蒐集和使用之協同效應，

其中，資料價值鏈中之資料蒐集階段，亦可能因為某些類型之資料而存在較高的市場進入障礙（Daniel L. Rubinfeld and Michal S. Gal, 2017: 369, 373-375）。

　　由於大數據作為市場輸入之特性，所以當某企業在一市場（下稱「舊市場」）中具有支配地位，並將該市場之大數據資料應用於另一市場（下稱「新市場」）中，以提供商品或服務，則更能夠有效地競爭，此時，若是新企業想要在新市場中發展，則將面臨因無舊市場之相關資料，使得其即使能夠提供比目前更好的商品或服務，也會因為需要舊市場之相關資料而須面臨與已有該市場資料之企業簽訂契約以獲取其大數據資料，或是必須先行進入舊市場取得資料後才能夠進一步進入新市場，然而這將會增加營運成本，自然就意味著一些公司並不會想要進入新市場，這樣的進入障礙，也將使新市場被壟斷之情事發生（Daniel L. Rubinfeld and Michal S. Gal, 2017: 375; Michal Gal, 2012: 485-486）。另大數據有利於企業之市場集中度（market concentration）及市場支配地位（dominance），並且數據驅動行銷（data-driven marketing）更可以導致市場獨占之情形，所以當網路效應強大，再與其他市場進入障礙相結合時，在資料具比較優勢之企業可以得到顯著之競爭效應（Daniel L. Rubinfeld and Michal S. Gal, 2017: 377）。

　　不過，論者同時以為，大數據之特徵亦不必然會產生市場進入障礙，例如由於資料之非競爭性，而便於讓市場競爭對手進行搭便車行為，致其可以輕易地複製企業經由獨特資料集分析出之結果，從而降低該獨特資料集產生之比較優勢所能維持之時間，同樣的，如市場競爭對手能夠運用演算法確定貿易條件和網際網路連結速度，則可輕易地複製企業之線上報價，進而降低垂直整合之比較優勢（Daniel L. Rubinfeld and Michal S. Gal, 2017: 374）。況且，大數據對最終產品競爭之影響，始終須透過觀察相當重要之不同因素進行整體分析，以確定影響消費者之選擇，所以藉由大數據資料作為輸入或輸出市場之事實，也可能僅有對進入障礙及市場力量之分析產生間接影響（Daniel L. Rubinfeld and Michal S. Gal, 2017: 376）。再者，有學者認為雖然大數據經常用以代表公司之重要資產和資源，惟此一事實卻不能證明其構成進入障礙，換言之，企業所蒐集之大量資料來源，並不意味新進市場競爭

者或潛在市場競爭者必須蒐集相同之資料，才能有效地進入市場競爭（John M. Yun, 2019: 409），所以大數據雖可成為企業有價值之資產，卻不能代表著這會降低社會福利，或是構成阻止新進市場競爭者參與市場之進入障礙（John M. Yun, 2019: 414）。

參、大數據「資料」與數位科技巨擘濫用市場支配地位

本文在這部分主要係透過瞭解數位科技巨擘在市場上之特徵與其相關市場界定，以便解釋數位科技巨擘如何應用大數據資料進行濫用市場支配地位之反競爭行為。

一、數位科技巨擘之市場特徵

數位科技巨擘於競爭市場中進行之蒐集、處理、利用、分析大數據資料，首要乃是為取得市場優勢地位，同時藉以提高新進市場競爭者或潛在市場競爭者進入市場之障礙，以獲取更大的利益，已如前述。然而，就市場發展觀之，數位科技巨擘在當今數位經濟時代，主要乃以資料驅動之數位平台為重心，而此一形態則為近期國際上倍受重視之事業，其重要市場特徵大致為「快速」（fast-moving）、「雙邊或多邊性」（two or multi sidedness）、「網路效應」（network effect）、「非貨幣定價」（non-monetary pricing）、「多點連結」（multi-homing）、「動態市場」（market dynamics）等（陳志民，2019：1-2；邱映曦，2019：14-21；邱映曦、戴豪君，2020：23-27）。

基此，數位平台隨著數位技術進步快速，跨業競爭之可能性大為增加，雙邊或多邊市場形態特色明顯，相較於單邊市場這種以需求方與供給方為單方線性鏈之市場形態不同，其於市場中存有不同類型之經濟群體，且相互間具依賴關係，並藉由數位平台連接或促進各方經濟群體，從而策略強化連結關係，結合多面向的供給與需求，運用跨市場資料之取得，以及獲取具規模且多元化之資料，以締造出便利且具效率之商業交易環境，甚而維持得以持續運作之生態圈，最終形成最大商機與價值，更提供強大的經濟效

益,同時獲取利益,以及解決因群體間受地理範圍限制無法接觸或互動所生之交易成本問題(陳志民,2019:1;邱映曦,2019:14-15;邱映曦、戴豪君,2020:23-24)。

另外,更利用匯集來自不同使用者對商品或服務運用而所生之資料,分別進行蒐集、整合、處理、分析與應用,以優化各種商品或服務,並隨使用者增加,從而拉高產品之價值,鞏固市場力,建立強大的網路效應(陳志民,2019:1;邱映曦、戴豪君,2020:24)。其中,「網路效應」可區分為「直接網路效應」(direct network effects)與「間接網路效應」(indirect network effects)二者,前者係指隨著特定商品或服務使用者數量之增減,將影響該商品或服務對其他使用者之價值,換言之,如特定商品或服務之用戶增加,則可帶來用戶之利益亦會隨之增加,使該特定商品或服務變得越有價值,而這種效應無論是對於電信業者、社群網路服務業者、訊息傳遞服務業者、交友服務業者、客戶評論網站、搜尋引擎業者等,皆是相當重要的指標;而後者則係用以探究不同群體間之影響力,即當市場一邊用戶之利益,隨市場他邊用戶數量增加而增加者,就可能產生間接網路效應,如社交軟體利用免費註冊之方式,帶來多數使用者聚集,從而提高了目標性廣告服務等其他多元服務開發及相關費用收取之商業機會(邱映曦,2019:15-16;邱映曦、戴豪君,2020:25-26;Autorité de la concurrence, and Bundeskartellamt, 2016;王立達,2018:1)。

再者,藉由網路效應的強化、大數據資料之累積性(cumulative)特徵,以及優化演算法、精進機器學習等相關技術,再加上市場上本身可能存在之相關資料障礙,使其逐步達成一定之經濟規模,從而鞏固其市場優勢地位(邱映曦、戴豪君,2020:24-25)。另關於數位平台所提供之商品或服務,並非都存有貨幣價格,蓋有些目的在於壯大自身之市場規模,而可能採取免費提供商品或服務之方式,進而獲取衍生之經濟效益(如就目標族群投放精準廣告)及使用者個人相關資訊,或是作為其他商業經營者與使用者間之橋梁,透過向其他商業經營者收取費用之方式,以提供其相關商品或服務於使用者,因此,數位平台尚無法以純粹價格作為市場競爭之判斷基礎,必須以其他非傳統市場競爭判斷因素觀之(陳志民,2019:1;邱映曦、戴豪君,

2020：26-27；Nathan Newman, 2014）。

又數位平台使用者可能同時利用不同平台，獲取相同或相類之服務，而實現單一使用目的，此種現象稱之為「多點連結」，當市場上相同或相類之服務超過一個以上提供者時，則可能發生此一現象，且平台使用者採取多點連結作為之動機及程度，基本受到轉換平台之成本，以及平台費用收取之結構及價格高低所影響，而透過多點連結之特性，使用者可以不必受特定競爭平台之限制，同時抑制事業之市場力，不過，使用者運用多點連結，亦未必會直接對資訊競爭市場產生影響，除非其能夠頻繁地利用特定競爭平台，始能就個別平台資訊力之獲取、維持或展現產生影響（邱映曦，2019：17-19）。

最後，數位科技巨擘與資訊競爭市場關係密切之性質尚有「動態市場」之特性，其對於進入障礙之高低間有相互影響作用，如通訊軟體進入障礙較低，以致產生快速變動市場，即使事業能夠藉由網路效應，提升規模經濟，取得市場優勢地位，惟相同或相類服務之新進競爭事業或潛在競爭事業仍可能對其造成威脅，因此，進入障礙與動態市場特性間具有緊密關聯性（邱映曦，2019：19-21）。

二、數位科技巨擘之相關市場界定

由前述數位科技巨擘應用大數據資料之市場特徵觀之，於界定大數據之相關市場，須考量大數據所涉及之全體利害關係人，再按我國公平交易法第 5 條規定，相關市場係指事業就一定之商品或服務，從事競爭之區域或範圍，足見相關市場之界定應包括「相關產品（服務）市場」、「地理市場」與「時間因素」三項（廖義男，2017：25）。而大數據資料通常作為相關事業進行蒐集與儲存，再為加以處理及分析後，方能為其所利用，從而提高市場地位，因此，以此觀之，大數據資料之相關市場界定可以區分為「大數據蒐集市場」、「大數據儲存市場」及「大數據分析市場」等大數據三階段（即蒐集、儲存、分析）之相關市場（宋皇志，2020：29）。

然而，由於數位平台具有雙邊或多邊市場特性，所以在進行相關產品（服務）市場界定時，應就個案分析各邊營運內容（包括如價格、成本、品

質等）之變化，以及交叉評估其關聯關係，而非僅單就個別市場進行界定，蓋此種界定市場方式，將可能忽略因受網路效應影響而存在之市場，從而使市場界定結果發生錯誤，所以如社群軟體或是搜尋引擎中，利用免費服務蒐集個人資料與利用網際網路進行廣告收入是為一個產品市場，須整體界定之（邱映曦，2019：57-58；顏雅倫，2016：233-235）。

　　再者，按我國公平交易委員會市場界定處理原則第 7 點規定「以交易相對人之認知，審酌個案所涉及之商品或服務與其他商品或服務在功能、特性、用途、價格或競爭之地理區域上是否具有合理可替代性進行界定產品市場或地理市場」，所以在進行數位平台地理市場界定時，應就商品或服務之替代性於個案中審慎評估之，且包括數位平台涉及科技發展與應用之結果或發展可能性，皆有列入考量之必要，否則可能出現低估相關市場延伸之範圍（邱映曦，2019：58-61）。另由於數位平台多以發生在網際網路領域中為主，因此，其地理市場界定通常為全球市場（Wulff-Axel Schmidt and Monika Priess, 2002: 233）。

　　此外，關於數位平台之非貨幣定價特性，亦會影響著相關市場界定之範圍，不過，其非傳統價格定價之方式，能夠以客觀角度訂定出相關市場界定，而在這種非貨幣定價特性因素下，其「品質」優劣則會成為界定相關市場之重要指標，同時也成為市場競爭中之重要參數，例如以免費搜尋服務為主之數位平台業者，若其為自身利益，進而濫用市場支配地位影響搜尋結果之排序，將可能導致服務品質降低。惟由於品質的好壞判斷通常是較複雜且主觀性的，使得建立客觀量測方式顯為困難，這也是在界定以資料驅動為主之數位平台的相關市場較為棘手的因素（邱映曦，2019：64-65）。

三、數位科技巨擘以大數據「資料」進行之反競爭行為態樣與案例探討

　　法德研究報告指出大數據進行之反競爭行為態樣主要有五種形態：(1) 係拒絕「數據」近用；(2) 係差別性「數據」近用；(3) 係數據近用及差別取價；(4) 係「數據」排他近用；(5) 係「數據」近用之搭售安排。以上五種形態似亦可歸納於公平交易法領域所指拒絕交易、操縱價格（含採取掠奪性高

價或低價之掠奪性定價行為、限制轉售價格、價格歧視、聯合定價等直接操
縱價格之情形，以及其他間接操縱價格之情形等）、聯合行為、阻礙性質的
投資、濫訴、營造寡占性質之市場條件及有意識的平行行為等封鎖競爭式之
濫用情形，以及價格之濫用、交易條件之濫用（含賣方或買方交易條件之濫
用）、搭售、持續遲延給付及其他不公平競爭行為等詐取式之濫用情形，均
係反競爭之不公平市場情形（陳志民，2018：19-23；劉孔中，1996：244-
255）。

　　所謂拒絕「數據」近用係指對於競爭有關鍵設施之重要性數據拒絕近
用，故所近用之數據是否具有關鍵設施之適格，乃法院認定之重點，關鍵設
施之認定標準，歐洲法院係以檢視潛在近用人對於該數據庫之發展有無貢
獻，並調查是否因技術、法規或經濟上等因素，使得近用人無法從其他來源
取得該數據資料。成立「關鍵設施」後，要確認近用人利用數據是否可以創
造或假設可能存在另一個具有足夠市場需求之新產品或服務，獨特性並非可
主張拒絕數據不法之理由，必須因拒絕數據近用而導致交易競爭被完全排
除，且該拒絕數據近用者並無正當理由，始足當之。這種形態所造成之不公
平競爭與拒絕交易相當。拒絕數據近用之市場支配力濫用情形，最著名之案
例係 2004 年德國一家蒐集並分析藥品銷售市場，而以銷售數據給藥廠為業
務之公司（IMS），拒絕授權予另一家銷售數據之行銷公司（NDC），在該
案歐盟執委會係接受 NDC 之主張，認為 IMS 之數據資料庫已是產業標準，
MDC 若無取得授權，將無從於市場競爭（陳志民，2018：19-23；Estelle
Derclaye, 2004: 687-690）。

　　差別性「數據」近用主要係發生在垂直整合事業，上下游事業在數據利
用上策略性整合，並採取差別性之使用條件，使得其他競爭事業或服務因難
以利用數據或以較差之使用條件利用數據而減少競爭力，從而產生排除競爭
之效果。差別性「數據」近用之案例係「Google 比價購物服務」，其利用
演算法程式設計對於競爭網站同種類與服務之產品，排至搜尋頁面較後之頁
數，從而降低競爭網站被造訪之機會，流量因此降低，而其將提供相同服務
與價格比較之 Google Shopping 搜尋頁面至頂，增加被點閱之機會，這就是
差別性「數據」近用，此等做法就是 Google 利用自己已經具有市場獨占性

之一般搜尋服務差別待遇而扶植自己提供之新興服務，此舉已經被歐盟執委會科以鉅額罰款（陳志民，2018：19-23；林妍溱，2017；吳兪慶、張安潔，2017：1-4）。

事業若爲差別取價，必須先探知有需求之消費者客群對於最高價格差異之意願，才能針對不同客群差別取價，所以數據之蒐集與分析是非常重要的，嚴重影響事業之競爭力，也因此會有專營蒐集數據並分析之業務並銷售給有需求之事業之情形，對於不同買家給予差別價格，就是差別取價之態樣。最具有代表性之案例係 2009 年德國「明訊銀行」（Clearstream Banking AG）公司一案，其乃德國境內之集中保管公司，以據德國法規定所爲之交易決算爲主要業務，所以其擁有相關數據資料庫，然而其對於歐洲清算銀行以其數據資料庫爲交易決算時，卻收取高於其他會員國國內證券保管機構之使用費，形成差別取價，被歐盟執委會及歐洲法院認爲違反「歐洲共同體條約」第 82 條（現「歐盟運行條約」第 102 條）規定（陳志民，2018：19-23；周圍，2021）。

數據之排他性近用係讓競爭者無法取得所需之數據並有限制享有數據之消費者不能使用競爭新技術或產品之損害，Google 不僅在一般搜尋服務市場取得支配性地位，在網路搜尋廣告服務也已經取得支配性地位，故其有強大之議約能力，其利用與第三方網站之限制性契約及優惠置放約款限制使用其「AdSense for Search」平台之第三方網站，不得在競爭搜尋平台刊登廣告，就是一種數據之排他性近用，其欲以自己強大之支配地位達到獨占市場而阻卻競爭之目的（陳志民，2018：19-23；邱映曦、戴豪君，2020：61、67-73）。

Google 前進行動 OS 市場，並以簽訂 AFAs 之方式限制其他 Android 分支系統搭載之機會，且其並爲擴大蒐集數據資料而強制搭售 Google Search 和 Google Chrome，這就是「數據」近用之搭售安排，Google 係利用自己對於市場之支配地位要求事業或消費者必須同時使用其數據分析工具或特定數據分析工具，藉此使其市場力擴張至數據分析工具開發或不同類型之數據市場，使得該數據分析之市場實際上受到其外溢擴張之市場力而發生排除競爭且削弱消費者議價能力，封鎖市場之效果（陳志民，2018：19-23；邱映曦、

戴豪君，2020：61、76、78；楊智傑，2018；梁珮玟，2018：1-2）。

肆、 因應數位科技巨擘進行反競爭行為之法制規範：以歐盟為例

　　本文在此部分主要討論歐盟為因應數位經濟時代的來臨，而於 2020 年制定出之「數位服務法案」（Digital Services Act）與「數位市場法案」（Digital Markets Act）二者草案，並首先分別探究各法案中與科技巨擘相關之責任與義務，再從這些規定中比較兩者法案適用情形不同之處，最後從本文探討重點「科技巨擘利用資料進行濫用市場支配地位之反競爭行為」，瞭解該法規之適宜性。

一、歐盟「數位服務法案」及「數位市場法案」對科技巨擘相關責任與義務介紹

（一）歐盟「數位服務法案」規範重點

1. 對第三方訊息所須承擔之責任

　　中介服務提供者對於其所提供之網路通訊社會服務，若其沒有參與傳輸行為、沒有選擇傳輸的對象、沒有選擇或修改傳輸中所包含的訊息時，中介服務提供者無須對任何第三方訊息或通訊承擔責任（參第 3 條）。另中介服務提供者如能夠滿足未修改訊息、遵守獲取訊息之條件、以廣泛認可和使用之方式指定遵守關於更新訊息之規則、在不干擾合法利用以廣泛認可和使用之技術獲取有關訊息使用之數據、在實際瞭解傳輸初始源之訊息已從網路中刪除或無法訪問該訊息，或者法院或行政當局已下令移除或禁用此類訊息時，應迅速採取行動刪除或禁止訪問其存儲之訊息等條件之情形下，則對於第三方自動訊息、中介訊息、臨時儲存訊息等毋須承擔任何責任（參第 4 條）。

2. 協助移除線上非法商品或服務與訊息內容之責任與義務

　　中介服務提供者對非法活動或非法內容沒有實際瞭解，且關於損害賠

償，明顯未察覺到該事實或情況係來自於非法活動或非法內容，或是在獲悉或意識到此類情形時，迅速採取刪除或禁止訪問非法內容之行動，則其毋須對服務接受者要求儲存之訊息負責（參第5條）。此外，中介服務提供者尚有其他義務，包括無一般監督或積極實況調查之義務（參第7條）、對收到違法內容命令有採取行動之義務（參第8條）、對收到特定訊息命令後有提供之義務（參第9條）等。

3. 對透明、安全之網路環境盡調查義務

所有中介服務提供者皆有對透明、安全之網路環境盡調查義務，包括必須建立「單一聯絡窗口」進行直接溝通，且應公開必要之資訊，以便識別單一聯絡窗口，從而與其進行溝通，並且應提供一種或多種官方語言，以及至少應設立成員國一種官方語言之中介服務提供者的主要營業場所或者法定代表人居住地、設立地（參第10條）；必要時，應書面形式指定一名法人或自然人作為法定代表人（參第11條）；應於條款和條件中，以清晰明確的語言，以及易於獲取的格式公開提供用於內容審核目的之任何政策、程序、措施及工具等訊息（參第12條）；中介服務提供者應至少每年一次以適度清晰、易於理解和詳細之報告公布關於命令數量、非法內容分類、行動平均時間、通知數量、分類理由與依據、投訴數量、投訴依據、投訴決定、被撤銷次數、決定平均時間等（透明度報告義務）（參第13條）。

如為託管服務提供者及線上平台應以易於訪問、用戶友好、允許電子提交方式等建立機制，用以使任何個人或實體能夠藉此機制，通知服務中可能對其認為存在非法內容之特定訊息（參第14條）；如決定刪除或禁止訪問由服務接收者提供之特定訊息項目，應最遲於刪除或禁止訪問時將決定通知接收方，並提供明確和具體之決定原因說明（參第15條）。

如為線上平台（微型或小型企業之線上平台不適用之）則另須對作成刪除或禁止訪問訊息之決定、暫停或終止向接收者提供全部或部分服務之決定、暫停或終止收件人帳戶之決定，負有建立內部投訴處理制度（參第17條）；告知投訴人庭外爭端解決之可能性和其他可用之補救辦法（參第17條）；應與選定之庭外爭端解決機構合作解決爭議，並受其做出之決定約束（參第18條）；應採取必要技術和組織措施，確保受信任舉報人所提交之

通知，能夠得到優先處理與決定，不得延誤（參第 19 條）；應於條款和條件中明確及詳細規定防止濫用之措施與保護政策，包括評估事實及情況、合理暫停時間，同時應根據具體情況，及時、勤勉和客觀地評估接收方、個人、實體或投訴人是否存在濫用行為，並在發出預警後，於合理期限內暫停向頻繁提供明顯違法內容之服務接受者提供服務，以及於合理期限內暫停處理經常提交明顯毫無根據之通知或投訴（參第 20 條）；應對涉嫌已經發生、正在發生或者可能發生危及人身安全之嚴重刑事犯罪者，及時通報執法部門（參第 21 條）；如允許消費者與貿易商簽訂遠程合同，應確保貿易商之可追溯性（參第 22 條）；應提供透明度報告義務，包括提交庭外爭端解決機構之爭端數量、爭端解決結果、完成爭端解決程序所需之平均時間、實施暫停次數（須區分因提供明顯非法內容而實施之暫停、提交明顯毫無根據之通知、提交明顯毫無根據之投訴）、為內容審核而使用自動化程序之任何用途等（參第 23 條）；應確保服務接收方能夠以清晰明確之方式識別每個特定廣告（網路廣告透明度）（參第 24 條）。

　　如為超大型線上平台尚須至少每年一次，對其服務運行與使用所產生之重大系統性風險（包括如通過服務傳播非法內容查驗；通過尊重私人和家庭生活、言論與訊息自由、禁止歧視及兒童權利等基本權利之任何負面影響查驗；通過故意操縱服務之實際或可預見任何負面安全影響查驗）進行識別、分析和評估（參第 26 條）；應確定特定系統性風險，制定合理、相稱及有效之緩解措施（參第 27 條）；應自費接受至少每年一次之獨立審計（參第 28 條）；應在條款和條件中，以清晰、可訪問且易於理解之方式列出推薦系統主要參數，以及服務接受者修改或影響其可能提供主要參數之任何選項（參第 29 條）；應編譯且通過應用程序編程界面向公眾提供訊息儲存庫（至少須包括廣告內容、代表展示廣告之自然人或法人、展示廣告期間、廣告是否有意向特定一組或多組接收者展示及其目的之主要參數、所達到之服務接收者總數、專門針對一組或多組接收者，在可適用之情況下，進行廣告之總人數等），並應確保儲存庫不包含曾經或本來可以向其展示廣告之服務接收者的任何個人資料（額外網路廣告透明度）（參第 30 條）；應依合理要求於指定之合理期限及目的內，提供監測和評估資料之訪問權限（參第 31

條）；應任命一名或多名合規官負責獨立履行與成立之數位服務協調員和委員會合作、組織與監督與獨立審計有關之活動、相關義務告知和建議、監督遵守規定等任務（參第 32 條）；應盡透明度報告義務（參第 33 條）。

（二）歐盟「數位市場法案」規範重點

歐盟「數位市場法案」關於守門人（gatekeeper）[2] 之義務主要規範於第 5 條及第 6 條，共計 18 項，分別為：

1. 避免將源自核心平台服務之個人資料，與自守門人提供任何其他服務之個人資料或來自第三方服務之個人資料相結合，並避免將終端用戶登錄至守門人之其他服務中，合併個人資料，除非已向終端用戶提供特定選擇，同時依法規（EU）2016/679 規定提供同意（參第 5(a) 條）。

2. 允許商業用戶透過第三方線上中介服務，以不同於守門人之線上中介服務所提供之價格或條件，向終端用戶提供相同之產品或服務（參第 5(b) 條）。

3. 允許商業用戶向透過核心平台服務獲得之終端用戶推廣優惠，且與這些終端用戶簽訂契約，無論其是否為此目的使用守門人之核心平台服務，並允許終端用戶透過守門人之核心平台服務，存取和利用商業用戶之軟體應用程式，以運用其內容訂閱、功能或其他項目，而這些項目終端用戶已從相關商業用戶中取得，無需使用守門人之核心平台服務（參第 5(c) 條）。

4. 避免阻止或限制商業用戶向任何相關公共機關提出任何與守門人做法有關之問題（參第 5(d) 條）。

---

2 如核心平台服務具有對內部市場有重大影響、運營核心平台服務作為企業用戶接觸終端用戶之重要管道、在業務中享有根深蒂固和持久地位，或者可預見在不久將來享有此地位等情形，則該核心平台服務提供者應被視為守門人。至於核心平台服務之判斷，則須符合法規中之量化門檻（詳見 Digital Markets Act §3(2)），如未符合該門檻，僅具有前述守門人之要件時，則委員會可以參酌其他要素，包括核心平台服務提供者之規模（包含營業額及市值、營運及地位）、商業用戶數量、終端用戶數量、因網路效應及資料驅動優勢產生之進入障礙（特別是提供者訪問及蒐集個人和非個人資料或分析能力方面）、提供者受益之規模和範圍（包括資料方面之影響）、商業用戶或終端用戶鎖定、其他結構性市場特徵等。詳見 Digital Markets Act §3。

5. 在商業用戶使用守門人之核心平台服務所提供服務之背景下，避免要求商業用戶使用、提供或互為操作守門人之身分識別服務（參第 5(e) 條）。

6. 避免要求商業用戶或終端用戶訂閱或註冊依第 3 條認定或符合第 3(2)(b) 條門檻之任何其他核心平台服務，作為其存取、註冊或記錄依據該條款認定之核心平台服務之條件（參第 5(f) 條）。

7. 根據提供廣告服務之廣告商和出版商之要求，提供有關廣告商和出版商支付之價格訊息，以及支付給出版商之金額或報酬，用於出版給定之廣告以及由守門人提供之每項相關廣告服務（參第 5(g) 條）。

8. 避免使用與商業用戶競爭任何非公開可用之數據，這些數據是透過這些商業用戶活動產生，包括由這些商業用戶之終端用戶、其核心平台服務或由其核心平台服務之這些商業用戶或這些商業用戶之終端用戶提供（參第 6(a) 條）。

9. 允許終端用戶在其核心平台服務上卸載任何預載之軟體應用程式，而不影響守門人限制此類卸載可能性之情況下，對於操作系統或設備之運作是至關重要，且在技術上無法由第三方獨立提供（參第 6(b) 條）。

10.允許安裝和有效使用第三方軟體應用程式或軟體應用程式商店，或與該守門人之操作系統相互操作，並允許透過該守門人之核心平台服務以外之方式，存取這些軟體應用程式或軟體應用程式商店。不應阻止守門人採取相應之措施，以確保第三方軟體應用程式或軟體應用商店不會危及守門人提供之硬體或操作系統之完整性（參第 6(c) 條）。

11.與第三方類似服務或產品相比，在對守門人本身或屬於同一事業之任何第三方提供服務及產品進行排名時，避免給予更優惠之待遇，並對此類排名適用公平和非歧視性條件（參第 6(d) 條）。

12.避免從技術上限制終端用戶切換和訂閱不同軟體應用程式及使用守門人操作系統存取服務的能力，包括為終端用戶選擇網際網路服務供應商（參第 6(e) 條）。

13.允許商業用戶和輔助服務提供商存取和互相操作相同之操作系統、硬體或軟體功能，這些操作系統、硬體或軟體提供或使用在供應守門人的任

何輔助服務（參第 6(f) 條）。

14.應廣告商和出版商之要求，提供免費存取守門人之績效衡量工具，以及廣告商和出版商對廣告資源進行獨立驗證所需之訊息（參第 6(g) 條）。

15.提供透過商業用戶或終端用戶活動生成之數據有效之可移植性，並且應特別為終端用戶提供工具以促進數據可移植性之行使，符合歐盟 2016/679 條例，包括提供連續和即時之存取（參第 6(h) 條）。

16.向商業用戶或商業用戶授權之第三方免費提供有效、高質量、連續和即時之存取和使用整合或非整合數據，為這些商業用戶以及參與這些商業用戶提供產品或服務之終端用戶在使用相關核心平台服務之背景下提供或產生；對於個人數據，僅在與終端用戶對相關商業用戶透過相關核心平台服務提供之產品或服務進行使用直接相關之情況下提供存取和使用，以及當終端用戶在歐盟 2016/679 條例意義上同意之情況下選擇進行此類共享時（參第 6(i) 條）。

17.應任何第三方線上搜尋引擎提供商之要求，向其提供以公平、合理和非歧視性條款之存取權限，以對與終端用戶在守門人之線上搜尋引擎上生成免費和付費搜尋相關排名、查詢、點擊和查看數據，並對構成個人資料之查詢、點擊和查看數據進行匿名處理（參第 6(j) 條）。

18.依本法規第 3 條規定指定之軟體應用商店，對商業用戶應用公平、非歧視之一般存取條件（參第 6(k) 條）。

另外，在第 10 條中規定著更新守門人之義務，亦即委員會有權依第 34 條通過之授權法案，來更新第 5 條和第 6 條規定之義務，如果依第 17 條規定之市場調查，它確定需要新的義務來解決限制核心平台服務可競爭性或不公平之做法，或與第 5 條和第 6 條規定之義務所涉及之做法一樣不公平方式。而如有「商業用戶之權利和義務不平衡，守門人從商業用戶那裡獲得與守門人向商業用戶提供之服務不成比例之優勢」，或是「守門人的做法意味著削弱市場之可競爭性」等情況下，則前述含義內之做法應被視為不公平或限制核心平台服務之可競爭性。

（三）歐盟「數位服務法案」與「數位市場法案」之區辨與相關法制之應用及其適宜性

由前述可以看出歐盟「數位服務法案」之立法設計，乃是自 2000 年通過之電子商務指令（Directive on electronic commerce）修改而來，而其最大的特色在於將資訊社會服務提供者區分為數種具有包含關係之類型，即中介服務提供者（intermediary services）、託管服務提供者（hosting services）、線上平台（online platforms）及超大型線上平台（very large online platforms）等四類，並按屬性、規模、對網際網路環境之影響力等因素，採用「累加」之規範模式，為不同類型之服務提供者給予相對應之法律義務（〈歐盟執委會公布「數位服務法」草案〉，2021），換言之，以網路基礎架構之中介服務提供者開始，賦予其相關之法律義務後，剩下之其他三種服務提供者，分別所須盡之法律義務同樣都包含中介服務提供者所應盡之法律義務，僅為依序新增新的法律義務，所以如為超大型線上平台，則其所應盡之法律義務最多，管制密度最為嚴格，除新增之義務外，尚包括前述中介服務提供者、託管服務提供者及線上平台等三類服務提供者所應盡之義務，即如表 5-1 所示。

表 5-1　歐盟「數位服務法案」規範服務提供者之責任與義務

	中介服務	託管服務	線上平台	超大型線上平台
透明度報告（transparency reporting）	○	○	○	○
服務條款須考量基本權利（requirements on terms of service due account of fundamental rights）	○	○	○	○
遵守命令與國家機構合作（cooperation with national authorities following orders）	○	○	○	○
聯絡窗口及法定代表人（必要時）（points of contact and where necessary, legal representative）	○	○	○	○
向使用者提供資訊之通知、行動及義務（notice and action and obligation to provide information to users）		○	○	○

表 5-1　歐盟「數位服務法案」規範服務提供者之責任與義務（續）

	中介服務	託管服務	線上平台	超大型線上平台
申訴與補救機制及庭外爭端解決（complaint and redress mechanism and out of court dispute settlement）			○	○
信任舉報制度（trusted flaggers）			○	○
濫用通知及反通知之因應措施（measures against abusive notices and counter-notices）			○	○
審核第三方供應商之憑證（KYBC）（vetting credentials of third party suppliers (KYBC)）			○	○
針對使用者之線上廣告透明度資訊（user-facing transparency of online advertising）			○	○
通報刑事犯罪（reporting criminal offences）			○	○
風險管理義務及法遵主管（risk management obligations and compliance officer）				○
外部風險稽核及公眾問責（external risk auditing and public accountability）				○
推薦系統之透明度資訊及使用者對存取資訊之選擇（transparency of recommender systems and user choice for access to information）				○
與政府機關及研究人員共享資料（data sharing with authorities and researchers）				○
行為準則（codes of conduct）				○
危機應變合作（crisis response cooperation）				○

參考資料：許慈真，歐盟邁向數位單一市場的新里程碑：數位服務法（DSA）與數位市場法（DMA），北美智權報，第 276 期，2021 年 1 月 6 日，http://www.naipo.com/Portals/1/web_tw/Knowledge_Center/Laws/IPNC_210106_0202.htm（最後瀏覽日：2021 年 8 月 15 日）；European Commission, *The Digital Services Act: ensuring a safe and accountable online environment*, https://ec.europa.eu/info/strategy/priorities-2019-2024/europe-fit-digital-age/digital-services-act-ensuring-safe-and-accountable-online-environment_en#documents, last accessed 15/08/2021.

又制定歐盟「數位服務法案」主要目標在單一市場內促進創新、增長和

競爭力，同時擴大小型平台、中小企業和初創企業之市場規模，強化數位服務之法律責任義務，確保線上環境之安全與信用，更好地保護消費者及其線上基本權利，為線上平台建立強大之透明度和明確問責制框架（European commission, 2020），因此，為實現這樣的目標，該法案特別制定改善內部市場之運作並確保安全透明之線上環境，為中介服務提供者建立一套清晰且平衡之協調盡職調查義務，而這些義務更特別著眼於保證不同之公共政策目標，例如服務接受者（包括未成年人和弱勢用戶）之安全和信任、保護「憲章」所載之相關基本權利、確保對提供者進行有意義之問責、賦予接受者和其他受影響方權力、促進主管當局進行必要之監督等（參「數位服務法案」解釋性備忘錄）。

再者，按歐盟「數位市場法案」提案理由及目標觀之，該法案主要目的係透過解決與守門人相關最顯著之不公平行為及削弱可競爭性事件，使數位平台能夠充分發揮其潛力，從而讓用戶可在一個具競爭性與公平性之環境中，獲得平台經濟及整個數位經濟。其主要規管對象為滿足對歐洲內部市場具重大影響力、中介性質重度影響買賣雙方及業界地位、現在或可預見的未來皆長久穩固等三個要件之「守門人」平台，如搜尋引擎、社群軟體、即時通訊軟體、拍賣網站等，同時，將其平台營業內容分成「核心服務」及「附屬服務」兩種類型作為不同規範，更以後者「附屬服務」作為歐盟「數位市場法案」整體規範重點（〈歐盟的平台管制野心：數位服務法與數位市場法（上篇）〉，2021）。

歐盟「數位市場法案」與「數位服務法案」最大的不同，在於「數位服務法案」側重於諸如線上中介機構對第三方內容之責任、用戶線上安全或不同訊息社會服務提供商之不對稱盡職調查義務等問題，具體取決於此類服務所代表之社會風險性質，其主要目的係使服務更具透明性、建構服務提供者之資訊義務與法律責任，以及促使服務提供者有效打擊不法內容，所以在此目的下所欲維護者乃是「所有網路服務使用者」，而非與服務提供者具有競爭關係者，故而與本文所欲討論之反競爭行為屬不同層面之問題；至於，「數位市場法案」關注則是經濟失衡、守門人不公平商業行為及其負面後果，例如平台市場可競爭性減弱等，即為本文討論之重點（參「數位市場法

案」解釋性備忘錄）。

　　根據以上整理歐盟新制定之數位市場法，可以發現歐盟已經將前述法德研究報告所指網路數據平台反競爭行為之態樣納入法規範中，所以單就法規面觀之，未來在歐盟之市場不能再有搭售、綁約等利用市場優勢排除競爭之情形，也不能故意偏袒自己服務之產品而降低競爭產品之排序，減少廣告受點閱之機會，仰賴守門人（即數位平台）之新創業者或消費者也無須再接受不公平之條款，讓消費者有選擇之自由權利與機會，亦不得禁止消費者連結第三方平台或禁止移除任何被預載之軟體或程式，是以 Google 等大型數據平台，未來不能以自己之市場支配力影響公平競爭之法則，否則將受到新規定之制裁。

　　不過，這樣的立法方式，有論者認為歐盟「數位市場法案」多傾向列出具體規則，而非開放式標準，這雖有縮減詮釋空間、增加執法效率之益處，但也因此使制定之法案缺乏彈性，未來將難以依案件調整執法方式，況且法案目的既為反壟斷、促進競爭，則應將重點著眼於確保競爭過程公平公正，而非僅僅是破壞特定企業之主導地位，同樣的，亦有論者採相同看法，認為歐盟「數位市場法案」立法方式違反傳統反壟斷法主要以保護市場結構、加強市場效率之精神，更加上這種破壞大企業之市場地位，會對中小企業有利想法，在實際歷史證據尚屬缺乏，所以該法案可能難以發揮預期之功效，再者，該法案係以企業規模作為立法規範之依據，亦即當企業規模不同則有不同之規範，但這樣的立法方式，將可能造成企業以限縮規模之方式，進而達到規避責任之實益（〈歐盟的平台管制野心：數位服務法與數位市場法（下篇）〉，2021）。

伍、結語

　　自 2020 年 COVID-19 新冠肺炎疫情爆發以來，全球數位經濟之商業模式廣為增加，而「數位供應商」、「數據匯集與交易平台」及「產品服務」等三大商業模式即為數位經濟發展下之主要產物，在這些商業模式中主要仍以大數據資料為主軸，進行蒐集、儲存、處理、分析及利用，所以企業如能

夠掌握「大數據價值鏈」，將能匯集強大的市場力量，於數位經濟時代下必能產生一線商機，但也由於大數據資料轉換成為大數據價值鏈的過程相當繁雜，且須耗費相當成本始能完成，並非初出市場的企業能夠所承受的，況已成為大數據資料市場的龍頭企業將會築起很高的市場進入障礙，使新進競爭者與潛在競爭者無法進入，以維持其市場支配地位，以獲取較大的商業利益。不過，在近年卻頻頻傳出數位科技巨擘濫用其市場支配地位，造成市場商業競爭上出現多例壟斷現象，而破壞原有的市場競爭模式，所以如何能夠遏止這樣的現象發生將是這幾年國際上須重視之議題。本文研究主要希望能夠藉由瞭解大數據資料可能為競爭市場帶來的影響作為切入，從而理解約制數位科技巨擘濫用市場支配地位進行反競爭行為之重要性，並以歐盟於2020年底祭出之兩大法規草案（即歐盟「數位服務法案」及「數位市場法案」）具體規範與數位科技巨擘相關之責任與義務為何，以及相關學者所提出之看法，這在未來是否能夠達成預期之目標，將會是各國關注的重點，藉此希冀能夠作為我國日後「公平交易法」修法參考。

參考文獻

一、中文部分

王立達，競爭法如何因應經濟新經營模式，公平交易通訊，第 82 期，2018 年 7 月。

宋皇志，大數據之競爭法議題——以限制競爭為中心，政大法學評論，第 163 期，2020 年 12 月。

吳俞慶、張安潔，試析搜尋引擎市場下的濫用市場優勢地位—以歐盟比價購物案為例，政治大學國際經貿組織暨法律研究中心經貿法訊，第 219 期，2017 年 10 月。

邱映曦，競爭法的數位紀元—論數位平台資訊力對競爭法適用之影響，國立政治大學法律學系博士班博士學位論文，2019 年 1 月。

邱映曦、戴豪君，大數據發展下之資訊壟斷與競爭政策，公平交易委員會委託研究，編號 PG10903-0341，2020 年 11 月。

林妍溱，濫用搜尋優勢排擠比價購物競爭網站，Google 遭歐盟重罰 24.2 億歐元，2017 年 6 月 28 日，https://www.ithome.com.tw/news/115162（最後瀏覽日：2021 年 8 月 15 日）。

周圍，人工智慧時代個性化定價算法的反壟斷法規制，2021 年 2 月 26 日，https://ppfocus.com/0/te319f49e.html（最後瀏覽日：2021 年 8 月 15 日）。

施曉娟，行動通訊服務產業市場結構與廠商行為之研究，國立交通大學傳播研究所碩士學位論文，2005 年。

陳志民，大數據與市場力濫用行為初探，公平交易季刊，第 26 卷第 3 期，2018 年 7 月。

陳志民，數位平台經濟與市場競爭：國際規範趨勢與案例評析，公平交易委員會電子報，第 133 期，2019 年 10 月。

梁珮玟，歐盟重罰 Google 濫用市場優勢地位行為，公平交易委員會電子報，第 111 期，2018 年 11 月。

許慈真，歐盟邁向數位單一市場的新里程碑：數位服務法（DSA）與數位市場法（DMA），北美智權報，第 276 期，2021 年 1 月 6 日，http://www.

naipo.com/Portals/1/web_tw/Knowledge_Center/Laws/IPNC_210106_0202.htm（最後瀏覽日：2021 年 8 月 15 日）。

游佳璇，挖掘第三方數據商機！台灣網站、app 開發商動起來了沒？，2016 年 2 月 17 日，https://www.inside.com.tw/article/5820-the-benefit-of-using-third-party-data（最後瀏覽日：2021 年 7 月 23 日）。

楊智傑，Google 在 Android 手持設備上違法鞏固搜尋引擎市場地位：2018 年歐盟執委會裁罰案，北美智權報，第 217 期，2018 年 8 月 8 日，http://www.naipo.com/Portals/1/web_tw/Knowledge_Center/Infringement_Case/IPNC_180808_0502.htm（最後瀏覽日：2021 年 8 月 15 日）。

廖義男，公平交易法之釋論與實務《第三冊》，台北：元照，2017 年 6 月。

劉孔中，析論獨占事業濫用市場地位之禁止，人文及社會科學集刊，第 8 卷第 1 期，1996 年 3 月。

歐盟執委會公布「數位服務法」草案，2021 年 4 月 6 日，https://www.ttc.org.tw/Ne ws/more?id=d4e7f082feff4c27ab84a717b76bf805（最後瀏覽日：2021 年 8 月 19 日）。

歐盟的平台管制野心：數位服務法與數位市場法（上篇），2021 年 1 月 29 日，https://blog.twnic.tw/2021/01/29/16751/（最後瀏覽日：2021 年 8 月 15 日）。

歐盟的平台管制野心：數位服務法與數位市場法（下篇），2021 年 2 月 19 日，https://blog.twnic.tw/2021/02/19/17034/（最後瀏覽日：2021 年 8 月 15 日）。

運用數據實現廣告創意客製化，將品牌精準打進消費者的心，2018 年 10 月 25 日，https://buzzorange.com/techorange/2018/10/25/salesfrontier-2018-google-ddc/（最後瀏覽日：2021 年 7 月 25 日）。

二、外文部分

Autorité de la concurrence, and Bundeskartellamt (2016), *Competition Law and Data*, https://www.bundeskartellamt.de/SharedDocs/Publikation/DE/Berichte/Big%20Data%, last accessed 30/09/2021.

BLEES, JASPER, BARRIERS TO ENTRY: DIFFERENCES IN BARRIERS TO ENTRY FOR SMEs AND LARGE ENTERPRISES (2003).

Böttcher, Agnes (2021), *Data discrimination: celebrate diversity, not averages,* https://bd4travel.com/data-discrimination-celebrate-diversity-not-averages/, last accessed 25/07/2021.

Derclaye, Estelle, *The IMS Health decision and the reconciliation of copyright and competition law*, 29 European Law Review No.5 687, 697 (2004).

Favaretto, Maddalena, Clercq, Eva De, and Elger, Bernice Simone, *Big Data and discrimination: perils, promises and solutions. A systematic review*, 6 Journal of Big Data No.12 1, 27 (2019).

Gal, Michal, *Viral Open Source: Competition vs. Synergy*, 8 Journal of Competition Law and Economics No.3 469, 506 (2012).

Graef, Inge, *Market Definition and Market Power in Data: The Case of Online Platforms*, 38 World Competition: Law and Economics Review No.4 473, 479 (2015).

Newman, Nathan (2014), *How Big Data Enables Economic Harm to Consumers, Especially to Low-Income and Other Vulnerable Sectors of the Population*, https://www.ftc.gov/system/files/documents/public_comments/2014/08/00015-92370.pdf, last accessed 26/07/2021.

Palmer, Michael (2016), *Data is the New Oil*, https://ana.blogs.com/maestros/2006/, last accessed 30/09/2021.

Rubinfeld, Daniel L., and Gal, Michal S., *Access Barriers to Big Data*, 59 Arizona Law Review No.2 339, 381 (2017).

Schmidt, Wulff-Axel, and Priess, Monika, *Chapter 3 Germany*, in E-COMMERCE LAW IN EUROPE AND THE USA 156, 233 (Gerald Spindler, and Fritjof Börner eds., 2002).

European Commission (2020), *The Digital Services Act: ensuring a safe and accountable online environment*, https://ec.europa.eu/info/strategy/priorities-2019-2024/europe-fit-digital-age/digital-services-act-ensuring-safe-and-accountable-online-environment_en#doc, last accessed 30/09/2021.

Yun, John M., *Antitrust After Big Data*, 4 Criterion Journal on Innovation 407, 429 (2019).

從責任到義務：論歐盟「電子商務指令」至「數位服務法」草案的思維轉變*

王牧寰**、楊儷綺***

壹、前言

伴隨行動寬頻、大數據（big data）、演算法（algorithm）、人工智慧（artificial intelligence, AI）等新興數位通訊傳播科技之發展，許多社群媒體、視聽串流等多元的創新應用與服務平台紛紛崛起。而寬頻與行動終端的普及，更使民眾透過網際網路深入日常生活的各種面向，成爲資訊匯集與流通之樞紐與數位產業之要津；同時，也宣告數位經濟時代的來臨。

然而，數位經濟服務雖爲人類社會帶來更高度的便利性，卻也因此導致全球產業秩序，以及社會行爲模式的急遽變化，而衍生諸多既有法制難以因應之困境。其中最重要也是最棘手的，莫過於因網際網路具有無國界、去中心化之特性，晚近隨著民眾對大型跨國線上平台的使用與依賴逐漸提高，使使用者已不再只是單純利用各項服務，而是得以一同參與、互動、形塑服務內容之提供[1]；使用者獲得賦權後，使用者供應內容（user-generated content, UGC）透過社群網路服務（social networking service, SNS，社群媒體）、

---

* 本文部分改寫自國家通訊傳播委員會 110 年「數位科技應用發展暨我國匯流法制革新規劃研究委託研究採購案」（NCCL109029）委託研究報告。本文意見不代表委託單位及作者任職單位之立場。

** 財團法人電信技術中心研究員；政治大學法律系博士班。
*** 財團法人電信技術中心助理研究員。

[1] *See* Anthony Ciolli, *Chilling Effects: The Communications Decency Act and the Online Marketplace of Ideas*, 63 U. Miami L. Rev. 137, 178-180 (2008).（作者說明 Web 2.0 相較於初代網路的最大差異即在於互動性）。

視訊分享平台（video-sharing platform, VSP）等網路中介服務（intermediary service）更巨幅成長，伴隨而來的各類違法內容當然也相應快速跨境散播[2]。

　　針對網際網路之內容管制（content regulation），一向是網際網路出現以來古典卻又不斷開創研究前沿的議題。而若從違法內容管制之處罰或處置對象的角度觀之，大抵可以區分為直接對行為人之管制，也即禁制性規定；以及對非「主動」散布違法內容之行為人、甚至可以說是「無辜第三人」之網路中介服務提供者之管制。要之，對違犯行為人以刑法或以行政罰處罰之，雖有嚇阻之效；但對於其已在網路中介服務上發布之違法內容，卻顯得無能為力，蓋該資訊內容仍留存於網路中介服務上，且繼續傳播，持續影響社會與其他使用者。

　　基此，世界各國莫不立法明確網路中介服務提供者之地位與權利義務，從早期網際網路發展之初，採取有關私權的「通知及取下」（notice and take down）或「通知即行動」之「責任安全港」（safe harbor）模式[3]；以至邇來在「平台問責」（platform accountability）的概念下強化網路中介服務之管制[4]，以達整體防治之目的，管制密度較低者如揭露網路中介服務

---

[2]　*See* Edward Lee, *Warming Up to User-Generated Content*, 2008(5) U. Ill. L. Rev. 1459, 1500-1502 (2008)（作者認為 Web 3.0 則是將用戶端的應用程式、與使用者的創作全面雲端化，更大地強化創造能力與互動性，使得 UGC 巨幅成長）。*see also* Anupam Chandera & Uyên P. Lê, *Free Speech*, 100 Iowa L. Rev. 501, 542-544 (2015).（作者將 Web 3.0 定義為串聯所有終端裝置，構成運用資料分析，以更佳「理解」數位資訊之電腦所構成的智慧網路）。

[3]　*See* Giancarlo Frosio, *Why Keep a Dog and Bark Yourself? From Intermediary Liability to Responsibility*, 26 Int'l J. L. & Info. Tech. 1, 3-4 (2018).

[4]　*See* Kate Klonick, *The Facebook Oversight Board: Creating an Independent Institution to Adjudicate Online Free Expression*, 129 Yale L.J. 2418, 2424-2428 (2020).（作者認為 Facebook 近年已快速成長為具有強大言論審查能力的私人平台，而其「內容調控」（content moderation）方針之問責與透明性，自然成為美國民眾最關切之重點）。*see also* Hannah Bloch-Wehba, *Automation in Moderation*, 53 Cornell Int'l L.J. 41, 66-69 (2020).（有論者認為歐盟 2019 年數位單一市場著作權指令（DRM Copyright Directive, Directive (EU) 2019/790）第 17 條之規定，是針對諸如 YouTube 等「線上內容分享服務」（online content-sharing service）過往為了防止著作侵權，而自發性、肆無忌憚運用「Content ID」等自動辨識技術，導致過度封阻（over-blocking）問題之平台問責手段）。

提供者管理行為等之透明性（transparency）義務，管制密度高者諸如對之
課予移除等阻斷違法內容接取之義務。然何以網路中介服務提供者可被納入
網路內容管制的執法體系？其思維與理路又發生了何種變化？頗值探究。

　　在前開脈絡下，歐盟自 2014 年起提出「數位單一市場策略」（Digital
Single Market Strategy for Europe, DSM），其戰略建立在三大面向：為歐洲
之消費者和事業提供更好的線上近用、為進步的數位網路和創新服務創造合
理與公平的競爭環境，以及極大化數位經濟之增長潛力[5]，並積極為數位時
代之監管工作進行立法整備。而體認到現今數位時代之發展已與二十年前
制定《電子商務指令》（e-Commerce Directive, ECD）[6]時之時局截然不同，
歐盟在透過公眾諮詢蒐集各界的意見後[7]，認為包含社群媒體、線上市場和
其他在歐盟營運之線上平台等，對基本權利、競爭等社會經濟已造成巨大
的影響，故滿懷為所有數位服務制定一套新規則之雄心壯志[8]，於 2020 年 12
月公告了「數位服務包裹式立法草案」（Digital Services Act Package, DSA

---

[5]　European Commission, *Communication from the Commission to the European Parliament, the
Council, the European Economic and Social Committee and The Committee of the Regions:
A Digital Single Market Strategy for Europe*, COM(2015) 192 final, at 3-4 [hereinafter
Communication on DSM Strategy].

[6]　Council Directive 2000/31, of the European Parliament and of the Council of 8 June 2000 on
Certain Legal Aspects of Information Society Services, in Particular Electronic Commerce,
in the Internal Market (Directive on Electronic Commerce), 2000 O.J. (L 178) 1 [hereinafter
ECD].

[7]　歐盟執委會在 2020 年 2 月 19 日發布「形塑歐洲數位未來」（European Commission,
Shaping Europe's Digital Future (2002)）後，在 2020 年 6 月 2 日至 2020 年 9 月 8 日就
準備 DSA Package 提案一事進行公眾諮詢，匯集了公民、產學研、公協會或其他團體等
多方意見。See European Commission, *Summary Report on the open public consultation on
the Digital Services Act Package, Consultation Result* (2020/12/15), at https://digital-strategy.
ec.europa.eu/en/summary-report-open-public-consultation-digital-services-act-package, last
accessed 17/08/2021.

[8]　*See* European Commission, *Europe fit for the Digital Age: Commission proposes new rules
for digital platforms*, Press corner (2020/12/15), https://ec.europa.eu/commission/presscorner/
detail/en/ip_20_2347, last accessed 17/08/2021.

Package），提出《單一市場數位服務暨修正電子商務指令之規章》[9]（Digital Services Act, DSA，「數位服務法」）草案，與《數位部門競爭性與公平性市場之規章》[10]（Digital Market Act, DMA，「數位市場法」）草案。

二草案雖均以線上或數位平台為焦點，然關注的面向有所不同[11]。本文聚焦之「數位服務法」草案，則著重課予串聯消費者與內容、產品或服務之數位服務一定之義務，因網路中介服務提供者之特性，極易產生傳散違法內容或線上銷售違法產品或服務之高度系統性風險，故而依據數位服務之規模和影響力進行責任分層，除承擔相應的具體義務外，尚須接受一致化之新式監理結構。此針對網路違法內容，或與違法活動有關之網路服務及線上販售產品的新規管模式，在規範效力採屬地主義[12]而面臨實質擴張的前提下，在

---

[9] *See Commission Proposal for a Regulation of the European Parliament and of the Council on a Single Market For Digital Services (Digital Services Act)*, COM(2020) 825 final (Dec. 15, 2020) [hereinafter DSA].

[10] *See Commission Proposal for a Regulation of the European Parliament and of the Council on Contestable and Fair Markets in the Digital Sector (Digital Markets Act)*, COM (2020) 842 final (Dec. 15, 2020) [hereinafter DMA].

[11] 整體與共通之處而言，歐盟欲透過此二草案展現歐洲價值觀之核心，期以更強力的保護消費者與線上基本權利，以及創造更為公平且開放的數位市場，為歐洲整體單一市場帶來安全、信任、創新與商業機會利益。但「數位市場法」草案是建立在 2019 年《線上中介服務規章》（Platform to Business Regulation, P2B Regulation, Regulation (EU) 2019/1150）、與「歐盟線上平台經濟觀測站」（EU Observatory on the Online Platform Economy）之產業調查及補充現有競爭法執法無法解決特定市場之現狀上，將僅適用最容易出現不公平行為之核心平台服務，亦即賦予執委會進行針對性之市場調查，及數位平台產業之經濟性管制之法律基礎（DMA, art. 14-21, 33）。該草案規範於調查後得指定特定之守門人（gatekeeper）平台（DMA, art. 2-4），要求其須遵守法定義務（DMA, art. 5-13），且得對違反規定者施以制裁，包括高額罰款，甚至採取結構性分離矯正措施（DMA, art. 25-27），以確保規範之有效性。European Commission, *supra* note 8. 另，線上平台經濟觀測站為觀察線上平台經濟之發展，功能係為執委會制定線上平台相關政策提供建議，並監督前開 2019 年《線上中介服務規章》之實施，參見 http://platformobservatory.eu/。

[12] DSA 草案第 1 條第 3 項規定，該法適用於，對居住於歐盟之使用者提供服務之網路中介服務，無論該服務提供者是否位於歐盟境內。DSA, art. 1(3).

未來勢必將對涉歐盟居民之數位貿易產生極大的影響與法律風險。

基此，本文之研究目的，即在於藉由考察「數位服務法」草案介紹其自2000年立法實施《電子商務指令》以來，歷經二十年後，意欲透過課予網路中介服務提供者及線上平台等諸多義務，以改革線上違法內容管制模式之理路，與草案內容梗概，而試圖回答以下問題：

一、國際或歐盟透過立法所界定之網路中介服務提供者角色爲何？是否有所改變？

二、爲何歐盟於2020年公布「數位服務法」草案，以建立新的網路中介服務提供者規管模式，並修正《電子商務指令》？其欲改革之理由與目標爲何？

三、歐盟「數位服務法」草案之法制框架與規範要旨爲何？

四、歐盟二十年間之典範轉移經驗對我國數位通訊傳播服務之規管有何啓發？

貳、網路中介服務提供者角色之轉變

一、網路中介服務提供者之概念

國際上對於網路中介服務提供者所提供「網路中介服務」之定義，大抵可以歸納三項要件[13]：

（一）網際網路服務：藉由電子方式遠距提供之服務[14]。

（二）中立[15]提供服務：僅透過自動化技術處理使用者所提供之資訊，

---

[13] DSA, recital 18.

[14] 例如在歐盟，網路中介服務之前提爲「資訊社會服務」（詳後）。*See* Arno R. Lodder, *Directive 2000/31/EC on Certain Legal Aspects of Information Society Services, in Particular Electronic Commerce, in the Internal Market*, in: EU Regulation of E-Commerce: A Commentary 23-25 (2017).

[15] *See* Jaani Riordan, The Liability of Internet Intermediaries 28 (2016).

且非屬知悉或控制該資訊等積極角色[16]。

（三）無編輯責任：涉及資訊為使用者所提供，並非服務提供者自己提供或涉有編輯責任（editorial responsibility）[17]。

由此可知其「中介」，並非指通訊傳播法分析方法「層級模式」（layer model）[18]中「介於內容應用層與基礎層之間的平台營運層」[19]之謂，而係指「介於資訊提供者與資訊取得者間」[20]而言。

而若從歐盟具體的定義觀之，前開「網際網路服務」要件在歐盟則應對應於「資訊社會服務」（information society service, ISS）。所謂「資訊社會

---

[16] ECD, recital 4.

[17] 綜合參考歐盟《視聽媒體服務指令》（Audiovisual Media Services Directive, Directive 2010/13/EU, AVMSD）第 1 條第 1 項第 c、e 及 g 款關於編輯責任之定義，概可理解為「實施挑選（selection）及編排（organisation）內容之有效控制」；又所謂「挑選」，係指內容之決定；「編排」則係指呈現順次之決定。Directive 2010/13/EU of the European Parliament and of the Council of March 10, 2010 on the coordination of certain provisions laid down by law, regulation or administrative action in Member States concerning the provision of audiovisual media services, art. 1(1)(c), (e), (g), 2010 O.J. (L 95) 1, 12 [hereinafter AVMSD]. 不過，目前正在歐盟法院（Court of Justice of the European Union, CJEU）審理中之 *Puls 4* 乙案，其判決可能會影響此點定義，要之，該案審查標的之一，涉及當網路中介服務提供者 YouTube 之服務結合了推薦或排序影片，或連結廣告的商業模式等時，是否已為積極行為，因而喪失責任安全港（後述）之權利。Case C-500/19, *Puls 4 TV GmbH & Co. KG v YouTube LLC and Google Austria GmbH* [not yet decided]. *See* Andrej Savin, EU Internet Law 178 (2020).

[18] *See e.g.* Yao-Kuo Eric Chiang, *Horizontal Model for Regulatory Reform of Communications*, 8(1) NTU L. Rev. 1, 11-12, 22-25 (2013).

[19] 此並非指網路中介服務不能被層級模式加以分類。事實上，根據 Riordan「簡化後」的三層層級模式分類，除了最底層之「實體層」（physical layer）距離網路內容太遠，而鮮涉及內容之偵測或控制外，中層之「網路層」（network layer）及最上層之「應用層」（application layer）皆有網路中介服務存在。*See* Riordan, *supra* note 15, at 33-46.

[20] 例如，在英國 2006 年網路誹謗的經典案例中，法院即以「郵務服務」類比美國線上（America Online, AOL）英國分公司、英國電信（British Telecom, BT）等本件共同被告之網路中介服務，認為兩者皆係「單純傳輸或促進，使訊息從一人或一台電腦攜帶至另一人或電腦。」*Bunt v. Tilley* [2006] EWHC 407 (QB), [9], [24].

服務」，依據歐盟現行法之定義，係指「經使用者個別要求，藉由電子方式遠距提供之有對價爲原則之服務」。而資訊社會服務的概念相當廣泛，涵蓋電商零售、網路搜尋引擎、視聽服務串流等網際網路上之經濟活動[21]。而資訊社會服務中，提供「網路中介服務」者，稱爲「網路中介服務提供者」。關此概念，最早見於 2000 年《電子商務指令》，雖然該指令未於定義條文中明定何謂「網路中介服務提供者」[22]；然該指令第 2 章第 4 節以「網路中介服務提供者之責任」（liability of intermediary service providers）爲題，其中僅包括第 12 條之「連線服務[23]提供者」（mere conduit provider）、第 13 條

---

[21] ISS 之定義規範於《管制透明指令》（Regulatory Transparency Directive, Directive (EU) 2015/1535）第 1 條第 1 項第 b 款及附錄 I。所謂「遠距」（at a distance），係指服務締約雙方非同時在場（simultaneously present），但不包括透過電子裝置，而服務之提供與接收以實體呈現（physical presence）者。而「電子方式」（by electronic means），係指服務傳送之發送端至接收端以電子設備處理（包括數位壓縮）資料與儲存，並全程以有線、無線或其他光學或電磁形式發送、傳輸及接收，但不包括透過電子裝置，而服務有實體內容（material content）者、散布電子儲存裝置等離線服務或非透過電子處理或儲存系統提供者。又，所謂經使用者個別要求（at the individual request of a recipient of services），指服務之提供爲基於個別使用者傳送資料之要求。但不包括無須個人要求，且無限數量之個人同時接收（simultaneous reception）之資料傳送（即「一點對多點傳送」（point to multipoint transmission））。換而言之，資訊社會服務原則上泛指所有網路上的服務提供者，但分別就「遠距」、「電子方式」與「經使用者個別要求」涉有例外排除事項，可謂相當複雜，歐盟法院亦有多起案例係針對個案服務類型是否屬於「資訊社會服務」之判例。簡言之，「電子方式」排除了傳統非數位化之電信服務，如分封式公眾電信網路（public switched telephone network, PSTN）；「經使用者個別要求」也排除了「一點對多點傳送」的傳統廣電服務，如無線電視、有線電視或電信電視。Directive 2015/1535, of the European Parliament and of the Council of 9 September 2015 laying down a procedure for the provision of information in the field of technical regulations and of rules on Information Society services, art. 1(1)(b), annex I, 2015 O.J. (L 241) 1, 3, 10 [hereinafter Regulatory Transparency Directive].

[22] *See* Riordan, *supra* note 15, at 30-31.

[23] 連線服務，係指傳輸通訊網路使用者提供之資訊，或通訊網路接取之服務；而此類連線服務，尚包括基於通訊網路內傳輸之唯一目的，對於所傳輸的資訊爲自動、中介及瞬時（transient）之儲存，且此一資訊所儲存的時間，並不超過傳輸所需之合理期間。ECD, art. 12(1).

之「快速存取服務[24]提供者」（caching provider），以及第 14 條之「資訊儲存服務[25]提供者」（hosting provider）三種。因此從體系解釋可得知，網路中介服務提供者即屬此三種類型；而遲至「數位服務法」草案，始於定義條文[26]中「正式給予名分」。

二、網路中介服務提供者進入線上執法體系

網路中介服務提供者具有不涉入內容編輯責任之中立性，前已敘明。因此在此前提下，當其使用者透過該服務提供侵害他人或危害公共利益之違法內容時，由於網路中介服務提供者並不從事侵權行為，通常不會構成民事法上的主要責任（primary liability）[27]；但網路中介服務提供者是否構成間接侵權責任（secondary liability），則涉及各國法體系的不同標準與判斷。也即，除非能夠證立其構成侵權法上之間接侵權責任，否則網路中介服務提供者應屬於無辜之第三人[28]，難以要求其應承擔何種責任。

然而，為了將私人納入公共執法體系，其理論基礎國際上目前有「功利論」（utilitarian approach）與「道德論」（moral approach）兩種主流的論述取向，以下分述之。

（一）功利論之出現

80 年代美國法律經濟分析學者 Reiner Kraakman 即提出著名之「守門人理論」（gatekeeper theory），其核心概念為，透過制定法律使第三人成為「守門人」，阻止或處罰頑劣的主要非行（misconduct）者，一如酒保之於醉漢、會計師之於詐欺犯之客戶、雇主之於非法移民。然而 Kraakman 認為成功的守門人「任命」策略必須符合四項條件：(1) 可實施的處罰已無法阻

---

[24] 快速存取服務，係指傳輸通訊網路使用者提供之資訊中，僅為使資訊向其他者要求接收之使用者傳遞效率化，而涉及自動、中介及暫時儲存之服務。ECD, art. 13(1).

[25] 資訊儲存服務，指依使用者要求，而儲存該使用者提供之資訊之服務。ECD, art. 14(1).

[26] DSA, art. 2(f).

[27] *See* Riordan, *supra* note 15, at 12-13.

[28] *See* Frosio, *supra* note 3, at 5.

止嚴重非行；(2) 私人守門人欠缺或具有不適當的誘因；(3) 守門人可有效防止非行；(4) 所制定的法律可使守門人基於合理成本探知非行[29]。

若將 Kraakman 的守門人理論轉換爲網路中介服務提供者對應侵權（違法）行爲之情境，得大抵上可得出四項要件[30]：

1. 因直接侵權人無法被社會可接受之制裁所制約，致使侵權（違法）活動發生率非常高。

2. 網路中介服務提供者依其誘因，將不會箝制侵權（違法）活動，而更可能會培育侵權（違法）活動。

3. 網路中介服務提供者可透過最小的營運能量，防止直接侵權（違法）者規避，以有效抑制侵權（違法）活動。

4. 處罰不履行之網路中介服務提供者的社會經濟成本不可過高。

事實上，前開第 4 點即是法律經濟分析方法中的成本效益分析（cost-benefit analysis），也即法律制度之總效益必須大於總成本[31]；具體的效益與成本，文獻與對話則總是在有效遏止侵權（違法）行爲與有礙社會及科技創新間擺盪[32]。

而以美國的網路著作侵權爲例，法院依據判例法對網路中介服務提供者所形成的間接侵權責任類型，包括輔助侵權責任（contributory liability）、代理侵權責任（vicarious liability）及誘引侵權責任（inducement liability）三種[33]；又或者如英國或澳洲法上的「准許侵權（authorization infringement）

---

[29] *Id.*; *see also* Rory Van Loo, *The New Gatekeepers: Private Firms as Public Enforcers*, 106 Va. L. Rev. 467, 477-481 (2020).

[30] *See* Frosio, *supra* note 3, at 5-6.

[31] 張永健，法經濟分析：方法論與物權法應用，台北：元照，頁 110，2021 年。

[32] 若以本文於註 4 所提及的 YouTube 採用「Content ID」技術之例，則分析可能會落在偵測著作侵權軟體究竟是保障了著作權人持續創作的誘因，抑或阻礙了著作物的社會傳播？ *See* Frosio, *supra* note 3, at 6.

[33] 陳奎霖，著作權間接侵權責任體系之探討，國立臺北大學法律學系碩士論文，頁 155-172，2019 年；另參馮震宇，網路服務提供者商標間接侵權責任之研究，智慧財產權月刊，第 175 期，頁 14-16，2013 年 7 月。

原則」[34]等[35]。各國的責任標準雖寬嚴不一[36]，但若按前開以「非行的成本內部化（internalization）」之程度，由高至低概可分為「嚴格責任」（strict liability）、「過失責任（negligence-based liability）標準」及「知情標準」（knowledge-based standard）[37]三類。

相較於嚴格責任要求網路中介服務提供者就其使用者所造成之社會傷害負擔無過失責任，透過提高侵權法上對促使違法行為的懲罰，對網路中介服務提供者產生阻遏效果（deterrent effect），迫使其採取最高程度的糾錯活動，以減少非法行為[38]；過失責任標準僅要求網路中介服務提供者採取合理行為，以防制主要侵權者。此代表著僅要求較低程度的監視而減少過度阻遏之風險，但同時亦使所要求的行為標準不完美，例如「於合理時間內」移除誹謗留言等。不過，此標準給予法院更大的彈性，可於合比例之界限內操作網路中介服務提供者之責任[39]。

（二）道德論之開展

而道德論之核心理念即為鼓勵侵權屬不道德的，因此道德論者往往強調線上服務提供者（online service provider, OSP）在當代有能力影響數位社會與形塑使用者的行為，因此對公共利益即應有一定責任[40]。這類偏向社群主義（communitarian）的論述，事實上正是歐盟官方在網路中介服務提供者

---

[34] *See* Jeffrey C.J. Lee, *Authorizing Copyright Infringement and the Control Requirement: A Look at P2P File-Sharing and Distribution of New Technology in the U.K., Australia, Canada, and Singapore*, 6(2) Can. J. Law and Technol. 83, 85-89 (2007).

[35] *See* Frosio, *supra* note 3, at 6-7.

[36] *Id.*.

[37] 知情標準將違法行為的內部化程度更低，其原則是僅於網路中介服務提供者收悉足夠推斷違法行為即將發生之資訊時，始課予回應違法行為之義務。*See* Riordan, *supra* note 15, at 19.

[38] 不過，要求網路中介服務提供者監視所有使用者活動之合法性，在成本上不具可行性，亦即相應地限制阻遏效果，故嚴格責任在間接侵權責任實則非常罕見。*Id.*, at 18-19.

[39] *Id.*.

[40] *See* Frosio, *supra* note 3, at 7-8.

納管的主流論述；最典型者，即爲 2001 年《資訊社會指令》（Information Society Directive, Directive 2001/29/EC）第 8 條第 3 項有關創設對網路中介服務提供者聲請防止著作侵權禁制令（injunction）之規定[41]，所爲之解釋：「特別是在數位環境中，網路中介服務提供者之服務被第三人用以侵權的情形可能會大增。而在許多案件中，此類網路中介服務提供者處於終結侵權活動的最佳地位。」[42]

　　此外，道德論另與社會責任與人權倡議兩大概念具有相當高之親和性，相關論者往往將論述與企業社會責任（corporate social responsibility, CSR），及國際人權法應維護人權之旨結合。例如，美國智庫「新美國基金會」（New America Foundation）基於聯合國 2011 年「企業與人權指導原則」（Guiding Principles on Business and Human Rights）[43]，於 2015 年起展開「數位權利排名」（Ranking Digital Rights）研究計畫，針對全球資本額最大、旗下用戶最多的數間大型網路服務企業、行動通訊事業或電信業者，調查如 Google、Facebook、AT&T、Vodafone、微軟或 Apple 等知名企業其言論自由保障承諾與隱私權政策的資訊揭露，據以提出「企業問責指標」（Corporate Accountability Index）報告書，希望倡議透過企業端的行動來保障數位基本權[44]。總之，其主張人權倡議擴張至網路空間，將傳統非公部門而外於傳統人權法之組織，納入企業社會責任之體系中[45]。

---

[41] Directive 2001/29/EC of the European Parliament and of the Council of 22 May 2001 on the Harmonisation of Certain Aspects of Copyright and Related Rights in the Information Society, art. 8(3), 2001 O.J. (L 167) 10, 18 [hereinafter InfoSoc Directive].

[42] InfoSoc Directive, recital 59. 不過，有論者則提出相反意見，認爲「處於終結侵權活動的最佳地位」即表示網路中介服務提供者爲「最小成本之防止者」，其本質仍屬「功利論」之論述。See Riordan, *supra* note 15, at 20.

[43] 參照 United Nations Human Rights Office of the High Commissioner, Guiding Principles on Business and Human Rights (2011), https://www.ohchr.org/documents/publications/guidingprinciplesbusinesshr_en.pdf。

[44] Ranking Digital Rights, *About Ranking Digital Rights*, at https://rankingdigitalrights.org/about/, last accessed 30/09.

[45] *See* Frosio, *supra* note 3, at 9.

隨著起初強化私人參與網路治理，到透過立法確立朝私人線上執法發展之方向，近年道德論逐漸成爲國際間將網路中介服務提供者納入線上執法體系之主流論述基礎。因此可以得知，這種立法及執法體系，與傳統建構第三人侵權責任（liability）之過失責任不同，其性質是一種法定的獨立責任（responsibility）；而從過往判斷有無侵權責任，轉化至直接立法明定問責，論者將此流變現象稱爲「傳統侵權法的脫軌」（derailing from the tracks of the tort law）[46]。

三、歐盟網路中介之法制政策：從責任到義務

以下將闡述歐盟將網路中介服務提供者納入線上執法體系法制政策的三個重要時期。

（一）發展期：2000年至2001年

前文提及 2001 年《資訊社會指令》爲著作侵權特設禁制令之規範，其第 8 條第 3 項規定：「會員國應確保權利人可對其服務被第三人用以侵害著作權或鄰接權的網路中介服務提供者聲請禁制令。」其後，歐盟復於 2004 年頒布《智慧財產權執行指令》（IP Enforcement Directive, Directive 2004/48/EC），該指令希望藉由擴大既有著作權或鄰接權之制裁或救濟措施至其他的智慧財產權執法，例如商標權等，以加強智財領域之執法[47]。其中，第 11 條「禁制令」規範如次：「在法院認定涉侵害智慧財產權之情況，會員國應確保法院有權授予禁止侵權人持續侵權之禁制令。在適當的情況下，內國法應就不遵守禁制令提供連續處罰，以確保遵循。當第三人使用網路中介服務提供者之服務以侵害智慧財產權，會員國應不影響資訊社會指令第 8 條第 3 項之適用，確保權利人有對該網路中介服務提供者聲請禁制令之

---

[46] *Id.*, at 10.

[47] Directive 2004/48/EC of the European Parliament and of the Council of 29 April 2004 on the Enforcement of Intellectual Property Rights, recital 22-24, 2004 O.J. (L 195) 16, 18 [hereinafter IPR Enforcement Directive].

權利。」[48]

　　而在 2011 年，歐盟法院（CJEU）關於涉網路交易平台販售侵害商標權仿冒品之網路中介服務提供者責任之 *L'Oréal v. eBay* 乙案先行裁決（preliminary ruling）中，對前開《執行指令》與《電子商務指令》等法律框架，做出以下體系解釋[49]：

　　1.《執行指令》第 11 條第 1 句之禁制令係針對侵權人，以防止繼續侵權為目標，相較於第 3 句之禁制令係針對被第三人用以侵權之網路中介服務提供者，兩者並不相同。

　　2. 然而《電子商務指令》第 18 條[50]要求法院應對資訊社會服務提供者快速採取停止侵權行為、並防止擴大損害利益之措施，該措施包括過渡性措施。同時，《執行指令》立法理由第 24 點[51]亦說明，視個案需要，且情事狀況適當，法院所提供之措施應包括防止擴大智慧財產侵權之禁止措施。

　　3.《電子商務指令》第 15 條第 1 項[52]則規定，會員國不得課予同指令第 12 條至第 14 條三種網路中介服務提供者監控其所傳輸、儲存資訊之一般性義務，亦不得課予積極探尋指向非法活動之適時或情事狀況的一般性義務。

　　4.《執行指令》第 3 條第 1 項復要求智慧財產權之執法措施須公平、符合比例原則，且不得逾必要成本。第 3 項[53]則要求智慧財產權之執法措施不得構成合法貿易之障礙。

　　5. 綜上，於適用第 11 條第 3 句之禁制令時，法院應權衡所涉各項權利與利益；此外該禁制令必須同時有助停止現在發生的侵權行為、並防止未來之侵害；且禁制令應有效、合比例性、具嚇阻性，且不得逾必要成本並構成

---

[48] *Id.*, art. 11.

[49] Case C-324/09, *L'Oréal SA v. eBay Int'l AG*, 2011 E.C.R. I-6011, ¶¶ 139-144 [hereinafter *L'Oréal v. eBay*].

[50] ECD, art. 18.

[51] *Id.*, recital 24.

[52] *Id.*, art. 15(1).

[53] IPR Enforcement Directive, art. 3(3).

合法貿易障礙。

　　更有甚者，針對前開兩指令所建構之禁制令，會員國有據之轉換爲內國法之義務，而時未脫歐之英國法院亦於 2011 年 *20C Fox v BT* 乙案中，針對該種禁制令之司法實踐，更進一步認爲，該禁制令依據《資訊社會指令》前言第 59 點，並非針對負侵權責任者之禁制令，而是限制其服務被第三人用以侵權、非侵權的網路中介服務提供者之禁制令，因此從責任形式的角度而言，網路中介服務提供者所負擔的並非違法責任，而係源自網路中介服務提供者其服務形態常被用以侵權的本質，爲一獨立的「限制智財侵權特別責任」；而若合併觀察同指令前言第 16 點 [54]，及《電子商務指令》前言第 50 點[55]，此同時頒布之二指令在網路中介服務提供者之責任限制規範上實具互補性，基此網路中介服務提供者之所以負擔「限制智財侵權特別責任」，乃是享有《電子商務指令》第 12 條至第 14 條責任限制規範的代價 [56]。

　　要之，歐盟其實早自 2000 年、2001 年的《電子商務指令》暨《資訊社會指令》體系，建立責任限制安全港制度，並同時課予網路中介服務提供者受禁制令之義務，即爲將網路中介服務提供者納入限制網路違法內容之執法角色 [57]，進而逸脫傳統侵權法而建構其「獨立責任」之開端。

（二）擴張期：2016年至2018年

　　歐盟執委會因 2015 年歐盟所提出的「數位單一市場戰略」中，執委會承諾對平台（含共享經濟）和線上中介服務進行全面評估 [58]，故在創造功能性之數位單一市場的前提下，陸續發布 2016 年「線上平台和數位單一市場

---

[54] InfoSoc Directive, recital 16.

[55] ECD, recital 50.

[56] *Twentieth Century Fox and others v. British Telecommunications plc* [2011] EWHC 2714 (Ch), [29] [hereinafter *20C Fox v BT (No 2)*].

[57] *See* Alexandre de Streel, Aleksandra Kuczerawy & Michèle Ledger, *Online Platforms and Services*, in: Electronic Communications, Audiovisual Services and the Internet: EU Competition Law and Regulation 140 (2020).

[58] Communication on DSM Strategy, at 11-12.

對歐洲之機遇和挑戰通告」[59]（下簡稱「2016 年數位平台通告」）、2017 年的「剷除線上違法內容，朝向強化線上平台義務通告」[60]（下簡稱「2017 年剷除線上違法內容通告」）及 2018 年「有效剷除線上違法內容措施建議」（Commission Recommendation (EU) 2018/334[61]，下簡稱「2018 年剷除線上違法內容建議」）等三個軟法（soft law），不斷思考如何因應涵蓋各式形態與規模，且具有以數據基礎開展業務、多邊市場、網路效應、即時通訊等特性之線上平台，其日益占據社會各界獲得訊息和內容之核心位置的現象，這些平台雖為數位經濟、民主社會均帶來相當利益，但也使得違法內容透過其服務在線上流竄，故從三個軟法來看，歐盟逐漸聚焦在處理線上違法內容，以下簡述之。

1. 2016 年數位平台通告

2016 年「數位平台通告」將線上平台相關產業之關鍵問題歸納為兩大類：「經濟性管制」[62]與「網路中介服務提供者之責任制度」。針對本文聚焦

---

[59] European Commission, *Communication from the Commission to the European Parliament, the Council, the European Economic and Social Committee and The Committee of the Regions: Online Platforms and the Digital Single Market Opportunities and Challenges for Europe*, COM/2016/0288 final [hereinafter Communication on Online Platform].

[60] European Commission, *Communication from the Commission to the European Parliament, the Council, the European Economic and Social Committee and The Committee of the Regions: Tackling Illegal Content Online towards an Enhanced Responsibility of Online Platforms*, COM(2017)555 final [hereinafter Communication on Tackling Illegal Content Online].

[61] Commission Recommendation (EU) 2018/334 of 1 March 2018 on Measures to Effectively Tackle Illegal Content Online, 2018 O.J. (L 63) 50 [hereinafter Recommendation on Tackling Illegal Content Online].

[62] 此面向除欲確保與傳統商業模式具有可替代性之數位服務能處於公平競爭之環境外；尚注意到線上平台因將獲取個人數據資料，故應促進信任、透明度，為公民和消費者提供訊息並賦予權力，以及建議採取確保平台與供應商之間企業對企業（B2B）關係之公平措施，以遏止線上平台不公平之交易行為；此外，歐盟執委會認為應加強線上平台間轉換之能力及降低轉換成本，使用戶得盡可能轉換平台，包含移轉其數據，以符合 2016 年實施之「數據自由流動」（Free flow of data）計畫，預計將進一步思考有效之交換及可攜性方法，以保持市場開放和非歧視性以促進數據驅動型經濟。Communication on Online Platform, *supra* note 59, at 11-14.

之後者,歐盟執委會認為,《電子商務指令》所創設之網路中介服務提供者責任安全港制度,線上平台可因對違法內容和活動既無控制又無知悉而予以責任豁免,確實創造技術中立之監理環境,對促進產業發展有極大的助益;雖有是否應使其負擔更廣泛責任之議論,但執委會仍傾向維持該責任制度[63]。

然而,執委會也於通告中指出兩大問題,其一為涉及線上視訊分享平台上對未成年人有害之內容及仇恨性言論,或涉及線上發布受著作權保障內容之收入分配問題,執委會認為此可透過《視聽媒體服務指令》或著作權相關規範等特定法規,或特定機關進行管制加以解決[64]。

其二則為線上平台上有關煽動恐怖主義、兒童性虐待及仇恨性言論等內容之問題,此部分執委會認為必須鼓勵各線上平台採取更有效之自願性行動,以減少使用者接觸違法或有害內容之機會。然自願性措施可能使線上平台不再受益於《電子商務指令》之中介責任豁免,因此應朝自願性措施仍得豁免責任之方向研議,促使其採取更有效之自律措施[65]。

2. 2017 年剷除線上違法內容通告

2017 年「剷除線上違法內容通告」大致上已隱約浮現《數位服務法》草案之框架,除繼續考量是否採取修法策略外,仍僅提供指導意見,並沒有改變既有法律框架或其他具有法律拘束力之規範[66]。

本通告重申,線上平台作為數位經濟創新和成長的重要驅動力,也是大多數使用者獲得訊息交流之主要途徑,無論是透過搜尋引擎、社群網路、微型部落格(micro-blogging)網站或視訊分享平台等,平台商業模式也朝更緊密的使用者與內容聯繫發展,而違法內容亦可透過線上傳播散布也引發重大關注,諸如 2017 年 6 月,歐洲議會及歐盟部長理事會對歐盟受到一系列的恐怖攻擊事件與線上恐怖主義之傳播表示擔憂,故呼籲執委會提出敦促數

---

[63] *Id.*, at 8-9.

[64] *Id.*, at 8.

[65] *Id.*, at 9.

[66] Communication on Tackling Illegal Content Online, *supra* note 60, at 20.

位平台加強打擊違法和有害內容之措施的建議，故如何解決線上違法內容檢測和移除的難題，是數位社會面臨的急迫挑戰[67]。

本通告期許線上平台不要成為犯罪利用之溫床，因此欲使其承擔保護使用者及整體社會之重大社會責任，尤其是允許上傳第三方內容之線上服務。基此，有鑑於人工智慧對資訊處理之技術進步，自動檢測或過濾（filter）技術當可作為打擊線上違法內容之重要工具，許多大型平台業已採用之，然而《電子商務指令》雖不排除此種監測工具之開發和使用，但執委會也鼓勵進一步之研究與創新技術，以提高自動偵測之效率和有效性。同時，執委會也明確指出，除與著作權相關等特定類型之網路內容，可由立法而強制規範線上平台應採取自動化工具及過濾機制識別侵權內容外；其餘之領域則必須在符合歐盟或內國法之限度內為之，特別是在保護隱私和個人資料，以及禁止各會員國課予常態性監督義務方面。於此，執委會認為最佳之產業實踐係先使用自動化工具辨識有爭議的內容，再交由人類專家審查與評估指摘內容是否屬違法，尤其是在錯誤率高或語境化之範疇[68]。

故在強化實施預防、檢測、移除和阻斷接取違法內容之良好措施之意旨下，執委會將為線上平台制定一套指導方針和原則，期透過公私協力合作，加強其打擊線上違法內容之責任，並釐清線上平台在採取主動（proactive）措施時之責任。

歐盟此時並沒有提出消弭違法內容之一致性取向，具體法制政策仍由各會員國依內容類別或線上平台之類型以內國法決定之。執委會並強調，雖然內容是否違法應本於歐盟及內國法之規定，但線上平台之服務使用條款（term of service）仍得將特定類型之內容列為不受歡迎或令人反感之內容。惟線上平台應於服務使用條款中清楚揭露包括將採取移除或阻斷特定內容之詳細內容調控（content moderation）政策；同時亦應確保避免過度移除（over-removal）之防護措施，如應明確載明使用者對內容移除提出異議之可能性，並鼓勵每年發布透明性報告，公開以下資訊，以減少侵害言論自由

---

[67] *Id.*, at 2-3.

[68] *Id.*, at 9-13, 19.

之負面影響[69]：

(1)「通知即行動」機制中接獲通知之來源：除法院裁判或行政處分、權利人外；尚包括所應建立之與一般使用者區別、來自專業「信任舉報者」（trusted flagger）之快軌通知機制[70]；亦包括上述由線上平台自願性調查或主動性檢測而知悉者。

(2) 接獲通知之數量和類型：包含通知及反向通知（counter notification）之回覆資訊。

(3) 所採取之行動：鼓勵將難以評估是否合法之特定內容且具潛在爭議之案件，轉付合作之自律機構或主管機關等第三方機構，以獲取建議。

(4) 處理所需之時間：針對如恐怖主義等具嚴重危害之違法內容，應盡可能於 24 小時內應移除。

(5) 濫用防護機制：對於反覆實施侵權行為者，應設置有效之阻斷或停權措施。

整體而言，本通告延續 2016 年承諾維護線上平台平衡和可預測之責任制度，作為數位單一市場數位創新之關鍵監理框架。

3. 2018 年剷除線上違法內容建議

2018 年「剷除線上違法內容建議」為延續 2017 年通告之論述基調。首先，因違法內容極易在不同的資訊儲存服務提供者間流竄、跳轉，故執委會希冀為資訊儲存服務提供者描繪更具體之處理違法內容架構。其次，雖會員國已將《電子商務指令》中「通知即行動」機制轉換為內國法，但各會員國間之規範差異甚大，徒增網路中介服務提供者之法遵成本，故有必要制定重要原則供各會員國及網路中介服務提供者參考依循[71]。

而歐盟也再次強調恐怖主義者越來越仰賴網際網路宣傳，故有必要使資訊儲存服務者採取一切合理措施，以禁止恐怖主義內容流竄，而該等資訊在第一個小時最有害，故在適當情形下，應在一小時內採取行動。故執委會認

---

[69] *Id.*, at 16-18.

[70] 詳後說明。

[71] Recommendation on Tackling Illegal Content Online, supra note 61, at 1-2.

為應適當考慮處理不同類型違法內容之特殊性以及可能需要採取之具體因應措施，包括採取專法之立法措施，且不論網路中介服務提供者之營業處所是否於歐盟境內，只要係對歐盟境內之消費者提供服務，均有適用[72]。

基此，本建議對資訊儲存服務提供者針對違法內容應採取措施之建議主要有以下幾點[73]：

(1) 提高通知違法內容之品質：即應建立可更具體指摘違法內容，且易於使用者使用之電子通知機制，使網路中介服務提供者得進行判斷違法內容之緣由、指摘內容之明確位置等；亦包含建立信任舉報者機制。

(2) 再次鼓勵提出透明度報告。

(3) 鼓勵建立訴訟外之救濟機制：例如除明顯違法且涉及生命、身體安全之內容外，資訊儲存服務提供者須將移除或阻斷內容接取之決定通知使用者；並給予以電子方式提出異議之機制，以及鼓勵各會員國敦促資訊儲存服務提供者建立訴外爭端解決機制，以解決移除或阻斷接取違法內容所生之爭議。

(4) 鼓勵採取適當且具體之主動措施：資訊儲存服務提供者應僅在適當之情況下使用自動化方式檢測違法內容；並應有相關防護措施，以避免「打擊錯誤」；且應具適當之人類監督與審查，就文義脈絡等細緻評估，以精準判別違法內容。

(5) 建立公私協力合作機制：諸如，與各界合作以快速處理違法內容；與各會員國建立聯繫點，以因應執委會之要求而提出相關資訊，包括各類通知來源之移除或阻斷接取之內容數量、資訊儲存服務提供者採取行動所需時間，及藉由自動化內容檢測或其他技術方法阻止上傳或重行上傳違法內容之數量等資訊，以利評估本建議對恐怖主義內容以外之違法內容的影響。

最後，不光是要求資訊儲存服務提供者，亦建議各會員國應每三個月向執委會報告該國主管機關命資訊儲存服務提供者處置違法內容之通知，與服

---

[72] *Id.*, at 11-12.

[73] *Id.*, at 8-11.

務提供者所採行之決定，包含協力打擊恐怖主義等資訊[74]。

（三）義務法制化期：2020年以降

承上，歐盟透過前開軟法逐步形成歐盟內部之共識，並強調三大政策方向[75]：

1. 制定「硬法」（hard law），加速違法資訊之移除或阻斷以面對大量的線上違法資訊，例如鼓勵網路中介服務提供者自願性主動移除或阻斷等。

2. 必須同時強化法律明確性，給予更具體的指引，以確保尤其是言論自由之保障。

3. 鼓勵調和泛歐盟之移除線上違法內容的共管（co-regulation）與自律（self-regulation）機制。

然而，此類鼓勵透過自律行為準則（code of conduct）及服務使用條款[76]採取內含不定形概念[77]之高效自動執法、或自動過濾等自願性措施（例

---

[74] *Id*., at 12.

[75] *See* de Streel et al., *supra* note 57, at 174.

[76] *See* Rabea Eghbariah & Amre Metwally, *Informal Governance: Internet Referral Units and the Rise of State Interpretation of Terms of Service*, 23 Yale J. L. & Tech. 542, 567-606 (2021).（作者考察英國、歐盟、法國、以色列及美國關於恐怖主義內容（terrorist content）之「網路轉介組織」（Internet Referral Units, IRU）的運作情形，發現其雖以自願性轉介為名，敦促網路中介服務提供者訂定服務使用條款，建構出「經產業同意後」的「自願性移除」，但服務使用條款之詮釋不僅過於浮濫，IRU透過得轉介法定違法內容及服務提供者服務使用條款所定義不當內容之「混搭」的權限，迫使平台業者往往在「法律的陰影下」（in the shadows of the law），或潛在法律的陰影下做決定，不僅完全無法獨立判斷，也會受制於來自政府不對稱的「議價能力」。更有甚者，德國、西班牙、奧地利、比利時、義大利、荷蘭及瑞士的IRU在活動範疇並不透明）。我國亦有類似性質之組織，依據「兒童及少年福利與權益保障法」第46條所成立之「網路內容防護機構」（iWIN），即擔負包括協助網際網路平台提供者建立自律規範，以及經民眾申訴、檢舉不當內容後，轉知相關業者之「推動網際網路平台提供者建立自律機制」（第1項第6款）任務。相關批判，可參黃銘輝，網路霸凌法律規制的規範取向之研析，月旦法學雜誌，第280期，頁213-214，2018年9月；高玉泉，我國兒少保護法律體系之建構與評析，月旦法學雜誌，第295期，頁53-54，2019年12月。

[77] *See* Molly K. Land, *Against Privatized Censorship: Proposals for Responsible Delegation*, 60 Va. J. Int'l L. 363, 410-416 (2020).（作者基於以下三點理由，反對無監督防護機制之「全

如 YouTube 採用「Content ID」[78] 等）之原初目的，即是透過私人執法而規避傳統意義上憲法上基本權利規範的監督及拘束，然而歐盟於此同時卻仍持續強調私人執法亦必須兼顧基本權利之維護，諸如比例原則及禁止過度原則等，被論者認爲實爲一種「精神分裂取向」（schizophrenic approach）[79]。

此外，政府爲了加速違法資訊之移除或阻斷，而透過立法創造網路中介服務提供者甘願自願性、積極行動的機制誘因，形同「冊封」網路中介服務提供者，並實質授權其演算法執法，論者亦批判其爲一種由私契約取代法律之「法律降階」（downgrades the law to a second-class status），尤其人權事項之解釋與適用不應委由演算法等機器爲之，應由人類機構判斷[80]。基此，此類規避歐盟基本權利憲章（Charter of Fundamental Rights of the European Union）中有關正當法律程序、言論自由等監督的法制政策趨勢[81]，在欠缺良

面授權」（naked delegation）線上平台、網路中介服務提供者等私人審查言論：其一，平台與表意使用者（speaker）之誘因不一致，因此私人審查將導致不合比例；其二，限制言論自由應符合法治國原則，但私人審查將欠缺透明性與可預測性；其三，廣泛授權私人審查涉及固有政府職能之立法權移轉，將憲法機關之權力核心任務外包予私部門有違人權法）。類似見解，請參蘇慧婕，正當平台程序作爲網路中介者的免責要件：德國網路執行法的合憲性評析，國立臺灣大學法學論叢，第 49 卷第 4 期，頁 1937-1941，2020 年 12 月。

[78] See Riordan, *supra* note 15, at 22.

[79] See Frosio, *supra* note 3, at 12-13.

[80] 類似的觀點與提醒，*See e.g.* Céline Castets-Renard, *Algorithmic Content Moderation on Social Media in EU Law: Illusion of Perfect Enforcement*, 2020 U. Ill. J.L. Tech. & Pol'y 283, 310-313 (2020); 劉靜怡，資訊法律的過去、現在與未來，月旦法學雜誌，第 300 期，頁 215-216，2020 年 5 月。

[81] 值得注意的是，從德國制定「網路執行法」（NetzDG）後邦級法院的諸判決加以觀察、歸納，法院皆認爲使用者在社群網路上的言論，基於社群網路平台促進公眾資訊及意見交換的目的，受憲法基本權第三人效力的保障。同時，社群網路業者亦有「虛擬家宅權」（virtuelles Hausrecht），得透過社群守則、行爲準則等服務使用條款，並與使用者間締結民事契約，踐行對第三人使用者之保護義務；此際，社群網路業者應受到民法上誠信原則（包括明確性原則）之拘束，亦即須將憲法保護言論自由、基本衝突之框限，及對第三人一般人格權保障之考慮具體化。由是，基於憲法對第三人之效力以及契約義務，社群網路業者當然不得任意移除或阻斷使用者所提供的資訊。王牧寰等，因應數位

善問責與透明性規範[82]的情況下，不僅易生「AI 黑箱」（AI black box）的問題[83]，更可能導致網路中介服務提供者檢閱、恣意限制言論之寒蟬效應[84]。

參、《電子商務指令》之回顧與檢討

一、網路中介服務提供者定義與免責規範

　　歐盟《電子商務指令》之責任安全港規範制定時間為 2000 年，當時網際網路產業屬於萌芽期，故歐盟基於鼓勵網際網路產業發展之立場，遂透過安全港制度，使網路中介服務提供者就使用者所提供之資訊，不被視為「出版者或發表人」（publisher），得以豁免責任，以降低其進入市場障礙。但另一方面，歐盟也承認網路中介服務提供者可限制網路違法內容時的角色[85]，而可增進網路空間的公共信賴與經濟活動信任[86]。

　　而為促進網路中介服務提供者之發展並降低對其干預，則採功能取向之

　　通訊傳播服務發展之規管趨勢與法制革新研析委託研究採購案期末報告，國家通訊傳播委員會 109 年委託研究報告（PG10908-0004），頁 158-162，2021 年（所引用者為徐偉群教授執筆）。德國「網路執行法」全名為「社群網路法律執行強化法」。Gesetz zur Verbesserung der Rechtsdurchsetzung in sozialen Netzwerken [Netzwerkdurchsetzungsgesetz] [Network Enforcement Act], Sept. 1, 2017, Bundesgesetzblatt, Teil I [BGBl I] at 3352 (Ger.), https://www.bmjv.de/SharedDocs/Gesetzgebungsverfahren/Dokumente/NetzDG_engl.pdf?__blob=publicationFile&v=2 [hereinafter NetzDG]. 相關介紹，*See* Patrick Zurth, *The German NetzDG as Role Model or Cautionary Tale? Implications for the Debate on Social Media Liability*, 31 Fordham Intell. Prop. Media & Ent. L.J. 1084, 1108-1120 (2021)；中文譯介，請參蘇慧婕，正當平台程序作為網路中介者的免責要件：德國網路執行法的合憲性評析，國立臺灣大學法學論叢，第 49 卷第 4 期，頁 1918-1937、1965-1970，2020 年 12 月。

[82] *See* Land, *supra* note 77, 412-413.

[83] 關於 AI 黑箱之定義與討論，請參張麗卿，AI 倫理準則及其對臺灣法制的影響，月旦法學雜誌，第 301 期，頁 106-107，2020 年 6 月。

[84] *See* Frosio, *supra* note 3, at 13-15; *see also* Castets-Renard, *supra* note 80, at 313-136.

[85] InfoSoc Directive, recital 59.

[86] *See* de Streel et al., *supra* note 57, at 140.

規範方式，依類型不同而分別設計「通知即行動」之免責要件[87]，如業者符合各該要件，則賦予民事、行政與刑事責任之豁免權[88]。

另一方面，《電子商務指令》不論第 12 條至第 14 條，均於條文內重申，本指令之規範，並不影響各會員國之法院或行政機關，依據內國法之法律體系要求網路中介服務提供者除去或防止侵權行為之可能性。甚至會員國亦可於符合言論自由原則之前提下，立法規範資訊儲存服務提供者規範，要求其移除特定資訊或使阻斷其接取[89]。

二、網路中介服務提供者無常規監控義務

《電子商務指令》第 15 條第 1 項規定，對於上開網路中介服務提供者，會員國不得課予其監控所傳輸或儲存之資訊的常規義務，亦不具尋找象徵不法活動之事實或狀況的常規義務。

不過，前項規範具有兩種例外，首先，同條第 2 項規定，會員國得針對

---

[87] 值得注意的是，對於「隸屬」（authority）於資訊儲存服務提供者，或受其「控制」（control）之使用者，係指此一使用者與服務提供者具有關係企業的關聯，而為服務提供者所控制者。此時在責任判斷上，不再將其視為是他人所提供的內容，而是透過從屬事業所從事的自己行為。陳人傑，網際網路服務提供者免責規範單一立法模式之探討，智慧財產權月刊，第 71 期，頁 56-60，2004 年 11 月。具體言之，若連線服務提供者符合：「所傳輸之資訊係由使用者所發動或請求」，且「資訊之處理係經由自動化技術予以執行，且未就傳輸之資訊為任何篩選或修改」兩要件，則對其使用者所傳輸之資訊，不負責任（ECD, art. 12）。若快速存取服務提供者符合：「未改變存取之資訊」、「遵守資訊接取之條件」、「遵守產業普遍承認（industrial standard）之資訊更新規則」、「未干涉產業普遍承認之科技合法使用，以取得資訊使用資料」，且「知悉所儲存之原始傳輸來源被移除或阻斷接取，或經法院裁判或行政機關本於法律之行政行為命移除或阻斷接取時，立即移除所儲存之資訊或阻斷其接取」之五要件，對所自動、中介或暫時儲存之其使用者提供之資訊，不負責任（ECD, art. 13）。若資訊儲存服務提供者符合：「對違法行為或內容不知情，並就損害賠償之請求上，未察覺該違法行為或內容有明顯之事實或情狀」，或「知情或察覺違法內容後，立即移除該資訊或阻斷其接取」其中之一要件時，對所儲存其使用者要求且提供之資訊，不負責任（ECD, art. 14）。

[88] *See* de Streel et al., *supra* note 57, at 140.

[89] ECD, recital 46.

使用者的可疑不法活動或資訊，規定資訊社會服務提供者負有通知主管機關之義務；或者在主管機關的請求下，對於與服務提供者具有儲存協議的使用者，提供其身分資訊。此一規定最主要的考量，是在於保障人民的秘密通訊自由及隱私權的保護，避免因前揭免責規範，訂有「在認識或確實知悉該活動或資訊違法時，必須移除或阻斷其接取」的規定，而讓人誤以為服務提供者負有監控其系統或網路的一般義務。若犯罪偵察或被害人進行損害賠償請求確有需要，各會員國仍得以其內國法之規定，要求服務提供者必須針對個案配合主管機關，或者提供身分資訊[90]。

其次，在特殊情況下或針對個案，會員國得要求網路中介服務提供者負擔特殊監測義務（specific monitoring），也即於該情形下，並不限制會員國要求服務提供者依據法律調查或防止非法活動，例如法院核發禁制令（injunction）等[91]。

三、《電子商務指令》施行迄今之問題

《電子商務指令》在施行二十年之後，歐盟透過公眾諮詢，發現了三大問題。

第一，是「指令」的規範模式導致歐盟各會員國間的立法與實踐分歧，有害歐盟數位單一市場之調和與形成。要之，《電子商務指令》中，對於前開「通知即行動」之程序性規範不僅皆無，於前言等又無任何指引，實則為非一致化調和之標的，而委由各會員國自行規定，但網際網路跨域的特徵，導致跨國法規各異，徒增適用上的困難[92]。另一方面，由於各類線上平台推陳出新，在《電子商務指令》長期未修法，且允許會員國立法課予網路中介服務提供者義務的前提下，各會員國因應「平台問責」所需，紛紛立法制定出不一致的規範模式，課予服務提供者歧異的義務，更加深了服務提供

---

[90] 陳人傑，網際網路服務提供者免責規範單一立法模式之探討，智慧財產權月刊，第71期，頁59-60，2004年11月。

[91] ECD, recital 47, 48.

[92] *See* de Streel et al., *supra* note 57, at 147.

者法遵的困擾[93]。

　　例如，德國於 2017 年制定「網路執行法」，規範社群網路服務提供者，而社群網路服務爲一種特殊形態的資訊儲存服務[94]；又如法國於 2018 年制定「對抗資訊操縱法」[95]，分別修正「選舉法典」（Code Électoral）與 1986 年「通訊自由法」（Liberté de Communication）多則規範，除了課予超過一定規模之網路社群平台資訊透明以及配合改善的法律義務外，也同時賦予候選人、政黨及利害關係人，得在重要選舉（包括國民議會議員及參議員選舉、與歐洲議會議員選舉）前三個月到投票日止的期間，聲請法院停止不實訊息之散布的權利[96]。

　　第二，權利人反應，雖然有「通知即行動」之設，但諸如智財侵權或其他侵害個人權利之各類違法資訊，仍舊於網路上留存過久，其留存之時間越長，其資訊傳播效果越大，對權利人之傷害也就更鉅。基此，權利人方面主張應制定更有誘因、更強效的制度，促使網路中介服務提供者加速移除或阻斷違法內容[97]。

　　第三，公民社會團體則反應，「通知即行動」的免責誘因，促使網路中

---

[93] European Commission, Commission Staff Working Document, Impact Assessment Report, Accompanying the document: Proposal for a Regulation of the European Parliament and of the Council on a Single Market for Digital Services (Digital Services Act) and amending Directive 2000/31/EC, SWD/2020/348 final, Annex 6, ¶ 4.1 [hereinafter DSA Impact Assessment].

[94] 王牧寰等，因應數位通訊傳播服務發展之規管趨勢與法制革新研析委託研究採購案期末報告，國家通訊傳播委員會 109 年委託研究報告（PG10908-0004），頁 158，2021 年（所引用者爲徐偉群教授執筆）。

[95] Loi 2018-1202 du 22 décembre 2018 relative à la lutte contre la manipulation de l'information [Law 2018-1202 of December 22, 2018 on the fight against the manipulation of information], Journal Officiel de la République Française [J.O.] [Official Gazette of France], Dec. 22, 2018, p. 14.

[96] Code Électoral, Art. L163-1-L163-2. 參 Jean-Marie Pontier 著，吳秦雯譯，假新聞之控制，月旦法學雜誌，第 292 期，頁 37-38，2019 年 9 月；楊智傑，歐盟與德法網路平台假訊息責任立法比較與表意自由之保護——借鏡歐洲法院網路平台誹謗責任之判決，憲政時代，第 45 卷第 1 期，頁 60，2019 年 7 月。

[97] See de Streel et al., supra note 57, at 147.

介服務提供者傾向收到通知即「行動」，也即移除或阻斷特定資訊，以求在法律上免責，但其資訊限制往往不具有適切之理由，也即導致了「過度刪除」的問題[98]。

肆、「數位服務法」草案之誕生

隨著數位平台在社會與民主中的角色越來越吃重，歐盟預期藉由「數位服務法」草案一致化各會員國之規則取代各會員國依據《電子商務指令》所制定之過於分歧的內國法。尤其數位平台作為數位化轉型之核心角色，也促進歐盟境內外之跨國貿易，然伴隨跨國企業叩響歐盟貿易大門而來的，不僅只有為消費者及創新締造極大的利益與機會，也成為傳播違法內容或線上銷售之違法產品或服務之通道，甚至某些大型的數位平台可比擬準公共空間（quasi-public spaces），也強調在實體世界違法之事項，在虛擬世界也同樣違法[99]。

故以「累加義務」模式細緻化其類型與規模之要件，再逐級課予義務；在監理機構及職能上，除歐盟執委會外，新設立「歐洲數位服務委員會」（European Board for Digital Services），且各會員國應任命「數位服務協調官」（Digital Service Coordinator），以遂行更有效之監督。加上威嚇性之制裁規範，目的即在快速執法，加速違法內容之移除，以利使整體歐洲社會得從中受益[100]。本草案共分為五大章節，共計 74 條，以下進行分析。

一、違法內容之定義

首先，「數位服務法」草案所定義之「違法內容」，係指違反歐盟法或

---

[98] *Id.*.

[99] European Commission, *Digital Services Act – Questions and Answers*, Press corner, (2020/12/15), https://ec.europa.eu/commission/presscorner/detail/en/QANDA_20_2348, last accessed 30/09/2021.

[100] European Commission, *supra* note 8.

符合歐盟法之內國法的資訊，或與違反前開法律之資訊相關之產品或服務等活動[101]。此處之重點有二：(1) 該草案並未新增新的違法內容定義，乃是介接到其他實定之歐盟法或內國法；(2) 所謂的違法內容並不僅指違法內容本身（如影響兒少身心發展之資訊），尚包括涉及違反法律之資訊相關的產品、服務等活動（如販賣內含影響兒少身心發展資訊之光碟），以作爲擴張。

二、規範主體及免責要件

依照該草案條文所示，網路中介服務提供者之定義及責任安全港之要件與《電子商務指令》皆相同，亦僅分爲三種態樣，規定於第 3 條至第 5 條。

(一) 網路中介服務提供者之分類

然而，歐盟認爲現有之分類已然過時，無法因應服務與新興科技之發展，使某些服務提供者對資訊儲存之內容影響加深，導致「網路中介」之界線趨於模糊；此外，經前述檢討，歐盟認爲《電子商務指令》缺乏必要之盡職調查義務，而無法妥適處理線上第三方之內容，以避免違法內容傳散之風險[102]。因此，進一步建立「線上平台」及「非常大型線上平台」之概念，課予逐級加重的數位平台義務。

所謂線上平台，係指依使用者要求而儲存並供公眾接取資訊之資訊儲存服務提供者[103]（如社群平台等）。而所謂非常大型線上平台，則係指歐盟境內月平均實際接收服務者達 4,500 萬人之線上平台，歐盟執委會應造冊，並應視情況而隨時更新名冊（第 4 條、第 25 條及第 69 條）。基此，該草案之

---

[101] DSA, art. 2(g).

[102] DSA Impact Assessment, *supra* note 93, ¶ 12

[103] 但爲其他服務之次要及附屬功能，因技術無法與該他服務分離使用，且非爲規避該規章者，不屬線上平台。DSA, art. 2(h). 線上平台之定義原意係指資訊儲存服務提供者中，依使用者要求而儲存資訊，並向公眾傳達（disseminates to the public）該資訊者。所謂「向公眾傳播」，乃指向未設上限數量之潛在使用者提供資訊，亦即使用者無須另行表示即可輕易接取之狀態；換言之，線上平台之服務如係在限量特定人員所組成之封閉群組內傳遞資訊，則不在「向公眾傳達」之範圍內。DSA, recital 14.

規範主體概念如下圖所示：

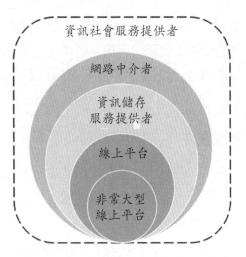

圖 6-1　「數位服務法」草案規範主體

資料來源：歐盟執委會[104]。

（二）責任安全港之調整

　　草案對於三類網路中介服務提供者之責任安全港之要件並無變動，但基於前述 2016 年至 2018 年之三個軟法之內容，歐盟為加速線上違法內容之移除，回應違法內容留存於平台過久之弊端，於草案第 6 條規定，網路中介服務提供者依據其服務使用條款[105] 採取合法且必要之調查、偵測、辨識、移除、限制違法內容接取或其他措施，不生責任安全港之失權效[106]，以明文之

---

[104] European Commission, *The Digital Services Act: ensuring a safe and accountable online environment: Which providers are covered?* https://ec.europa.eu/info/strategy/priorities-2019-2024/europe-fit-digital-age/digital-services-act-ensuring-safe-and-accountable-online-environment_en, last accessed 25/10/2021.

[105] DSA, recital 25.

[106] 此被稱為「歐洲版的善良撒瑪利亞人（European Good Samaritan）條款」。*See* Aleksandra Kuczerawy, *The Good Samaritan that wasn't: voluntary monitoring under the (draft) Digital Services Act*, Verfassungsblog (Jan. 14, 2021), https://verfassungsblog.de/good-samaritan-dsa/. 分析詳後。

方式強化其積極主動探知、移除違法內容之誘因。

三、監管單位

草案新設「歐洲數位服務委員會」，由數位服務協調官所組成，主要功能為向執委會與數位服務協調官提供本草案規範事項之建議。

而為擔負草案相關事務之實施與執行，各會員國應指派一個或數個主管機關，並從中指派數位服務協調官，以獨立、公正、透明且妥速之方式負責該國境內有關該草案之一切事務，並確保國家層級間之協調。而為實行該法所訂任務之必要，亦賦予數位服務協調官擁有對網路中介服務提供者之調查權、對其採取臨時措施、接受其承諾、暫時限制用戶接取網路中介服務之權利等（第 38 條至第 41 條）。

而歐盟執委會亦屬監理單位之一環，除擔任歐洲數位服務委員會之主席外（第 48 條第 3 項），尚負有其他應盡職之義務，諸如應協助發展與實施自願性之產業標準；應依職權，於必要時，得邀請相關之非常大型線上平台、線上平台、網路中介服務提供者或公民團體組織與相關當事人，共同訂定行為準則或危機處置合作（第 34 條至第 37 條）。

四、累加義務模式

（一）網路中介服務提供者之義務

網路中介服務提供者皆應負擔之義務，主要事項如下：

1. 配合內國法院或行政機關之命令：應配合相關司法機關或行政機關之命令，採取打擊違法內容及使用者資訊開示之義務（第 8 條至第 9 條）。此規範之目的在於透過聯繫因素建立一執法平台，只要個案涉及各會員國，網路中介服務提供者即應遵守該會員國之司法或行政機關依法所為之資料調取、移除或阻斷接取等命令；此外，草案也建立前揭命令之記載之事項，諸如事由、涉犯法條、必要性及救濟管道等，並應以落實「透明政府」之理念。

2. 建立聯繫點：應設立單一聯絡窗口，作為與內國主管機關、歐盟執

委會與歐洲數位服務委員會之直接溝通管道；歐盟境外之網路中介服務提供者，若於歐盟境內提供資訊服務，應指定一位法律代表（第 10 條至第 11 條）。

網路中介者	資訊儲存服務提供者	線上平台	非常大型線上平台
提交透明度報告			
符合服務條款之要求和適當考量基本權利			
配合國家主管機關之命令			
設置聯絡點和法定代表人（必要時）			
	建立通知即行動機制、資訊義務		
		建立內部異議、外部申訴與訴外紛爭解決機制	
		建立信任舉報告機制	
		針對濫用機制及反通知之措施	
		審核第三方供應商之憑證（貿易商溯源）	
		使用者面向之線上廣告透明度	
			風險管理義務
			外部風險查核和公共責任
			推薦系統透明度和使用者得選擇欲接取之資訊
			與政府機關及研究人員共享數據
			行為準則
			危機因應合作

圖 6-2 「數位服務法」草案累加義務模式

資料來源：歐盟執委會[107]。

3. 揭露服務者使用條款：應於「服務使用條款」中揭露其服務之任何

---

[107] DSA Impact Assessment, *supra* note 93, at 73.

限制（第 12 條）。

4. 定期公布透明度報告：除微型或小型企業外，網路中介服務提供者應依第 13 條規定，至少每年公布一次透明度報告。又於第 23 條則針對線上平台規定，應每六個月公布一次，且內容應額外包含訴外爭端解決機制及濫用機制防止措施之處理件數、時間與結果，以及揭露平台使用之自動化措施。此外，第 33 條更要求非常大型線上平台，每年應額外公布並繳交依草案第 28 條之法遵審查查核報告予數位服務協調官與歐盟執委會。

（二）資訊儲存服務提供者之義務

資訊儲存服務提供者除應負擔上開網路中介服務提供者之義務外，該草案針對資訊儲存服務提供者課予兩項額外之義務，其一為訂定更明確「通知即行動」之規範與程序之義務（第 14 條）。其二則為若服務提供者決定移除或阻斷他人接取特定資訊，應告知提供該資訊之使用者，並具體說明理由；且前揭告知之內容，應公布於執委會所管理之公眾可接取之資料庫（第 15 條），供全民監督及研究者查閱。

（三）線上平台之義務

歐盟執委會認為，線上平台所提供之數位服務之核心商業模式，即是結合媒合使用者觸及其最相關之資訊，以及最大化線上平台經營者利益。首先，關於媒合使用者觸及其最相關之資訊部分，線上平台導入的演算法或人工智慧，皆存在「最佳化選擇（optimisation choices）系統」[108]，也即俗稱

---

[108] 關於最佳化選擇系統，歐盟執委會係參考 Alastair Reed 等人於 2019 年有關社群媒體上篩選泡泡與極端主義（Extremism）的實證研究，而獲得例證。要之，Reed 係透過蒐集 YouTube、Reddit 與 Gab 三種不同線上平台之與系統互動資料，並加以編碼進行研究。要之，其以學者 Donald Holbrook 自 2015 年至 2019 間所建立的「極端媒體指數」（Extremist Media Index, EMI），將影片或訊息內容分類為「中立內容」與「極端內容」兩種，創建三組帳號：創立中立互動帳號（neutral interaction account, NIA），並多與中立內容互動一週；創立極端互動帳號（extreme interaction account, EIA），並多與極端內容互動一週；創立對照帳號（baseline account, BA），並持續維持零互動，最後將系統所推薦前兩組帳號之資訊，與對照帳號加以比較，觀察是否存在「最佳化選擇系統」。研究結果發現 YouTube 的結果有達顯著水準，Reddit 與 Gab 則不顯著。而

「過濾泡泡」（filter bubbles）機制，其會自動適應使用者的偏好，優先呈現使用者偏好之資訊。而有心之個人或團體則可濫用其機制，故意創造「熱門」內容的假象，以影響使用者對於真實世界的認知，小則擴及消費者對於商品或服務之選擇；大則進而操縱其於開放政治程序中的判斷，傷害民主機制[109]。

其次，前述有心之個人或團體可能透過複數機器人帳號，或透過付費予線上平台的推薦服務，製造「熱門」內容的假象，但使用者往往欠缺有關此有意義的資訊，以瞭解或判別與線上平台系統的互動細節[110]。

最後，線上平台之商業模式因為具有網路外部性，因此規模傾向大者恆大，使用者眾多，故當資訊之獲取或交易皆透過線上平台為之時，其所造成之系統性社會風險就非常高[111]，有必要課予相應義務加以弭平風險。

綜上，線上平台除需遵守前開義務外，草案額外課予其以下義務：

1. 建立權利救濟機制並防止濫用

對於使用者除可依循傳統民事訴訟程序外，草案規範線上平台應建立內部異議機制（第 17 條），線上平台決定移除或阻斷接取違法資訊、暫停或終止提供全部或一部服務，或使用者帳號，應提供不服該決定之當事人易於近用且友善之表達意見機制；而線上平台亦應擇定一外部單位或組織，協助處理爭議，包含平台透過內部申覆機制仍無法有效處理之紛爭；而此訴外爭端解決機制並不妨礙當事人之訴訟權利（第 18 條）。

為了減緩過度移除之疑慮，也課予線上平台必須提供使用者知情權、內

其研究則提出三點政策建議：其一，線上平台應根據建議移除問題內容；其二，提升移除建議之品質，並確保建議具備脈絡等細節；其三，強化線上平台有關推薦系統之透明性。*See* Alastair Reed, Joe Whittaker, Fabio Votta & Seán Looney, *Radical Filter Bubbles: Social Media Personalisation Algorithms and Extremist Content,* Global Research Network on Terrorism and Technology: Paper No. 8, 5-16 (2019), at https://static.rusi.org/20190726_grntt_paper_08_0.pdf.

[109] DSA Impact Assessment, *supra* note 93, ¶¶ 40-48.

[110] *Id.*, ¶¶ 49-50.

[111] *Id.*, ¶ 40.

部申訴權，與申請訴外爭端解決權等義務，作爲使用者的權利救濟管道，以資衡平。使用者亦可循民事訴訟之司法救濟程序，以保障權益。

此外，線上平台亦應採取必要措施以確保其「通知即行動」機制與內部異議機制不被濫用，必要時得暫停該使用者使用此功能（第 20 條）。

2. 信任舉報者機制

爲提升「通知即行動」中「通知」之品質，以加速線上平台處置違法內容，線上平台應採取適當技術措施及組織規劃，確保其立即且優先處理信任舉報者舉報事項之機制，而任何具有偵測、辨識及舉報違法內容之專業能力，且代表集體利益和獨立於線上平台之外，並可秉持客觀、盡職之原則及時提出通知之實體（entity）[112]，即可由所在地之會員國之數位服務協調官加以認定，授予信任舉報者之資格。

若線上平台知信任舉報者提出大量不明確或不適當通知時，應將必要的解釋理由與相關事證，送交數位服務協調官進行舉發。而數位服務協調官則依職權調查或第三人舉發，認該信任舉報者已不符資格規定時，應廢止該信任舉報者之認可（第 19 條）。

換言之，信任舉報者仍係「通知即行動」機制之一環，只是相較於一般人，該草案設計了一條特殊通道，供線上平台可以非常快速地採納其通知，以移除或阻斷違法內容。

3. 貿易商溯源

草案要求若線上平台允許其消費者與貿易商締結「通訊交易契約」（distance contract），則平台應負擔解決假冒和危險產品等之責任，意味著服務平台應在允許貿易商使用服務而進行交易前，確保取得並審查身分等相關必要資訊，即所謂貿易商溯源（traceability of traders）。若該資訊有錯誤者，線上平台應依歐盟或內國法規所定期限要求貿易商更正，對於不從者應暫停服務直至達到資訊完備爲止（第 22 條）。

---

112 所謂實體，即係指個人無法擔任信任舉報者；同時實體並不妨爲公法人等行政部門。
DSA, recital 46.

4. 線上廣告透明性

線上平台負擔線上廣告之揭露義務，展示廣告時，必須同時於使用者介面即時並清楚向使用者展示該資訊為廣告、廣告主、決定廣告投放對象之主要參數有用資訊（第24條）；非常大型線上平台則更有特別義務，其應額外將所有投放之廣告彙集和儲存於資料庫，並向公眾揭露，且應自該廣告最後一次播放後保存一年（第30條）。

5. 刑事犯罪通報

線上平台若獲知可能發生、正在發生或即將發生對人身安全造成重大危害之刑事犯罪或有此嫌疑之情事者，應通報執法機關（第21條）。

（四）非常大型線上平台

非常大型線上平台應遵守前開所有義務外，須額外遵守下列義務：

1. 風險管理

非常大型線上平台應至少每年一次進行風險評估，包括違法內容傳散、特定基本權之負面效果，或具負面效果之故意服務操縱；並應採取合理必要之措施減輕風險（第26條至第27條）。本條規範即在回應前開因「最佳化選擇系統」而服務可能遭資訊操縱等濫用情事。

2. 資訊推薦系統透明

若非常大型線上平台有使用資訊推薦系統（recommender system），應於其平台介面向其使用者揭露主要參數，讓使用者可選擇或改變其接收之相關訊息（第29條）。

3. 外部稽核、法遵及其他事項

非常大型線上平台應至少每年一次，委託第三方組織進行獨立之法遵審查（independent audit），評估其是否符合草案規範之所有義務，並由該組織出具查核報告，倘查核結果非正面者，非常大型線上平台則應於收受該查核結果起一個月內實施報告建議之改善措施，或敘明其不採納報告建議之理由（第28條）。

非常大型線上平台並應設置法遵長，除便於隨時監督非常大型線上平台遵循本草案之情形；亦應獨立執行業務，並與執委會或數位服務協調官合作

進行法遵審查等（第 32 條）。

此外，非常大型線上平台應向數位服務協調官或歐盟執委會，以及研究者提供和分享必要資訊，以協助其監管與評估是否符合本草案之規定（第31 條）。

五、罰則

針對違反草案所定義務之網路中介服務提供者，最高得處以年收入或營業額之 6% 之罰鍰；資料申報不實或未能更正者，最高得處以年收入或營業額之 1% 之罰鍰（第 42 條）。

而本草案特別針對非常大型平台設立罰則，針對違反草案規定之義務或未依第 55 條或第 56 條遵循執委會之命令等情事，最高得處前一個會計年度總營業額之 6% 之罰鍰；而若有未能遵守依第 52 條提供申報資料之命令、更正不實訊息或提供完整資訊，以及未依第 54 條提供現場查檢（on-site inspections）等情事，最高得處前一個會計年度總營業額 1% 之罰鍰，並自裁決日起算，每日最高得處前一會計年度之日平均營業額 5% 之連續處罰（第 59 條至第 60 條）。

伍、「數位服務法」草案之分析

綜上所述，「數位服務法」草案以現行《電子商務指令》為基礎，欲改以「規章」（regulation）規範，供各會員國直接適用，強化一致化調和，並細緻化其不足之處，將網路中介服務提供者依規模大小逐層加重其應負擔之義務，同時排除微型與小型之企業，避免扼殺新興企業之成長空間，並訂定相關罰則；更重要者，係納入美國版本之「善良撒瑪利亞人條款」（Good Samaritan provision），意圖使網路中介服務提供者不會僅因其主動作為而喪失安全港之保護；該草案亦明確規範主管機關之權責，並創設一獨立之委員會為諮詢單位，協助歐盟執委會執行監理相關事宜與裁決。綜合以觀，歐盟預期透過全面性改變對線上服務之監理方式，進而建立安全且具問責機制的線上環境。

　　不過，本文針對以下三點，提出「數位服務法」草案的可能的疑義與未來方向。

一、自願性內容調控新制

　　首先，在責任安全港方面，如前所述，歐盟執委會沿用了 ECD 中既有的安全港規範架構，且另外參考美國 1996 年通過之「通訊端正法」（Communication Decency Act of 1996, CDA）[113] 第 230 條之「善良撒瑪利亞人條款」[114]，進行「混搭」，意欲透過此一機制，鼓勵並提供網路中介服務提供者誘因，促其自願性發動違法內容之調查、偵測、辨識、移除、阻斷接取或採行其他合法且必要措施。然而，歐盟「混搭」後的法律效果，恐遠比美國法複雜。

　　要之，美國之「善良撒瑪利亞人條款」不論互動式電腦服務提供者是否有接獲通知，在任何時間點主動將其所認為違法之內容移除或限制他人接

---

[113] Communications Decency Act of 1996, Pub. L. No. 104-104, tit. V, 110 Stat. 133 (1996) (codified as amended in scattered sections of 47 U.S.C.).

[114] 美國聯邦通訊法第 230 條 (c)(1) 規定，「互動式電腦服務的提供者或使用者，就非出於己的資訊內容（其他資訊內容提供者所提供之資訊），不應被視為出版人及發表人」。又「互動式電腦服務」（Interactive Computer Service）係指「提供或讓多數使用者的電腦得以連結至同一電腦伺服器之任何資訊服務、系統、或接取軟體，具體上包括了提供網際網路接取的系統或服務，以及由圖書館或教育機構所經營的這類系統或提供的服務」。又，適用 CDA 第 230 條之典型網路中介者，包括社群平台如 BBS 討論版、Facebook 等，以及資訊中介平台如租屋媒合網站、電子商務平台等。根據 CDA 第 230 條免除互動式電腦服務提供者責任的內涵主要如下：一、對於非出於己之第三方提供者之資訊，互動式電腦服務提供者或使用者不應被視為出版人或發表人，亦即無須對平台上他人張貼的言論負責。二、互動式電腦服務提供者或使用者，無需因下列原因負責：（一）基於善意主動採取的任何行為，以限制接觸或取得猥褻、邪惡、淫亂、過度暴力、騷擾性或其他令人不快的內容，無論該些內容是否受到憲法保護；或（二）任何採取科技方法以限制接觸上述內容之行為。47 U.S.C. § 230 (2015). 相關介紹，請參郭戎晉，Web2.0 與法律──部落格（Blog）誹謗議題之研究，法學新論，第 1 期，頁 150-154，2008 年 8 月；黃銘輝，假新聞、社群媒體與網路時代的言論自由，月旦法學雜誌，第 292 期，頁 22-23，2019 年 9 月。

觸，即可駛入安全港而免責。但歐盟的「混搭」版本則是建立於「通知即行動」之前提下，也即，若網路中介服務提供者自願性、主動地[115]發動違法內容之調查、偵測或辨識，但發現有違法內容時，即構成「知悉」或「察覺」，進而產生若不立即「行動」，則無法主張免責之失權效果[116]。

　　歐盟於此較前揭「2018年刪除線上違法內容建議」進步者，為「數位服務法」草案中明定了不生失權效，但如此即可完整確保網路中介服務提供者之誘因了嗎？若考察草案的立法前言第25點，其法律的一般意見認為網路中介服務提供者採取自願性內容調控，必須基於「善意及盡職方式」（in good faith and in a diligent manner）。然而，假設資訊儲存服務提供者採取自願性內容調控，卻發生未於個案中未判別出其為違法內容、或誤未移除等，是否符合「盡職」之要求？在法未明文規範何謂「盡職」之前提下[117]，恐仍然存在網路中介服務提供者失去豁免權利的風險[118]。

　　又或者，當內容調控人員檢視特定資訊時，僅判別出其為影響兒少身心發展之內容，卻漏未判別其同時也是誹謗（及侵害著作權）之內容，則就後者屬於「應知情」[119]，是否仍可能構成失權效[120]？

---

[115]　尤其，歐盟法院在2010年 *Google France v. Luis Vuitton* 及前開 *L'Oréal v. eBay* 此兩案的見解中，皆認為資訊儲存服務提供者一旦構成「主動」地位（played an active role），即無法適用免責規範。Joined Cases C-236/08 to C-238/08, *Google France SARL and Google Inc. v. Louis Vuitton Malletier SA*, 2010 E.C.R. I-02417, ¶ 120; *L'Oréal v. eBay*, ¶ 123.

[116]　*See* de Streel et al., *supra* note 57, at 148-150. 有論者稱美國CDA版的安全港為一種無論對該內容採取內容調控措施、或誤未其採取內容措施，皆予以保護的機制。換而言之，美國CDA版的規範兼及保護「移除過多」（over-removal）及「移除過少」（under-removal）者；但歐盟ECD或DSA的版本則是僅保護「移除嚴密剪裁」者，也即針對通知指摘之內容快速移除之情形。*See* Castets-Renard, *supra* note 80, at 303-309.

[117]　更有論者指出，歐盟法院於前開 *L'Oréal v. eBay* 乙案中，似乎認為盡職之經濟營運商（指拍賣網站）一旦知悉營運中出現違法情事（如有使用者販賣仿冒品）時，即不得從中獲利，否則將無法適用免責規範。*See* Savin, *supra* note 17, at 177.

[118]　*See* Kuczerawy, *supra* note 106.

[119]　由於ECD並無規範「知情」之內涵及主動程度等所涉要件，會員國之立法與內國法院有形成之空間。*See* Savin, *supra* note 17, at 177.

[120]　*See* Kuczerawy, *supra* note 106.

　　總之，草案第 6 條的條文僅載明「不『僅僅』（solely）」因網路中介服務提供者自願性發動……而生安全港之失權效」，在有上開風險的疑慮下，對網路中介服務提供者還是有可能不生所預期的誘因效果[121]。因此草案條文未來應要更清楚明確加以規範，或透過發布指引，以更明確其效果。

二、違法內容之定義恐過於浮濫

　　草案於第 2 條第 g 款規定所謂「違法內容」為「指違反歐盟法或符合歐盟法之內國法之資訊，或與違反歐盟法或符合歐盟法之資訊相關之產品、服務等活動」。也即，其違法內容可藉由各會員國之內國法加以定義，則誠如本文前述，諸如法國立法將重大選舉期間之不實訊息定義為違法內容，則當「數位服務法」草案完成立法後，當可介接「數位服務法」之規範，從法國法院或行政機關發動，要求跨境提供服務之網路中介服務提供者移除該國所認定違法的內容，例如社群網站上之選舉不實訊息，則其效果無異於及於全歐盟。換而言之，往後歐盟的違法內容，恐怕不是各會員國的「最大公約數」，而是「最小公倍數」，範圍極其廣泛，或許有害法律之可預見性。

三、另定部門硬法

　　最後，「數位服務法」草案作為一現網路中介服務之普通法，與其他屬特別法之部門硬法（sectoral hard-law）將會構成特別—普通法之適用關係。要之，針對不同「特化型」的線上平台，歐盟乃以制定其他規章或指令之方式因應，以處理特別問題[122]。

　　舉例言之，例如歐盟 2018 年修訂之《修正視聽媒體服務指令》（Revised AVMSD, Directive (EU) 2018/1808）第 28a 條及第 28b 條，即針對另定義之特化型的線上平台「視訊分享平台」課予包括親子鎖、內容分級、不當內容標記、採取保護兒少措施等義務[123]。又如 2019 年制定《數位

---

[121]　*See* de Streel et al., *supra* note 57, at 148-149.

[122]　*Id.*, at 152.

[123]　Directive (EU) 2018/1808 of the European Parliament and of the Council of 14 November, 2018 Amending Directive 2010/13/EU on the Coordination of Certain Provisions Laid Down

單一市場著作權指令》（DSM Copyright Directive, Directive (EU) 2019/790）第 17 條，亦針對另定義之「線上內容分享服務」定有特別規範，包括針對使用者供應內容應取得著作授權，並據此修正《電子商務指令》（即「數位服務法」草案）之安全港免責要件；且若無踐行阻斷接取、快速移除，則無法獲得免責；此外尚有建立申覆機制義務等[124]。又如 2021 年新制定之《線上恐怖主義內容規章》（Terrorist Content Regulation, Regulation (EU) 2021/784），則於第 1 章針對「資訊儲存服務提供者」另定有關線上恐怖主義內容之行政移除模式，以求更快速的處理；且第 7 條及第 8 條亦針對「資訊儲存服務提供者」另外課予「數位服務法」草案額外之透明性義務[125]。

最後，雖然歐盟執委會極其關切，但「數位服務法」草案並未直接處理不實訊息之問題。歐盟執委會於草案前言中提及，不實訊息將透過發展泛歐之自律性行為準則及由執委會發布指引之軟法方式處理[126]，顯見就不實訊息之處置，歐盟內部尚未形成共識。

陸、結論與建議

歐盟「數位服務法」草案為目前世界上針對線上違法內容進行全面性平台問責法制化之區域，雖然草案本身非常具實驗性質，但其背後理路即所欲解決的問題非常明確，且經過長期的公眾諮詢，並透過歷年執委會的通告與

---

by Law, Regulation or Administrative Action in Member States Concerning the Provision of Audiovisual Media Services (Audiovisual Media Services Directive) in View of Changing Market Realities, art. 1(23), 2018 O.J. (L 303) 69, 87-90 [hereinafter Revised AVMSD].

[124] Directive (EU) 2019/790 of the European Parliament and of the Council of 17 April, 2019 on Copyright and Related Rights in the Digital Single Market and Amending Directives 96/9/EC and 2001/29/EC, art. 17, 2019 O.J. (L 130) 92, 119-121 [hereinafter DSM Copyright Directive].

[125] Regulation (EU) 2021/784 of the European Parliament and of the Council of 29 April 2021 on addressing the dissemination of terrorist content online, art. 7, 2021 O.J. (L 172) 79, 94-95 [hereinafter Terrorist Content Regulation].

[126] DSA, recital 68-71.

建議形成共識，所課予之義務也大抵爲當前大型線上平台已執行者，對法遵成本之衝擊應不會太大。

因此，本文認爲，規範跨國線上平台之平台問責制度，應參考歐盟或美國之大型經濟體之立法例，就最大限度進行「法規調和」或「管制對接」（regulatory alignment），除不增加跨國大型平台之法遵成本外，最重要者，則是促其遵守我國法規，以避免 2011 年臺北市法規會依消費者保護法裁處 Google，而引發「Google Android Market」付費服務全面退出台灣之類似事件 [127]。

最後，謹提出三點針對我國後續之法制建議：

一、相較於歐盟「數位服務法」草案作爲調和性質之規章，我國目前除「著作權法」外，尚無一般違法內容之安全港機制，因此若要參考「數位服務法」草案，實爲一「蛙跳」的大膽策略。前者，必須處理與「著作權法」的競合關係，考量降低業者法遵成本，本言建議應採取歐盟式的一致化規範。

二、我國亦無獨立之永久禁制令之設，本文建議針對「數位服務法」草案第 8 條有關介接各會員國法院或行政機關移除或阻斷違法內容之命令規範，先予以轉化爲我國法律之體例，具體而言，可參考「家庭暴力防治法」中家事保護令之規定，設計向法院聲請核發「資訊阻斷令」之立法模式。

三、在「違法內容」之定義上，以及課予義務的清單上，應採取歐盟「數位服務法」草案與其他規章及指令之「普通—特別法」兩層架構。例如過去曾於立院審議之「數位通訊傳播法」草案，可作爲「總則性法律」爲最低度之共通規範；具有特殊考量性質者，則應明定於個別作用法，如「兒童及少年福利與權益保障法」第 46 條，有關有害兒少身心內容由目的事業主管機關通知網際網路平台提供者，即須先行移除之規定，因不透過法院而較爲簡易，可優先於「總則性法律」適用。

---

[127] 事件始末，請參黃士洲、簡銀瑩，跨境數位產品交易帶來的稅務挑戰——以 BEPS 行動方案及跨國線上交易個案爲重心，月旦財經法雜誌，第 38 期，頁 158-159，2016 年 5 月。

參考文獻

一、中文部分

Jean-Marie Pontier 著，吳秦雯譯，假新聞之控制，月旦法學雜誌，第 292 期，頁 30-41，2019 年 8 月。

王牧寰、徐偉群、陳志宇、鄭嘉逸、江耀國、陳人傑、簡陳中、楊東穎、胡家崎、楊儷綺、王艾雲、廖祥丞、田育志，因應數位通訊傳播服務發展之規管趨勢與法制革新研析，國家通訊傳播委員會委託之計畫成果報告，2021 年。

陳人傑，網際網路服務提供者免責規範單一立法模式之探討，智慧財產權月刊，第 71 期，頁 54-81，2004 年 11 月。

馮震宇，歐盟著作權指令體制與相關歐盟法院判決之研究，收錄於國際比較下我國著作權法之總檢討，中央研究院法律學研究所，頁 491-543，2014 年 12 月。

張永建，法經濟分析：方法論與物權法應用，台北：元照，2021 年。

張麗卿，AI 倫理準則及其對台灣法制的影響，月旦法學雜誌，第 301 期，頁 106-107，2020 年 6 月。

楊智傑，歐盟與德法網路平台假訊息責任立法比較與表意自由之保護—借鏡歐洲法院網路平台誹謗責任之判決，憲政時代，第 45 卷第 1 期，頁 59-65，2019 年 7 月。

劉靜怡，資訊法律的過去、現在與未來，月旦法學雜誌，第 300 期，頁 215-216，2020 年 5 月。

二、外文部分

Aleksandra Kuczerawy, *The EU Commission on voluntary monitoring: Good Samaritan 2.0 or Good Samaritan 0.5?*, KU Leuven CiTiP (2018).

Alexandre de Streel, Aleksandra Kuczerawy & Michèle Ledger, Online Platforms and Services, in ELECTRONIC COMMUNICATIONS, AUDIOVISUAL SERVICES AND THE INTERNET: EU COMPETITION LAW AND

REGULATION 174 (Laurent Garzaniti, Matthew O'Regan, Alexandre de Streel & Peggy Valcke ed., 4th ed., 2020).

Directorate-General for the Information Society and Media (European Commission), EU Study on the Legal Analysis of a Single Market for the Information Society: New Rules for A New Age? (2014).

Kalbhenn/Hemmert-Halswick, Der Regierungsentwurf zur Änderung des NetzDG (MMR 2020).

Rory Van Loo, The New Gatekeepers: Private Firms as Public Enforcers, 106 VA. L. REV. 467, 477-481 (2020).

Yao-kuo Eric Chiang, Horizontal Model for Regulatory Reform of Communications, 8(1) NTU L. REV. 1, 11-12, 22-25 (2013).

Part 3

數位貿易與資料跨境傳輸

論個人資料跨境傳輸與數位經貿之互動與規範設計：以歐盟法院Schrems案影響為觀察對象

郭戎晉[*]

壹、前言

網路已成為人類生活中不可或缺的事物，1995 年時網路使用者僅達全球總人口的 1%，尚不足 1 億人，千禧年時全球的上網總人口成長為 3.5 億人，並分別於 2005 年及 2010 年來到 10 億及 20 億之譜[1]。然而截至 2021 年 1 月全球網路使用者已達到 46.6 億人，占全球總人口[2]的 59%[3]。當「持續連網生活」（"Always On" Life）成為常態，整體的網路應用環境已經與 90 年代網路甫開放商業使用之初有著截然不同的面貌[4]。數位化無所不在的發展過程催生了諸多嶄新商業模式，並以多種方式改變了市場上的經濟競爭面貌。

數位經貿的發展與個人資料跨境傳輸（Cross-border Data Flows）有著密不可分的關係，國際組織針對資料跨境移轉問題，從早期採取開放、甚至

---

[*] 南臺科技大學財經法律研究所助理教授。

[1] Michael Rustad, Global Internet Law in a Nutshell 2 (3rd ed. 2015).

[2] 根據 Population Reference Bureau 統計，2020 年全球總人口已達 78 億人，Population Reference Bureau, 2020 World Population Data Sheet, https://interactives.prb.org/2020-wpds/, last accessed 02/05/2021.

[3] Simon Kemp, Digital 2021: Global Digital Overview, DataReportal (Jan. 27, 2021), https://datareportal.com/reports/digital-2021-global-overview-report, last accessed 02/05/2021.

[4] Ariel Fox Johnson, *13 Going on 30: An Exploration of Expanding COPPA's Privacy Protections to Everyone*, 44 Seton Hall Legis. J. 419, 432-33 (2020).

不希望各國施加不必要限制的態度，逐步轉趨嚴格。近年個人資料保護成為主要國家共通關注的議題，而國際立法潮流也由過去「產業自律」及「專法規範」分庭抗禮之情形，已顯著側重如何透過制定個人資料保護專法，藉以落實民眾個人私密資料保護此一模式。其中，歐盟無疑是針對個人資料跨境傳輸採取限制立場最具代表性之例，始終貫徹其「原則限制、例外開放」之理念。

　　為符合歐盟立法針對資料接收國強調的適當水平要求，長期在私部門隱私保護並無專法的美國，與歐盟透過協商方式，建立安全港隱私原則（safe harbor privacy principles）與前者失效後接替的歐美隱私盾架構協定（EU-US privacy shield framework），作為兩者之間資料跨境傳輸的合法基礎。儘管歐盟執委會（European Commission）歷來發布的隱私盾審查報告均肯認美國將持續確保由歐盟傳輸至美國的個人資料獲得充分保障，然歐盟司法實務卻存在不同觀點。

　　繼安全港隱私原則於 2015 年遭歐洲法院（European Court of Justice）[5] 裁定無效後，接替作為美歐之間資料跨境合法傳輸基礎的隱私盾協議亦於 2020 年 7 月為歐洲法院認定屬無效機制。本文聚焦探究個人資料跨境傳輸規範與數位經貿之互動關係，包括資料跨境傳輸常態化引發的相關議題以及國際經貿組織採取之立場，其次分析歐盟立法規範模式、法院歷來見解以及後 Schrems 案時代的最新發展與重要觀察事項，進而提出筆者之分析與建議，以期助益各界對此一數位時代饒富爭議的重要議題能有完整瞭解。

貳、資料跨境傳輸與數位經濟發展

一、資料跨境傳輸活動之變化與影響

（一）電子資料大量湧現

　　源於 20 世紀 60 年代的網際網路在 90 年代正式開放商業使用，也直接

5　歐洲法院為歐盟法院（Court of Justice of the European Union, CJEU）之一環，為歐盟法院體系下的最高法院。

催生電子商務（electronic commerce）此一概念；近年隨著資料為金（data is gold）及資料作為新能源（data is new oil）等概念逐步深植於人們心中[6]，網路商業活動已進一步成為所謂的數位經濟（digital economy）或虛擬經濟（virtual economy），許多產業更順勢轉型為所謂的資料驅動型行業（data-driven industries）。除商業層面出現過往難以想見的嶄新模式，人類生活也因為網路而有著翻天覆地的改變，網路如今已是現代人日常生活中不可或缺的事物，根據 Datareportal 所作研究，全球網路使用者平均每日上網時間已達到 6.7 小時[7]，幾與網路密不可分。

在商業行為及人類生活均高度附麗網路下，也連帶產生令人咋舌的資料數量。Forbes 曾統計指出現階段全體網路使用者平均每分鐘利用 Google 進行 449 萬次搜尋、在 YouTube 觀看 450 萬部影片並下載超過 39 萬個微型應用程式（Apps）[8]；在此同時，大量的資料也被人們加以創造與流通，每分鐘有超過 5 萬張相片上傳至 Instagram、逾 51 萬則 Twitter 推文進行發布，而所寄出的電子郵件更達到驚人的 1 億 8,800 萬封[9]。頻繁的網路應用催生可觀的資料量，世界經濟論壇（World Economic Forum, WEF）指出 2020 年全球肇因網路使用產生的資料總量達到 44 ZB[10]，知名市場分析機構 IDC 並預估全球資料總量將在 2025 年時增加為 175 ZB[11]。

---

[6] Kirill Dubovikov, Managing Data Science 13 (2019).

[7] Simon Kemp, *Digital 2020: Global Digital Overview*, DataReportal (Jan. 30, 2020), https://datareportal.com/reports/digital-2020-global-digital-overview, last accessed 20/06/2021.

[8] Nicole Martin, *How Much Data Is Collected Every Minute of The Day*, Forbes (Aug. 7, 2019), https://www.forbes.com/sites/nicolemartin1/2019/08/07/how-much-data-is-collected-every-minute-of-the-day/#2e56798c3d66, last accessed 20/062021.

[9] *Id.*.

[10] 作為資料計量單位之一的 ZB，是 Zettabyte 一詞的縮寫，1ZB 等於 1 兆 GB（Gigabyte）。

[11] Jeff Desjardins, *How much data is generated each day?*, World Economic Forum (Apr. 17, 2019), at https://www.weforum.org/agenda/2019/04/how-much-data-is-generated-each-day-cf4bddf29f/, last accessed 19/05/2021; Andy Patrizio, *IDC: Expect 175 zettabytes of data worldwide by 2025*, Network World (Dec. 3, 2018), https://www.networkworld.com/article/3325397/idc-expect-175-zettabytes-of-data-worldwide-by-2025.html , last accessed 19/05/2021.

（二）個人資料跨境流通成為常態

1. 資料儲存具分散性

　　已被惠普（Hewlett-Packard, HP）收購的康柏電腦（Compaq）在 1996 年首先提出「雲端運算」（cloud computing）一詞，而雲端運算概念真正落實則是 2006 年亞馬遜率先推出之彈性運算雲端服務。美國國家標準和技術研究院（National Institute of Standards and Technology, NIST）所發布「雲端運算服務標準文件」（NIST Special Publication 800-145），將雲端運算區分為三種主要模式：(1) 軟體即服務（Software as a Service, SaaS）；(2) 平台即服務（Platform as a Service, PaaS）；(3) 基礎設施即服務（Infrastructure as a Service, IaaS）[12]，而最後的 IaaS 便是讓消費者使用包括儲存空間在內的基礎運算資源。

　　20 世紀 90 年代網際網路正式開放商業使用，網路商業化初期產生的資料無例外地均儲存於實體伺服器（server），故應否自建機房成為早期電子商務發展上的重要考量因素之一；隨著遠端運算能力提升及儲存成本持續降低，整體網路應用已進入所謂的雲端運算環境，如今資料儲存於雲端運算服務提供者建置的資料中心（data center）已是常見之事[13]。美國知名智庫機構 Pew Research Center 在 2010 年時便曾預測 2020 年時雲端運算將比個人電腦等硬體裝置更具主導性，人們將廣泛地使用雲端運算操作各種應用程式，並透過雲端儲存環境近用及共享資訊[14]。

---

[12] NIST, The NIST Definition of Cloud Computing (Special Publication 800-145) (2011), at 2-3.

[13] 依據 Garner 在 2021 年 6 月發布的市場調查報告，2019 年全球 IaaS 市場規模達到 643 億美元，其中亞馬遜網路服務（AWS）取得 40.8% 市場占有率（262 億美元），其次分別為微軟 19.7%（126 億美元）、阿里巴巴 9.5%（61 億美元）與 Google 6.1%（39 億美元），Garner, *Gartner Says Worldwide IaaS Public Cloud Services Market Grew 40.7% in 2020*, Garner (June 28, 2021), https://www.gartner.com/en/newsroom/press-releases/2021-06-28-gartner-says-worldwide-iaas-public-cloud-services-market-grew-40-7-percent-in-2020, last accessed 01/08/2021.

[14] Pew Research Center, The future of cloud computing (2010), at 1 & 8.

　　隨著個人資料從早期具實體地點概念的伺服器[15]，轉變爲儲存於分散全球的雲端資料中心，當特定文件被上傳至雲端，即拆分爲諸多元件並存放於位處不同司法管轄區域的資料中心之中，系統將以效率最大化思考資料最合適的存儲位置[16]。另一方面，現今因各式網路應用而產生的電子資料，大抵亦由業務遍及全球的大型網路服務提供者所持有，相關業者在不同國家／地區設置營業據點和資料存儲設備，同時擁有來自全球各地的用戶，亦助長資料全球四散之情形[17]。

2. 資料流動之不可預測性

　　在資料全球快速流通下，伴隨而生的，便是掌握資料實際情形、所在位置及具體保管者之困難程度[18]。然而在進入數位時代之前，資料本身的移動性（mobility）和不可預測性（unpredictability）事實上爲眾人所難以想見之事[19]。

　　相較於傳統的有形財產（tangible property），資料具有下列兩點特質：(1) 資料所在位置具有所謂的潛在任意性（potential arbitrariness）；(2) 資料的移轉經常是在資料當事人所知有限或毫無感知的情況下進行[20]。在個人資料幾近全盤數位化、跨境資料流通成爲常態，加諸個人資料流動的不可預測性等因素，使得面對資料跨境傳輸所引發的爭端時，無法套用過往基於物理

---

[15] 有鑑於網路伺服器在早期電子商務發展上的關鍵角色，面對 90 年代網路高速成長衍生爭端處理上的管轄權判斷問題，Darrel Menthe 曾提出「網路伺服器法則」（The Law of the Server）此一構想，將網站所附麗的網路伺服器直接視爲系爭網路平台之物理所在地點，Ikenga Oraegbunam, *Towards Containing the Jurisdictional Problems in Prosecuting Cybercrimes: Case Reviews and Responses*, 6 NAUJILJ 26, 31-34 (2016).

[16] Patrick Ryan & Sarah Falvey, *Trust in the Clouds*, 28 Computer L. & Sec. Rev. 513, 520 (2012).

[17] U.S. Department of Justice, The Purpose and Impact of the CLOUD Act (2019), at 2.

[18] James Manyika & Michael Chui, *By 2025, Internet of things applications could have $11 trillion impact*, McKinsey Global Institute (July 22, 2015), https://www.mckinsey.com/mgi/overview/in-the-news/by-2025-internet-of-things-applications-could-have-11-trillion-impact, last accessed 02/05/2021.

[19] Jennifer Daskal, *The Un-Territoriality of Data*, 125 Yale L.J. 326, 366 (2016).

[20] *Id.*, at 367.

環境所發展的相關規則進行處理[21]。

(三) 資料驅動並引領數位經濟發展

「資料」或所謂的「數據」被視為當前經濟發展的嶄新動能（new fuel），麥肯錫全球研究院（McKinsey Global Institute）曾指出 2005 年至 2014 年間全球資料跨境傳輸成長逾 45 倍[22]，資料跨境傳輸劇增情形直接增加全球的國內生產總值（Gross Domestic Product, GDP）達到 2.8 兆美元，預估 2025 年將進一步成長為 11.1 兆美元[23]。

在邁入數位化的初期，事實上許多公司不假思索的棄置了絕大部分經營上所獲取的用戶活動資料，蓋業者普遍認為相關數據並沒有太大的價值[24]。但當經濟活動轉以資料為主並出現大數據（big data）與資料驅動經濟等嶄新概念時，資料已成為商品製造和服務提供之直接動能[25]。根據產業研究機構 Statista 在 2021 年 6 月所發布的電子商務市場研究報告（eCommerce Report 2021），全球電子商務市場規模達到 2.8 兆美元，預估 2025 年將進一步成長為 4.2 兆美元[26]。Statista 同時指出個人資料在全球數位經濟快速發展的過程中值得關注之處，其一是大型製造業者開始嘗試直接將產品銷售予消費者，而無須透過中介業者（middlemen），在直接獲取用戶個人資料的前提下，有助於企業根據用戶行為與實際需求，推動以用戶為中心之商品開發。其次，隨著跨境電子商務交易比重日益增加，個人資料跨境流通情形也越發顯著[27]。儘管數位創新有助於將用戶個人資料轉化為具競爭力的業務成果，如何有效保護相關資料並衡平伴隨而生的法律甚或道德爭議，亦相形重

---

[21] *Id.*, at 366-67.

[22] McKinsey Global Institute, Digital Globalization: The New Era of Global Flows (2016), at 3-4.

[23] *Id.*.

[24] International Monetary Fund (IMF), The Economics and Implications of Data: An Integrated Perspective (2019), at 9.

[25] *Id.*, at 9-10.

[26] Statista, eCommerce Report 2021 (2021), at 6.

[27] *Id.*, at 16 & 75.

要 [28] 。

二、資料跨境傳輸常態化引發之重要議題

（一）資料跨境規範模式選擇

　　早期國際上對於資料跨國流通的基本立場，可概分爲「自由說」及「限制說」二類，前者認爲從資訊自由化及貿易自由的角度，鼓勵資料跨國流通及分享；後者根據保護資料主體隱私權、抵禦文化侵略、保障經濟利益及維護資訊主權等理由，主張限制資料跨國流通 [29] 。

　　在進入數位時代前，資料大抵以紙本或其他物理形式呈現，隨著網路高度普及與資通訊技術持續發展，除物理性資料逐步由金石轉爲位元外，原生於網路環境的電子化資料開始成爲常態，並呈現快速湧現並頻繁跨境流動等特色。就本文觀點，在資料以物理形式爲主之下，資料跨境傳輸較易於「事前」管理，但當數位化資料成爲常態，甚至自始即處於分散全球之狀況下，資料跨境規範便不得不因應資料儲存與流通方式進行對應調整，特別是在事前管制有其難度下，各國或被迫轉爲採取「事後」管制模式，甚至必須透過「資料在地化」（data localization）立法等做法，期以達到限制資料跨境或強制資料在地留存等目的。

　　另一方面，虛擬的網際空間也逐漸成爲各國比拼較勁的新戰場，當前幾近所有的國家均試圖透過各種方式表彰自己在虛擬空間中的數位主權（digital sovereignty），現今的網際網路似已爲數位民族主義（digital nationalism）所籠罩 [30] 。在此一氛圍下，個人資料跨境傳輸規範討論便可能

---

[28] Lorena-Elena St nescu & Raluca Onufreiciuc, *Some Reflections on 'Datafication': Data Governance and Legal Challenges*, 7 Eur. J. L. & Pub. Admin. 100, 101 (2020).

[29] 陳榮傳，再論資料跨國流通，月旦法學雜誌，第 78 期，頁 166，2001 年 11 月。

[30] Christopher Kuner, *Data Nationalism and Its Discontents*, 64 Emory L.J. 2089, 2091-92 (2015); Akash Kapur, *The Rising Threat of Digital Nationalism*, Wall Street Journal Nov. 1, 2019, https://www.wsj.com/articles/the-rising-threat-of-digital-nationalism-11572620577, last accessed 29/04/2021.

逸脫「隱私保護」此一層面。

（二）資料在地化立法之推動與爭議

　　個人資料本身價值的彰顯讓各國開始意識相關資料的重要性，也催生「資料在地化」立法之推動討論。資料在地化泛指要求特定實體須將資料儲存於特定地理區域內之任何法律、標準或政策[31]。相關立法可能正面的要求特定資料應存放於境內的儲存設備，亦可能反向或間接地限制特定資料的跨境傳輸活動從而產生資料在地留存之效果[32]。基此，現階段國際資料在地化立法可概分為兩大模式：(1) 要求特定資料應儲存於境內；(2) 禁止資料跨境傳輸行為或有條件的開放，而前揭兩種做法並非擇一概念，現行國際立法例中並不乏結合兩者之例[33]。

　　各國推動資料在地化立法之目的與考量因素往往不盡相同，根據筆者之研究，現行各國推動成因中，以「助益內國執法」、「保護公民隱私」、「防制域外監測」及「推動經濟發展」等四者為主[34]。就國際經貿視角而言，隨著資料本身商業價值日受重視，資料在地化有出於保護主義（protectionist）的動機，不乏國家將資料在地化視為強化國內市場競爭能力的重要手段[35]。特別是發展中國家（developing country）為了善加利用數位資訊的力量，執政者可能制定著眼干涉主義（interventionist）的國家政策，

---

[31] World Economic Forum (WEF), A Roadmap for Cross-Border Data Flows: Future-Proofing Readiness and Cooperation in the New Data Economy White Paper (2020), at 12.

[32] Anupam Chander & Uyên P. Lê, *Data Nationalism*, 64 Emory L.J. 677, 682 (2015); United Nations Conference on Trade and Development (UNCTAD), Digital Economy Report 2019 on Value Creation and Capture: Implications for Developing Countries (2019), at 136; Communication from the Commission to the European Parliament and the Council Guidance on the Regulation on a framework for the free flow of non-personal data in the European Union, COM/2019/250 final, at para. 3.1.

[33] 有關資料在地化成因、利弊暨國際相關立法例分析，可參閱郭戎晉，論資料在地化立法，臺灣科技法學叢刊，已接受（預計 2021 年 12 月刊登）。

[34] 同前註。

[35] Chander & Lê, supra note 32, at 714.

藉以拉抬本土網路平台而非境外公司[36]。儘管各國資料在地化立法的推動均有所本，然相關研究顯示資料在地化立法事實上易於衍生負面現象，包括內國層面的變相侵害隱私、升高資訊安全風險等，以及國際視野下的造成網際網路之割裂現象並影響國際經貿開展等重大爭議，從而受到諸多批評。

（三）資料跨境／資料治理之共通標準倡議

各國個人資料保護法規若缺乏一致性的隱私規範，限制個人資料跨國傳遞的「資料禁運」（information embargo）可能性即大為增加；反面而言，若個人資料得輕易地被傳輸至缺乏妥適保護的第三國，亦可能遭利用而成為所謂的「資訊避難所」，用以規避特定國家法律原本加諸於個人資料蒐集、利用或傳輸上的限制，自非資料當事人所樂見[37]。

儘管近年個人資料保護成為主要國家共通關注的議題，而國際立法潮流也由過去「產業自律」（self-regulation）及「專法規範」分庭抗禮之情形，近期已顯著側重如何透過制定個人資料保護專法，藉以落實公民私密資料之保護[38]。然各國個資保護立法不必然納入「資料跨境傳輸」對應規範[39]，而加以規範者，其規範模式與做法亦不盡相同。蓋立法者針對個人資料保護所作設計，直接反映該國的隱私文化與保護思維，其往往又牽涉複雜的人文、社會經濟、歷史遞嬗等多重因素，無可避免造成各國規範設計上的差異[40]。

---

[36] IT for Change, The Grand Myth of Cross-border Data Flows in Trade Deals (2017), at 1.

[37] 翁清坤，論個人資料保護標準之全球化，東吳法律學報，第22卷第1期，頁5、31-32，2010年7月。

[38] 根據聯合國貿易和發展會議（United Nations Conference on Trade and Development, UNCTAD）公布的研究成果，在其所調查的194個國家中，已有128個國家已制定個人資料保護立法，比例達到66%，此外亦有10%的國家正著手立法。UNCTAD, Data Protection and Privacy Legislation Worldwide, https://unctad.org/page/data-protection-and-privacy-legislation-worldwide, last accessed 29/08/2021.

[39] 以日本為例，日本於2005年正式實施的私部門個人資料保護專法：個人情報保護法（個人情報の保護に関する法律）並無個人資料跨境傳輸規範，直至2015年修法時甫正式納入。

[40] 郭戎晉，個人資料跨境傳輸之法律研究，科技法律透析，第27卷第8期，頁33-34，2015年8月。

　　退步而言，姑不論各國在個人資料保護規範上是否存在落差，現今數位化環境下的個人資料流通，本質上即具有全球化的特性，在不受地理疆界限制之下，相關問題亦恐非單純依賴內國管轄便能解決。因此，包括國際組織及學界均不乏論者倡議推動「全球性共通規範」作爲對策，藉由統一標準調和各國法制規範上的落差，以解決包括跨境傳輸個人資料在內的爭議問題[41]。

　　另一方面，在「資料」本身價值日益提升以及肇因於資料產生的紛爭形態日趨複雜下，國際組織及主要國家正著手思考建立更爲上位的「資料治理」（data governance）架構與對應規範的必要性。諸如歐盟於 2020年 11 月所提出的「歐洲資料治理規則」（Regulation on European data governance）草案[42]，其核心目的係建立適當的資料治理規範，藉以促進跨部門與跨歐盟國家的資料共享[43]，故無可避免地觸及包括個人資料在內，不同資料類別之跨境傳輸議題[44]。而資料治理或如同網路開放商業應用後伴隨而生的「網路治理」議題，諸如以聯合國網路治理論壇（UN Internet Governance Forum, IGF）爲首的全球性網路治理機制與標準討論，亦可能出現於資料治理之後續發展。

---

[41] New America & Cybersecurity Initiative, Rethinking Data, Geography, and Jurisdiction: Towards a Common Framework for Harmonizing Global Data Flow Controls (2018), at 20.

[42] Proposal for a REGULATION OF THE EUROPEAN PARLIAMENT AND OF THE COUNCIL on European data governance (Data Governance Act), COM/2020/767 final.

[43] 規則揭櫫的具體推動目標，則包括建立公部門再次利用資料機制、資料共享服務暨關聯產業管理，以及建構資料利他主義（data altruism）運作規範，同時歐盟並將成立歐洲資料創新委員會（European Data Innovation Board）。

[44] Hunton Andrews Kurth, *European Commission Publishes Draft Data Governance Act*, National Law Review (Dec. 2, 2020), https://www.natlawreview.com/article/european-commission-publishes-draft-data-governance-act, last accessed 09/08/2021.

三、國際組織立場與國際經貿協議之觀察

（一）國際組織立場之更迭

跨境傳輸個人資料相關問題的解決，非單憑一國或少數國家之力即可達成，爲調和各國隱私保護規範上的歧見或落差，促使個人資料保護標準趨於一致，20世紀末國際組織開始關注個人資料跨境傳輸與規範設計問題。其中，聯合國（United Nations）與經濟合作暨發展組織（Organization for Economic Co-operation and Development, OECD）對於資料跨境傳輸一事持開放立場，雖然聯合國及OECD[45]發布的相關指引，開始觸及「互惠保護措施」或「對等保護」等概念，基本上仍不希望成員國限制個人資料之跨境傳輸[46]。

千禧年後國際潮流逐步轉爲應於符合特定條件的前提下，方可進行資料跨境傳輸。代表之例如「資料保護暨隱私專員國際會議」（International Conference of Data Protection and Privacy Commissioners, ICDPPC）[47]於2009年發布的「馬德里決議」（The Madrid Resolution），除提出個人資料國際移轉一般原則，決議同時表明資料接收國應符合該決議所提出之資料保護水平，始允許資料跨境傳輸一事[48]。而國內實質參與的亞太經濟合作會議

---

[45] OECD在1980年制定發布影響深遠的「隱私保護暨個人資料跨境傳輸指引」（OECD Guidelines for the Protection of Privacy and Trans-border Data Flows），諸如爲世人熟知的隱私保護八大原則，便出自前揭指引。考量個人資料在社會及經濟層面的廣泛應用，產生諸多過往未見的挑戰，OECD於2013年7月修正前揭指引並導入若干嶄新概念。然針對資料跨境傳輸，OECD維持其原有立場，亦即成員國應盡可能減少在資料自由流通上的限制，若成員國無法提供對等保護時，則可例外地禁止資料跨境傳輸行爲。

[46] 郭戎晉，個人資料跨境傳輸之法律研究，科技法律透析，第27卷第8期，頁39，2015年8月；Briseida Sofía Jiménez-Gómez, *Cross-Border Data Transfers Between the EU and the U.S.: A Transatlantic Dispute*, 19 Santa Clara J. Int'l L. 1, 11-12 (2021).

[47] International Conference of Data Protection and Privacy Commissioners 於2020年更名爲 Global Privacy Assembly。

[48] 郭戎晉，個人資料跨境傳輸之法律研究，科技法律透析，第27卷第8期，頁38，2015年8月

（Asia-Pacific Economic Cooperation, APEC）於 2005 年公布「APEC 隱私保護綱領」（APEC Privacy Framework），其中綱領第四部分要求 APEC 經濟體應共同發展跨疆界的「跨境隱私保護規則」（Cross Border Privacy Rules, CBPR）下，APEC 基此於 2011 年正式運作「跨境隱私保護規則體系」（Cross Border Privacy Rules System, CBPRs）。凡於 APEC 區域範圍內存在資料傳輸傳輸需求的企業，當建構符合 CBPRs 要求的內部管理機制並取得 APEC 認可的「問責機構」（Accountability Agents, AA）之認證，作爲其資料跨境傳輸行爲之合法基礎[49]。儘管現階段 APEC CBPRs 採行自願機制[50]，但近年包括日本與新加坡等國已明文將此一機制納入其個人資料保護專法之中。

（二）國際經貿協議之討論與回應

爰各國在思索如何完備內國立法的同時，亦高度關注包括國際經貿協助在內的相關國際規範，是否有助於齊一個人資料跨境傳輸之規範課題。

論者如 Patrick Leblond 表示對美國以外的國家而言，最佳策略應係在世界貿易組織（World Trade Organization, WTO）架構之外，推動建立一套獨特的國際制度藉以管理資料暨資料之跨境流動[51]。Mira Burri 則進一步指出自由貿易協定或許更有利於資料在地化措施等新一代的貿易障礙問題之解決[52]。因 WTO 長期以來未能有效透過解釋、修改協定或是締結新協定以因應電子商務時代的衝擊，會員透過區域、雙邊貿易協定尋求解釋之道，也就

---

[49] 郭戎晉，APEC 跨境隱私保護規則、運作與我國參與課題，科技法律透析，第 27 卷第 6 期，頁 20-21，2015 年 6 月。

[50] 現階段計有 9 個 APEC 經濟體加入 CBPRs，依加入順序分別爲：美國、墨西哥、日本、加拿大、新加坡、韓國、澳洲、我國與菲律賓。

[51] Patrick Leblond, Digital Trade at the WTO: The CPTPP and CUSMA Pose Challenges to Canadian Data Regulation, Centre for International Governance Innovation Paper No. 227 (2019), at 7, full text, https://www.cigionline.org/documents/1699/no.227.pdf, last accessed 15/05/2021.

[52] Mira Burri, *The Governance of Data and Data Flows in Trade Agreements: The Pitfalls of Legal Adaptation*, 51 U.C. Davis L. Rev. 65, 127 (2017).

在所難免。

　　在全球性統一標準付之闕如，現時可見的貿易協定中不乏針對資料跨境傳輸及資料在地化問題進行規定者。諸如原先備受期待的跨太平洋貿易夥伴關係協定（Trans-Pacific Partnership, TPP）[53]草案第 14.13 條第 2 項規定，即明定「任何締約方均不得要求受保護之人使用締約方境內的電腦運算設施或進行在地化，以作為在其領土範圍內開展業務之條件」[54]。在美國選擇退出 TPP 後，前揭規定於重新提出的跨太平洋夥伴全面進步協定（Comprehensive and Progressive Agreement for Trans-Pacific Partnership, CPTPP）中仍獲得維持[55]。

　　儘管美國選擇退出 TPP，但 TPP 中有關禁止資料在地化之要求（第14.13 條第 2 項）仍被美國援用於與其他國家簽訂的多邊協定之中，如取代北美自由貿易協定（North American Free Trade Agreement, NAFTA）於2018 年 11 月簽署的美墨加協定（United States-Mexico-Canada Agreement, USMCA），便納入相同條款[56]。

參、歐盟模式與歐洲法院Schrems案影響分析

一、歐盟規範遞嬗

　　針對個人資料跨境傳輸一事，無論是歐洲共同體（European Communities）抑或當前的歐洲聯盟（European Union），歐洲始終貫徹「原

---

[53] Full text, https://ustr.gov/trade-agreements/free-trade-agreements/trans-pacific-partnership/tpp-full-text, last accessed 01/05/2021.

[54] Article 14.13: Location of Computing Facilities

2. No Party shall require a covered person to use or locate computing facilities in that Party's territory as a condition for conducting business in that territory.

[55] CPTPP, Art. 1.1.

[56] USMCA, Art. 19.12.

則限制、例外開放」此一理念[57]。就當前國際個人資料保護立法例而言，歐洲相關立法無疑是限制資料跨境傳輸最具代表性之例，包括歐體時代的個人資料自動化處理保護公約（Convention For the Protection of Individuals with Regard to Automatic Processing of Personal Data），以及歐盟成立後影響各國立法深遠的 1995 年資料保護指令（Data Protection Directive, DPD）[58]與 2018 年正式施行的一般資料保護規則（General Data Protection Regulation, GDPR）[59]。

二、資料保護指令與2015年歐盟法院Schrems I案

（一）指令建立至為關鍵的適足性水平要求

1. 個人資料自動化處理保護公約至資料保護指令之發展

1981 年實施的個人資料自動化處理保護公約已訂有「跨境資料流通」（transborder data flows）專章，公約要求締約國不得僅出於資料保護之目的，而限制個人資料之跨境流通或要求必須得到授權後始得為之[60]；惟若資料接收國立法未能提供「對等保護」（equivalent protection），或個人資料跨境傳輸過程中將流經未締結公約的第三國時，即有應否予以限制之問題[61]。

---

[57] 郭戎晉，個人資料跨境傳輸之法律研究，科技法律透析，第 27 卷第 8 期，頁 42，2015 年 8 月；Paul M. Schwartz, *Global Data Privacy: The EU Way*, 94 N.Y.U. L. Rev. 771, 783-84 (2019).

[58] Directive 95/46/EC of the European Parliament and of the Council of 24 October 1995 on the protection of individuals with regard to the processing of personal data and on the free movement of such data, OJ L 281, 23.11.95.

[59] Regulation (EU) 2016/679 of the European Parliament and of the Council of 27 April 2016 on the protection of natural persons with regard to the processing of personal data and on the free movement of such data, and repealing Directive 95/46/EC (General Data Protection Regulation), OJ L 119, 4.5.2016.

[60] Convention 12(2).

[61] Convention 12(3).

　　1995 年資料保護指令是第一部廣泛影響各國立法的個人資料保護專法，針對個人資料跨境傳輸問題，指令承續上述公約「對等保護」概念，指令第 25 條第 1 項明確規定：因資料處理而傳輸至第三國，或擬傳輸至第三國進行處理的個人資料，成員國應確保第三國在資料保護上已具「適足性水平」（adequate level of protection），甫能將個人資料由歐盟傳輸至境外。同條第 2 項並進一步規定執委會確認資料接收國／地區的保護水平是否已達適足性要求（adequacy requirement）之標準[62]。

2. 以協商方式解決適足性認定問題

　　針對適足性水平之認定，資料保護指令第 25 條第 5 項規定歐盟執委會得採取「協商」方式，解決同條第 4 項適足性水平認定上的不符情形，而採取此一做法之代表性案例，便是美歐之間的「安全港隱私保護原則」（Safe Harbor Privacy Principles）。

　　美國與歐盟互為對方最重要的貿易夥伴，但美國在隱私保護上的看法，卻與歐盟大相逕庭。在私部門（private sector）長期秉持「產業自律」的理念下，聯邦層級的個人資料保護專法僅有適用於聯邦機關的 1974 年隱私法（Privacy Act of 1974），故歐盟認為美國公部門已達適足性保護水平，然而私部門的資料保護措施則未臻充分，從而形成所謂「局部適當」（partial adequacy）現象[63]。

　　美歐在適足性水平認定上的歧見，曾讓美方評估將此一問題提交予 WTO 爭端解決機構（Dispute Settlement Body, DSB）進行處理，為解決雙方在隱私保護存在的落差，雙方基於指令第 25 條第 5 項規定，由美國商務部（Department of Commerce）在 2000 年 7 月 21 日提出「安全港隱私保護原則」，歐盟執委會隨即於同月 26 日核定接受，確認安全港隱私保護原則所

---

[62] 資料保護指令第 25 條第 2 項規定：「第三國在資料保護層面的適足性程度，應依據傳輸作業或一系列之傳輸作業所涉之所有可能情形加以評估，特別應考量資料之本質、可能之處理目的與處理期間、來源國與最終目的國、該第三國有效之一般及特別法規、專業規範與該國所採行之安全措施。」

[63] 郭戎晉，個人資料跨境傳輸之法律研究，科技法律透析，第 27 卷第 8 期，頁 42，2015 年 8 月。

提供的保護程度，符合歐盟資料保護指令之適足性要求 [64]。

3. 執委會適足性決定名單

在適足性水平要求之前提下，資料保護指令第 25 條第 6 項規定執委會得根據第 31 條第 2 項所定程序，認定第三國根據其內國法或按第 25 條第 5 項規定所進行之協商在內的國際承諾（international commitments），足以適當保護個人的私人生活、基本自由與權利，實務上一般將之稱爲「適足性決定」（adequacy decisions）。

在 2018 年 5 月 GDPR 正式生效前，依據資料保護指令取得歐盟執委會適足性決定的國家及地區包括：安道爾（Andorra）、阿根廷、法羅群島（Faroe Islands）、根西島（Guernsey）、以色列、曼島（Isle of Man）、澤西島（Jersey）、紐西蘭、瑞士及烏拉圭；此外，加拿大及美國雖亦獲得了執委會的適當性決定，但僅限於特定範疇（partial adequacy findings），加拿大限於「個人資料保護及電子文件法」（Personal Information Protection and Electronic Documents Act）下的私部門機構（private entities），而美國部分則限於參與安全港、完成自律認證（self-certify）並經美國商務部核定的相關機構 [65]。

4. 個別資料控制者可得採行替代性符合措施

當資料接收國／地區未能滿足適足性保護水平要求，爲降低對於歐盟成員國跨境資料傳輸活動的衝擊，資料控制者（data controller）除可援引指令

---

[64] Commission Decision of 26 July 2000 pursuant to Directive 95/46/EC of the European Parliament and of the Council on the adequacy of the protection provided by the safe harbour privacy principles and related frequently asked questions issued by the US Department of Commerce (notified under document number C(2000) 2441) (Text with EEA relevance.), OJ L 215, 25.8.2000.

[65] 2015 年歐洲法院（Schrems I 案）認定安全港係無效機制後，歐盟執委會適足性決定清單中有關美國之認定範圍，嗣後變更爲加入歐美隱私盾架構協議（EU-U.S. Privacy Shield）、完成自律認證並經美國商務部核定的相關機構。而當 2020 年歐洲法院（Schrems II 案）再次認定隱私盾係屬無效機制後，歐盟執委會已將美國自適足性決定清單中移除。

第 26 條第 1 項所訂六款例外豁免情事，亦可採行指令所規定的相關「替代符合措施」，作爲其跨境傳輸個人資料之合法基礎。

指令第 26 條第 2 項規定當資料接收國未達適足性水平，資料控制者可舉證其可充分保障當事人隱私權並提供相關權利之行使；而前述的充分保障，得以適當的「契約條款」證明之。同條第 4 項並規定歐盟執委會得依指令第 31 條第 2 款所訂程序，以「標準契約條款」（Standard Contractual Clauses, SCC）方式作爲第 26 條第 2 項所稱之充分保障機制。歷來歐盟執委會曾三度基於指令規定發布 SCC：

(1) 歐盟執委會 2001 年 6 月 15 日標準契約條款（2001/497/EC）：適用於歐洲經濟區（European Economic Area, EEA）內的資料控制者，將個人資料傳輸予第三國之資料控制者 [66]。

(2) 歐盟執委會 2004 年 12 月 27 日標準契約條款（2004/915/EC）：其爲 2001 年標準契約條款之修正版本，適用對象相同 [67]。

(3) 歐盟執委會 2010 年 10 月 5 日標準契約條款（2010/87/EU）：適用於歐洲經濟區內的資料控制者，將個人資料傳輸予第三國之資料處理者（data processor）[68]。

（二）歐洲法院Schrems I案判決分析

1. Schrems I 案 [69] 經緯

1995 年資料保護指令於 1998 年 10 月正式生效，除歐盟成員國陸續將

---

[66] 2001/497/EC: Commission Decision of 15 June 2001 on standard contractual clauses for the transfer of personal data to third countries, under Directive 95/46/EC (Text with EEA relevance) (notified under document number C(2001) 1539).

[67] 2004/915/EC: Commission Decision of 27 December 2004 amending Decision 2001/497/EC as regards the introduction of an alternative set of standard contractual clauses for the transfer of personal data to third countries (notified under document number C(2004) 5271).

[68] 2010/87/EU: Commission Decision of 5 February 2010 on standard contractual clauses for the transfer of personal data to processors established in third countries under Directive 95/46/EC of the European Parliament and of the Council (notified under document C(2010) 593).

[69] Case C-362/14, Maximillian Schrems v. Data Protection Commissioner.

指令要求轉換爲內國法，美國亦開始與歐盟進行協商，期使美國得以符合歐盟立法適足性保護水平之要求，最終成果即爲「安全港隱私原則」。

2012 年時維也納大學法學院學生的 Max Schrems 有感於 Facebook 對於歐盟隱私保護規範認知貧乏，除向 Facebook 要求披露所有與其有關的個人資料，更在 2013 年 Edward Snowden 曝光稜鏡計畫（PRISM）並經媒體報導後，將其針對 Facebook 提出的投訴，轉而聚焦於 Facebook 用以向美國傳輸歐洲公民個人資料的安全港機制，是否符合 1995 年歐盟資料保護指令揭櫫的目標與有關要求[70]。

Max Schrems 於 Facebook 歐盟總部所在地愛爾蘭提起訴訟，愛爾蘭高等法院認爲本案涉及 2000 年歐盟執委會認可安全港隱私原則的決定之合法性，儘管 Schrems 並未明確針對資料保護指令或系爭執委會決定之有效性提出質疑，惟成員國個資保護主管機關應否受執委會所作決定的拘束，抑或可不受拘束獨立判斷，成爲本案後續審理之關鍵[71]，爰暫停訴訟請求歐洲法院進行先行裁決（preliminary ruling）[72]。

2. 歐洲法院觀點分析

就 Schrems I 案而言，討論重點在於資料保護指令中所強調的「適足性」保護水平之實質意義爲何，以及依據指令第 25 條第 6 項規定經由執委員決定接受的安全港隱私原則，是否確實符合指令要求與規範精神[73]。

(1) 第三國保護水平應與歐盟等同（essential equivalence）並可得證明

歐洲法院於判決中指出「適足」（adequate）一詞並非要求資料接收國必須處於與歐盟完全相同的保護水平，相對的，作爲個人資料跨境傳輸基礎的「適足性保護水平」（adequate level of protection），應理解爲資料接收

---

[70] David A. Hoffman, *Schrems II and TikTok: Two Side of the Same Coin*, 22 N.C. J. L. & Tech. 573, 578-81 (2021).

[71] Case C-362/14, para. 35-36.

[72] 歐盟成員國內國法院可以評估歐盟立法的有效性，但不能自行宣布無效，蓋內國法院並未被賦予必要權力，歐盟法院對之擁有專屬管轄權，Case C-362/14, para. 61-62: Jiménez-Gómez, *supra* note 46, at 15.

[73] Case C-362/14, para. 37.

國根據其內國立法或於國際上所作承諾，可得確保其針對基本權利和自由的保護水平，本質上等同出於歐盟憲章之 1995 年資料保護指令所確保的保護水平[74]。

　　基此，儘管第三國為達到適足性保護水平所採取的做法，與出於歐盟憲章之 1995 年資料保護指令所採取之方法可能有所差異，惟該等做法仍須證明其於實務履踐上具備有效性，資以確保其保護水平與歐盟提供的保障本質相同[75]。

(2) 安全港隱私原則未能實質證明確實符合指令要求

　　歐洲法院認為儘管安全港隱私原則採行「自我審驗體系」（system of self-certification），此一做法並未違反指令第 25 條第 6 項規定之要求[76]；惟相關文件顯示安全港隱私原則僅適用於私部門，公務機關並無須遵守[77]，同時未有足夠證據顯示美國依其內國法或國際承諾，業已具備符合指令第 25 條第 6 項所要求的適足性保護水平之措施[78]。

　　此外，歐洲法院亦指出美國出於國家安全考量自歐盟跨境傳輸歐洲公民個人資料，實已逾越安全港隱私原則的適用範疇[79]，相關舉措應視為侵害受到歐盟基本權利憲章（Charter of Fundamental Rights of the European Union）第 7 條規定所保障的尊重私人生活之基本權利[80]，同時若資料當事人無法尋求法律救濟資以獲取、更正或刪除其個人資料時，亦將有違基本權利憲章第 47 條規定[81]。

(3) 認定安全港隱私原則屬於無效機制

　　歐洲法院明確指出執委會在 2000 年決定採認安全港隱私原則時，並未

---

[74] Case C-362/14, para. 73.

[75] Case C-362/14, para. 74.

[76] Case C-362/14, para. 81.

[77] Case C-362/14, para. 82.

[78] Case C-362/14, para. 83.

[79] Case C-362/14, para. 88.

[80] Case C-362/14, para. 94.

[81] Case C-362/14, para. 95.

說明美國依其內國法或國際承諾，可否確保符合適足性保護水平之要求，故無須實質審查安全港隱私原則內容，便足以認定安全港隱私原則並不符合出於歐盟憲章之 1995 年資料保護指令第 25 條第 6 條規定之要求，爰採認安全港隱私原則之執委會決定應屬無效[82]。

（三）Schrems I 案所生影響

在安全港隱私原則成為無效機制下，使得跨大西洋的資料跨境傳輸活動頓時陷入混亂局面，歐美兩地的商業團體均呼籲美國與歐盟儘速提供「加強版」安全港隱私原則並建立一套可長久運行的機制，藉以確保歐美之間的資料自由流動；亦有論者指出 Schrems I 案判決存在諸多疑問，而判決所產生的法律真空可能導致數百萬歐盟公民的私密資料面臨高度不確定性[83]。對此，歐盟執委會與美國商務部迅速做出回應，在最短時間內即達成「歐美隱私盾架構協定」共識[84]。

相較於原有機制，隱私盾的變革包括限制美國出於國家安全所推動的相關監視計畫，並設置隱私監察專員（Privacy Ombudsperson）此一獨立監督機制。同時隱私盾架構協定將嚴格要求通過認證的組織，其所有交易活動皆須遵循隱私盾所設定的七項隱私保護原則，在確保跨境傳輸資料獲得充分保障下，帶動歐美之間的國際經貿發展[85]。

---

[82] Case C-362/14, para. 97-98, 106.

[83] Nora Ni Loidean, *The End of Safe Harbor: Implications for EU Digital Privacy and Data Protection Law,* 19 No. 8 J. Internet L. 1, 12 (2016).

[84] Gabe Maldoff & Omer Tene, *Essential Equivalence and European Adequacy after Schrems: The Canadian Example*, 34 Wis. Int'l L.J. 211, 236 (2016); Jordan L. Fischer, *The U.S. Perspective on Schrems II: The Challenges of the Extraterritorial Application of the EU Perspective*, 51 Seton Hall L. Rev. 1565, 1569 (2021).

[85] Maldoff & Tene, *id.* at 237-38; Andraya Flor, *The Impact of Schrems II: Next Steps for U.S. Data Privacy Law*, 96 Notre Dame L. Rev. 2035, 2047 (2021).

三、GDPR與2020年Schrems II案

（一）GDPR承續指令與變革之處

1. 持續強調適足性水平要求

2016 年 4 月歐盟個人資料保護法制出現重大變革，正式通過了 GDPR 並訂於 2018 年 5 月 25 日生效，全面取代 1995 年資料保護指令。針對資料跨境傳輸議題，GDPR 承襲指令精神，於第 45 條第 1 項明定「僅於執委會判定第三國或國際組織已達適足性保護水平時，方得將個人資料移轉至該第三國或國際組織，其傳輸無需取得任何進一步之授權」。此外，針對是否達到適足性要求之具體判斷，GDPR 第 45 條第 2 項亦進一步明確化相關判斷指標，包括：(1) 內國立法現況；(2) 是否設有獨立監管機關；(3) 與個資保護有關之國際協定之參與情形等三者。

2. 適足性決定清單之更迭

歐盟除了就個人資料跨境傳輸持續採取嚴格規範立場，始終貫徹其「原則限制、例外開放」理念外，GDPR 受到全球企業普遍重視的主因，還包括 GDPR 第 3 條域外效力條款使得企業受到規範的可能性劇增，同時該法第 83 條的鉅額處罰規定（最高得處以 2,000 萬歐元或以全球營收 4% 作爲罰鍰，取其高者）亦讓企業競競業業該法之相關法律遵循工作[86]。在龐大的法律遵循壓力之下，企業除力求落實自身的個資保護管理工作，亦寄望業務所涉國家能儘早取得 GDPR 之適足性決定資格。

除資料保護指令施行期間業已取得適足性決定資格的安道爾、阿根廷、法羅群島、根西島、以色列、曼島、澤西島、紐西蘭、瑞士、烏拉圭與加拿大外，2018 年 5 月 GDPR 正式實施以降，包括日本、韓國以及於 2020 年 1 月完成脫歐程序的英國，亦陸續提出適足性決定申請[87]。其中，日本於

---

[86] 郭戎晉，論歐盟個人資料保護立法域外效力規定暨其適用問題，政大法學評論，第 161 期，頁 59，2020 年 6 月。

[87] 任何國家或地區提出適足性決定申請後，須完成四個主要程序：(1)歐盟執委會進行提案；(2) 歐盟資料保護委員會提具意見；(3) 歐盟成員國代表批准提案；(4) 歐盟執委會委員採

2019 年 1 月正式取得適足性決定資格 [88]，而韓國與英國則是已完成談判程序，待歐盟執委會委員正式採納決定並對外發布 [89]。

3. 擴大個別資料控制者可得採行之替代符合措施

當資料接收國／地區尚未取得適足性決定資格，同指令設計，個別資料控制者除可援引 GDPR 第 49 條第 1 項所訂例外豁免情事 [90] 合法地跨境傳輸個人資料外，亦可採行 GDPR 所規定的相關替代性符合措施，作爲其個人資料跨境傳輸行爲之合法基礎。

有關資料控制者可得採行的替代性符合措施，除原已明文規定於指令的「標準契約條款」，GDPR 新增了數款過去所無的嶄新概念。整體而言，GDPR 所承認的替代性符合措施包括：

(1) 採用歐盟執委會或成員國個人資料保護主管機關發布之「標準契約條款」（SCC）[91]。

(2) 導入「企業自我約束規則」（Binding Corporate Rules, BCRs）並獲得歐盟成員國個人資料保護主管機關之批准 [92]。

納決定。郭戎晉，自歐盟執委會及成員國視角談一般資料保護規則（GDPR）之實施與課題，科技法律透析，第 30 卷第 4 期，頁 32，2018 年 4 月。

[88] Commission Implementing Decision (EU) 2019/419 of 23 January 2019 pursuant to Regulation (EU) 2016/679 of the European Parliament and of the Council on the adequate protection of personal data by Japan under the Act on the Protection of Personal Information (Text with EEA relevance), OJ L 76, 19.3.2019.

[89] European Commission, Data protection: European Commission launches the process towards adoption of the adequacy decision for the Republic of Korea, European Commission (June. 16, 2021), https://ec.europa.eu/commission/presscorner/detail/en/ip_21_2964, last accessed 14/08/2021.

[90] 資料保護指令第 26 條第 1 項規定共訂有六款例外豁免情事，GDPR 第 49 條第 1 項則擴增爲七款例外情事。

[91] GDPR Art. 28.7, 28.8, 46.2(c) & 46.2(d).

[92] GDPR Art. 46.2(b) & 47. 儘管資料保護指令並未明文採納 BCRs，然歐盟於指令施行期間並已陸續完成 BCRs 相關文件研擬工作並建立成員國個資保護主管機關審核機制；而 GDPR 正式生效前 BCRs 業已經過核准的知名歐盟企業即有：德國電信（Deutsche Telekom）、法國興業銀行（Société Générale）及荷蘭銀行（ABN AMRO Bank N.V.），

(3) 推動行為準則（code of conduct）並獲得歐盟成員國個人資料保護主管機關之認可[93]。

(4) 參與由歐盟執委會認定、足以根據歐盟法律進行資料跨境傳輸之認證機制（certification mechanism）[94]。

（二）歐洲法院Schrems II案判決分析

1. Schrems II 案經緯

歐洲法院在 2015 年裁定安全港隱私原則屬無效機制後，愛爾蘭高等法院隨即撤銷愛爾蘭隱私主管機關駁回 Schrems 投訴之決定。在愛爾蘭隱私主管機關續行調查 Schrems 投訴，而安全港隱私原則業已失效下，Facebook 遂更改主張並表明其係依據歐盟執委會所發布的 SCC 合法轉移歐盟公民個人資料。而 Schrems 也隨即於 2015 年 12 月修改其投訴內容，主張 SCC 機制欠缺正當性，無法作為 Facebook 將投訴人暨其他歐盟公民個人資料傳輸至美國的合法基礎[95]。

有鑑於 Schrems 修改後的投訴內容，關鍵即在於依據指令所制定及發布的 SCC 之有效性，愛爾蘭隱私主管機關遂向高等法院提起訴訟，以利愛爾蘭高等法院再次請求歐洲法院進行先行裁決[96]。基此，愛爾蘭高等法院向歐洲法院提出了 11 項問題，其中包括歐盟執委會發布 SCC 以及於 2016 年認可隱私盾協定等相關決定之有效性[97]。

2. 歐洲法院 Schrems II 案判決重點一：SCC 仍屬有效機制

歐洲法院指出 SCC 在作為契約的前提下，僅具相對效力，只能約束系爭個人資料的傳輸者與接收者雙方，而無法約束資料接收國之公務機關。

郭戎晉，個人資料跨境傳輸之法律研究，科技法律透析，第 27 卷第 8 期，頁 48，2015 年 8 月。

[93] GDPR Art. 40, 41 & 46.2(e).

[94] GDPR Art. 42, 43 & 46.2(f).

[95] Case C-311/18, para. 54-55.

[96] Case C-311/18, para. 57.

[97] Case C-311/18, para. 80-202.

惟此一情況並不必然導致 SCC 歸於無效,蓋資料接收國的公務機關出於國家安全或公共安全等正當目的,在必要程度範圍內近用系爭個人資料之行為,並未與 SCC 產生衝突。

此外,歐洲法院表明 SCC 的有效與否,取決於是否存在特定機制可得於實務操作上確保系爭個人資料在資料接收國獲得與歐盟相同水平之保護,同時於 SCC 所設定的條件無法被遵循時,應有相應的立即中止或禁止資料續行跨境傳輸之設計。歐洲法院認為就現有 SCC 機制操作而言,符合前揭要求。

針對 SCC 適用問題,歐洲法院提出三個可用以評估基於 SCC 所進行的資料跨境傳輸,是否滿足適當保護水平之判斷因素,包括:(1) 資料當事人必須獲得適切的保障;(2) 具執行可能的權利;(3) 有效的法律補救機制[98]。

歐洲法院指出上述判斷標準與 Schrems I 案相同,亦即跨境資料傳輸所涉及的資料當事人,是否享有 Schrems I 案所揭示的「實質上相當於出自歐盟憲章之保護立法所確保之保護水平」[99]。故不乏論者指出在歐洲法院於 Schrems II 案中所作決定,諸多層面如同對 Schrems I 案決定的重新論述(reformulation)[100]。

歐洲法院亦澄清 SCC 性質上屬於通用文件(general document),並非用以解決任何特定國家或地區所面臨的法律適足性問題[101];而資料控制者或處理者採行 SCC 將個人資料自歐盟傳輸至尚未獲得適足性認定的國家或地區時,在必要時除 SCC 既有要求,應評估採取「額外保護措施」(additional safeguards)[102]。判決強調資料傳輸者與資料接收者咸負有在實際進行跨境傳輸前,揆諸個案情形確認第三國/地區是否提供適足性保護水平之義務,並於必要時增加額外的保護措施。當資料接收者發現本身無法遵循 SCC 要

---

[98] Case C-311/18, para. 103.

[99] Case C-311/18, para. 105.

[100] Fischer, *supra* note 84, at 1572-73.

[101] Case C-311/18, para. 133.

[102] Case C-311/18, para. 134.

求，其應立即將相關情事告知資料傳輸者，而資料傳輸者則應暫停或者終止資料跨境傳輸活動。若資料傳輸者決定繼續資料移轉行為，則應當通知本國資料保護主管機關，主管機關有權暫停或限制系爭資料之跨境傳輸。

3. 歐洲法院 Schrems II 案判決重點二：歐美隱私盾協定應屬無效機制

歐洲法院在判決中指出即使原先出於商業目的而跨境傳輸的資料，嗣後出於國家安全等目的而進行相關資料處理行為，亦不代表其可自外於GDPR[103]。美國政府往往將國家安全、公共利益與執法要求置於首位，導致公務部門恣意近用自歐盟傳輸至美國的個人資料。歐洲法院指出美國所進行的相關監控專案[104]並不符合嚴格必要原則，同時美國相關內國法針對公權力近用個人資料所設規範[105]，亦未能滿足歐盟立法要求，相關規定並未充分表明其對於可能侵害隱私的監控方案設有任何限制，也未能表明對於可能成為目標的非美國人之保障。就隱私盾協定而言，儘管協議規定了美國政府實施監控方案時所需遵循的要求，然而有關條款並未賦予資料當事人充分的救濟權利[106]。在綜合考量前述因素下，最終歐洲法院認定隱私盾協定並不符合歐盟立法要求，判定歐盟執委員原先認可隱私盾協定之決定應屬無效[107]。

---

[103] Case C-311/18, para. 86.

[104] 除眾所周知的稜鏡（PRISM）計畫，歐洲法院於 Schrems II 案中尚提及美國另一監控計畫：UPSTREAM，該計畫要求經營網際網路「骨幹（backbone）網路」的電信業者，包括電纜、交換機與路由器等，必須允許美國國家安全局（National Security Agency, NSA）在相關業者的協助下過濾網路資訊流，藉以獲取其鎖定的非美國公民之通訊內容。Case C-311/18, para. 61.

[105] Schrems II 案中受到討論的美國情報監控內國立法／規範包括：外國情報監控法（Foreign Intelligence Surveillance Act, FISA）、第 28 號總統政策指令（Presidential Policy Directive 28, PPD-28）及第 12333 號行政命令（Executive Order 12333）等。

[106] Case C-311/18, para. 191-92.

[107] Case C-311/18, para. 201.

四、後Schrems II案之最新發展

（一）歐盟資料保護委員會（European Data Protection Board, EDPB） 常見問題集與個資跨境補充措施建議書

1. Schrems II 案常見問題集

歐盟資料保護監察專員（European Data Protection Supervisor, EDPS）與 EDPB 在歐洲法院作成 Schrems II 案先期裁決後，均第一時間聲明肯定歐洲法院提出之觀點[108]。惟歐美隱私盾協定歸於無效下，無可避免地引發公私部門、特別是來自企業界的各式意見，EDPB 爰於 2020 年 7 月發布「有關 Schrems II 決定之常見問題集」（Frequently Asked Questions），統一說明來自成員國主管機關及企業界所提出的各項問題[109]。

EDPB 於文件中強調 Schrems II 案決定不僅適用於依據隱私盾協定所進行資料跨境傳輸行為，法院所揭示的門檻也將適用於符合 GDPR 第 46 條規定，將個人資料自歐盟及歐洲經濟區傳輸至第三國或地區之行為[110]。

除 Schrems II 案中受到挑戰的 SCC，EDPB 同時討論了歐洲法院在本案所表達的觀點，對於前述其他替代性符合機制之所生影響。由於歐洲法院表明 GDPR 所稱「適當安全措施」（appropriate safeguards）係採取「本質相

---

[108] European Data Protection Supervisor, EDPS Statement following the Court of Justice ruling in Case C-311/18 Data Protection Commissioner v Facebook Ireland Ltd and Maximilian Schrems ("Schrems II") , EDPS (July 17, 2020), https://edps.europa.eu/press-publications/press-news/press-releases/2020/edps-statement-following-court-justice-ruling_en, last accessed 05/08/2021; European Data Protection Board, Statement on the Court of Justice of the European Union Judgment in Case C-311/18 - Data Protection Commissioner v Facebook Ireland and Maximillian Schrems, EDPB (July 17, 2020), https://edpb.europa.eu/news/news/2020/statement-court-justice-european-union-judgment-case-c-31118-data-protection_en, last accessed 05/08/2021.

[109] European Data Protection Board, Frequently Asked Questions on the judgment of the Court of Justice of the European Union in Case C-311/18 - Data Protection Commissioner v Facebook Ireland Ltd and Maximillian Schrems (2020).

[110] Id., at p. 5.

同」（essential equivalence）標準，爰 GDPR 第 46 條臚列的各該替代性符合機制，均應確保對當事人保護程度未有任何減損，故必要時亦應同 SCC 般採取額外的保障措施。此外，針對個別資料控制者可得援引的 GDPR 第 49 條第 1 項之例外豁免情事，EDPB 亦針對特定條款說明後續適用上應加以留意之事項。

2. 個人資料跨境傳輸補充措施建議書

　　除上述的常見問題集，EDPB 依據歐洲法院 Schrems II 案要求，著手草擬「個人資料跨境傳輸補充措施建議書」（recommendations on measures that supplement transfer tools）並於 2021 年 6 月通過最終版本[111]。針對擬將個人資料自歐盟傳輸至尚未取得執委會適足性認定的國家或地區，建議書提出俾利公私部門遵循歐盟要求的「路徑圖」（roadmap）與「六步驟判斷標準」，傳輸者（資料控制者或處理者）應基於相關步驟，評估應否就資料跨境傳輸行為採取補充措施：(1) 充分瞭解跨境傳輸情事；(2) 驗證跨境傳輸所仰賴的傳輸合法基礎；(3) 根據個案情形評估接收資料的第三國之法律或慣例；(4) 如有必要，確定並採取必要的補充措施；(5) 啟動正式程序，資以採取業已確定的必要補充措施；(6) 在適當的時間之內重新評估資料傳輸之保護級別。

　　EDPB 於建議書中指出補充措施可能為混合機制，同時具備契約層面、技術層面或組織層面的性質或功能[112]。其中於技術部分，EDPB 例示的機制包括資料加密、匿名化（pseudonymisation）、分割或多方處理等[113]。除了 EDPB 所發布的建議書，特定歐盟成員國主管機構如法國 CNIL 等，亦刻正評估發布對應指引。

---

[111] Recommendations on measures that supplement transfer tools, full text, https://edpb.europa. eu/system/files/2021-06/edpb_recommendations_202001vo.2.0_supplementarymeasurestransf erstools_en.pdf, last accessed 05/08/2021.

[112] *Id.*, at para. 47.

[113] *Id.*, at Annex 2.

（二）歐盟執委會新版標準契約條款

歐盟執委會於 2021 年 6 月 4 月發布新版 SCC，取代根據資料保護指令所制定的原有三款 SCC，而原有 SCC 將於 2021 年 9 月 27 日正式廢除，惟在此一期限之前業已完成簽署的契約，其效力可持續至 2022 年 12 月 27 日[114]。

新版 SCC 納入歐洲法院 Schrems II 案判決要求，包括企業針對資料跨境傳輸應當採取的相關步驟，以及必要時可採取之補充措施等重要事項。相較於原有 SCC 係針對不同的適用對象與場景，逐一制定相應之 SCC，新版 SCC 則是採取「模組化」方式，於「單一 SCC」版本中涵蓋不同個人資料跨境傳輸場景，藉以避免原先制定多份 SCC 衍生的條款用語相互歧異等不一問題。

觀察歐盟執委會新版 SCC，其適用對象（所設定之模組）包括下列四者：(1) 個人資料係由「資料控制者」跨境傳輸予「資料控制者」；(2) 個人資料係由「資料控制者」跨境傳輸予「資料處理者」；(3) 個人資料係由「資料處理者」跨境傳輸予「資料處理者」；(4) 個人資料係由「資料處理者」跨境傳輸予「資料控制者」。

論者指出儘管 SCC 仍屬有效機制，但實務應用仍須留意潛藏風險，未來企業運用 SCC 時無可避免地必須逐案進行評估，除應考慮歐盟以外的國家或地區之法律制度，其保護水平是否相當於 GDPR，SCC 採用上必要時亦應以附加條款方式處理特定風險[115]。針對附加「額外保護措施」要求 SCC，實務上已廣泛將之稱呼為「SCC+」[116]。

---

[114] Commission Implementing Decision (EU) 2021/914 of 4 June 2021 on standard contractual clauses for the transfer of personal data to third countries pursuant to Regulation (EU) 2016/679 of the European Parliament and of the Council (Text with EEA relevance), OJ L 199, 7.6.2021.

[115] Shoosmiths, *What is the Schrems 2.0 case about?*, Shoosmiths (Oct. 16, 2020), https://www.shoosmiths.co.uk/insights/articles/what-is-the-schrems-2-case-about, last accessed 26/07/2021.

[116] *Id.*.

（三）美國政府白皮書

歐洲法院作成 Schrems II 案後，為利各界瞭解美國「針對 SCC 及其他歐美跨境資料傳輸合法基礎所採行的隱私保障措施資訊」（Information on U.S. Privacy Safeguards Relevant to SCCs and Other EU Legal Bases for EU-U.S. Data Transfers），美國在 2020 年 9 月由商務部、司法部與國家情報總監辦公室（Office of the Director of National Intelligence, ODNI）三個單位共同發布白皮書（White Paper）。

美國聲明其發布白皮書的用意並非就歐盟法律的適用，或針對歐洲法院或監管機關所應採取的立場提出指導意見 [117]；其係針對 Schrems II 一案中歐洲法院所關注的問題，從美方角度說明其相關背景及最新發展。白皮書揭櫫的重點可歸納為下列三者 [118]：

1. 絕大多數美國企業並未處理美國情報機構所感興趣的資料，同時企業亦未參與歐洲法院在 Schrems II 案所指稱的存在隱私風險之跨境資料傳輸行為態樣。

2. 美國經常與歐盟成員國共享情報資訊，包括為因應恐怖主義、武器擴散和敵對國家網路活動等重大威脅，由企業根據 FISA 要求所披露的資料。就保護歐盟成員國政府機構與人民而言，出於 FISA 之資訊共享，無疑地符合歐盟立法所界定之公共利益（public interests）。

3. 有關政府機關出於國家安全目的近用資料一事，事實上美國現有立法中存在諸多相應之保護規定，但其並未被納入 Schrems II 案，同時歐洲法院亦未慮及 2016 年後所出現的變化。在後 Schrems II 時代評估美國立法時應將前述情事納為評估事項，對企業甫稱公允。

美國政府特別強調 SCC 對企業至關重要，當企業仰賴 SCC 作為歐美資料跨境傳輸的合法基礎，其是否契合歐盟立法所強調的適足性保護水平，應審酌的白皮書所整理的資訊，包括 Schrems II 案未予納入的規定以及美國近期

---

[117] U.S. Government, White Paper: Information on U.S. Privacy Safeguards Relevant to SCCs and Other EU Legal Bases for EU-U.S. Data Transfers after Schrems II (2020), at 1.

[118] *Id.*, at 1-2.

實務發展等重要事項。

五、小結

隨著日常生活及商務活動快速且大量地遷徙至網路環境，人們持續探討原先著眼物理環境所制定的既有規範，如何無縫適用於網際空間，抑或應當打破固有框架並重為設計。近期受到 COVID-19 疫情衝擊，遠距工作與遠距教育學習儼然成為常態，而公共雲平台的採用情形也達到前所未見的高峰[119]，在人們主動或被動適應 COVID-19 帶來的變化並較以往越發仰賴網路與數位生活之下，Schrems II 案的影響也變得更加複雜[120]。

在歐洲法院裁定隱私盾協定屬於無效機制前，通過美國商務部審查取得隱私盾認定資格的企業已達到 5,300 家，儘管企業在隱私盾失效後，仍可以 SCC 作為個人資料於歐美跨境傳輸的合法基礎，然根據倫敦大學學院（University College London, UCL）2020 年 5 月發布的研究報告，前述企業中 65% 為中小企業與新創事業，由於其財力相對有限，並無法如同大型業者迅速改採 SCC 或其他替代性措施[121]。甚至不乏論者認為原先於歐美之間頻繁跨境傳輸個人資料的企業，可能數月甚至多年都難以找出合適的解決方案[122]。

---

[119] Gartner 在 2020 年 11 月指出 COVID-19 產生的業務中斷風險促使公、私部門擴大使用雲端運算服務，其投入於公共雲的支出將在 2021 年增加 18%，規模達到 3,049 億美元，Gartner, *Gartner Forecasts Worldwide Public Cloud End-User Spending to Grow 18% in 2021*, Gartner (Nov. 17, 2020), https://www.gartner.com/en/newsroom/press-releases/2020-11-17-gartner-forecasts-worldwide-public-cloud-end-user-spending-to-grow-18-percent-in-2021, last accessed 25/08/2021.

[120] Sebastien Cano, *What is Schrems II and how does it affect your data protection in 2021?*, Thales (Apr. 29, 2021), https://dis-blog.thalesgroup.com/security/2021/04/29/what-is-schrems-ii-and-how-does-it-affect-your-data-protection-in-2021/, last accessed 25/08/2021.

[121] Oliver Patel & Nathan Lea, EU-U.S. Privacy Shield, Brexit and the Future of Transatlantic Data Flows (2020), at 12.

[122] Julia Hamilton, *Data Prot. Comm'r v. Facebook Ireland Ltd. and Maximillian Schrems: Shattering the International Privacy Framework*, 29 Tul. J. Int'l & Comp. L. 351, 360 (2021).

　　在安全港隱私原則失效，而隱私盾協定甫問世之際，論者如 Christopher Kuner 指出除非人們堅決反對透過法律體系之間的合作解決資料跨境傳輸問題，否則應當給予隱私盾證明本身屬於有效機制的機會[123]。惟 Kuner 亦表明若隱私盾在實務履踐上未能證明其將促成更高水平的保護，則其無疑將遭受與安全港相同命運[124]。從 Schrems I 案至 Schrems II 案，近年相關發展顯示了將區域性的法律框架應用於資料跨境與全球性資料自由流動所產生的爭議與重大挑戰[125]，而歐洲法院所作決定，亦看似對並無疆域概念的數位環境，設下硬性邊界（hard border）[126]。Schrems 案促使各界正視現時可見的資料跨境傳輸規範所存在的矛盾情形，過往多數人可能選擇忽視資料跨境傳輸規範在法制層面的衝突與邏輯上的不連貫性，當歐洲法院最終明確指出實質審查及必要時應附加額外保護措施之下，公私部門恐難以維繫過往的形式做法表徵其適足性保護水平。隨著數位經濟重要性日益升高，人們已無可避免地必須積極面對並處理此一課題，連帶將更加突顯個人資料跨境傳輸與國際經貿法制兩者之間的衡平難題。

---

[123] Christopher Kuner, *Reality and Illusion in EU Data Transfer Regulation Post Schrems*, 18 German L.J. 881, 913 (2017).

[124] *Id.*. 異於 Kuner 等出身歐陸的學者自始不看好隱私盾協定並普遍支持歐洲法院見解，美國學界不乏質疑歐洲法院判決之觀點，如 David A. Hoffman 即認為以美國情報監督系統之強大，若認為其對隱私保護的承諾不足，則任何國家均不太可能達到歐洲法院所強調的「本質等同」（essential equivalence）標準，*see* Hoffman, *supra* note 70, at 610.

[125] 自歐洲法院作成 Schrems I 案以降，就歐洲法院觀點所提出的各種批評意見中，最為嚴峻者當為歐洲法院過度延伸指令與 GDPR 含義，導致將歐盟法律強加於其他主權國家，此舉不當違反了國際法原則，*see* Flor, *supra* note 85, at 2047.

[126] Fischer, *supra* note 84, at 1580.

肆、後續觀察重點

一、歐盟隱私保護立法之布魯塞爾效應

（一）布魯塞爾效應概念之提出

　　Anu Bradford 指出歐盟立法易於產生所謂的「布魯塞爾效應」（Brussels effect），成為放諸四海而皆準的全球共通標準，除市場競爭及消費者安全等事務，亦包括個人資料保護規範。特別是個人資料保護概念在歐盟發展已久，從原有的 1995 年資料保護指令到近年生效的 GDPR，成為各國制定內國個人資料保護立法或修正固有法制時爭相仿效的對象[127]。

　　除企業端的法律實務操作大抵以歐盟要求為度外，主要國家法制政策亦明顯受到歐盟個人資料保護立法（布魯塞爾效應）的影響，其中尤以民主先進國家或所謂的第一世界（First World）國家為甚[128]。趨勢之一是各國紛紛仿歐盟做法以制定專法方式保護公民個人資料，如早期同美國堅守產業自律立場的加拿大，便選擇制定「個人資料保護及電子文件法」（Personal Information Protection and Electronic Documents Act）以期符合歐盟立法強調的適足性保護水平[129]。另一布魯塞爾效應在隱私保護領域彰顯之例，則是各國在採取專法模式保護公民隱私之餘，也於法案中納入如適足性要求或域外效力條款等歐盟立法首見之舉。

---

[127] Anu Bradford, *The Brussels Effect,* 107 Nw. U. L. Rev. 1, 22-23 (2012); Anu Bradford, The Brussels Effect: How the European Union Rules the World 17-18, 167-68 (2020); Paul Craig & Gráinne de Búrca, The Evolution of EU Law 931-34 (3rd ed. 2021).

[128] Michael L. Rustad & Thomas H. Koenig, *Towards a Global Data Privacy Standard*, 71 Fla. L. Rev. 365, 365, 449 (2019).

[129] 加拿大於 2002 年取得歐盟執委會適足性決定資格，而其適用範圍便是以受個人資料保護及電子文件法規範的私部門機構（private sector organisations）為限。*See* 2002/2/EC: Commission Decision of 20 December 2001 pursuant to Directive 95/46/EC of the European Parliament and of the Council on the adequate protection of personal data provided by the Canadian Personal Information Protection and Electronic Documents Act (notified under document number C(2001) 4539), OJ L 2, 4.1.2002.

從指令至 GDPR，歐盟始終強調資料接收國必須具備歐盟認可的適當保護水平，或採取其個人資料保護立法明定的替代性符合措施或符合例外情事，始得進行個人資料跨境傳輸。GDPR 正式實施以降，與歐盟經貿往來密切的國家，除了如日本及韓國為取得歐盟執委會適足性認定資格，而修正其內國個人資料保護立法並導入適足性要求外，包括泰國在 2020 年 5 月生效之個人資料保護法（Personal Data Protection Act）及印度個人資料保護專法草案（Personal Data Protection Bill）等新興立法，亦均導入適足性要求。

在隱私保護議題長期堅守產業自律立場的美國，亦有受布魯塞爾效應影響之勢：(1) 現階段已有多州制定個人資料保護專法，各州立法的出發點或不盡相同，但其中不乏受到歐盟立法影響之例，諸如被譽為美國首部全方位個人資料保護立法的加州消費者隱私保護法（California Consumer Privacy Act, CCPA）[130]，便明顯受到 GDPR 之影響 [131]；(2) 隨著越來越多的州制定或推動個人資料保護專法，也形塑一股自下而上（bottom up）的力量，促使聯邦政府正視制定一體適用的聯邦層級個人資料保護專法之必要 [132]。而當隱私盾協定在 2020 年為歐洲法院認定屬無效機制後，歐美隱私保護水平落差情形再次帶動專法制定倡議 [133]。

就筆者觀點，美國所採取的產業自律模式，不必然為落後設計，蓋伴隨自律模式的推動，企業必須確保自身具備必要的隱私保護能力，並可得於事故發生時充分填補資料當事人所受損害並保障其權益；故歷來美國實務上也對應前揭事項逐步發展出企業「個人資料保護管理制度」（Personal Information Management System, PIMS）概念及相關責任保險機制。然無論是自律抑或專法模式，重點均在於實務操作的落實可能性與具體落實程度，個資外洩問題並不分行業別或企業規模，然企業在商言商下隱私保護

---

[130] Cal. Civ. Code 1798.140.(c) (2019).

[131] Schwartz, *supra* note 57, 818.

[132] Woodrow Hartzog & Neil Richards, *Privacy's Constitutional Moment and the Limits of Data Protection*, 61 B.C. L. Rev. 1687, 1710 (2020).

[133] Flor, *supra* note 85, at 2051-52.

往往不被視爲經營上的優先考量事項，特別是對財力相對有限中小企業而言，在法未有明文約束下更可能選擇忽視用戶個資保護工作，爰使得專法模式日益受到青睞。

（二）重點國家觀察

在 2020 年底正式完成脫歐程序的英國，針對資料跨境傳輸議題，英國於脫歐過渡時期即與歐盟展開適足性決定討論，而在正式脫歐後，歐盟於 2021 年 6 月 28 日批准有關英國對於 GDPR 及執法指令（Law Enforcement Directive, LED）的適足性決定[134]，在爲期五年的效期內，個人資料可得於歐盟／歐洲經濟區與英國之間自由流動。

除與歐盟之間的經貿往來與資料傳輸問題，與歐盟以外的國家或國際組織之間的資料跨境傳輸需求，英國亦未因脫歐而捨棄其內國立法中原即納入的適足性要求。依英國 2018 年資料保護法第 18 條第 2 項規定，若資料跨境傳輸並非基於適足性決定，則內閣大臣（Secretary of State）可得限制特定資料自英國傳輸至第三國或國際組織。

鑑於英國正式脫離歐盟後須自行運作適足性決定，除承認歐盟執委會已做出適足性決定的國家或地區，符合英國適足性要求外，英國數位文化傳媒暨體育部（Department for Digital, Culture, Media & Sport, DCMS）於 2021 年 8 月發布「適足性評估手冊」（Adequacy Assessment Manual），用以評估第三國／地區是否符合英國立法之適足性要求[135]；然值得留意的是 DCMS 同時提出「英國資料夥伴關係」（UK Data Partnerships）此一概念，並表明英國擬優先推動適足性認定的國家或組織，包括美國、澳洲、韓國、新加

---

[134] European Commission, Data protection: Commission adopts adequacy decisions for the UK, European Commission (June 28, 2021), https://ec.europa.eu/commission/presscorner/detail/en/ip_21_3183, last accessed 26/08/2021.

[135] Department for Digital, Culture, Media & Sport (UK), *UK approach to international data transfers*, GOV.UK (Aug. 26, 2021), https://www.gov.uk/government/publications/uk-approach-to-international-data-transfers, last accessed 28/08/2021.

坡、杜拜國際金融中心（Dubai International Finance Centre）與哥倫比亞[136]。就筆者觀點，英國或將較歐盟更爲重視資料在國際貿易及數位經濟所發揮的功能[137]，如何在承襲歐盟法制、維持適足性保護水平之前提下，使資料跨境傳輸規範成爲助力並非阻力，英國做法與實際成效實值國內持續觀察。

二、個人資料跨境傳輸規定與國際經貿規範之調合

（一）資料跨境傳輸規範形成非關稅貿易障礙之風險

　　歐盟執委會歷來除持續與歐洲經濟區的三個歐洲自由貿易聯盟（European Free Trade Association, EFTA）成員國：挪威、冰島及列支敦士登合作，將指令保護指令及 GDPR 納入 EEA 協議，歐盟亦希望藉由與聯合國、G20 及 APEC 等多邊組織合作，樹立重視隱私保護的全球文化[138]。諸如筆者實際參與 APEC「電子商務指導小組」（Electronic Commerce Steering Group, ECSG）暨「跨境隱私次級小組」（Data Privacy Subgroup, DPS）期間，歐盟便曾與 APEC 討論 GDPR 企業自我約束規則（BCRs）與 APEC 跨境隱私保護規則體系（CBPRs）兩者相互承認及橋接的可能性[139]。

---

[136] Department for Digital, Culture, Media & Sport (UK), *UK unveils post-Brexit global data plans to boost growth, increase trade and improve healthcare*, GOV.UK (Aug. 26, 2021), https://www.gov.uk/government/news/uk-unveils-post-brexit-global-data-plans-to-boost-growth-increase-trade-and-improve-healthcare, last accessed 28/08/2021.

[137] 從資料利用面向而言，歐盟執委會曾在 2020 年 2 月發布「歐洲資料戰略」（A European strategy for data），期望在「歐洲數位單一市場」目標下，藉由泛歐洲的資料自由流動帶動資料之創新運用。而英國也在同年 9 月發布英國國家資料戰略（National Data Strategy），除提出四個推動主軸概念外，同時揭櫫五款優先推動事項，其中包括推動資料國際流通（international flow of data），表示將與國際夥伴攜手合作，確保資料流通不致因各地域的制度差異而受到不當限制。相較於歐盟思考面向以歐洲經濟區爲主，英國所提出的資料發展策略自始即以全球進行考量。

[138] 郭戎晉，自歐盟執委會及成員國視角談一般資料保護規則（GDPR）之實施與課題，科技法律透析，第 30 卷第 4 期，頁 38，2018 年 4 月。

[139] Joint work between experts from the Article 29 Working Party and from APEC Economies, on a referential for requirements for Binding Corporate Rules submitted to national Data

　　在 GDPR 正式運作後，隨著受規範對象及適用範疇的擴大，歐盟曾表示如何敦促尚未獲得適足性決定的區域組織、國家或地區儘速滿足 GDPR 要求，對歐盟執委會而言不啻為重大挑戰[140]。儘管歐盟雄心壯志擬建立引領全球的隱私保護標準與文化，惟自 1995 年資料保護指令高舉「適足性保護水平」大纛以降，歐盟就資料跨境傳輸所作要求是否與 WTO 揭櫫的自由貿易精神產生衝突，質疑聲音亦始終不絕[141]。

　　歐盟個人資料保護立法嚴峻規定以及歐洲法院在實務操作上不甚明確的審查標準，或將迫使企業將個人資料處理活動完全移出歐盟，最終可能導致歐盟被排除於創新服務與嶄新技術應用[142]。此外，歐洲法院所作決定甚至可能成為肇致歐盟經濟受到孤立並阻礙其全球參與之「非關稅貿易障礙」（nontariff barrier）[143]。

　　另一方面，當資料跨境受到限制、甚至完全禁止，亦不無誘發保護主義（protectionism）之虞，蓋其他國家可能跟進並選擇建立報復性貿易障礙（retaliatory trade barriers），導致消費者權益受到損害並限制內國企業透過網際網路拓展國際市場之可能性[144]。透過跨境傳輸限制舉措或資料在地化立法劃定國家在虛擬空間的邊界，可能導致網際網路及特定的網路服務如雲端

Protection Authorities in the EU and Cross Border Privacy Rules submitted to APEC CBPR Accountability Agents.

[140] 郭戎晉，自歐盟執委會及成員國視角談一般資料保護規則（GDPR）之實施與課題，科技法律透析，第 30 卷第 4 期，頁 33，2018 年 4 月。

[141] 如 Eric Shapiro, *All Is Not Fair in the Privacy Trade: The Safe Harbor Agreement and the World Trade Organization*, 71 Fordham L. Rev. 2781, 2808-12 (2003); Carla Reyes, *WTO-Compliant Protection of Fundamental Rights: Lessons from the EU Privacy Directive*, 12(1) Melb. J. Int'l L. 1, 10-12 (2011).

[142] Fischer, *supra* note 84, at 1580.

[143] *Id.* at 1580-81; Elisabeth Meddin, *The Cost of Ensuring Privacy: How the General Data Protection Regulation Acts as a Barrier to Trade in Violation of Articles XVI and XVII of the General Agreement on Trade in Services*, 35 Am. U. Int'l L. Rev. 997, 1017-18 (2020).

[144] Brookings Institution, Regulating for a Digital Economy: Understanding the Importance of Cross-border Data Flows in Asia (2018), at 23.

運算，沿著現實上的國家邊界而被割裂爲諸多不同版塊[145]，論者將此一現象稱爲網路的「巴爾幹化」（balkanisation）[146]。

（二）國際經貿規範如何及能否扮演衡平角色

WTO 所制定的相關規範並沒有直接對應資料跨境傳輸與資料在地化問題的具體規定，儘管不乏論者指出資料跨境傳輸限制措施似有違反服務貿易總協定（General Agreement on Trade in Services, GATS）非歧視和市場准入原則之虞[147]，惟 WTO 在應對如何將數位經濟整合至現有的跨境貿易規範並解決相應而生之爭端，進展卻極爲緩慢[148]，而造成前開現象的成因則包括了數位貿易本身的複雜性、多面向性以及各國在網路監管和數位發展等議題上存在著衝突情形[149]。

此外，GATS 亦是網路進入商業化應用前即已存在的條約，其制定並未考量當前的數位環境及據此展開的跨境貿易與資料傳輸，若欲有效處理資料在地化問題，恐需就 GATS 在數位環境下的操作整體進行檢討[150]。有鑑於 WTO 現有規範明顯不符數位時代的需求且遲未有實質性的進展，76 個

---

[145] Andrew Keane Woods, *Against Data Exceptionalism*, 68 Stan. L. Rev. 729, 752 (2016); Jennifer Daskal, *Law Enforcement Access to Data Across Borders: The Evolving Security and Rights Issues*, 8 J. Nat'l Security L. & Pol'y 473, 474-75 (2016); Secil Bilgic, *Something Old, Something New, and Something Moot: The Privacy Crisis under the CLOUD Act*, 32 Harv. J. L. & Tech. 321, 346 (2018).

[146] Chander & Lê, *supra* note 32, at 714; Erica Fraser, *Data Localisation and the Balkanisation of the Internet*, 13 SCRIPTed 359. 362 (2016).

[147] Andrew D. Mitchell & Jarrod Hepburn, *Don't Fence Me In: Reforming Trade and Investment Law to Better Facilitate Cross-Border Data Transfer*, 19 Yale J.L. & Tech 182, 208 (2018); OECD, Trade and Cross-Border Data Flows, OECD Trade Policy Papers No. 220 (2019), at 25-28.

[148] Andrew D. Mitchell & Neha Mishra, *Data at the Docks: Modernising International Trade Law for the Digital Economy*, 20 Vand. J. Ent. & Tech. L. 1073, 1132 (2018).

[149] *Id.*.

[150] Neha Mishra, *Building Bridges: International Trade Law, Internet Governance, and the Regulation of Data Flows*, 52 Vanderbilt J. Trans. L. 463, 506 (2018).

WTO 成員在 2019 年 1 月世界經濟論壇會議期間形成共識並發布聯合聲明，決定開始進行談判並針對數位商務制定新的全球規則，而初步提出的目標便包括解決資料跨境傳輸與強制性資料在地化要求等問題[151]。

　　面對資料跨境傳輸（個人資料保護）與國際經貿規範之間的衡平問題，迄今國際組織與主要國家仍持續思考最佳做法。OECD 在 2020 年 11 月 WTO 貿易對話論壇（Trade Dialogues）指出全球經貿架構下後續可用以強化資料跨境傳輸信賴的機制，包括：(1) 貿易協定暨夥伴關係（Trade agreements and partnerships）；(2) 複邊協議（Plurilateral Agreements）；(3) 內國立法／單方規約（Unilateral Instruments）等[152]。回歸國內而論，為取得歐盟「適足性認定」，國內持續進行個資法修正討論，除單純基於個資保護立場思考應否仿歐盟調整現行資料跨境傳輸規範或導入域外效力等過往未見的機制外，評估上亦應納入立於國際經貿層面的考量因素，特別是國內向來以國際經貿為主[153]，如何在個人資料保護與經濟發展之間取得平衡，恐非揆諸國際立法例或其他國家做法所能得出答案，「台灣模式」的建構殊值吾輩深思。

伍、結論

　　資訊通訊技術日新月異及數位經濟快速發展下，人類生活與商務活動幾

---

[151] European Commission, 76 WTO partners launch talks on e-commerce, European Commission (Jan. 25, 2019), http://trade.ec.europa.eu/doclib/press/index.cfm?id=1974, last accessed 03/05/2021; WTO, DG Azevêdo meets ministers in Davos: discussions focus on reform; progress on e-commerce, WTO (Jan. 25, 2019), https://www.wto.org/english/news_e/news19_e/dgra_25jan19_e.htm, last accessed 03/05/2021.

[152] OECD, Trade and Cross-border Data Flows: Mapping the Policy Environment and Thinking About the Economic Implications (2020), https://www.wto.org/english/res_e/reser_e/2_javier_lopez_gonzales_wto_dialogues_november_2020_rev3.pdf, last accessed 05/10/2021.

[153] 近年國內貿易依存度除 2009、2015 及 2016 年外，皆維持在 100% 以上，2018 年貿易依存度為 105.6%，顯示國內經濟發展高度仰賴對外貿易。

已與網路密不可分。在雲端運算等技術廣泛採用下，海量般湧現的數位資料除呈現儲存分散性及流動不可預測性等特質，「個人資料跨境流通」也成為常見之事。資料或實務上慣稱的數據被視為當前經濟發展的嶄新動能，其中個人資料得以自由跨境流通更被視為關鍵因素；然而個人資料跨境傳輸常態化亦引發若干重要議題，包括：(1) 個人資料跨境傳輸規範模式之選擇；(2) 應否針對跨境傳輸活動設限、甚至以資料在地化立法規管；(3) 資料跨境或資料治理衍生的相關課題，有無必要擬定全球共通標準，以解決各國立場分歧之情形。

　　跨境傳輸個人資料相關問題的解決，非單憑一國或少數國家之力即可達成，為調和各國隱私保護規範上的歧見或落差，國際組織也開始關注個人資料跨境傳輸與規範設計問題。實際觀察國際組織立場更迭情形，已明顯地由早期開放為主，逐步轉為應於符合特定條件的前提下，方可進行資料跨境傳輸。國際組織或主要國家立場的變化，與歐盟有著密不可分的關係，無論是歐體抑或當前的歐盟，始終貫徹「原則限制、例外開放」此一理念。在適足性保護水平大纛高揭下，於私部門並無隱私保護專法的美國係以協商方式解決適足性認定問題，然歷來受到歐盟執委會認可的安全港隱私原則及隱私盾協定，接續於 2015 年 Schrems I 案及 2020 年 Schrems II 案中為歐洲法院認定屬於無效機制。

　　儘管企業在後 Schrems II 案時代仍可採用 GDPR 所規定的替代性符合措施，作為與歐盟之間資料跨境傳輸之合法基礎，但歐洲法院於 Schrems II 案表達的觀點，除加重跨國企業法律遵循成本外，亦對國際經貿發展產生難以評估的影響。特別是歐盟立法易於出現所謂的「布魯塞爾效應」，歐盟針對資料跨境傳輸所提出的適足性保護水平概念，近期已有諸多國家採納或仿效。在網路重要性與商業價值與日俱增下，虛擬的網際空間正逐漸成為各國比拼較勁的新戰場，資料跨境傳輸限制規定持續存在構成非關稅貿易障礙之爭議，囿於現時 WTO 體系下尚無明確規定，而其他全球標準推動亦大抵停留於倡議階段，長遠觀之，如何在全球貿易發展與隱私保護之間取得最佳平衡，無疑將是 GDPR 形塑全新的全球性隱私保護文化之際，值得持續關注與思考的關鍵課題。

參考文獻

一、中文部分

翁清坤，論個人資料保護標準之全球化，東吳法律學報，第 22 卷第 1 期，頁 1-60，2010 年 7 月。

郭戎晉，APEC 跨境隱私保護規則、運作與我國參與課題，科技法律透析，第 27 卷第 6 期，頁 19-26，2015 年 6 月。

郭戎晉，自歐盟執委會及成員國視角談一般資料保護規則（GDPR）之實施與課題，科技法律透析，第 30 卷第 4 期，頁 28-38，2018 年 4 月。

郭戎晉，個人資料跨境傳輸之法律研究，科技法律透析，第 27 卷第 8 期，頁 28-55，2015 年 8 月。

郭戎晉，論歐盟個人資料保護立法域外效力規定暨其適用問題，政大法學評論，161 期，頁 1-70，2020 年 6 月。

陳榮傳，再論資料跨國流通，月旦法學雜誌，第 78 期，頁 166，2001 年 11 月。

二、外文部分

Bradford, Anu, The Brussels Effect: How the European Union Rules the World (2020).

Craig, Paul & Búrca, Gráinne de, The Evolution of EU Law (3rd ed. 2021).

Dubovikov, Kirill, Managing Data Science (2019).

Rustad, Michael, Global Internet Law in a Nutshell (3rd ed. 2015).

Bilgic, Secil, *Something Old, Something New, and Something Moot: The Privacy Crisis under the CLOUD Act*, 32 Harv. J. L. & Tech. 321 (2018).

Bradford, Anu *The Brussels Effect,* 107 Nw. U. L. Rev. 1 (2012).

Burri, Mira, *The Governance of Data and Data Flows in Trade Agreements: The Pitfalls of Legal Adaptation*, 51 U.C. Davis L. Rev. 65 (2017).

Chander, Anupam & Lê, Uyên P., *Data Nationalism*, 64 Emory L.J. 677 (2015).

Daskal, Jennifer, *Law Enforcement Access to Data Across Borders: The Evolving Security and Rights Issues*, 8 J. Nat'l Security L. & Pol'y 473 (2016).

Daskal, Jennifer, *The Un-Territoriality of Data*, 125 Yale L.J. 326 (2016).

Fischer, Jordan L., *The U.S. Perspective on Schrems II: The Challenges of the Extraterritorial Application of the EU Perspective*, 51 Seton Hall L. Rev. 1565 (2021).

Flor, Andraya, *The Impact of Schrems II: Next Steps for U.S. Data Privacy Law*, 96 Notre Dame L. Rev. 2035 (2021).

Fraser, Erica, *Data Localisation and the Balkanisation of the Internet*, 13 SCRIPTed 359 (2016).

Hamilton, Julia *Data Prot. Comm'r v. Facebook Ireland Ltd. and Maximillian Schrems: Shattering the International Privacy Framework*, 29 Tul. J. Int'l & Comp. L. 351 (2021).

Hartzog, Woodrow & Richards, Neil, *Privacy's Constitutional Moment and the Limits of Data Protection*, 61 B.C. L. Rev. 1687 (2020).

Hoffman, David A., *Schrems II and TikTok: Two Side of the Same Coin*, 22 N.C. J. L. & Tech. 573 (2021).

Jiménez-Gómez, Briseida Sofía, *Cross-Border Data Transfers Between the EU and the U.S.: A Transatlantic Dispute*, 19 Santa Clara J. Int'l L. 1 (2021).

Johnson, Ariel Fox, *13 Going on 30: An Exploration of Expanding COPPA's Privacy Protections to Everyone*, 44 Seton Hall Legis. J. 419 (2020).

Kuner, Christopher, *Data Nationalism and Its Discontents*, 64 Emory L.J. 2089 (2015).

Kuner, Christopher, *Reality and Illusion in EU Data Transfer Regulation Post Schrems*, 18 German L.J. 881 (2017).

Loidean, Nora Ni, *The End of Safe Harbor: Implications for EU Digital Privacy and Data Protection Law,* 19 No. 8 J. Internet L. 1 (2016).

Maldoff, Gabe & Tene, Omer, *Essential Equivalence and European Adequacy after Schrems: The Canadian Example*, 34 Wis. Int'l L.J. 211 (2016).

Meddin, Elisabeth, *The Cost of Ensuring Privacy: How the General Data Protection Regulation Acts as a Barrier to Trade in Violation of Articles XVI and XVII of the General Agreement on Trade in Services*, 35 Am. U. Int'l L.

Rev. 997 (2020).

Mitchell, Andrew D. & Hepburn, Jarrod, *Don't Fence Me In: Reforming Trade and Investment Law to Better Facilitate Cross-Border Data Transfer*, 19 Yale J.L. & Tech 182 (2018).

Mishra, Neha, *Building Bridges: International Trade Law, Internet Governance, and the Regulation of Data Flows*, 52 Vanderbilt J. Trans. L. 463 (2018).

Oraegbunam, Ikenga, *Towards Containing the Jurisdictional Problems in Prosecuting Cybercrimes: Case Reviews and Responses*, 6 NAUJILJ 26 (2016).

Reyes, Carla, *WTO-Compliant Protection of Fundamental Rights: Lessons from the EU Privacy Directive*, 12(1) Melb. J. Int'l L. 1 (2011).

Ryan, Patrick & Falvey, Sarah, *Trust in the Clouds*, 28 Computer L. & Sec. Rev. 513 (2012).

Rustad, Michael L. & Koenig, Thomas H., *Towards a Global Data Privacy Standard*, 71 Fla. L. Rev. 365 (2019).

Schwartz, Paul M., *Global Data Privacy: The EU Way*, 94 N.Y.U. L. Rev. 771 (2019).

St nescu, Lorena-Elena & Onufreiciuc, Raluca, *Some Reflections on 'Datafication': Data Governance and Legal Challenges*, 7 Eur. J. L. & Pub. Admin. 100 (2020).

Woods, Andrew Keane, *Against Data Exceptionalism*, 68 Stan. L. Rev. 729 (2016).

Brookings Institution, Regulating for a Digital Economy: Understanding the Importance of Cross-border Data Flows in Asia (2018).

International Monetary Fund (IMF), The Economics and Implications of Data: An Integrated Perspective (2019).

IT for Change, The Grand Myth of Cross-border Data Flows in Trade Deals (2017).

McKinsey Global Institute, Digital Globalization: The New Era of Global Flows (2016).

National Institute of Standards and Technology (NIST), The NIST Definition of Cloud Computing (Special Publication 800-145) (2011).

New America & Cybersecurity Initiative, Rethinking Data, Geography, and Jurisdiction: Towards a Common Framework for Harmonizing Global Data Flow Controls (2018).

Organisation for Economic Co-operation and Development (OECD), Trade and Cross-Border Data Flows, OECD Trade Policy Papers No. 220 (2019).

Statista, eCommerce Report 2021 (2021).

United Nations Conference on Trade and Development (UNCTAD), Digital Economy Report 2019 on Value Creation and Capture: Implications for Developing Countries (2019).

U.S. Department of Justice, The Purpose and Impact of the CLOUD Act (2019).

World Economic Forum (WEF), A Roadmap for Cross-Border Data Flows: Future-Proofing Readiness and Cooperation in the New Data Economy White Paper (2020).

貿易協定對跨境數據傳輸規範之比較：
更具信任的數位連結

王煜翔*

壹、前言

　　數據傳輸在當前全球貿易體系扮演相當重要的角色，其改變了企業的運作方式、催生新資訊產業，並改變了服務提供模式，甚至是我們如何推動國際貿易的方式。在當前 COVID-19 衝擊全球貿易活動的情況下，各國更是積極透過維持數據傳輸活動發展低接觸經濟，透過數位連結加速經濟復甦。然而，各國政府也基於各種政策目的對跨境數據傳輸活動做出限制，這類限制可能對企業、消費者從事商業活動與交易、建立數位連結造成影響，對於數位貿易活動造成阻礙，例如：隱私權保護、資通訊產品之認驗證要求、金融資訊在地化要求等。這些類法律規範不僅使得不同司法管轄區的數據安全、保護隱私規範難以有效執行，更增加公司跨市場運營的障礙，影響了企業、消費者參與國際貿易活動之能力。對此，國際間數位貿易規則之制定，除了對於數位貿易障礙問題進行檢視之外，也開始針對這類規則是否能達到保護消費安全、建立更具信任的數位連結之目的。2020 年 G20 利雅德峰會各國領導人所發表的共同宣言中即提及數據跨境流通所面臨的挑戰，G20 國家將致力於檢討這類法規對企業、消費者信任產生的挑戰問題。此一背景下，本文將聚焦在觀察區域貿易協定之數位貿易規則，檢視美加墨貿易協定、美日數位貿易協定、新加坡數位經濟夥伴協定等貿易協定對跨境數據傳輸之規範實踐，分析國家以單邊措施、雙邊協定與複邊機制對國家間建立數位連結活動之影響。

---

* 中華經濟研究院臺灣 WTO 及 RTA 中心分析師。

貳、數據跨境傳輸限制對經濟造成之影響

伴隨著數位經濟快速的發展趨勢，各國對於數據跨境傳輸之限制也不斷地增加。根據美國智庫「資訊技術及創新基金會」（ITIF）在 2021 年 7 月公布有關數位貿易障礙之調查報告[1]，實施數據在地化要求的國家在近三年間已經成長將近一倍，由 2017 年 35 個國家至 2021 年成長至 67 個國家。統計期間內數據在地化要求的措施數量（包含法律上與事實上之在地化要求）也從 2017 年 67 項措施至 2021 年成長至 144 項措施。ITIF 調查報告更進一步指出了中國（29 項）、印度（12 項）、俄羅斯（9 項）、土耳其（7 項）為近年間大量採行數據在地化要求的主要國家。

觀察近期數據在地化要求成長趨勢，主要呈現越來越多實施國家傾向：(1) 限制將特定類型數據傳輸到境外；(2) 延伸到非個資性質數據；(3) 採行事實上之數據在地化要求。以下針對此三種主要規範取向分述如下：

一、政府限制將特定類型數據傳輸到境外

政府限制將特定類型數據傳輸到境外，諸如：個資隱私資訊；健康和基因組數據；地圖和地理空間數據；政府監管數據；銀行、信用報告、財務、交易與支付、稅務、保險和會計等金融財務相關數據；社群媒體與網路服務所生成之用戶資訊；電信服務通訊內容，以及電子商務運營相關數據。

二、限制範圍延伸到非個資性質數據

各國家開始使用「敏感」、「重要」、「核心」或「與國家安全相關」等較為寬泛、模糊的文字來描述被限制的數據範圍，此種規範方式吸納了更多商業使用的數據進入到限制跨境傳輸的適用範圍。目前歐盟和印度都已經研議將傳輸限制擴展到非個資性質數據的領域，例如：

---

[1] Nigel Cory and Luke Dascoli, "How Barriers to Cross-Border Data Flows Are Spreading Globally, What They Cost, and How to Address Them" Information Technology & Innovation Foundation, July 2021, Appendix A.

（一）2019 年歐盟執委會公布之「非個資數據傳輸架構之法規指引」[2]，歐盟所界定之非個資性質數據涵蓋如：旅程移動軌跡之紀錄、商品銷售紀錄、金融交易頻率之紀錄等，該項法規指引指出此類資訊假使不受 GDPR 管轄，主管機關仍應確保數據跨境傳輸之安全性。

（二）2021 年 5 月印尼資通訊科技部（Ministry of Communication and Information Technology）公布新修訂之網路社群媒體服務行業規範（Amendments to Ministerial Regulation 5, MR5），要求網路社群媒體業者（如：Google, Facebook, Twitter, and TikTok）應配合政府針對「引發群眾騷亂或是擾亂公共秩序」之網路言論實施網路監控措施[3]。

三、以「實質上可以產生數據傳輸限制效果」的方式實施

越來越多數據在地化要求是實質上可以產生數據傳輸限制效果的方式實施。此種事實上之數據在地化要求（de facto localization）乃是透過限制規定使數據跨境傳輸活動趨於複雜化、高成本、難預測以及面臨鉅額罰款，而使得企業被迫將數據儲存在當地[4]。例如：

（一）歐盟 GDPR 對跨境傳輸附加嚴格的驗證標準與定型化契約等規定，可能對業者從事跨境傳輸造成事實上限制效果。

（二）丹麥審計法規要求丹麥用戶之金融資訊應在丹麥或北歐三國境內儲存數據副本至少五年以上[5]。

---

[2] "*Guidance on the Regulation on a framework for the free flow of non-personal data in the European Union*," European Commission website, 2019, https://digital-strategy.ec.europa.eu/en/library/guidance-regulation-framework-free-flow-non-personal-data-european-union, last accessed 30/09/2021.

[3] Human Rights Watch, "Indonesia: Suspend, Revise New Internet Regulation" May 21, 2021, https://www.hrw.org/news/2021/05/21/indonesia-suspend-revise-new-internet-regulation, last accessed 30/09/2021.

[4] Daniel Crosby, Analysis of Data Localization Measures Under WTO Services Trade Rules and Commitments, Policy Brief, The E15 Initiative, at 2 (Mar., 2016), http://e15initiative.org/wp-content/uploads/2015/09/E15-Policy-Brief-Crosby-Final.pdf, last accessed 19/06/2020.

[5] The Institute of International Finance "Data Localization: Costs, Tradeoffs, and Impacts Across the Economy" December 2020.

（三）印度政府在 2021 年發布新的《數位媒體倫理規章》，要求網路業者應即時（72 小時內）回應政府下達之非法內容撤除命令。

（四）印尼政府 2021 年新修訂之網路社群媒體服務行業規範要求業者應在 4 小時內完成嚴重不當言論或內容的撤除措施，若是違反即時處置規定業者可能面臨重罰 [6]。

四、數據在地化要求對貿易限制程度之差異

數據在地化要求可能採取不同的實施方式，如：當地儲存副本要求、法律明文要求當地儲存數據、實質要求數據當地儲存與處理、完全禁止數據傳輸境外，以及禁止外國公司處理本地數據等。ITIF 研究報告指出了數據在地化要求依其規範設計上之不同，對於數據跨境傳輸之影響範圍、貿易限制程度有所不同 [7]：

（一）數據可以進行跨境傳輸但須在當地儲存有數據副本，此類規定對跨境傳輸限制較小，但可能增加業者數據儲存費用。

（二）法律明文要求境內生成之用戶數據必須儲存在境內，但允許外國業者在當地伺服器處理、分析當地數據。

（三）事實上數據在地化要求：對數據跨境傳輸實施嚴格要求（如：取得明示同意、撤除措施、高額罰款等）使得企業被迫將數據儲存在當地。

（四）法律明文禁止數據傳輸境外以及在境外進行數據處理活動。

（五）完全禁止外國企業取得當地數據（透過服務提供許可、驗證規定或其他法律限制規定），同時也禁止外國企業參與數據儲存、處理與使用之相關活動。

參、「更具信任感的數據自由流通」（Data Free Flow with Trust, DFFT）

前述數據跨境傳輸限制之實施，可能基於保護個資隱私、網路安全、數

---

[6] Human Rights Watch, "Indonesia: Suspend, Revise New Internet Regulation" May 21, 2021.

[7] Nigel Cory and Luke Dascoli 2021, p. 4.

據主權、監管執法等政策目標之需要，但相關研究文獻亦指出了此類限制措施對於數位貿易發展的負面影響，諸如：導致相關貨品與服務之供給價格上升、減少貿易活動以及降低生產力[8]。因此，如何透過數位貿易規範保障數據傳輸自由（跨境）流通，消除數據傳輸限制相關之數位貿易障礙，也是當前數位貿易規範議題討論之重點。

一、美國、歐盟、新加坡對電子傳輸貿易規範之取向

觀察美歐數位貿易規則上的規範實踐，可以發現美歐共同認為：針對電子傳輸課徵關稅、數據在地化要求以及強制性技術移轉（特別是原始碼）三種類型的措施，乃是構成最主要的數位貿易障礙，而必須透過規則之制定加以約束之[9]。然而，對於保障數據跨境自由流通程度，以及如何平衡締約國合法政策之規制權利，歐盟與美國對外洽簽的貿易協定也發展出各自不同的規範實踐。美國數位貿易規則希望盡可能確保數據跨境自由流通，但歐盟則認為數據自由流通應與其他合法政策目的之間取得平衡，如果在數位貿易規則中納入美國所倡議的完全的傳輸自由，針對各項保障數據跨境傳輸納入強制性義務，相對地將大幅限縮締約國針對跨境電子傳輸實施限制的空間。歐盟在數位貿易專章中結合跨境傳輸與隱私權保護的規範方法，反映出歐盟談判策略是：在消除數位貿易障礙之同時，仍應保留政府實施合法政策措施之權利，特別是消費者保護、隱私權保護、金融穩定性等[10]。

另一方面，新加坡自 2020 年 6 月以來積極對外與澳洲、紐西蘭、智利等國家簽署數位經濟協定，作為強化新加坡數位經濟發展政策之一環，新加坡數位經濟協定所建立之規範實踐，對於數位貿易國際治理之發展方向亦具有重要意涵。觀察新加坡數位經濟協定對於電子傳輸之規範方式，一方面新

---

[8] *Id.*, pp. 14-15.

[9] 李淳、王煜翔，數位貿易規則對文化保護措施與文化豁免條款之意涵，政大國際經貿暨法律研究中心，經貿法訊，第 271 期，頁 21。

[10] Svetlana Yakovleva, *"Privacy Protection(ism): The Latest Wave of Trade Constraints on Regulatory Autonomy"* University of Miami Law Review, 74 U. Miami L. Rev. 416, Winter, 2020, pp. 491-494.

加坡在協定中納入了與美國相同的跨境電子傳輸保障規定，以及禁止數據資料在地化要求之規定。相對於此，新加坡數位經濟協定也納入有關個資隱私保護之規定，要求各締約方應採行或維持適當的法律框架以保護電子商務及數位貿易涉及的個人資料。此外，新加坡數位經濟協定針對新興科技議題採取加強合作之方式，消除產業面與社會面之數位落差，對於提升數位貿易活動之發展具有相當程度之重要性。

值得關注者，新加坡在數位貿易規範中廣泛地使用系統互通性（interoperability）此一概念，並強調參考國際標準制定法規準則之重要性，此乃是新加坡數位貿易規範實踐之重要特色。

二、國際場域有關DFFT之討論

國際間數據傳輸規範的制定在國際治理場域也受主要國家之關注。日本前首相安倍晉三在 2019 年 G20 峰會前呼籲各國應共同努力建立全球數據治理體系，並倡議全球數據治理體系之目標在於能夠達成 DFFT 此一願景。此一倡議獲得 G20 國家之支持，並將此一願景納入大阪 G20 峰會領袖宣言中[11]。宣言中揭示了後續建立DFFT全球數據治理的推動工作，涵蓋在WTO啟動電子商務談判、支持數據創新發展、促進不同架構之系統互通性等領域。在國際數據治理體系下推動 DFFT 可能成為數據在地化要求提供一個國際治理的替代方案，此一倡議後續被稱為「大阪路徑」（Osaka Track）一套國際通用的資料自由流通機制，將有助於確保在數位時代下各種新興科技的創新與發展，不會受到各國管制措施及資料在地化（data localization）政策所阻礙。然而，如何達成 DFFT，現階段 G20 乃至於 G7 國家之間尚未研擬出較為具體、一致的工作內涵與進程。

觀察 2020 年 G20 利雅德峰會、2021 年 8 月 G20 數位經濟部長宣言，G20 國家持續表態支持「大阪路徑」建立國際通用資料自由流通機制之推動

---

[11] Government of Japan, Ministry of Foreign Affairs (MOFA), "G20 Osaka Leaders' Declaration", 29 June 2019, https://www.mofa.go.jp/policy/economy/g20_summit/osaka19/en/documents/final_g20_osaka_leaders_declaration.html, last accessed 30/09/2021.

工作。今（2021）年 8 月 G20 數位經濟部長宣言有關 DFFT 之工作目標[12]，明確提及 G20 國家將嘗試在目前各種可以促進數據跨境傳輸的監管方法與架構之間找到其共通性（commonalities），G20 國家明確指出 OECD「有關跨境數據傳輸監管方法共通性之探討」（mapping commonalities in regulatory approaches to cross-border data transfers）標誌出不同傳輸架構之間可能推動整合的共通要素，這些共通性要素可能有助於達成國際間跨境傳輸之系統互通性。

相對於此，G7 國家現階段已經針對 DFFT 制定了較爲明確的推動路徑。今（2021）年 6 月 G7 峰會通過了「更具信任感數據自由流通合作路徑圖」（Roadmap for Cooperation on Data Free Flow with Trust）[13]，將以數據在地化要求、監管合作、政府資訊公開、數據分享方法等四項議題作爲優先推動重點，研擬透過下列方式推動 DFFT：

（一）數據在地化要求：蒐集調查更多實施數據在地化要求所產生影響的相關證據資料，並研擬可能的因應對策。

（二）監管合作：依據前述 OECD 跨境數據傳輸監管方法共通性研究結論，分析數據治理之最佳實踐。

（三）政府資訊公開：支持 OECD 有關政府資訊公開之相關計畫。

（四）數據分享方法：第一階段將篩選優先推動數據分享架構的產業別，第二階段進而針對個別產業進行資訊交換與最佳實踐分享。

三、小結：系統互通性、新興議題與監管合作

回顧近期數位貿易協定規範實踐之發展方向，以及國際數據治理推動工作重點，推動達成系統互通性的主張在各種場域不斷被提及。在國內法制層面，經貿協定之締約國可能透過貿易規範要求相對國家提升數據相關體

---

[12] 2021 Declaration of G20 Digital Ministers, Leveraging Digitalisation for a Resilient, Strong, Sustainable and Inclusive Recovery.

[13] 2021 G7 Digital and Technology Track - Annex 2, G7 ROADMAP FOR COOPERATION ON DATA FREE FLOW WITH TRUST.

制之系統互通性、參採國際標準達成系統互通等；在國際場域，G20、G7、OECD 也致力於探討如何透過系統互通性達成 DFFT 之工作目標。突顯系統互通性受到支持 DFFT 國家的支持，未來可能運用在不同領域的數據治理架構上。人工智慧、大數據、物聯網等新興科技議題也受到關注，諸如：國際標準之採用、AI 倫理規範之制定與討論、促進數位包容性、討論監管措施對貿易活動之影響等，近期新加坡對外洽簽之數位經濟協定也充分反映出此一發展趨勢，相關協定廣泛納入新興科技、創新與數位經濟、中小企業，以及數位包容性等合作議題。此外，政府監管資訊之交換與合作也是避免個別國家採行單方面限制措施的可行方案，特別針對高度敏感數據（如金融、醫療健康、個人資訊等）之跨境交換，國際間也開始討論如何針對個別產業建立數據傳輸的最佳實踐與利用既有之交換架構。

據此，本文依據上述數據治理相關議題，檢視近期數位貿易協定在數位互通度、新興議題之監管合作，以及監管體系之國際接軌等三方面之規範實踐。

肆、制定以數位互通性為中心的監管政策

系統互通性之建立在國際間、政策、法規、產業等不同層級可能有不同意涵。在國家間建立數據系統之互通性，意味著雙方政府所頒布之法律規範以大致相似的方式處理數據隱私、網絡安全和金融穩定等規範事項，即使它們的具體法律和監管框架不同，法規制度之系統互通性確保個別國家提供相似的保護水準或相對應地解決共同的政策目標。在產業面向上，系統互通性可以展現在應用程序、系統設備、服務標準和傳輸基礎建設等不同層面，透過企業間系統互通性建立來實現數據傳輸與使用活動[14]。各國在政策目標、社會經濟發展、法規體制方面之差異，沒有一個通用的數據交換架構可以一

---

[14] Urs Gasser, "Interoperability in the Digital Ecosystem," Berkman Klein Center for Internet and Society Research Publication No. 2015-13, July 6, 2015, http://nrs.harvard.edu/urn-3:HUL. InstRepos:28552584, last accessed 30/09/2021.

體適用在所有國家或所有產業領域，也因此，論者以爲透過數位系統互通性來建立國際數據治理體系，是較爲務實可行的做法。

Mike Gallaher 等學者在其調查研究中指出了建立數據系統互通性運用最爲廣泛的領域乃是個資隱私數據[15]，然而，其他運用領域也涵蓋了網路安全、電子支付服務、金融監理，以及其他數位貿易相關的服務。數據系統互通性之建立可以概分爲政策研究、技術標準、網絡架構以及監管體制等四個階段（圖 8-1），在不同階段推動建立系統互通性之利害關係人可能有所不同，此外，建立系統互通性所欲達成之目標與運用工具也均有不同[16]。

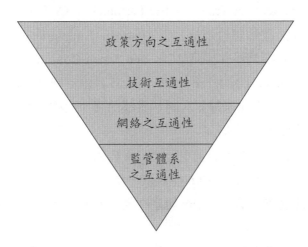

圖 8-1　國家間建立數據傳輸互通性之層級

一、第一階段：推動共同研究與討論建立政策方向之互通性

在第一階段，利害關係人可能透過推動先期研究和討論的方式分享處理

---

[15] Mike Gallaher, Chad Harper, and Barbara Kotschwar, "Let's talk about how we talk about interoperability," Visa Economic Empowerment Institution, May, 2021, https://usa.visa.com/dam/VCOM/global/ms/documents/veei-lets-talk-about-interoperability.pdf, last accessed 30/09/2021.

[16] Nigel Cory and Luke Dascoli (2021), pp. 19-20.

數據跨境傳輸議題的最佳實踐（例如：線上暴力內容、人工智慧應用、電子身分、電子發票或其他問題），這類共同研究計畫可能包含實驗性技術的試點項目或是用於驗證監管成效與影響的監理沙盒計畫，以建立雙方政策發展方向之互通性。此一階段主要目的是進行政策方向的腦力激盪與監管理念的交互印證，政府、產業部門、學術界等所有利害關係人都應該有機會參與共同研究計畫。

　　觀察 2018 年簽署之美加墨協定（United States-Mexico-Canada Agreement, USMCA）、跨太平洋夥伴全面進步協定（Comprehensive and Progressive Agreement for Trans-Pacific Partnership, CPTPP）；2020 年新加坡與澳洲簽署之星澳數位經濟協定（Australia-Singapore DEA）乃至於近期簽署之英日全面經濟夥伴協定（UK and Japan Comprehensive Economic Partnership Agreement, UK-Japan CEPA），該等協定均納入建立政策方向互通性之相關條款，涵蓋電子驗證、隱私數據保護、數據分享創新與電子發票等不同領域。茲分述如下：

　　（一）電子驗證領域：透過規範要求締約國應鼓勵使用具有系統互通性之電子驗證，以 USMCA 第 19.6 條為例，該條明確要求締約方應鼓勵使用具有系統互通性之電子驗證；相同規定亦見諸於 CPTPP、英日 CEPA、星澳 DEA[17]。

　　（二）隱私資訊保護：以 USMCA 第 19.14 條為例，該條文要求締約國之間應透過論壇形式，討論如何建立具有系統互通性之全球隱私資訊保護機制。該條文進一步例示「APEC 跨境隱私保護規則體系（CBPR）」為此處所指之具有系統互通性之全球隱私資訊保護機制[18]。

　　（三）數據分享創新：星澳 DEA 明定締約國肯認數據分享在發展數位經濟過程之重要性，並要求締約國應致力於推動數據分享之共同研究計

---

[17] CPTPP art.14.6, USMCA art.19.6, UK-Japan CEPA art. 8.77, also see Australia-Singapore Digital Economy Agreement art. 9.4.

[18] USMCA art.19.14: cooperate and maintain a dialogue on the promotion and development of mechanisms, including the APEC Cross-Border Privacy Rules, that further global interoperability of privacy regimes.

畫、產業合作計畫，以及致力於推動監理沙盒之雙邊監管合作 [19]。

（四）電子發票之系統互通性：爲達成電子發票系統的國際互通性，星澳 DEA 要求締約國應就促進電子發票系統互通性分享最佳實踐與推動合作；同時，星澳 DEA 亦肯認企業參與在推動電子發票方面之重要角色，要求締約國應促進企業採用電子發票，並就此一議題推動雙邊合作倡議 [20]。

二、第二階段：建立技術面系統互通性

在第二階段，利害關係人針對數據與服務著手建立技術面之系統互通性，使數據傳輸活動可以在不同管轄區之間進行跨境傳輸，建立技術面之系統互通性較常見的方式乃是建立共通之技術協定或是傳輸技術規格。因此，利害關係人在技術層面建立系統互通性主要是透過開放應用程序介面（Application Programming Interfaces, APIs）、採用相對之國際標準來建立共通之技術協定或是傳輸技術規格。然而，個別國家透過技術性法規限制 APIs 之開放性，或是自行訂定與國際標準不相容的法規要求，都可能形成技術系統互通性之障礙問題。因此，近期數位貿易規範也開始強調在技術層面建立系統互通性之重要性，要求締約國應促進相關系統之建立參採國際標準。茲分述如下：

（一）電子支付之國際標準：新加坡對外洽簽之數位經濟協定相當重視電子支付的跨境系統互通性，相關協定要求締約國應強化電子支付系統的跨境互通能力，而相關國際標準的採用、使用開放性 APIs 均是強化電子支付系統跨境互通的重要手段。在星紐智 DEPA 有關電子支付之規定中，該協定要求締約國在建立電子支付系統時應將國際標準納入考量；特別針對金融服務，該協定亦要求締約國應鼓勵金融服務提供者開放其 APIs，以促進金融創新與系統互通性 [21]。星澳 DEA 第 11 條亦訂有類似規定，但該協定進一步

---

[19] Australia-Singapore DEA art. 26.2: Data Innovation.

[20] *Id.*, art.10: Electronic Invoicing.

[21] The Digital Economy Partnership Agreement (DEPA) between Singapore, Chile and New Zealand, MODULE 2. art.7.

指明電子支付相關國際標準包括：電子支付訊息標準（如 ISO 20022 金融業通用訊息標準，Universal Financial Industry Message Scheme）、金融機構間傳輸電子數據之交換標準等 [22]。

（二）網路安全之國際標準：美國國家標準與技術研究所（NIST）提出的網路安全框架（Cybersecurity Framework, CSF），自 2014 年開始推廣至今已經廣泛受到企業之採用，成為國際間較為通用的資安實務標準。另一方面，APEC 電信暨資訊工作小組所建立的「APEC 網路安全架構」（APEC Cybersecurity Workstream），目標也是在亞太區域內以標準化、風險管理為基礎建立具系統互通性的資訊安全架構。

（三）電信網路與服務之國際標準：為了強化電信網路服務的相容性與系統互通性，部分貿易協定之電信專章也會要求締約國支持相關國際標準組織的標準制定工作，例如：英日 CEPA 第 8.55 條即要求締約國應支持國際電信聯盟（International Telecommunication Union）、國際標準化組織（International Organization for Standardization）有關電信網路服務相關國際標準之制定與落實工作 [23]。

（四）人工智慧、大數據、物聯網之國際標準：國際標準組織與國際電工委員會針對人工智慧、大數據、物聯網等新興科技的國際標準制定工作成立聯合工作小組，透過技術標準之制定提升新興科技之系統互通性，例如：ISO/IEC 20547 大數據參考架構標準、ISO/IEC 21823 物聯網系統互通性標準、ISO/IEC CD 23053 使用機器學習的人工智慧系統框架 [24]。

三、第三階段：透過網絡架構建立系統互通性

在第三階段，為了促使系統互通性可以發揮多方互連的效果，利害關係人可能嘗試將其數據系統與其他數據交換網絡或架構建立系統互通性，這類

---

[22] Australia-Singapore DEA art.11.2: Electronic Payments.

[23] UK-Japan CEPA art. 8.55: Relation to international organisations.

[24] For example: ISO/IEC 20547, ISO/IEC 21823, ISO/IEC CD 23053, and ISO/IEC AWI 38507. Also see: "Standards by ISO/IEC JTC 1/SC 42: Artificial intelligence".

透過網絡架構建立系統互通性除了必須具備技術互通性之基礎之外，還必須搭配相關配套措施或法律安排，例如：簽署設備互連協議、擔保電子支付協議等。

（一）電子發票之系統互通性：星澳 DEA 第 10 條要求締約國應確保雙方電子發票系統能達成跨境互通，締約國應透過採用國際性電子發票架構（例如，泛歐公共網上採購體系，Pan-European Public Procurement On-Line, PEPPOL）來達成這種電子發票系統跨境互通之目標[25]。

（二）數位身分：數位身分驗證在完成電子交易過程中扮演重要角色，近期新加坡簽署的數位經濟協定特別將數位身分的概念從電子簽章、電子驗證的範疇分離出來。星澳 DEA、星紐智 DEPA 有關數位身分之規範要求各締約方應致力提升彼此間數位身分制度的系統互通性，相關事項包含：建立或維護適當架構以促進各締約方間的數位身分的技術相容性及共同標準、比較各締約方對數位身分的保護措施、建立更廣泛的國際架構，以及針對數位身分的相關政策及法規、技術性執行與安全標準，以及使用者情形的最佳案例進行知識與專業的交換[26]。

四、第四階段：監管體系之系統互通性

第四階段為各國政府之間建立監管系統之互通性，透過簽署相互承認協議認可其他國家管制許可或驗證證書在其管轄權領域內具有有效性，以及更便捷地證明產品或服務符合特定標準與法律架構。

（一）「APEC 跨境隱私保護規則體系（CBPR）」即為在隱私個資跨境傳輸領域建立系統互通性之可能發展方向。為了調和不同國家對於隱私權保護之要求，以及維持個資數據跨境傳輸之安全性，CBPR 體系透過第三方認證機制在亞太地區建立一套跨境個資傳輸的行為準則。APEC 跨境隱私

---

[25] Australia-Singapore DEA art.10: Electronic Invoicing.

[26] DEPA between Singapore, Chile and New Zealand, MODULE 7: ...each Party shall endeavour to promote the interoperability between their respective regimes for digital identities. Also see Australia-Singapore DEA art. 29: Digital Identities.

保護規則在參與國家間建立了一套共同認可的隱私資訊保護基礎規範，在CBPR 的認證機制下，保障跨境傳輸的個資數據具備各國家共同認可的保護水準，同時各國家也可以繼續維持國內隱私權保護法制之規範方法[27]。

（二）對此，CBPR 體系被區域內國家納入數位貿易協定作為隱私權保護條款之內容。如美國與墨西哥、加拿大簽署之 USMCA，該協定第 19.8條即要求締約國國內隱私權保護法制之實施，應將 APEC 隱私權保護架構、OECD 隱私保護與個資跨境傳輸相關指引納入考量，同時，締約國承認「APEC 跨境隱私保護規則體系（CBPR）」是一個可以有效促進個資跨境傳輸與保護的國際認證體系[28]。新加坡與澳洲簽署之星澳 DEA 亦納入相同之隱私保護條款，除了承認 CBPR 可以有效促進個資跨境傳輸與保護之外，進一步要求締約國應致力於推動落實企業界對 CBPR 之認可與參與[29]。相對於此，在新加坡與紐西蘭、智利簽署之星紐智 DEPA 中，並未直接援引APEC/CBPR 作為個資跨境傳輸的國際架構，而是以鼓勵採用信任標章、交換最佳實踐之義務取代[30]。該協定僅要求各締約方繼續發展各種機制，以促進其個人資訊保護體制之間的相容性和互通性，並就如何在各自司法管轄區應用這些機制交換資訊。同時，應要求締約方鼓勵其企業採用資料保護信任標章，以有助於驗證個資保護標準和最佳實際做法之間的一致，同時也要求締約方彼此交流使用資料保護信任標章的經驗與進行資訊交換。

（三）在當前 WTO 電子商務談判中，部分會員亦提案在無紙化貿易中納入採用國際電子貿易行政文書交換系統之規定[31]，要求 WTO 會員盡可能採用國際間通用之電子貿易行政文書交換系統所建立之標準。具體相

---

[27] APEC Cross-border Privacy Enforcement Arrangement (CPEA), https://www.apec.org/Groups/Committee-on-Trade-and-Investment/Digital-Economy-Steering-Group/Cross-border-Privacy-Enforcement-Arrangement.aspx, last accessed 30/09/2021.

[28] USMCA art.19.8: Personal Information Protection.

[29] Australia-Singapore DEA art.17.9.

[30] DEPA between Singapore, Chile and New Zealand, MODULE 4. art. 2.

[31] WTO document, INF/ECOM/62/Rev.1, A.2. Digital trade facilitation and logistics (1) Paperless trading.

關國際標準，包含聯合國糧食及農業組織《植物檢疫措施國際標準》所定義的電子植物檢疫證書（e-Phyto）；實施《瀕危野生動植物種國際貿易公約》的電子 CITES 許可證（eCITES）；國際航空運輸協會（IATA）電子航空運單（e-AWB）和貨運 XML；聯合國貿易便捷化和電子商務中心（UN/CEFACT）之行政、商業、運輸電子資料交換（UN/EDIFACT）和電子化檢疫證明（eCERT）；《貨物托運唯一參考編碼》識別貿易管理文件中的托運貨物。

伍、新興科技議題之合作

　　星紐智 DEPA 與星澳 DEA 針對新興科技議題採取加強合作之方式，主要涵蓋新興科技、創新與數位經濟、中小企業，以及數位包容性等合作議題。其中，中小企業與數位包容性合作議題之規範目的在於努力消除產業面與社會面之數位落差，對於提升數位貿易活動之發展具有相當程度之重要性。

　　新加坡簽署之數位經濟協定（DEAs）在新興科技領域納入金融科技合作、人工智慧、政府採購，以及競爭政策等合作議題。其中，科技金融與人工智慧之合作較少見諸於其他數位貿易協定。科技金融合作條款係提倡各締約方在金融科技產業上的合作，促進與相關企業之合作，以及發展利用金融科技替企業或金融部門解決困難。而人工智慧合作條款主要說明：人工智慧科技對數位經濟的重要性逐漸增加，發展倫理及監管架構（亦稱「AI 監管架構」（AI Governance Frameworks））亦成為政府重要政策之一，並要求締約方制定之 AI 監管架構應能夠支持互信、安全及負責任之 AI 科技之使用[32]。

　　在創新與數位經濟規範納入公共領域、數據創新與政府資訊公開等合作領域。公共領域，主要強調締約方認識到公共領域之豐富和可近用之重要性。數據創新合作之重點在於，締約方認可跨境資料流和資料共用使得資料

[32] DEPA between Singapore, Chile and New Zealand, MODULE 8. art. 2.

驅動的創新成為可能。締約方可以在監管資料沙盒的範圍內增強創新,如根據締約方各自的法律和法規在企業之間共用包括個人資訊在內的資料。政府資訊公開合作則要求締約方應努力合作以擴大對開放資料的獲取和使用方式。

在中小企業合作領域,新加坡 DEAs 要求締約方應協助中小企業間在數位經濟方面之密切合作,並合作促進中小型企業的就業和成長。同時,締約方間應加強合作,以增加中小企業在數位經濟之貿易和投資機會[33]。新加坡 DEAs 要求締約方應:(1) 繼續與其他締約方合作,以交換資訊和最佳做法,包括利用數位工具和技術改善中小企業獲得資本和信貸的機會、中小企業參與政府採購機會以及其他可以幫助中小企業適應數位經濟等;(2) 鼓勵締約方的中小企業參與可以幫助中小企業與國際供應商、買方和其他潛在商業夥伴建立聯繫的平台。

在數位包容性合作領域,新加坡 DEAs 肯認消除障礙以擴大和促進數位經濟機會的重要性,這可能包括促進文化和人與人間聯繫,如原住民間聯繫,以及改善婦女、鄉村人口和低收入族群之近用。為此,締約方應在與數位包容有關的事項上進行合作,包括婦女、鄉村人口、低收入族群和原住民參與數位經濟。

DEAs 針對數位經濟相關之新興議題,絕大多數採取推動合作的模式來規範,將人工智慧、資料創新、開放政府資料等議題納入經濟整合,本身就具有進步的意義。再者,一旦納入協定後即便無強制力,但未來便可排入協定年度會議之議程,仍有藉由締約國之間的同儕檢視、經驗分享與討論之機制逐漸推進。有鑑於此,在推動合作的策略方面,應選取法規環境較為完備之領域,或是具備良好實踐成果之政策領域,作為優先推動之合作事項。採行此一合作推動策略,較易於在先期合作階段發揮我國對相關議題之影響力,並透過自身發展實例的資訊分享,提高我國對相關議題討論之參與度。

---

[33] *Id.*, MODULE 10. art. 2.

陸、推動數據監管體系的國際接軌

對數據跨境傳輸之限制往往與實施國所欲保護之公共政策目標有關，如：對個資隱私資訊實施跨境傳輸限制、對金融資訊實施在地化處理要求，或是限制醫療資訊必須儲存在國內之本地儲存限制，此些措施均涉及敏感數據資訊之跨境傳輸限制，為政府達成金融穩定、個資隱私保護等政策目的所採取之監理措施。回顧近期相關研究文件（如 YEOH Lian Chuan 2016, Wentong Zheng 2020, Svetlana Yakovleva 2020），數據傳輸之數位貿易規範一方面必須確保數位貿易環境下數據跨境流通，而另一方面也必須保障締約國基於合法政策目標對傳輸數據實施監管措施之權利[34]。現階段監管密度較高的領域普遍集中在個資隱私保護、金融數據監理與醫療資訊等，如歐盟GDPR 限制個資跨境傳輸到歐盟境外；中國政府要求金融個人資訊與數據之處理必須在境內完成[35]。觀察 CPTPP、USMCA 之數位貿易規範以來，乃至近期新加坡對外洽簽之數位經濟協定所發展出來的規範實踐，可以觀察到數位貿易規範將此類高監管密度的數據傳輸限制措施特別區隔出來，研擬出特別規範來確保數據跨境流通與監管政策目標之平衡，避免數據傳輸限制措施構成具有貿易保護主義的數位貿易障礙。

---

[34] YEOH Lian Chuan, "Regulation of Cross-border Data Flow under Trade Agreements" 2016; Wentong Zheng, "The Digital Challenge to International Trade Law" 52 N.Y.U. J. Int'l L. & Pol. 539, New York University Journal of International Law & Politics, Winter, 2020; Svetlana Yakovleva, "Privacy Protection(ism): The Latest Wave of Trade Constraints on Regulatory Autonomy" 74 U. Miami L. Rev. 416 University of Miami Law Review, Winter, 2020.

[35] Samuel Yang, "China: Data Localization," (Global Data Review Insight Handbook 2021), https://globaldatareview.com/insight/handbook/2021/article/china-data-localisation#footnote-010, last accessed 30/09/2021; ECIPE, Digital Trade Estimates Project, (China, Restrictions on Cross-Border Data Flows; Accessed June 2021), https://ecipe.org/dte/database/?country=CN&chapter=829&subchapter=830, last accessed 30/09/2021.

一、金融數據之國際合作架構

依據美國智庫「資訊技術及創新基金會」（ITIF）之調查，金融數據是各國最常實施數據在地化要求的主要實施對象。然而，全球數位貿易發展環境下數據資訊將無可避免地在不同管轄區域之間進行傳輸，在許多國家相繼實施數據在地化要求的情況將使越來越多仰賴數據運輸進行的貿易活動受到限制。部分國家的金融監理機構開始倡議建立新的金融數據監理架構與合作機制，如：美國與新加坡發表之「金融服務數據連接聯合聲明」；新加坡與英國共同聲明強化金融數據與網路安全之雙邊合作。這些金融數據監理合作所倡導的國際監理策略，乃是倡導金融、銀行、證券交易和支付等監管機關應更著重透過監管數據之交換與取得來實施金融監理，而不是透過限制數據存儲位置來達成監管目的[36]。部分學者（如Nigel Cory and Stephen Ezell, 2018）亦呼應此類監管架構之倡議，認為金融資訊跨境傳輸之監管架構應以監管數據之取得權限（access），取代限制數據跨境傳輸或是數據在地化要求[37]。此種規範方式可以透過強化監管機關之間的合作、明確化監管權限，

---

[36] "United States-Singapore Joint Statement on Financial Services Data Connectivity," speech, February 5, 2020, https://home.treasury.gov/news/press-releases/sm899, last accessed 30/09/2021; "COOPERATION ARRANGEMENT ON FINANCIAL TECHNOLOGY INNOVATION," MOU between the U.S. Commodity Futures Trading Commission and the Monetary Authority of Singapore, September 13, 2018, https://www.cftc.gov/sites/default/files/2018-09/cftc-mas-cooparrgt091318_16.pdf, last accessed 30/09/2021; "Singapore and UK to Enhance Cooperation in Data Connectivity, Talent Development, Green Finance and Cybersecurity," media release, June 13, 2019, https://www.mas.gov.sg/news/media-releases/2019/singapore-and-uk-to-enhance-cooperation, last accessed 30/09/2021.

[37] Nigel Cory and Stephen Ezell, "Comments to the U.S. International Trade Commission Regarding the United States-Mexico-Canada Agreement" (ITIF, December 17, 2018), https://itif.org/publications/2018/12/17/comments-us-international-trade-commission-regarding-united-states-mexico, last accessed 30/09/2021; "Circular to Licensed Corporations-Use of external electronic data storage," Hong Kong Securities and Futures Commission, October 31, 2019, https://apps.sfc.hk/edistributionWeb/gateway/EN/circular/intermediaries/supervision/doc?refNo=19EC59, last accessed 30/09/2021.

並提升企業法律遵循的安定性，可能實施方式包括：

（一）如前述主要國家金融監管機關透過簽署金融監理備忘錄之途徑，建立能夠支持跨境數據傳輸的金融監理架構，確保金融監管機關之間可以基於監理目的取得與交換金融數據。

（二）在區域貿易協定中針對金融數據監理範圍、架構，或是跨境傳輸做出較為明確的規範，例如：澳洲與香港簽署之自由貿易協定金融專章，即納入電子支付系統涉及金融資訊之規範，該條明確界定適用範圍僅排除個資、交易與帳戶相關的金融數據保護措施[38]；USMCA 金融專章要求締約國不應限制金融服務業者在執照許可業務範圍內從事資訊跨境傳輸，但締約國政府基於保護個資隱私與帳戶機密所採取的監理措施則不在此限[39]。

（三）在政府間合作的基礎上，建立區域（G7、APEC）內金融數據治理的論壇，討論如何吸納更多區域內國家參與此類金融數據監理交換機制。為了提升國際系統互通性，可以參考國際性、領導性地位國際組織相關準則，如：金融穩定委員會（FSB）、國際清算銀行（BIS）、國際貨幣基金（IMF）。

二、隱私權保護之國際合作架構：GDPR、APEC/CBPR

如前所述，基於保護隱私而限制個資數據跨境傳輸的法規，也是數據在地化要求的主要措施類型之一。如何調和國家間隱私保護法規之差異，維持數據跨境傳輸同時避免傳輸限制造成貿易障礙，現階段數位貿易規範中也發展出不同的規範實踐。美國制定的數位貿易規範較為重視保障點數據跨境傳輸，雖然允許締約方為達到正當公共政策而對跨境傳輸採取限制，惟該等限制手段不得造成專斷、無理歧視或變相貿易限制，同時亦不得超過政策目標所需之必要限制[40]。特別針對隱私資訊保護與傳輸限制，以USMCA 第 19.14條為例，美國傾向透過建立具有系統互通性之全球隱私資訊保護機制（例

---

[38] Australia-HKFTA art. 8.9: Electronic Payment Systems.

[39] USMCA art. 17.17: Transfer of Information.

[40] *Id.*, art. 19.11.2.

如：APEC/CBPR）來達成適當保護水準與數據跨境傳輸自由之平衡。

相對於此，歐盟 GDPR 對於隱私跨境傳輸採取較爲嚴格的限制，因此，歐盟在經貿協定中數據跨境流通規範所採取的談判立場，乃是個資保護爲締約國合法實施相關政策加以保障之基本權利，不應在經貿談判減損歐盟對個資與隱私權所採取的保護水準[41]。此一談判立場反映在 2018 年 5 月歐盟所公布之「歐盟經貿協定下有關跨境數據流通與個人資訊保護之水平適用條款」[42]，該條文允許締約國採行或維持其認爲適當的個資與隱私權保護機制來限制數據之跨境流通[43]。

英國與日本簽署之經濟夥伴協定（英日 EPA），其個資保護條款（第 8.80 條）除了要求締約國實施個資保護規範之外，進一步要求個資保護規範之制定與實施應將國際組織相關指引與原則納入考量，且要求締約國應鼓勵發展具有相容性個資保護機制，可能的方式包括透過國際架構、簽署相互承認協議或是單方承認雙邊法規之符合性[44]。

在新加坡與紐西蘭、智利簽署之星紐智 DEPA 中，則是鼓勵採用信任標章來促進其個人資訊保護體制之間的相容性和互通性[45]，該協定要求締約方應鼓勵其企業採用資料保護信任標章，以有助於驗證個資保護標準和最佳實際做法之間的一致，同時也要求締約方彼此交流使用資料保護信任標章的經驗與進行資訊交換。

如前所述，APEC/CBPR 體系被區域內國家納入數位貿易協定作爲隱私權保護條款之內容。如美國、墨西哥、加拿大簽署之 USMCA，以及新加坡與澳洲簽署之星澳 DEA 締約國均在協定中認可「APEC 跨境隱私保護規則體系（CBPR）」是一個可以有效促進個資跨境傳輸與保護的國際認證體系。APEC/CBPR 是採取承認法規同等性爲基礎的認證體系，此種個資保護

---

[41] Cynthia O'Donoghue & Curtis McCluskey, *supra* note.

[42] *Horizontal Provisions for Cross-Border Data Flows and for Personal Data Protection (in EU Trade and Investment Agreements)*, art. A Cross-border data flows.

[43] *Id.*, art. B.2

[44] UK-Japan CEPA art. 8.80: Personal information protection.

[45] DEPA between Singapore, Chile and New Zealand, MODULE 4. art.2.

之認證架構較能夠確保個資跨境傳輸維持一定程度之個資保護水準，同時又能夠容許成員國之間個資保護法規所存在的差異性。在此一背景下，論者以為建立一個具有系統互通性之全球隱私資訊保護機制，可能是一個維持數據跨境傳輸較為可行之方案，用以替代歐盟貿易限制程度較高的 GDPR，或是中國所採行之在地化數據儲存要求（Ryohei Yasoshima 2020, Nigel Cory and Luke Dascoli 2021）[46]。可透過擴大「APEC 跨境隱私保護規則體系（CBPR）」的範圍，將 CBPR 從亞太區域延伸至全球層級，藉此達成全球隱私資訊保護機制之建立。目前 CBPR 體系僅開放給 APEC 成員國申請加入，可以透過開放 CBPR 體系加入條件的方式來擴大涵蓋範圍[47]。

三、醫療資訊跨境傳輸之國際合作

隨著大數據分析等新興科技之發展，數據導向（Data-driven）的健康服務與醫療研究之發展越來越仰賴健康資訊之蒐集與運用活動。從篩選化合物到優化臨床試驗，再到強化藥物上市後監測措施，蒐集、運用與分析健康數據資料庫成為不可或缺的重要工具。此外，使用人工智慧作為分析工具亦可加速藥物開發路徑或是研發出新的治療方法，以改善病患接受治療的效果並降低成本[48]。然而，由於健康數據資料為高度敏感之個人隱私資料，在數據資料的處理與傳輸方面也受到較嚴格的監管要求。歐洲國際政經研究中心（ECIPE）有關數位貿易障礙之調查結果顯示：健康數據也是各國家實施數

---

[46] Ryohei Yasoshima, "US moves to shut China out of shaping APEC data protections," Asian Nikkei Review, August 21, 2020, https://asia.nikkei.com/Politics/International-relations/US-China-tensions/US-moves-to-shut-China-out-of-shaping-APEC-data-protections, last accessed 30/09/2021; Nigel Cory and Luke Dascoli (2021), p. 22.

[47] "PrivCom recognises APEC CBPR System as a certification mechanism for overseas data transfers," Privacy Commissioner of Bermuda, March 2, 2021, https://www.privacy.bm/post/privcom-recognises-apec-cbpr-system-as-a-certification-mechanism-for-overseas-data-transfers, last accessed 30/09/2021.

[48] Joshua New, "The Promise of Data-Driven Drug Development" (Center for Data Innovation,September 18, 2019), https://datainnovation.org/2019/09/the-promise-of-data-driven-drug-development/, last accessed 30/09/2021.

據在地化要求的主要實施對象之一，例如：中國、印尼、土耳其、阿聯酋、印度、澳洲等國家均實施有健康數據當地儲存之限制規定[49]。

　　健康數據在監管層面的分享對於對抗全球傳染病大流行也具有相當程度之重要性，國際研究計畫必須仰賴國家間對於臨床試驗與治療數據的分享，而主管機關在緊急授權許可程序中對藥品與疫苗進行評估時，也需要仰賴健康數據來做出更精確的評估與判斷。因此，大規模的疫病健康相關健康數據透過 AI 分析技術，能夠幫助各國政府更快速的找到適當的方式來防堵疫情的擴散，降低感染數目與死亡率[50]。對此，WTO 秘書處針對 COVID-19 防疫貿易瓶頸點所公布之盤點清單中[51]，指出了健康監管數據合作在疫苗上市流通過程中扮演的重要角色，各國家間對於數據交換格式之差異、數據分享使用法規限制之差異，以及數據分享範圍之差異均可能延宕了疫苗與防疫物資的流通使用。WTO 秘書處在報告中進一步建議可以透過監管數據之即時分享，或是強化藥品與疫苗臨床資訊的整合程度以及透明度，來加速完成多國上市許可。

　　現階段健康數據仍被視為高度敏感的個人資訊，如何進行跨境傳輸與監管合作工作，仍是國際場域討論數據跨境傳輸的重點議題。「世界經濟論壇」（World Economic Forum）所推動的消除健康數據障礙試驗計畫，嘗試建立集中式數據資料庫的方式來分享基因數據資料[52]。全球基因組學與健康聯盟（Global Alliance for Genomics and Health）則是募集醫療機構、學術機

---

[49] European Center for International Political Economy (ECIPE), Digital Trade Restrictiveness Index Report, April 2018.

[50] "COVID-19 & Cross-Border Health Measures: Lessons Learned and Critical Questions for the Future of the International Health Regulations", 74th World Health Assembly Side Event, 26 May 2021, https://www.graduateinstitute.ch/WHA74-IHR, last accessed 30/09/2021.

[51] WTO Secretariat, Indicative List of Trade-Related Bottlenecks and Trade-Facilitating Measures on Critical Products to Combat COVID-19, 20 July 2021.

[52] "Breaking Barriers to Health Data Project," World Economic Forum, https://www.weforum.org/projects/breaking-barriers-to-health-data-project, last accessed; "Global Alliance for Genomics and Health," https://www.ga4gh.org/about-us/, last accessed 30/09/2021.

構、生物醫藥科技公司參與其「基因組學網絡計畫」，依循負責任、自願性與安全之原則分享基因與健康相關數據。

柒、結語

當前全球經濟環境受到 COVID-19 疫情之衝擊，促使遠距辦公、線上學習、網路購物、宅經濟等「零接觸經濟」商業模式興起，跨境數位貿易活動之比例大幅增加。未來數位貿易將成為我國企業參與全球貿易體系的重要形態。在此一趨勢發展之下，我國政府也正積極推動數位貿易發展之經貿政策，提出發展資料經濟生態系、提升企業具備數位化能力等政策，建構我國零接觸新經濟之發展模式，在國際往來停擺的疫情時代，協助我國業者搶攻全球數位經濟之商機。

本文歸納近期國際間有關數據治理之討論與規範實踐，說明系統互通性可能成為未來建立國家間數據跨境傳輸之重點工作。參考美國、歐盟、新加坡數位貿易規範之規範實踐，該等國家透過貿易規範要求相對國家提升數據相關體制之系統互通性，以及強調國際標準在達成系統互通性過程之重要性，此外，金融數據、電子支付、電子驗證、個資隱私等個別數據領域的跨境傳輸規範，也開始導入提升系統互通性、參採相關國際標準之規範要求。對應當前 WTO 會員談判中之電子商務規則談判，在關務電子化單一窗口、個資隱私保護、數據分享等規範方面也納入提升系統互通性之規範要求。由此觀之，有關數據跨境傳輸規範之發展將更加聚焦在全球數據傳輸架構之建立，特別是提升系統互通性、參考國際標準要求、國際網路架構之連結，以及推動政府監管體系合作等。

參考文獻

一、中文部分

李淳、王煜翔，數位貿易規則對文化保護措施與文化豁免條款之意涵，政大國際經貿暨法律研究中心，經貿法訊，第 271 期，第 21 頁。

二、外文部分

"Breaking Barriers to Health Data Project," World Economic Forum, https://www.weforum.org/projects/breaking-barriers-to-health-data-project.

"Global Alliance for Genomics and Health," https://www.ga4gh.org/about-us/.

"COVID-19 & Cross-Border Health Measures: Lessons Learned and Critical Questions for the Future of the International Health Regulations," 74th World Health Assembly Side Event, 26 May 2021, https://www.graduateinstitute.ch/WHA74-IHR.

"Guidance on the Regulation on a framework for the free flow of non-personal data in theEuropean Union," European Commission website, 2019, https://digital-strategy.ec.europa.eu/en/library/guidance-regulation-framework-free-flow-non-personal-data-european-union.

"PrivCom recognises APEC CBPR System as a certification mechanism for overseas data transfers," Privacy Commissioner of Bermuda, March 2, 2021, https://www.privacy.bm/post/privcom-recognises-apec-cbpr-system-as-a-certification-mechanism-for-overseas-data-transfers.

"United States–Singapore Joint Statement on Financial Services Data Connectivity," speech, February 5, 2020, https://home.treasury.gov/news/press-releases/sm899.

"COOPERATION ARRANGEMENT ON FINANCIAL TECHNOLOGY INNOVATION," MOU between the U.S. Commodity Futures Trading Commission and the Monetary Authority of Singapore, September 13, 2018, https://www.cftc.gov/sites/default/files/2018-09/cftc-mascooparrgt091318_16.pdf.

"Singapore and UK to Enhance Cooperation in Data Connectivity, Talent Development, Green Finance and Cybersecurity," media release, June 13, 2019, https://www.mas.gov.sg/news/media-releases/2019/singapore-and-uk-to-enhance-cooperation.

2021 Declaration of G20 Digital Ministers, Leveraging Digitalisation for a Resilient, Strong, Sustainable and Inclusive Recovery.

2021 G7 Digital and Technology Track-Annex 2, G7 ROADMAP FOR COOPERATION ON DATA FREE FLOW WITH TRUST.

APEC Cross-border Privacy Enforcement Arrangement (CPEA), https://www.apec.org/Groups/Committee-on-Trade-and-Investment/Digital-Economy-Steering-Group/Cross-border-Privacy-Enforcement-Arrangement.aspx.

CPTPP art.14.6, USMCA art.19.6, UK-Japan CEPA art. 8.77, also see Australia-Singapore Digital Economy Agreement art. 9.4.

Daniel Crosby, Analysis of Data Localization Measures Under WTO Services Trade Rules and Commitments, Policy Brief, The E15 Initiative, at 2 (Mar., 2016), http://e15initiative.org/wp-content/uploads/2015/09/E15-Policy-Brief-Crosby-Final.pdf.

DEPA between Singapore, Chile and New Zealand, MODULE 7: ...each Party shall endeavour to promote the interoperability between their respective regimes for digital identities. Also see Australia-Singapore DEA art. 29: Digital Identities.

European Center for International Political Economy (ECIPE), Digital Trade Restrictiveness Index Report, April 2018.

Government of Japan, Ministry of Foreign Affairs (MOFA), "G20 Osaka Leaders' Declaration," 29 June 2019, https://www.mofa.go.jp/policy/economy/g20_summit/osaka19/en/documents/final_g20_osaka_leaders_declaration.html.

Human Rights Watch, "Indonesia: Suspend, Revise New Internet Regulation," May 21, 2021.

Joshua New, "The Promise of Data-Driven Drug Development," (Center for Data

Innovation, September 18, 2019), https://datainnovation.org/2019/09/the-promise-of-data-driven-drug-development/.

Mike Gallaher, Chad Harper, and Barbara Kotschwar, "Let's talk about how we talk about interoperability," Visa Economic Empowerment Institution, May, 2021.

Nigel Cory and Luke Dascoli, "How Barriers to Cross-Border Data Flows Are Spreading Globally, What They Cost, and How to Address Them," Information Technology & Innovation Foundation, July 2021, Appendix A.

Ryohei Yasoshima, "US moves to shut China out of shaping APEC data protections," Asian Nikkei Review, August 21, 2020, https://asia.nikkei.com/Politics/International-relations/US-China-tensions/US-moves-to-shut-China-out-of-shaping-APEC-data-protections.

Nigel Cory and Luke Dascoli (2021), p. 22.

Samuel Yang, "China: Data Localization," (Global Data Review Insight Handbook 2021), https://globaldatareview.com/insight/handbook/2021/article/china-data-localisation#footnote-010.

ECIPE, Digital Trade Estimates Project, (China, Restrictions on Cross-Border Data Flows; Accessed June 2021), https://ecipe.org/dte/database/?country=CN&chapter=829&subchapter=830.

Svetlana Yakovleva, "Privacy Protection(ism): The Latest Wave of Trade Constraints on Regulatory Autonomy," University of Miami Law Review, 74 U. Miami L. Rev. 416, Winter, 2020, pp. 491-494.

The Institute of International Finance "Data Localization: Costs, Tradeoffs, and Impacts Across the Economy," December 2020.

Urs Gasser, "Interoperability in the Digital Ecosystem," Berkman Klein Center for Internet and Society Research Publication No. 2015-13, July 6, 2015, http://nrs.harvard.edu/urn-3:HUL.InstRepos:28552584.

WTO document, INF/ECOM/62/Rev.1, A.2. Digital trade facilitation and logistics (1) Paperless trading.

WTO Secretariat, Indicative List of Trade-Related Bottlenecks and Trade-

Facilitating Measures on Critical Products to Combat COVID-19, 20 July 2021.

YEOH Lian Chuan, "Regulation of Cross-border Data Flow under Trade Agreements," 2016.

Wentong Zheng, "The Digital Challenge to International Trade Law," 52 N.Y.U. J. Int'l L. & Pol. 539, New York University Journal of International Law & Politics, Winter, 2020.

Svetlana Yakovleva, "Privacy Protection(ism): The Latest Wave of Trade Constraints on Regulatory Autonomy," 74 U. Miami L. Rev. 416 University of Miami Law Review, Winter, 2020.

Part 4

數位貿易與金融科技

加密貨幣支付對跨國數位貿易的衝擊與挑戰

汪志堅*

壹、緒論

對許多國家來說，加密貨幣並不是貨幣，而只是一種虛擬商品、數位資產。但加密貨幣確實也已經成為重要的金融商品與價值儲存工具，各個加密貨幣的交易市場交易活絡蓬勃，許多加密貨幣每日交易額已高過許多國家的證券交易所。每日交易額超過 1,000 億台幣的交易所至少包括 Binance、Hotcoin Global、Tokocrypto、Upbit、OKEx、Huobi Global、ZG.com、Coinbase Exchange、BitWell[1] 等。加密貨幣的市值已經相當的高，決不能用加密貨幣只是少數電腦玩家在炒作，來簡化加密貨幣。交易額動輒超過千億台幣的交易所，衍生的商機絕不容小覷。

雖然許多國家已將加密貨幣定義為商品、數位資產，而非貨幣，但加密貨幣在使用上，卻是越來越像是貨幣，也越來越有準貨幣的資產保值或交易支付的功能。2021 年 3 月底，美國最大電子支付提供者 Paypal 開放美國使用者以加密貨幣進行線上支付，這是加密貨幣開始具有貨幣功能的典型

範例。2021 年 5 月伊朗中央銀行批准加密貨幣用於進口支付[2]，薩爾瓦多在 2021 年 6 月將比特幣列為法定貨幣[3]。這些發展都使得加密貨幣的使用範圍越來越擴大。

雖說如此，但也有很多國家，對於加密貨幣的使用，施加更多的限制。舉例來說，2021 年 4 月底，土耳其宣布禁止加密貨幣使用於支付，2021 年 5 月 18 日，中國大陸的三大監管機構（中國互聯網金融協會、中國銀行業協會、中國支付清算協會）發布聲明要求金融及支付機構不得開展與加密貨幣相關的業務，2021 年 6 月更再針對挖礦做出限制，對挖礦者停止供電，強迫關閉[4]。許多國家，例如馬來西亞、英國、美國、義大利、泰國、新加坡，認定全球最大的加密貨幣交易所幣安（Binance）必須申請當地的執照，並採取嚴格監管審查，以防止出現洗錢、逃稅和其他金融犯罪[5]。這些都是對於加密貨幣發展的管制與抑制。

不同國家對於加密貨幣支付雖有截然不同反應，反映著各國對於加密貨幣支付的不同立場，但不容諱言，加密貨幣確實已具有價值儲存與價值交換的功能。過去提到加密貨幣時。隨著這幾年的發展，以及未來發展方向的規劃，過去對於加密貨幣的許多批評，已逐步被化解。

即使不斷出現各種加密貨幣終將泡沫化的疑慮，但弔詭的是伴隨著各種疑慮的是加密貨幣的市值仍不斷持續水漲船高。主要原因在於加密貨幣確實可簡化資金清算的流程，降低大額資金跨國清算的交易成本。但引人疑慮的，則是無法確知資金來源與去向所引發的洗錢疑慮，以及政府憂心無法知悉資金流動實況，並有喪失管制資金流動能力的疑慮。加密貨幣的跨國流動，也讓各國原本希望藉由消費者金流來對境外企業在本國進行數位貿易活動時課予數位稅的課稅難度提高。

---

[2] https://research.hktdc.com/tc/article/NzQ0MTM2NTE4。10 月，伊朗中央銀行於 2020 年 10 月正式允許開挖比特幣和其他加密貨幣，挖礦工作須在政府監管下進行，挖出的加密貨幣會被政府用作進口支付。

[3] https://www.bnext.com.tw/article/63305/bitcoin-fiat-money。

[4] https://www.rti.org.tw/news/view/id/2103260。

[5] https://ec.ltn.com.tw/article/breakingnews/3659516。

　　加密貨幣未來在跨國貿易中扮演的角色，不容小覷。本文將對加密貨幣支付運用於跨國貿易與數位貿易所衍生的利弊進行分析，並探析可能的機會與威脅。

貳、加密貨幣的挑戰與近期發展

　　一直以來，加密貨幣都是褒貶參半，有許多質疑，但也逐步發展出解決方案。舉例來說，價格高度波動的質疑，不利於將加密貨幣作爲是交易媒介。但原本高度波動的加密貨幣，已出現匯率相對穩定的穩定幣（stable coins）替代方案。另一個常見的質疑，是加密貨幣浪費太多資源在挖礦，但原本浪費算力資源、造成手續費居高不下的工作量證明（Proof of Work, PoW），在以太坊 2.0 已規劃調整爲權益證明（Proof of Stake, PoS）[6]，此一調整方向未來可以進一步降低手續費、避免資源浪費。而各國擔憂的難以監管問題，也隨著加強交易所實名制與監管，而逐步減少疑慮。

一、穩定幣的發展減緩加密貨幣巨幅波動問題

　　給予人們的印象是高度波動，比特幣、以太幣以及各種加密貨幣，目前確實都還是有這種高度波動的情況，2021 年 9 月 5 日的 1 個比特幣可以兌換 50,161 美金，但在 2021 年 1 月 1 日的價格還在 1 個比特幣兌換 29,346 美金，2021 年 4 月 15 日也曾經來到 1 個比特幣兌換 63,475 美金。而若看 2020 年的交易資料，2020 年 1 月 1 日的收盤價還在 1 個比特幣兌換 7,213 美金，急漲急跌的特性，充滿投機，難以作爲穩定的交易貨幣。對於大部分國家來說，貨幣對美元、歐元的匯率，若每個月波動幾個百分點，就已經會讓企業難以承受，但對各種加密貨幣來說，幾十個百分點的每日、每月匯率波動幅度，常常是家常便飯。這對企業會造成額外的風險。

6　權益證明改用加密貨幣抵押量，取代礦工算力的比拼，來決定由誰進行計算。數以千計以上的礦工（計算節點），不再需要造成浪費算力與鉅額電費。在 PoS 架構下，他們必須花錢買加密貨幣，並將這些加密貨幣抵押在智能合約中。

　　話雖如此，但鎖定美金的穩定幣，包括 USDT、USDC、BUSD[7]，以及構想中的各國中央銀行數位貨幣（Central Bank Digital Currency, CBDC），不再具有高度波動的缺點，這讓希望使用加密貨幣的企業，得以迴避加密貨幣高度波動的風險。若要說加密貨幣匯率波動過大，恐怕是忽略了加密貨幣的穩定幣這個選項，穩定幣始終緊跟美金，解決了加密貨幣匯率風險過大的問題。

　　穩定幣的運作原理，是鄙棄去中心化的運作方法，改採中心化資產抵押發行代幣。不過，穩定幣仍在運作中，現有穩定幣偶有被質疑資產抵押不足。但這些穩定幣都盡量維持加密貨幣與法幣（通常是美金）的穩定匯率關係，確實讓匯率風險大幅降低。

二、權益證明共識機制減緩挖礦耗能問題

　　根據 2021 年初的報導，英國劍橋大學的分析顯示，光是比特幣一年耗費的電力，就超過阿根廷整個國家的用電量。加密貨幣挖礦活動的高度耗能，成為人們對於加密貨幣的重要詬病。電動車龍頭曾計畫在未來接受比特幣支付特斯拉的車款，但這樣的宣布很快引起眾人批評，認為這會造成更多人用更多電腦「挖礦」，危害環保。

　　去中心化的加密貨幣，仰賴區塊鏈的紀錄來確認交易，以往採取工作量證明的方式，眾多節點（礦工）進行競爭，只有最早完成計算的節點（礦工）才可獲得利益，為了吸引足夠多的節點（礦工）加入計算，交易手續費（gas）居高不下。居高不下的手續費，阻礙了加密貨幣的日常交易可能性。

　　改採權益證明的做法，減少了彼此競爭之節點進行重複累贅計算的資源耗費，可以有效的降低資源浪費，並因此而降低交易手續費。以太坊 2.0 的設計，就是一個典型的權益證明共識機制。未來此一權益證明共識機制若更加普及，因為計算資源浪費所導致的同一加密貨幣內的高交易成本，將會獲得改善。

---

[7] BUSD 是一種由幣安 Binance 與 Paxos 共同發行的 1:1 美元儲備穩定幣，由紐約州金融服務管理局（NYDFS）核准並負責監管；在其官方網站可以看到 BUSD 每月稽核報告。

三、加密貨幣交易所的法遵與監理減緩詐欺與洗錢疑慮

對於加密貨幣略有瞭解的人，都能理解到同一種加密貨幣的交易紀錄，會被寫入區塊鏈，區塊鏈紀錄也是各種去中心化加密貨幣得以運作的基本原理。但是，這是指同一種加密貨幣內的交易，這樣的交易，並不需要透過交易所。以下簡要說明透過交易所與不透過交易所交易的差異。

（一）非透過交易所的同一種加密貨幣移轉紀錄會被寫入區塊鏈

同一種加密貨幣間的移轉，就好像同一種法幣的交易（例如買賣雙方都使用台幣的情境），並不需要透過外匯交易所，這些交易紀錄完成之後，會被記錄到區塊鏈內，交易雙方則需要付出手續費給礦工。

所謂的加密貨幣的交易紀錄會被如實記錄，是指同一種加密貨幣間，未透過交易所的交易，會被忠實記錄到區塊鏈內。在討論加密貨幣的交易移轉時，會提到交易紀錄會被記錄到區塊鏈內，也會提到加密貨幣是去中心化的，因此交易資料是透明的。但這都是指無需透過交易所的同一種加密貨幣的交易。透過交易所的交易，狀況並不同於未透過交易所的直接交易。

（二）交易所內的交易，未被寫入區塊鏈紀錄

但交易所處理的是不同加密貨幣間的交易，基本運作原理是將交易雙方各自將加密貨幣移轉到交易所的錢包，成為帳戶餘額，此一帳號餘額可以在交易所進行交易，交易完成後，餘額會移轉到交易的對應方。交易的任一方若要提領加密貨幣，可向交易所申請，交易所會把對應的加密貨幣移轉到錢包。轉到錢包時，除了支付交易所手續費外，還會需要支付給加密貨幣礦工的交易手續費。

加密貨幣的區塊鏈會記錄該加密貨幣的移轉，通常記錄的資訊包括交易雙方（或多方）的錢包位址、數額。但加密貨幣交易所的多種幣別間匯兌交易，並不需要記錄到加密貨幣的區塊鏈內。這是因為在交易所進行交易的交易雙方，都已經將加密貨幣交給交易所託管。簡單解釋說明如下：

假設上有 A、B 二位交易者，A 持有 cryptocurrency 1，存入交易所託管，希望兌換成 cryptocurrency 2。B 持有 cryptocurrency 2，存入交易所

託管,希望換成 cryptocurrency 1。雙方在交易所交易,價格媒合成功,A 的 cryptocurrency 1 兌換成 cryptocurrency 2;B 的 cryptocurrency 2 兌換成 cryptocurrency 1。但無論 cryptocurrency 1 或 cryptocurrency 2,都已是交易所託管的加密貨幣資產。交易所只要在帳戶資料內,記錄 A 使用者減少持有 cryptocurrency 1 及增加持有 cryptocurrency 2。並記錄 B 使用者減少持有 cryptocurrency 2 及增加持有 cryptocurrency 1。此交易過程,無需記錄到加密貨幣的區塊鏈,只有使用者 A 或 B 希望提領至錢包時,才需要記錄到加密貨幣區塊鏈,記錄內容為交易所移轉至使用者。

交易所主要是在進行不同加密貨幣幣別之間的交易,以及法幣與加密貨幣間的交易。且通常採取託管的方式,存於帳戶之中,而非提取到加密貨幣錢包。提取到加密貨幣錢包的過程,交易所通常會收取手續費,以鼓勵將加密貨幣託管於交易所,減少使用者將加密貨幣提出到錢包的意願。

加密貨幣交易所的交易項目,約略可區分為:將法幣或加密貨幣存入交易所帳戶、法幣與加密貨幣間的轉換、不同加密貨幣間的交易、同一種加密貨幣內的移轉。加密貨幣交易所通常採取託管制,也就是存入帳戶後,以帳戶餘額的方式運作。只有將加密貨幣提領到錢包時,或是從錢包充值到交易所帳號時,才會產生加密貨幣的區塊鏈交易紀錄。

(三)只有存入與提領紀錄被寫入到區塊鏈

在提領到加密貨幣錢包之前,並沒有寫入到加密貨幣的區塊鏈,而是只記錄於交易所。寫入到區塊鏈的資料,可能只有交易所的錢包與另一個交易所錢包間的交易,或是使用者提領到錢包時的紀錄。也就是說,從公開的加密貨幣區塊鏈資料,只能看到交易人將託管帳戶內的加密貨幣提領到錢包的紀錄,以及跨交易所間的交易。

舉例來說,在沒有交易所配合的情況下,若有某位使用者 C 將 Wallet 1 錢包位址內的 cryptocurrency 3 存入交易所,此時在公開紀錄中,可以知悉 Wallet W1 錢包位址的 cryptocurrency 3 被移轉到交易所。之後經過多次交易之後,使用者 C 若將該筆資金以 cryptocurrency 4 形式,提出到某一錢包位址 Wallet W2,若交易所無提供資料,任何人並無法知悉 Wallet W2

內的 cryptocurrency 4 其實是使用者 C 擁有。在這些移轉過程中，並未涉及法幣，但不涉及法幣並不損及洗錢的實質效果。因為在其他的交易所，使用者 C 若將 cryptocurrency 4 提領為法幣，並無任何資訊可以證明這筆 cryptocurrency 4 與 cryptocurrency 3 有任何關聯。

（四）每次都記錄到區塊鏈將產生高額的手續費

如果要求交易所不採取託管帳戶制，改採一律使用加密貨幣錢包，並不可行，這是因為目前各種加密貨幣的手續費都不低，每次都記錄到區塊鏈，將產生高額的手續費。

（五）體系內所有交易所都需要符合監理，方能避免弊端

加密貨幣交易所的交易，並沒有所謂的區塊鏈已記錄並公開了所有交易資料的情況。從政府監管的角度來說，除非所有交易所都配合提供監管單位各交易人（受益人）資料，否則無從追蹤資金的流向。若任意一個交易所不願意提供正確、詳細的帳戶交易資料，或者帳戶資料並不確實，將無從追查出真實的資金流向資料。

交易所對於使用者資金來源的調查，明顯影響到洗錢防制的成效。若一筆資金在多個交易所間移動，中間有任意一個交易所不願意或未完整記錄交易人（受益人）資訊，則資金的來源將會產生斷點，無法繼續追蹤，無法瞭解該筆資金是否有疑慮。

（六）加密貨幣交易所的監理法規仍不完備

交易所存在的主要目的，類似於外匯交易所，主要處理的是跨幣別的交易。各國的證券交易所（外匯交易所），都有自己的開戶規範，並需遵從該國的法規，參與交易者也受該國之法規規範。但加密貨幣交易所的營運範圍通常沒有國界限制，各國的加密貨幣相關監理法規也仍不完善，因此衍生很多詐欺與洗錢疑慮。此點，必須要在法遵與監理措施進行實質的改善，才能減緩詐欺與洗錢的疑慮。

早期因為加密貨幣被定位為商品或數位資產，而非金融商品，大部分國家並沒有對於加密貨幣交易所進行特殊的監管。因此，也衍生洗錢或地下金

融的疑慮。有些加密貨幣交易所也確實充滿了詐欺與洗錢疑慮。

　　舉例來說，美國證券交易委員會（SEC）在 2021 年 5 月對加密貨幣交易所 BitConnect 提起訴訟，認為該交易所在 2017 年推出具備龐氏騙局特徵的一項加密貨幣投資計畫，其代幣 BCC 是當時價值最高 20 種加密貨幣之一，市值超過 26 億美元，訴訟於 2021 年 8 月做出判決，美國證券交易委員會並隨即提出新的訴訟[8]。另外，交易所也常常成為駭客攻擊的目標，交易所的加密貨幣失竊也時有耳聞，例如 2021 年 8 月 19 日本加密貨幣交易所 Liquid 就遭駭客攻擊，損失超過 9,700 萬美元加密貨幣[9]，被竊的加密貨幣並已被利用非託管、注重隱私的 Wasabi 錢包的 CoinJoin 功能進行洗錢[10]。

　　若無適當的監管，交易所確實有可能成為洗錢的場域，舉例來說，交易所允許使用者將加密貨幣存入交易所，但若存的是犯罪所得，例如駭客入侵取得的贖款，該贖款經過 Uniswap、SushiSwap 之類的去中心化交易所、換幣服務、洗錢服務。清洗後的加密貨幣，再次轉入加密貨幣交易所時，若交易所不要求舉證該筆加密貨幣的來源是否合法，該交易所將有可能成為幫助洗錢的場域。當存入的加密貨幣在交易所內被轉換為其他幣別的加密貨幣，並將加密貨幣提出，再度進入其他交易所，這過程中，若有任何一個交易所無法遵循監理機制，將造成洗錢的溫床。而交易所就算要求舉證該加密貨幣來源是否合法，但交易所如何查證，這仍是難解問題。

　　缺乏監理，使得加密貨幣交易存有洗錢與詐欺的疑慮。隨著加密貨幣的普及，各國開始將加密貨幣的法遵與監理納入考量，為了贏得交易人的信任，Coinbase 於 2021 年 4 月在美國那斯達克掛牌，成為第一個在美國股票上市的加密貨幣[11]。另一方面，2021 年 6 月底英國金融監理機構禁止全球最大的加密貨幣交易所幣安在當地提供服務，並禁止幣安在英國刊登廣告[12]，

---

[8] https://www.wsj.com/articles/sec-sues-bitconnect-and-founder-alleging-massive-cryptocurrency-scam-of-world-wide-investors-11630535853。

[9] https://ec.ltn.com.tw/article/breakingnews/3644386。

[10] https://news.cnyes.com/news/id/4713801。

[11] https://udn.com/news/story/7338/5678352。

[12] https://www.fintechgo.com.tw/FinDiary/Article/54752461160052。

新加坡的金管局也在 2021 年 9 月表示幣安在未持有相關執照的情況下，為新加坡民眾提供支付服務，可能違反新加坡的「付款服務法」（Payment Services Act），要求幣安必須停止提供新加坡民眾支付服務，並停止對新加坡民眾針對該相關服務進行推廣活動。顯示對於交易所的法遵與監理上有疑慮。幣安則回應已向新加坡金管局提出申請，以取得執行該業務所需的執照。許多國家，例如馬來西亞、英國、美國、義大利、泰國，也都對幣安提出嚴格監管審查，以防止幣安交易所出現洗錢、逃稅和其他金融犯罪[13]。

四、智能合約

智能合約的優點，在於可以指定交易的條件，當交易條件成立後，雙方的交易就自然生效，但未能滿足交易條件前提時，交易就不會成立。因為規則可以事先議定，可以保障雙方的合約履行，避免任一方的違約投機行為造成另一方的損失，也減少因為合約執行所產生的交易成本。

在跨國貿易的過程中，買賣雙方的履約，向來是重要的交易成本來源。對賣方來說，重點是如何確保交貨的同時也取得貨款；對買方來說，重點在於如何確保貨款付出後確實能取得商品。以往，國際貿易的中介機構，例如銀行或公證人、公正機構，扮演雙方之間的履約確保角色，並賺取履約保證的利益。

電子化的報關相關文件，可以大幅改善紙本文件的效率，這些電子化的文件若能進一步的提升為區塊鏈文件，將可進一步減少防弊驗證程序的交易成本。若政府機構、海關、航運、倉儲等機構，都能採用基於區塊鏈的國際貿易相關文件，則可採用智能合約，讓國際貿易的履約過程更加順暢。

參、傳統貿易的交易成本

國際貿易經常有高銀行費用、可觀的換匯損失、文件錯誤、文件保存不當、付款流程與文件移轉流程緩慢的問題，這都增加了國際貿易的成本，

---

[13] https://ec.ltn.com.tw/article/breakingnews/3659516。

而加密貨幣與區塊鏈提供了一個新的機會，可以降低國際貿易過程中的成本，但也讓貿易商賴以維生的原有營運模式遭到挑戰。無論中小企業或大型企業，都有可能透過加密貨幣與區塊鏈的使用，而降低國際貿易支付過程中衍生的成本。但這過程，也仍有一些挑戰與障礙必須克服。現行的會計準則，無法將加密貨幣視為貨幣或等同貨幣，因此會計準則也無法直接適用於加密貨幣支付的國際貿易。

國際貿易涉及跨國之兩個企業間的買賣與商品移動，由於跨國的許多限制，使得徵信與履約成為需要考量的風險因素，交易雙方在談定交易條件時，必須同時商議確定商品的交付方式與貨款的交付方式。

一、傳統國際貿易的付款方式

傳統國際貿易常見的付款方式，包括信用狀、電匯、信匯、票匯。而加密貨幣可以成為新的付款方式。

（一）信用狀

信用狀（Letter of Credit, L/C）是國際貿易最常使用的結算方式，由買方向銀行申請，繳納開狀費用和保證金（也可能是使用銀行融通的短期放款來繳納）後開具，保證在符合一定條件的情況（例如商品已經出港或商品已經到港），會向受益人付款。信用狀可以是紙本的，也可以是電子的形式。

（二）電匯、信匯、票匯

電匯（Telex / Transfer, T/T）係用電子傳輸的方式，將買方付出的款項，直接匯給賣方。但此一做法，無法保證對方會履約。如果電匯時間為訂單成立但仍未交貨之時，因為無法保證賣方會準時且符合交易條件的出貨，對於買方並無保障。如果電匯時間為履約之後，訂單成立時，無法保證賣方如期、如質交貨後，買方會依約付款。無論付款時間為何，雙方有一方必須承受風險。

信匯（Mail / Transfer, M/T）與票匯（Demand / Draft, D/D）與電匯的差異，只有款項交付的方式的差別。信匯與電匯類似，但是採取郵寄憑單的方式。已少被使用。

票匯是指使用銀行匯票，因為有銀行票據在手，背書後可以轉讓流通。但付款時點產生的風險考量，與電匯相似。若提早付款，難以保證賣方會履約，若發貨後才付款，難以保證買方會履約。

（三）支票

採用支票付款，並沒有解決太多的信用風險課題，且增加一個履約風險。但支票付款符合許多企業的內部付款流程，因此仍常被使用。

二、國際貿易的付款時點

（一）預付貨款（Cash with Order, CWO）

預付貨款，係指訂單成立時，買方願意事先付出現金，或以等同現金之方式，例如電匯、票匯、信匯等方式付款，或以支票（即期或遠期支票）付款。

（二）交單付現（Cash Against Document, CAD）

交單付現，係指某一項單據完成後，憑該單據，買方願意付出現金，或以等同現金之方式，例如電匯、票匯、信匯等方式付款，或以支票（即期或遠期支票）付款。

這些單據主要是證明貨物已經交運，常見的單據包括證明貨品已經上船的提單，包括：可轉讓海運提單（Bill of Lading, B/L）或是不可轉讓海運貨單（Non-Negotiable Sea Way Bill）、傭船提單（Charter Party Bill of Lading, C.P B/L）、證明貨品已經上飛機的航空運送單據（Air Transport Document）、證明貨品已經以陸運的方式配送的鐵、公路或內陸水路運送單據（Road, Rail or Inland Waterway Transport Document），或者證明已經交給運送業者的快遞及郵政收據（Courier and Post Receipts）。

（三）交貨付現（Cash On Delivery, COD）

交貨付現，係指收到貨品之後才付費。在平常的網路購物活動，這也稱為貨到付款。買方未事先付費，但貨品送到後，買方若不願意付款，買方就無法取得商品。對於小額商品來說，貨到付款對於賣方的風險仍可承受。但

對於交易額較大的國際貿易活動來說，這風險較大，因為商品已經製造，且已經運送，買方若因故不願履約，賣方將損失商品製造的成本、運費、關稅等。

國際貿易的交貨地點，可以是賣方的出口港口，例如裝運港船上交貨，或者交給承運人，但這種付款方式相當於交單付現，因為商品其實仍未看到，必須信任賣方確實裝載了購買的商品。交貨付現比較傾向於是指在進口國指定的交貨地點，包括港口（未通關）、完稅後交貨，或運抵指定地點。

傳統國際貿易活動中，交貨付現通常只適用於賣方高度信任買方，或者交易金額很小，使得賣方願意承擔風險。若是已有長期合作經驗、先前已有多次交易關係，賣方也比較願意採取交貨付現。

交貨付現也可能搭配預付貨款。當賣方已經收到一部分的貨款，且預付貨款已足以抵銷大部分的風險時，賣方較會願意將後續款項採取交貨付現。

三、傳統國際貿易的運作流程

傳統的國際貿易運作流程中，除了買賣雙方（進口商、出口商）之外，還有雙方的銀行，以及雙方國家的政府單位（例如商檢局、國貿局、簽證單位）、雙方國家的海關、兩地的運輸公司（船運、空運、陸運、承攬業者）等。在沒有電腦化的年代，這些單位的文件，都必須用紙本傳送，衍生了許多的交易成本。在電腦化後，許多文件已能使用網路傳遞，加快了速度。但由於涉及不同單位，因此仍須花費很多心力進行文件正確性的檢核。

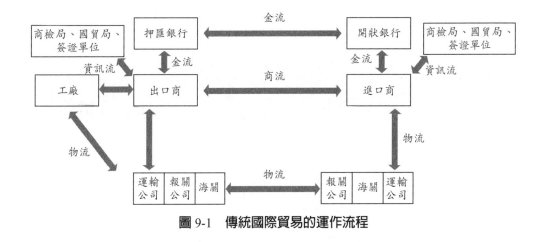

圖 9-1　傳統國際貿易的運作流程

肆、數位貿易與加密貨幣

　　所謂的貿易，是指「貨品之輸出入行爲及有關事項」，所謂的數位貿易，則是以數位或實體配送方式交付服務或商品，且交易流程是基於數位化技術的交易行爲[14]。數位貿易中的「數位」，有不同的含義，包含：(1) 數位商品與服務：Apps、軟體、影音服務、數據分析；(2) 以數位方式交付的實體商品與服務：線上購物或旅遊行程預定；(3) 使用數位科技於貿易活動：數位支付、網路安全、物流追蹤、AI、IoT、區塊鏈等。

　　數位貿易（digital trade）與電子商務的界定並不明確，廣義的數位貿易將電子商務涵蓋在內，但這樣的論述過於擴大數位貿易的範疇。本文採取較爲狹義的定義，將討論範圍侷限在如何利用加密貨幣、區塊鏈與智能合約，運用於跨國貿易，以討論這中間可能的機會、衝擊與挑戰。

　　若能採用加密貨幣，搭配區塊鏈爲基礎的各種文件，像是證明貨物已經交運的單據，或是已經報關出口、已經報關進口的單據、已經離開港口交給運送業者的單據，這些文件若能以區塊鏈的方式發行，搭配智能合約，並綁定加密貨幣支付，則整個數位貿易的過程，將會更爲順暢，交易成本也將大

---

[14] http://www.cnfi.org.tw/front/bin/ptdetail.phtml?Part=magazine11004-613-4 。

幅降低。

表 9-1　國際貿易智能合約的可能情境發想

智能合約參與者	買方、賣方、智能合約交易所、去中心化金融服務平台DeFi、提供區塊鏈文件之相關單位
國際貿易智能合約需涵蓋之內容	• 智能合約規定買方必須預存貨款，或以其他加密貨幣或數位資產擔保保證履約，或覓得願意提供履約保證之機構給予履約保證。 • 智能合約規定賣方必須提供數位資產進行履約保證，或購買履約保險，或覓得願意提供履約保證之機構給予履約保證。 • 智能合約規定交付款項的條件。滿足該條件後，智能合約會交付款項。 • 合約簽訂後、交貨履約前，預付貨款可存放於去中心化金融服務平台 DeFi。智能合約內可規範該貨款仍可進行哪些的投資應用，並規定產生之財務報酬的歸屬賣方或買方。並可規範預付款項用於投資時，是否應投資於低風險商品（例如存款），或搭配購買投資保險，以規避投資風險，避免危及預付貨款。 • 賣方可以將智能合約抵押，以融通營運資金。DeFi 平台可將此智能合約包裝成商品，銷售給願意提供資金融通者。 • 交貨後，賣方取得智能合約內規範之區塊鏈文件，智能合約自動履約。並依合約規定，要求交付款項，或結束賣方對於預付貨款的投資權。買方若曾質押智能合約以融通資金，則自動償還融通資金，並將剩餘款項交付賣方。 • 超過合約議定之交貨時間，但仍在合約有效期間，則依據合約，進行貨款違約的價金扣減或懲罰條款。 • 若超過合約約定期間，且買賣雙方並未同意延長合約或修改合約，則合約終止。款項退還賣方，並由賣方提存之保證金支付衍生違約金。

　　引進加密貨幣、區塊鏈、智能合約後的國際貿易運作流程，買賣雙方的銀行扮演的角色，將不再重要。其餘的單位，包括雙方國家的政府單位（例如商檢局、國貿局、簽證單位）、雙方國家的海關、兩地的運輸公司（船運、空運、陸運、承攬業者）等，仍扮演原本的角色。但若能引進區塊鏈，這些單位間的文件傳遞，將更具效率。

　　圖 9-2 列示了加密貨幣、區塊鏈、智能合約、去中心化金融服務平台 DeFi 在國際貿易的應用。從圖 9-2 可以瞭解，將加密貨幣、區塊鏈、智能

合約、去中心化金融服務平台 DeFi 運用到國際貿易之後，押匯銀行與開狀銀行扮演的角色，將大幅削減。若各單位均採用區塊鏈文件，甚至可以完全不需要押匯銀行與開狀銀行，就能完成國際貿易交易活動。

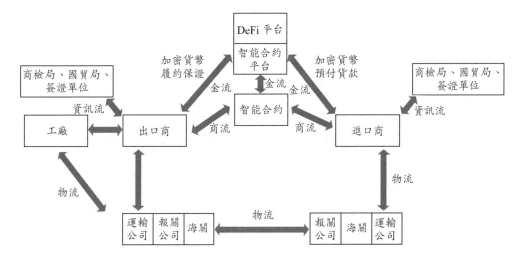

圖 9-2　加密貨幣、區塊鏈、智能合約在國際貿易的應用

（一）各單位均已採用區塊鏈文件的情境

若涉及交貨條件滿足的關鍵單位有發行區塊鏈文件，則國際貿易交易過程可以用智能合約來加以滿足。舉例來說，如果採取交單付現，而所需的憑證單據可以用區塊鏈發行，則智能合約就可以作為國際貿易過程的自動履約條件。當賣方達成交貨條件後，收到運輸公司（或其他對應單位）所發行之區塊鏈文件，將此區塊鏈文件交付到智能合約平台，智能合約平台審核確認智能合約成立，就會自動啟動履約程序。

（二）仍未普遍採用區塊鏈文件的情境

若各單位均未能採用區塊鏈，則必須要有單位進行文件審核，此時就必須有單位能夠扮演原本開狀銀行、押匯銀行所扮演的角色，採用傳統國際貿易流程中使用的文件認證流程進行驗證。完成驗證後，發行符合智能合約要求的區塊鏈文件，以啟動智能合約。

（三）政府部門發行區塊鏈文件的情境

政府部門若能引進區塊鏈，買賣雙方可將政府部門發行的區塊鏈文件作為履約的要求項目，整體國際貿易交易程序的效率，將能大幅提升。

不過，即便政府部門未引進區塊鏈，仍能透過原有的報關公司、開狀銀行、押匯銀行或其他單位，作為文件審核單位，於文件滿足之後，發行符合智能合約要求的區塊鏈文件，以啟動智能合約。

（四）政府部門對於國際貿易實況的掌握

傳統國際貿易流程中，政府可以從海關資料、簽證資料、押匯銀行與開狀銀行資料，交叉比對國際貿易的實況。押匯銀行與開狀銀行的資料涉及雙方交易款項支付，因此統計資料具有相當程度的精準性。

但以加密貨幣支付之後，買賣雙方支付款項以智能合約的方式執行，銀行不再扮演押匯與開狀的角色，不再握有精確的買賣合約金額資料。而海關、國貿局、商檢局的資料，涉及關稅與各種稅捐，買賣雙方是否如實申報，較難以稽核。

（五）外匯流動的掌握困難度增加

傳統國際貿易過程，銀行充分掌握買賣雙方的外匯交易。但採用加密貨幣的交易條件後，押匯銀行與開狀銀行不再有扮演的角色，對於外匯與資金流動的掌握，難度增加許多。

（六）政府部門在國際貿易智能合約中可扮演的角色

政府部門若能發行區塊鏈文件，可以進一步的要求國際貿易合約條件建立時，必須將政府部門所發行之文件，作為滿足合約條件的要件。因為政府部門的文件成為合約要件成立的一部分，政府將能全面性掌握國際貿易智能合約，對於掌握國際貿易現況，將有實質的幫助。

（七）國際貿易雙方的資金使用彈性

傳統國際貿易中，開立信用狀是常見的交易模式，由買方（付款人）繳納開狀費用和保證金後，由開狀銀行開立，保證在符合一定條件的情況下，向賣方（受益人）付款。此一保證金將產生一定的時間價值損失（利息

損失）。

在智能合約中，可以允許買方將這筆保證金用於去中心化金融服務平台 DeFi 中進行投資，只要規範這筆投資屬於保本投資或低風險投資，就可以在交易期間內，繼續創造收益，避免時間價值損失。

賣方也可以利用智能合約，進行營運資金融通，這和信用狀融資的運作原理相似。

伍、討論

加密貨幣的發展方興未艾，各種加密貨幣如雨後春筍，雖受到眾人矚目，但也有許多質疑。而匯率相對穩定的中心化資產抵押發行代幣——穩定幣，提供了加密貨幣應用的更多想像。權益證明共識機制的提出，試圖解決挖礦的資源浪費課題，讓加密貨幣不再成為環境永續的殺手。另外，加密貨幣交易所的監理與法遵方面的努力，讓加密貨幣不再與犯罪、詐欺、洗錢劃上等號，而智能合約的普遍採用，讓國際貿易過程中採用加密貨幣作為支付工具的可能性大幅提高。

本文針對傳統國際貿易的付款方式與付款時點進行簡要的討論，並發想利用穩定幣加密貨幣、區塊鏈文件、智能合約、去中心化金融服務 DeFi，作為國際貿易交易流程的可行性。

經過本文的分析，原在傳統國際貿易過程中，扮演不可或缺角色的押匯銀行與發狀銀行，將會因為利用加密貨幣作為國際貿易支付工具，而減損其扮演角色的重要性。若國際貿易過程中的各個成員，包括雙方國家的政府單位（例如商檢局、國貿局、簽證單位）、雙方國家的海關、兩地的運輸公司（船運、空運、陸運、承攬業者）等，均採用區塊鏈基礎的電子文件，則國際貿易過程將很容易的可以用智能合約來加以約定，降低國際貿易的交易成本。

如果各個單位未能配合採用區塊鏈文件，則智能合約的執行，將仍需要有驗證各種履約文件合宜性的單位。在全面採用區塊鏈合約前，這種可以驗證履約文件合宜性的單位，為加密貨幣是否能適用於國際貿易活動的關鍵。

　　加密貨幣若能用於國際貿易交易活動，加密貨幣的用途將大幅提升，此時對於加密貨幣交易所的監理工作變得益發重要。因為加密貨幣交易所眾多，若未能進行合宜的監理與規範，也會產生無法確知資金來源引發的洗錢疑慮，加深加密貨幣交易所成為洗錢、詐欺溫床的疑慮。

　　另外，政府部門對於加密貨幣運用於國際貿易活動，應預先研擬可能的因應措施。當加密貨幣被廣泛運用於跨國數位貿易時，資金清算的流程將會簡化，因此將降低了企業進行資金清算的成本，但政府也將因此無法知悉資金流動實況，並有喪失管制資金流動能力的疑慮，進出口統計資料也可能因為無法掌握資金的流通，而出現失真，進而危及稅捐基礎。加密貨幣運用於支付活動若是普及，也會讓各國原本希望藉由消費者金流來對境外企業在本國進行數位貿易活動時課予數位稅的課稅難度提高。

　　國際貿易是台灣經濟發展的基石，預先研析加密貨幣、區塊鏈、智能合約對於外貿可能產生的衝擊，將有助於提升國際貿易效率，讓台灣在國際的經貿舞台上，繼續扮演重要角色。

參考文獻

Belu, M. G. (2019). Application of blockchain in international trade: An overview. Romanian Economic Journal, 22(71), 2-15.

De Caria, R. (2017). A digital revolution in international trade? The international legal framework for blockchain technologies, virtual currencies and smart contracts: challenges and opportunities. In Modernizing international trade law to support innovation and sustainable development. UNCITRAL 50th anniversary congress (pp. 105-117). United Nations.

Derindag, O. F., Yarygina, I. Z., & Tsarev, R. Y. (2020). International trade and blockchain technologies: implications for practice and policy. In IOP Conference Series: Earth and Environmental Science (Vol. 421, No. 2, p. 022051). IOP Publishing.

Epps, T., & Upperton, T. (2019). Revolutionizing global supply chains one block at a time: Growing international trade with blockchain: Are international rules up to the task?. Global Trade and Customs Journal, 14(4).

Ganne, E. (2018). Can Blockchain revolutionize international trade?. Geneva: World Trade Organization.

Ganne, E. (2019). Why blockchain could become the new container of international trade. In International Trade Forum (No. 1, pp. 16-17). International Trade Centre.

Jiang, L. (2017). Using block chain to break the credit problem of international trade. Special Zone Economy, 1, 71-74.

Kim, J. S., & Lim, S. C. (2017). A study on possibility of international trade by using of block chain. The Korean Research Institute of International Commerce and Law, 75, 137-158.

Macedo, L. (2018). Blockchain for trade facilitation: Ethereum, eWTP, COs and regulatory issues. World Customs Journal, 12(2), 87-94.

Melnyk, N. (2019). Cryptocurrency in international trade: accounting aspects.

Scott, B. (2016). How can cryptocurrency and blockchain technology play a role in building social and solidarity finance? (No. 2016-1). UNRISD Working Paper.

Siddik, M. N. A., Kabiraj, S., Hosen, M. E., & Miah, M. F. (2020). Blockchain Technology and Facilitation of International Trade: An Empirical Analysis. FIIB Business Review, 2319714520968297.

Practical Competition Law Implications of Digital Finance: Focused on Social Banking

吳盈德（Yen-Te Wu）*

I. Introduction

1.1 Introduction

The purpose of the following research study is to evaluate the implications of practical competition law on the concept of social banking. Banks apply competition policy for a number of reasons, such as improving the stability of these financial institutions in the wake of unstable market platforms, as well as reducing the business risks that the banking sector is exposed to. In this regard, when it comes to social banking, the competition law or competition policy has a significant impact in controlling the manner in which it is enforced, as well as in determining the successes and failures that the financial institutions are likely to encounter in the course of implementing the new social banking policies[1]. Social banking refers to a banking concept that initially referred to sustainable banking, but evolved in the course of time, such that nowadays the concept if used to refer to all banking activities conducted through social networking channel or social lending platforms, such as peer-to-peer (P2P) lending.

---

* 中國文化大學法律學系教授。

[1] Richard Morris Titmuss, *The gift relationship: From human blood to social policy*, Allen & Unwin (2018).

1.2 Problem Statement

The problem statement addressed in this particular study focuses on the fact that most of the activities undertaken by various financial institutions are governed by competition law, and as such, this competition law has a significant impact on the effectiveness of these policies, especially when introduced to support the banks in improving the quality and convenience of their service delivery. In this case, the focus of the analysis is on social banking, a new way of banking which allows consumers to access their banking services through social platforms. In this case, competition law affects the manner in which banks roll out these social banking platforms, thereby limiting to a large extent, the expected benefits attributable to the complete implementation of social banking platforms.

1.3 Background of the Study

The main idea behind the adoption of bank competition policy is to enable financial institutions to balance their efficiencies in operations with the incentives to take the right risks required in the business. Just like any other business, banks must be ready to take a wide range of risks in the course of doing business, most of which are attributable to changing market dynamics, such as the emergence of new opportunities or challenges in the market. Therefore, this calls for an intermediate degree of managing competition within the banking sector. Initially, banks used traditional tools to oversee the competition within the industry, which included strict rules and regulations determining the entry of new entrants into the market, or the exit of existing players from the banking markets[2]. The traditional tools also helped in consolidating financial institutions, and particularly protecting

---

[2] Sugarda, P. P., & Wicaksono, M. R. (2017). Strengthening Indonesia's Economic Resilience through Regulatory Reforms in Banking, Investment and Competition Law. *Journal of Economic & Management Perspectives*, 11(3), 1093-1103.

their interests in times of a crisis by ensuring that the market structures in place are at their best. With the changing market dynamics, the approach to competition policy in the banking sector is now used in supporting the financial stability of the financial institutions, in addition to protecting the financial institutions from huge market risks that may lead them into troubled waters.

Notably, the current provisions of the competition policy in the banking sector focuses on promoting financial growth and stability of the banking sector, whereby the primary focus of the industry regulator is to deal with the Too-Big-To-Fail financial institutions, among other structural issues in the banking industry that could easily lead to a more serious financial crisis. It is notable that the failure of financial institutions usually has a significant impact on the rest of the economy, particularly considering the fact that financial institutions are the financiers of most projects and other investment activities in the economy[3] . Therefore, the failure of banks also means the failure of the economy, as witnessed on two occasions in the history of the world. These are during the 1930s Great Economic Depression, and during the 2007 Great Financial Crisis, whereby the collapse of the banking sector sank most global economies into much deeper financial complications than they had already been facing. Therefore, the competition policy plays an integral role in ensuring that these financial institutions remain stable, even in the time financial crises.

1.4 Rationale of the Study

The rationale of the research study builds from the fact that social banking is a growing development in the banking sector, and as such, this has to be incorporated in the policy planning and management of the banking sector in order to ensure that the banking industry not only remains stable at all times, but also

---

[3] Vives, X. (2019). Competition and Stability in Modern Banking: A Post-Crisis Perspective. *International Journal of Industrial Organization.*

avoids plunging in unnecessary financial risks that may affect both the financial sectors, as well as the economies of affected countries[4]. In this regard, the concept of the research study is to examine how competition policies or competition laws designed to oversee the operations of the banking industry have an effect on the new product of social banking, and to what extent they affect the application of social banking packages or offers by various financial institutions across different markets globally.

As mentioned above, social banking is not a new concept in the banking industry. It was first introduced as a concept focused on promoting sustainable banking in the financial sector. However, with time, it evolved to the extent that it is nowadays used to refer to all the banking activities that banks and other financial institutions conduct or offer to their customers through various social networking channels[5]. In addition, social banking could also be used to refer to social lending platforms such as peer-to-peer (P2P lending, which is spreading in most economies, considering the decentralization of banking services from the conventional banking systems to more simplified banking platforms such as table banking, SACCOs, microfinance, and SMEs specialized in the provision of financial services such as mobile lending companies.

In this regard, the rapid adoption of interactive technologies in the modern day society has had a significant impact on the banking industry, particularly with regard to transforming how these financial institutions used to operate. In modern times, clients with bank accounts expect their banking service providers to provide them with their financial information and other banking services in real-time, and around the clock, as opposed to the rigid fixed operating hours and work

---

[4] Maudos, J., & Vives, X. (2019). Competition Policy in Banking in the European Union. *Review of Industrial Organization*, 1-20.

[5] Lyman, T. R., Pickens, M., & Porteous, D. (2008). Regulating transformational branchless banking: Mobile phones and other technology to increase access to finance.

days of the financial institutions as it used to be case previously[6]. As such, these changing customer demands, largely attributable to changing market dynamics in line with technological development and advancements, has forced most financial institutions to respond to their customers' demands by providing their consumers with appropriate digital service solutions. This is especially considering the fact that the bargaining power of the banking consumer has increased significantly, and as such, clients determine what services they want from their banks, and the banks are forced to bend to their whims or risk losing their business control as their customers shift allegiance to other banking service providers.

1.5 Research Aimsand Objectives

1.5.1 Aims

The main aim of this research study is to investigate the implications of the practical competition law on the concept of social banking, which is slowly taking shape and dictating the way financial institutions are offering their products and services to their esteemed clients, while at the same time maintaining their competitive advantages. In this regard, the study evaluates whether the introduction of social banking in the banking sector would have any detrimental impact on the ideals observed when establishing the concept of competition laws in the banking sector. Ideally, competition law focused on reducing the banking risks that financial institutions faced, as well as improve the stability of financial institutions in such a way that they did not collapse or fail in the face of tough market conditions.

---

[6] Pawlowska, M. (2016). Does the size and market structure of the banking sector have an effect on the financial stability of the European Union?. *The Journal of Economic Asymmetries, 14,* 112-127.

1.5.2 Objectives

• To investigate the implications of practical competition laws on social banking

• To investigate the implications of social banking on the operations of financial institutions

• To investigate the degree of risk exposure brought about by social banking to financial institutions

• To investigate the impact of social banking on the operations and successes of financial institutions

• To determine whether or not it is advisable for financial institutions to adopt social banking considering the provisions of competition policy of the banking sector

• To investigate the impact of social banking on the stability of financial institutions, as well as the degree of their risk exposure

1.6 Significance of the Research Study

The findings of the research study would be significant in determining whether the concept of social banking has any adverse effects on financial institutions, especially with regard to the provisions of the practical competition law and policy. This is especially considering the fact that the main agenda of introducing competition policies in the banking sector was to enable these financial institutions to protect themselves from any adverse risks in the market that would otherwise lead to the failure of these financial institutions. In this regard, the provisions of the competition polices ensured that financial institutions maintained their stability, especially in the wake of tough market conditions. However, since banks have to evolve and adapt to changing market developments, such as the evolution of social banking, it is imperative to evaluate just how much of the banks' security pillars are threatened by this new banking platform.

II. Literature Review

2.1 Introduction to Bank Competition Policy

The competition policy in financial institutions has been a subject of extensive research and policy debate, especially considering the way it is supposed to be applied in the banking sector, as well as the expected gains that would be attributable to its. Some of the primary reasons given for the rising controversies surrounding the concept of competition policy in the banking sector is the special nature of financial institutions. Essentially, when applied to the non-financial sector, competition policy would be used to focus on the efficiency of the existing institutions in the economic sector under investigation to perform efficiently in terms of discharging their respective duties and responsibilities; in addition to drawing closer to the achievement of their goals and objectives[7]. This could be evidenced in the case of competitive pricing, whereby the focus is to ensure that the institutions in this financial sector achieve the best that the market can offer in terms of maximizing shareholders' wealth.

However, the concept has a completely different meaning when applied to the banking sector as banks operate in a whole new dimension. In most cases, competition policy in the banking sector is used to refer to the systematic risk dimension that the financial institutions are exposed to in the course of handling their daily activities of lending funds to borrowers and accepting deposits from their account holders[8]. In this regard, when the degree of competition within the banking sector has an adverse effect on the risk-taking incentives of the financial institutions within a given market setting, then the bank competition policy comes

---

[7] Botta, M. (2016). Competition policy: safeguarding the Commission's competences in State aid control. *Journal of European Integration, 38*(3), 265-278.

[8] Andrés, J., Arce, O., & Thomas, C. (2013). Banking competition, collateral constraints, and optimal monetary policy. *Journal of Money, Credit and Banking, 45*(s2), 87-125.

into play as a macro-prudential component to dissolve or reduce the nature of risk.

In this regard, the theoretical predictions regarding the application of competition policy in the banking sector, as well as the empirical results collected in the analysis of the industry correlate the link between bank competition, risk taking, and stability as ambiguous in nature. However, the results also indicate that the intermediate degree of bank competition is also optimal in nature[9]. Therefore, too much competition erodes the charter values of financial institutions, while at the same time creating new incentives of risk taking that these financial institutions can pursue. In the same regard, it is also notable that when the competition level is very little, it reduces the efficiency with which financial institutions operate, and as such, may result in major problems in the banking sector, including the ultimate collapse of the Too Big To Fail financial institutions, most of which act as the pillars of the financial sector in any given economy.

2.2 The Traditional Focus Concentrates on the Market Structure.

In this regard, it is notable that the traditional bank competition policy tried to establish the intermediate degree of competition that various financial institutions face within their respective market settings. As such, the primary area of consideration in this case lies in the type of policies and market structures used by the financial institutions to secure the stability and profitability of the leading financial institutions[10]. Essentially, the concentration of this analysis focuses on various specific areas of the banking sectors. These include the rules for entering or exiting the banking market, applicable to both domestic banks as well as

---

[9] Albaity, M., Mallek, R. S., & Noman, A. H. M. (2019). Competition and bank stability in the MENA region: The moderating effect of Islamic versus conventional banks. *Emerging Markets Review*, *38*, 310-325.

[10] Beck, T., & Casu, B. (Eds.). (2016). *The Palgrave Handbook of European Banking*. Palgrave Macmillan.

foreign financial institutions. The other concept observed in this concentration is the consolidation of banks, as well as the restriction on activities that banks and non-financial institutions conduct in line with pursuing their respective goals and objectives within the industry.

The evaluation also provides guidelines on how financial institutions review various policies affecting the contestability in the banking industry, given a competitive driven market structure. A good example of this is the establishment of credit registries, or the provision of equal access to payment infrastructures to various stakeholders in the banking industry, including bank customers.

2.3 How Bank Competition Policy Supports Financial Stability in the Banking Sector.

2.3.1 Addressing the Too-Big-To-Fail Banks

The too-big-to-fail banks have always been a major point of concern in the banking sector, especially considering the fact that the weight of the economy lies on them. It is notable that for systematically important banks, specifically the banks that have a risk-weighted asset value of 2.5% might be too small in terms of providing incentives to shrink. In this regard, bank competition policy comes out as the most effective approach to addressing the concept of too-big-to-fail in the banking sector[11] . Generally speaking, the competition policy acts as a tool that directly restricts the size of banks, by limiting their mergers and acquisitions or triggering spin-offs. Nonetheless, it becomes much difficult to restrict the size of banks on competitive grounds, especially when their banking services are contestable and efficient.

However, since there is little information about the optimal size of financial

---

[11] Falkner, G. (2016). The EU's current crisis and its policy effects: research design and comparative findings. *Journal of European Integration*, 38(3), 219-235.

institutions, it is not advisable to apply blunt restrictions to the growth and expansion of these financial institutions, as they may end up having unintended effects[12] . Furthermore, competition in the banking sector is also distorted considering the fact that most large banks have access to cheaper funding than smaller banks, as some get up to 80 basis points cheaper. In this regard, the competition policy comes in to level the playing field for the players in the banking sector, thereby creating a conducive business environment for all the concerned stakeholders.

2.3.2 Interaction with Structural Policies

The recent initiative of structural policies aiming at restricting the activities of both banks and non-bank operatives created a systematic risk, which is responsible for limiting important interactions with the competition policy. Restrictions on market based and international activities of financial institutions may have far reaching effects on the performance and operations of financial institutions[13] . The reason or this assertion is because of the assumption that these activities play a significant role in contributing to systematic risks disproportionately. However, from a competitive perspective, these restrictions may appear as desirable to the concerned stakeholders as they allow the industry regulators and authorities to apply various approaches that are less contestable (core) as well as more contestable (market based and international) sectors in the banking industry, thereby resulting in a competition policy that is more precise.

2.3.3 Competition Policy and Crisis Management

Competition policies can be used in crisis management, especially

---

[12] Andrés, J., Arce, O., & Thomas, C. (2013). Banking competition, collateral constraints, and optimal monetary policy. *Journal of Money, Credit and Banking, 45*(s2), 87-125.

[13] De Guevara, J. F., & Maudos, J. (2017). Competition in the European banking markets in the aftermath of the financial crisis. *Handbook of Competition in Banking and Finance, Edward Elgar*, 118-138.

considering the fact that the normal competition policy usually advocates for the government to restrict or limit its involvement in affairs of the banking sector with the primary goal of maintaining a level playing field. On the other hand, crisis management in the banking sector requires the direct involvement of the banking sector, particularly through taking ownership in the banks, or offering banks guarantees in order to maintain their financial stability as well as their lending capacity, or buying out the financial institutions that are caught up in the negative market developments and are force to go into bankruptcy because of tough market conditions[14]. In the same regard, sometimes governments are required to exercise control over the banking sector in order to direct their restructuring programs, thereby ensuring the stability of the banking sector in times of crisis. During such unique occasions, the competition policy acknowledges the trade-offs between preserving a level playing field for industry players and resolving the crisis at hand effectively.

2.4 Evolution of the Concept of Social Banking

The concept of social banking or sustainable banking has undergone continuous growth over the years since its inception, particularly guided by value-drive investments that social on both the social as well as the environmental impact of investment. The first time that social banking came into perspective was in the 1950s. However, nowadays, the concept of social banking is more about emphasizing the concept of sustainable investment in the banking sector. This is especially in line with an established investment approach that considers the three ESG factors in the banking sector, namely Environmental, Social,

---

[14] Dalla, E., & Varelas, E. (2019). Regulation & Oligopoly In Banking: The Role of Banking Cost Structure. *Journal of Economics and Business*.

and Governance aspects of portfolio management[15] . The growth of sustainable banking in the industry is also increasing significantly, owing to the fast take up of these investment opportunities by various customers.

In 2014, sustainable investment assets accounted for one third of all the professionally managed assets in the global market. Furthermore, the market continues to report successive growth in both relative and absolute terms, whereby the European market stands out as one of the best social banking options within the market. In 2014, the amounts of global investments towards sustainable assets amounted to over 21.4 trillion US dollars[16] . It is notable that Switzerland is among the leading players in the market, whereby it reported an annual growth of over 30% of the managed sustainable investment products over the past decade alone. In this case, Credit Suisse was ranked as the 2nd largest Swiss asset manager of sustainable investment products, second to J. Safra Sarasin Bank, a private banking institution that tool the top position among the 24 financial players that were offering the sustainable investment services to both domestic and internal customers during 2014.

2.5 Social Banking as Bringing Communities Together

Initially, relationship managers were the point of contact for clients of private financial institutions whenever they went to interact with their banks. This has changed significantly over the years as clients are now able to interact more differently with their respective banking service providers. This is especially in the modern day era when social media is the main mode of communication and dissemination of information from one group to another. The term social banking has also reported growing prevalence, whereby it is largely associated with clients

---

[15] Titmuss, R. (2018). *The gift relationship (reissue): From human blood to social policy*. Policy Press.

[16] Vives, X. (2010). Competition and stability in banking.

getting an opportunity to interact with other clients, their relationship managers at the bank, as well as other banking experts that they may require their guidance of expertise using a secure online platform[17]. In this regard, most private banking clients usually demand the ability to discuss ongoing market developments of investment ideas with their banking experts, and in this regard, increasingly expect their banking services provides to be able to access the information about the events impacting their business investments and portfolios directly from corresponding specialists and experts.

In this regard, banks invest heavily in social banking platforms that enable their customers to keep in close contact with their banking service providers. For instance, Credit Suisse provides its customers with constant contact platform such as expert blogs that address specific banking issues or investment issues that the clients may want to be informed about[18]. Other banks have also launched an online business community to enable its bank officials to interact with their bank clients in a more effective way, in which case, majority of the discussion on these platforms focus on the strict existing investment issues, as well as other matters pertaining the investment options of specific clients, such as portfolios and other provisions.

2.6 Social Banking as Social Lending

Social banking has also evolved to being a concept of social lending, whereby in some cases it is referred to as peer-to-peer (P2P) lending. The rise of social banking as a platform for social lending began following the drastic effects of the global financial crisis that affected the world and other major economies in

---

[17] Hasan, I., & Marinč, M. (2016). Should competition policy in banking be amended during crises? Lessons from the EU. *European journal of law and economics, 42*(2), 295-324.

[18] Leroy, A., & Lucotte, Y. (2017). Is there a competition-stability trade-off in European banking?. *Journal of International Financial Markets, Institutions and Money, 46*, 199-215.

2007 through to 2009. In fact, most countries that were affected by the crisis took a long time to recover from their failed economies, others forced to use austerity measures to stimulate economic growth and recovery [19]. The main reason as to why the P2P platform took shape was because most of the traditional lenders had stopped providing certain financial products and services to consumers, largely because they were badly hit by the financial crisis. Furthermore, the situation was also characterized by the difficulties by consumers and smaller businesses to obtain loans and other credit facilities on unsecured basis.

The ability of technological developments to allow people to connect online for socializing, networking, and doing business created an ample environment for P2P to take shape, as people realized the viability of doing business with one another. Currently, the global P2P lending market is valued at about US$ 24 billion for 2015. The amount is estimated to grow over the years to over US$ 290 billion by 2020 based on the findings of a financial report prepared by Morgan Stanley[20]. The rapid growth in the P2P sector is likely to trigger increased scrutiny in the regulations and operations of P2P activities, largely because of the risks associated with financing terrorist activities, money laundering, and black market operations such as smuggling and counterfeit notes.

Notably, various factors inhibit the P2P banking sector from reaching its full potential, key among these being the high rates of interest charged on these financial instruments when compared to loans offered by conventional financial institutions, economic crises or downturns that make it difficult to have money to share around or lent, as well as frayed relationships with banks and other financial

---

[19] Leroy, A., & Lucotte, Y. (2019). Competition and credit procyclicality in European banking. *Journal of Banking & Finance, 99*, 237-251.

[20] Mariotto, C., & Verdier, M. (2015). Innovation and competition in Internet and mobile banking: an industrial organization perspective.

institutions[21] . In this regard, it is appropriate for the concerned stakeholders to introduce the right frameworks to support and protect the P2P social banking platforms to continue serving.

2.7 Conceptual Framework

The study evaluates the concept of competition policy with regard to how it affects or controls social banking. In this regard, there are two main variables being considered in the research study, the first variable being social banking while the second variable being competition policy[22] . The study evaluates how social banking reacts in place of competition policy, and as such, this means that the depended variable is social banking, while the independent variable is competition policy. Conversely, this also means that the operations and activities of banks through their social banking platforms have to be controlled or to adhere to the provisions of the competition policy[23] . Essentially, the concept of competition policy was developed in order to protect financial institutions from high market risks that would otherwise affect their operations. Furthermore, the reasoning behind the adoption of competition policy was also to facilitate the stability of financial institutions in such a way that they would be stable even in the times of tough financial crises.

In this regard, the introduction of new features into the operations of the banking sector has to observe the principles of competition policy, such as the evolution of social banking. The reason for this assertion is that the bank should

---

[21] Jayakumar, M., Pradhan, R. P., Chatterjee, D., Sarangi, A. K., & Dash, S. (2019). Banking Competition and Banking Stability in SEM Countries: The Causal Nexus. In *Advances in Analytics and Applications* (pp. 275-297). Springer, Singapore.

[22] Achua, J. K. (2008). Corporate social responsibility in Nigerian banking system. *Society and Business Review, 3*(1), 57-71.

[23] Akande, J. O., Kwenda, F., & Tewari, D. (2019). The Interplay Of Competition, Regulation And Stability: The Case Of Sub-Saharan African Commercial Banks.

not risk its stability at the expense of adopting new market developments[24] . This is especially considering the fact that the concept of social banking has been evolving over the years, and as such, it became a must have for every banking institution to enable it enhance the convenience and efficiency of its service delivery, such as enabling seamless communication between the bank's customers and the bank's officials or workers on specific issues affecting the investment market[25] . An example of this is such as the performance of specific portfolios in the financial markets, the expected market output from various investment options, and the impact of certain policy or government statement on the economy of business within the country.

Conversely, the introduction of the social banking policy would be bound to bring about both positive as well as negative effects on financial institutions (Andrés, Arce & Thomas, 2013). On the positive scale, social banking enables financial institutions to maintain a close relationship with their business partners, and most especially, their customers by creating an interactive forum whereby these stakeholders can share and discuss on different ideas and perspectives regarding their investments, or banking options, or any other information that is of significance to the financial welfare of the depositors[26] . On the negative scale, social banking exposes these financial institutions to a wide range of risks, including technological risks, such as cybercrime and financial fraud[27] . Such

---

[24] Badarau, C., & Lapteacru, I. (2019). Bank Risk, Competition and Bank Connectedness with Firms: A Literature Review. *Research in International Business and Finance*.

[25] Beck, T., & Casu, B. (Eds.). (2016). *The Palgrave Handbook of European Banking*. Palgrave Macmillan.

[26] Carletti, E. and Hartmann, P. (2001). Competition and Stability: What's Special About Banking? *Forthcoming in Monetary History, Exchange Rates and Financial Markets: Essays in Honour of Charles Goodhart Vol. 2, ed. by P. Mizen, Cheltenham: Edward Elgar.*

[27] Badarau, C., & Lapteacru, I. (2019). Bank Risk, Competition and Bank Connectedness with Firms: A Literature Review. *Research in International Business and Finance*.

situations are common when leakage of sensitive financial information about the bank or confidential financial information about the customer leaks out to unauthorized parties, possibly through hacking of the social banking platforms used by the financial institutions to communicate and engage their customers.

A good example is a case where the customer shares his or her banking details with a bonafide employee of the bank to get assistance on a particular issue of the bank, such as loan application, but then this information leaks to a third party hacker who accesses this information by breaching the firewall used by these social platforms to protect the information security and safety of users[28]. In this regard, competition policy in the banking sector is applied to regulate any foreseeable risks or challenges that the financial institutions will face in the course of implementing the concept of social banking[29]. Furthermore, competition policy also helps to define the impact of social banking on the stability of these financial institutions, performed with the primary goal of ensuring the stability of financial institutions, even at the wake of adopting new technological platforms aimed at advancing their competitiveness and convenience in service delivery.

2.8 Gaps in Literature Review

The above analysis focused on examining the concepts of social banking and competition policy in the banking sector[30]. The literary material defined competition policy as the structures and systems in place aimed at reducing the

---

[28] Carletti, E., & Hartmann, P. (2003). Competition and stability: What's special about banking. *Monetary history, exchanges rates and financial markets: Essays in honour of Charles Goodhart, 2,* 202-229.

[29] Carletti, E., & Vives, X. (2009). Regulation and competition policy in the banking sector. *Competition Policy in Europe, Fifty Years of the Treaty of Rome, Oxford University Press, forthcoming.*

[30] Coyle, D. (2018). Practical competition policy implications of digital platforms. *Bennett Institute for Public Policy working paper no: 01/2018.*

risk exposure to financial institutions, as well as ensure their stability both in the short run as well as in the long run[31] . In most cases, the application of the competition policy is most significant during times of economic strife, such as the Great Depression of the 1930s of the Great Financial Crisis of 2008 (Coyle, 2003). As such, the introduction of the competition policy to the banking sector focuses on ensuring that the financial institutions remain stable in the wake of tough economic crises, in addition to observing a risk averse approach to major financial challenges and risks that banks may face in the course of their operations[32] . Ultimately, competition policy also helps to improve the competitive environment within the banking sector, giving both established and large financial institutions, as well as small and new financial institutions the opportunity to operate on an equal playing field.

The study also examined the concept of social banking and its role in the banking sector, particularly with regard to its three main applications, following its evolution over the years since it was first introduced in the banking sector[33] . The first includes applying the concept of social banking to operate or offer sustainable investment services by financial institutions to their customers. The second includes applying the concept of social banking to provide an online communication platform that links the customers with the workers at the banks. The third includes applying the concept of social banking as a platform for providing microfinance services among customers, whereby individuals or group

---

[31] Chen, J., & Zhu, L. (2019). Foreign penetration, competition, and financial freedom: Evidence from the banking industries in emerging markets. *Journal of Economics and Business*, *102*, 26-38.

[32] Dalla, E., & Varelas, E. (2019). Regulation & Oligopoly In Banking: The Role of Banking Cost Structure. *Journal of Economics and Business*.

[33] Dadzie, J. K., & Ferrari, A. (2019). Deregulation, efficiency and competition in developing banking markets: Do reforms really work? A case study for Ghana. *Journal of Banking Regulation*, 1-13.

offer each other credit facilities on a controlled platform as opposed to relying on financial institutions, through the P2P social banking platforms.

However, the literature gap evident from this analysis is the fact that none of the materials evaluated covered significantly issues pertaining to the impact of social banking on the risk exposure and stability of financial institutions. Therefore, the following study will apply mixed research methods through an explorative research design to examine the impact of applying the provisions of competition policy on the implementation and adoption of social banking platforms within the financial institutions[34] . This is especially considering the fact that financial institutions must apply both concepts in their operations in order to ensure both sustainability and competitiveness, especially in the modern day competitive world. As such, data will be collected from both primary and secondary sources and correlated to establish how competition policy affects the implementation of social banking within banking and financial sector.

III. Research Methodology

3.1 Research Design

The study applied the explorative research design to examine the correlation between social banking and practical competition law within the banking sector. The concept of the study stemmed from the fact that financial institutions were operating in a competitive technological world whereby the industry dynamics were always changing, and as such, it was expected for the financial institutions to also transform in relation to these changes so that they maintain their relevance

---

[34] Claessens, S. (2009). Competition in the financial sector: Overview of competition policies. *The World Bank Research Observer, 24*(1), 83-118.

and competitive edge within the market[35]. As such, the study applied the explorative research design to evaluate the implications of enforcing the practical competition law on social banking. The fact that there was limited background material on this topic warranted the adoption of the explorative research design, whereby the primary focus of the study was to facilitate the collection of as much data as possible to enable the undertaking of an in-depth investigation into the research topic[36]. Therefore, the explorative research design would enable the researcher to dig deeper and evaluate various sources, including primary and secondary sources, for data regarding the implications of practical competition law on social banking.

3.2 Research Method

The study used the mixed research method in conducting the collection and analysis of data. The choice of the mixed research method was informed by the fact that the study would use both primary and secondary data sources to analyze and find the right answers to the research topic. In this regard, the mixed research method comprised of a combination of both qualitative and quantitative research methods. In this regard, the mixed research method was considered a more superior approach as conducting the research study given the fact that it combined the best features of both qualitative and quantitative research methods[37]. The qualitative research methods entailed using ordinal or non-figurative data to analyse and decipher a particular phenomenon in the research study. On the other

---

[35] Degl'Innocenti, M., Fiordelisi, F., & Trinugroho, I. (2019). Competition and stability in the credit industry: Banking vs. factoring industries. *The British Accounting Review.*

[36] De Guevara, J. F., & Maudos, J. (2017). Competition in the European banking markets in the aftermath of the financial crisis. *Handbook of Competition in Banking and Finance, Edward Elgar*, 118-138.

[37] Coyle, D. (2018). Practical competition policy implications of digital platforms. *Bennett Institute for Public Policy working paper no: 01/2018.*

hand, the quantitative research methods entailed using numerical or figurative data in analyzing and deciphering a particular phenomenon investigated in the research study. Therefore, the choice of the mixed research methods meant that the researcher would combine both ordinal and figurative data in analyzing the research topic, which would also inform the most preferred methods of data collection for both primary and secondary data.

- What are the implications of practical competition laws on social banking practices?
- What are the implications of social banking practices on the operations and competitiveness of financial institutions?
- What degree of risk exposure do banks face because of their decision to adopt social banking practices?
- What is the impact of social banking on the success margins and profitability of financial institutions?
- Is it advisable for financial institutions to adopt social banking practices considering the provisions of the competition policies in the banking sector?
- What is the impact of social banking on the stability and growth of financial institutions, as well as the degree of risk exposure that they endure?

3.3 Sampling and Sampling Technique

The study population used in investigating the concept of the research topic was the banking industry, with a particular focus on the legal aspects of banking. Therefore, the study population used by the study included various financial institutions operating within the economy, primarily the United States banks. As such, the participants used in the study were bank officials, bank employee, as well as bank regulators and managers drawn from different financial institutions within the United States. Furthermore, the line government in charge of the banking and finance sector was also involved in the study, particularly through the Department of Finance and the Federal Reserve Board. These were used in providing both primary and secondary data for use in undertaking the research study.

As for the primary data, the researchers selected 100 participants from the study population using the random sampling approach. The choice of the sampling technique was informed by the need to maintain uniform representation of the entire study population within the sample used in the study. In the same regard, the sampling technique also helped to ensure that there would be zero cases of researcher bias, favoritism, or preferences of various participants or financial institutions in the country. This is especially considering the fact that there are different levels of financial institutions in the United States, stating from the Too Big to Fail banks, or the BIG four, to the middle level banks, and finally to the lower level financial institutions. The sampling technique also enabled the researcher to ensure that participants were drawn from all over the country, as opposed to concentrating on banks within a given region, locality or state. In order to cover the entire country seamlessly, the researcher used online platforms to reach out to the research participants, whereby each of the 50 states in the country contributed two participants for the study. The recruitment platform used to select the participants was the Survey Monkey online survey tool.

On the other hand, the secondary data was collected from published material relating to the concept of competition law or policy applied to the banking sector, specifically on social banking. In this regard, the researcher applied an inclusion and exclusion criteria to facilitate the selection of the best quality sources for use in the research study. The strength of secondary data relies heavily on the quality of sources used in undertaking the evaluation. Therefore, the researcher's inclusion criteria focused on identifying journal studys and other peer reviewed material addressing the issue of competition policy and social banking in the banking sector. On the other hand, the exclusion criteria used in ruling out sources that did not quality focused on eliminating all journal studys and peer reviewed sources that covered the issue of competition policy but not focused on the banking sector, and more so, social banking.

The researcher collected secondary data from various databases including academic sites such as ProQuest, EbscoHost, Research Gate, Google Scholar, and Google Books, among many others. In addition, professional databases were also used to provide information for the study, including Financial Times, Bloomberg, Google Finance, Yahoo Finance, as well as MarketWatch and NASDAQ. Table 1 below shows a PRISMA diagram of the process followed by the researcher in identifying and selecting the 50 sources used in the study.

Table 1: PRISMA Diagram Indicating Selection of Eligible Sources

Process	Results	Options
Identification	Records identified through database searching: EbscoHost = (n201) ProQuest = (n109) Research Gate = (n52) Google Scholar = (n204) Science Direct = (n118)	Additional records identified through other sources (n = 128)
Screening	Records after duplicates removed (n = 481)	
	Records screened (n = 481)	Records excluded (n = 331) - Not discussing banking competition policy (n=104) - Not discussing social banking in the banking context (n=112) - Only focused on the too big to fail banks (n = 115)
Eligibility	Full text studys assessed for eligibility (n = 202)	Full text studys excluded (n = 279) - No outcome of interest (n = 100) - No evaluation of banking sector (n = 179)

Table 1: PRISMA Diagram Indicating Selection of Eligible Sources (續)

Process	Results	Options
Included	Studies included in mixed evaluations (n = 100)	- Preliminary studies (n=50) - summary studies (n=52)
	Included studies that provided analyses (n = 50)	
	Unique studies with mixed synthesis (n=35) Supplementary studies (n = 15)	
	Total number of sources used (35 + 15) N = 50	

(Source: Author)

3.4 Data Collection

As mentioned above, there were two types of data used in the research study, the primary data and the secondary data. In this regard, the methods of data collection used were also different, each method being tailored to meet the criterion for a particular type of data. As such, the primary data of the study was collected through questionnaires survey tools, whereby the researcher prepared questionnaires with 10 primary questions to ask the research participants to contribute to the study through answering these close ended questions. The answered would later be analyzed to answer the research questions identified in the study. Owing to the expansive nature of the study population, the researcher also used online platforms to disseminate the research questionnaires, specifically through the Survey Monkey research tool. The participants were expected to fill the questionnaires online, a process that would take them no more than 10 minutes of their precious time. The choice of the questionnaire approach was informed by the efficiency and cost friendliness of the technique, as well as ease of administration.

On the other hand, the secondary data was collected through systematic analyses, whereby focus was to establish the specific concepts of competition policy that were applicable on social banking in the banking sector, and how these affected the way financial institutions adopted and implemented these policies. As such, the systematic review approach was considered most effective in the collection of secondary data as it facilitated a thorough analysis of the literary materials identified as secondary data sources to be used in the study.

3.5 Data Analysis

The study used mixed methods of data analysis, which meant the combination of both qualitative and quantitative methods of data analysis in reviewing and analyzing the data collected during the study from both primary and secondary sources. The primary data was analyzed through quantitative methods of data analysis, which included determining descriptive statistics present in the data and applying various statistical tools for analysis. In this regard, the Microsoft Excel data analysis tool was used in evaluating the correlation between practical competition policy laws and social banking in the banking and finance sectors. On the other hand, the secondary data was analyzed through qualitative methods of data analysis, whereby the study used thematic analysis to identify the correlation between social banking and competition policy in the banking sector. Some of the major themes used to evaluate this data included:

- Impact of social banking on banks' stability
- Impact of social banking on bank's sustainability
- Impact of social banking on banks' risk exposure
- Impact of social banking on banks' profitability (P2P platforms)
- Impact of social banking on banks' competitiveness

3.6 Ethical Considerations

The study used both primary and secondary data sources to perform a correlation analysis focused on establishing the implication of practical competition law on social banking. On one hand, human subjects were used in collecting primary data used in the study. On the other hand, literary materials were used in collecting secondary data used in the study. However, because the study used human subjects for data collection purposes, it had to adhere to the principles of conducting an ethical research study. As such, these principles entailed collecting of an informed consent from all the participants prior to their contribution to the study via questionnaire method. In this regard, the informed consent meant that the research participants were aware of what the study entailed, and what was expected of them from the study, and based on this knowledge, make a decision to participate in the study by contributing their views and perspectives regarding the topic of research.

The other ethical consideration observed by the study entailed the confidentiality of the research participants, whereby all the participants were kept anonymous by the researcher, as revealing their true identify would have caused them harm, one way or the other, such as victimization, discrimination, or stigmatization, based on their individual contributions and perspectives shared on the study. As such, observing the confidentiality concept of the research study aimed at maintaining the safety and security of the research participants even after their contributions to the study. In the same regard, the study also upheld the principle of free will, whereby the participants were free to contribute to the study as they deemed fit, and not under the coercion or manipulation of the researcher. As such, this ensured that the data contributed by the participants was credible. The participants also had free will to abort the research in case they were no longer comfortable with the arrangement.

IV. Results and Findings

4.1 Introduction

The study focused on evaluating the implications of practical competition law on social banking. The study operated on the hypothesis that competition policy had a significant effect on the manner in which financial institutions adopted and implemented social banking concepts. In this regards, the results obtained were correlated between the independent variable (competition law or competition policy) and the dependent variable (social banking. The study used mixed research methods to evaluate the relationship between the two variables, whereby it was established that completion law affected the way banks adopted and implemented tenets of social banking. The reason for this assertion is that the intention of completion policy was to ensure that financial institutions maintained their stability and risk prevalence within their respective markets, in that they would not collapse easily following a negative turn of events in terms of economic conditions and activities.

The mixed research method entailed collecting and analyzing both primary and secondary data used, whereby primary data was sourced from the study population, with 100 participants from the US banking sector being selected to contribute to the study via online questionnaires. On the other hand, the secondary data was collected from published materials including peer reviewed sources and journal studys from various scholars that had studied the research topic. As such, quantitative methods of data analysis were applied in the analysis of questionnaire data using the descriptive statistics and correlation analysis of the Microsoft Excel tool, while qualitative methods of data analysis were applied in the analysis of qualitative data, along specific themes observed by various scholars. The following section is an analysis of the data collected from both figurative and ordinal data sources.

4.2 Analysis of Qualitative Data

The qualitative data analyzed from secondary data sources established that competition law had significant implications on the adoption and implementation of social banking by financial institutions. The study established that competition policy determined the stability and risk exposure of financial institutions, and as such, affected or controlled any new development that would threaten the stability of financial institutions as well as increase the risks that the banks would be exposed to. Therefore, the adoption of the new policy of social banking in the banking industry would therefore be subject to the provisions of the completion policy in order to safeguard and protect the stability and sustainability of the banking sector.

The study established that the financial crisis of 2008 gives proof to the precariousness of the regular financial framework. Social banks may introduce a suitable option for traditional banks. This study investigations the presentation of social banks identified with the bank plan of action, monetary productivity, resource quality, and soundness by contrasting social banks and banks where the thing that matters is probably going to be expansive, to be specific with the 30 worldwide fundamentally significant banks (G-SIBs) of the Financial Stability Board over the period 2000–2014. We additionally examine the general effect of the worldwide money related emergency on the bank execution. The exhibition of social banks and G-SIBs is shockingly comparative. Competition has been perceived with suspicion, and even suppressed for extended periods, in banking. After banking was liberalized, a process which started in the 1970s in the United States, it has become much more unstable, culminating with the 2007–2009 crisis which resembles the systemic banking problems of the 1930s.

Rivalry in banking has been seen with doubt, and even stifled for broadened periods. Rivalry approach in the financial area has developed through various stages. After the Great Depression during the 1930s and up to 1970s, when the advancement procedure began in the United States, rivalry was stifled in banking, and rivalry approach was not implemented notwithstanding the wasteful aspects instigated by money related suppression. In this period, national banks and controllers in a scope of nations endured intrigue understandings among banks and wanted to manage a concentrated part described by dissolved competition. This changed when that challenge upgrades proficiency grabbed hold in the money related part and progression and deregulation resulted.

In the EU, the European Commission (EC) did not make a difference the two fundamental challenge studys of the Rome Treaty (85 and 86) to banking until the mid 1980s. There was additionally a procedure of expulsion of banking special cases to rivalry arrangement at the national dimension in the EU. Up to the 2007– 2009 emergency and in cutting edge economies, for example, the EU, rivalry arrangement in banking was drawing nearer to being executed as it would be in some other area of monetary movement, yet at the same time with some extraordinary arrangements. This standardization of rivalry arrangement in its treatment of banking and fund was truncated by the profound monetary emergency that started with the emergency in 2007– 2009 and that superseded worries about challenge strategy. The state help programs made an uneven playing field as far as the expense of capital for elements regarded too-enormous to-fall flat (TBTF) and mergers were permitted without worry for market control.

A model is the merger of HBOS and Lloyds in 2009 in the UK, which was endorsed against the assessment of the Office of Fair Trading (OFT). This is in spite of the way that the "flopped firm barrier" principle can't be connected to substantial banks since the benefits of those troubled financial firms ordinarily don't leave the market due to budgetary security concerns. Managers support mergers to spare banks in a bad position, while rivalry experts are increasingly hesitant yet either assent or are overruled. Soundness concerns conflicted with encouraging challenge. This is so in light of the fact that the blended elements combine an anticompetitive market structure. In the meantime, those banks are bound to be Too-Big-To-Fail (TBTF) and may add to future flimsiness.

The emergency of 2007–2009 and its consequence comprised a stun to rivalry approach practice, which either needed to acknowledge being supplanted by monetary steadiness contemplations, or adjust rapidly endeavoring to control the focused mutilations acquainted by the gigantic assistance with the financial part. The EC, as opposed to the US Department of Justice, has specialist over state help control and has demonstrated its duty to manage the aggressive mutilations of the guide to the financial part that the monetary emergency brought. The result of the emergency has represented a large group of new inquiries on the connection among rivalry and budgetary dependability, just as between rivalry strategy and guideline in banking. This is talked about in my ongoing book Competition and Stability in Banking.

The proposition of the monograph is that challenge is unequivocally socially valuable, gave that guideline is satisfactory, however that practically speaking an exchange off among rivalry and monetary dependability emerges because of administrative defects. Guideline and rivalry arrangement can be seen as integral or substitutable strategy instruments, and there is a need of coordination between them. For instance, rivalry strategy is a decent apparatus to tackle the TBTF issue in the EU by controlling the focused bends that TBTF substances create when they cause harm and are made a difference. In this sense rivalry arrangement can be viewed as correlative to prudential approaches. An alternate case is the point at which the prudential specialist forces store rate cutoff points to substances that misuse store protection to pull in assets (as it has been the situation in Spain and Portugal). This measure limits rivalry legitimately and in spite of the fact that it could be substituted in principle by a fitting danger weighted store protection premium, practically speaking this turns out to be extremely hard to execute.

Another model is when in blasts banks have motivators to over-loan and shoppers to over-acquire (the last maybe out of social inclinations). At that point prudential principles that limit the measure of a home loan advance that can be given as a level of the estimation of the house or buyer insurance decides confining the decision that delegates can offer purchasers, limit rivalry among banks and yet that they keep away from credit oversupply and the development of hazard in the land part. The coordination of rivalry and administrative strategies and specialists does not imply that arrangements ought to be upheld by a similar office. Offices for rivalry approach and prudential oversight ought to be discrete and with individual missions, rivalry and security. This division of organizations stays away from the potential irreconcilable circumstance of rivalry arrangement and supervision, gives well-characterized missions and responsibility for the two offices, advances data age, and points of confinement catch conceivable outcomes.

The institutional courses of action for buyer insurance are various in various nations however in mainland Europe they as a rule include the prudential chief (now and again with imparted obligation to different controllers). This isn't a proper course of action. Purchaser security ought to be isolated from the chief accountable for strength, since now and again the targets may struggle. Besides, both challenge arrangement and buyer insurance have shopper welfare as their goal, and in this manner they ought to be under a typical rooftop. The new UK administrative design achieves a sensible trade off with respect to the exchange offs of mix versus division of controllers. The Prudential Regulatory Authority (PRA), subordinate to the Bank of England, is in charge of miniaturized scale prudential guideline, with an auxiliary challenge objective; and the Financial Conduct Authority (FCA) is in charge of lead guideline with a challenge and shopper insurance transmit.

The money related administrative design in the eurozone is progressively unpredictable in view of its government character and as of late has moved to a solid concentrated prudential boss, the ECB, additionally accountable for foundational strength, keeping the EC as an autonomous challenge specialist. Moreover, cross-outskirt goals of substances stuck in an unfortunate situation needs ex risk trouble sharing and coordination of organizations or a government structure, as the miscoordination happened on account of the salvage of Fortis amid the emergency appears. Nonetheless, the association between the goals organization in the eurozone, the recently settled Single Resolution Board, and the challenge office accountable for state help control, the EC, is sensitive and will require an update of comprehension to guarantee smooth joint effort. At long last, the directors inside and outside the eurozone have a coordination framework, yet there is no brought together money related lead expert, similar to the FCA in the UK. This may finish up speaking to an obstruction to developing business sector reconciliation as anticipated in the capital markets association.

4.3 Analysis of Quantitative Data

4.3.1 Impact of social banking on banks' stability

The question sought to identify the impact of social banking on the stability of the banking industry, whereby most of the respondents were of the opinion that social banking was not threatening to the operations and stability of banks given the fact that it was presented in three different dynamics of interaction, sustainability, and alternative banking platforms. As a result, this ensured that the banks were well protected in relation to market changes. The results obtained are indicated in figure 1 below.

Figure 1

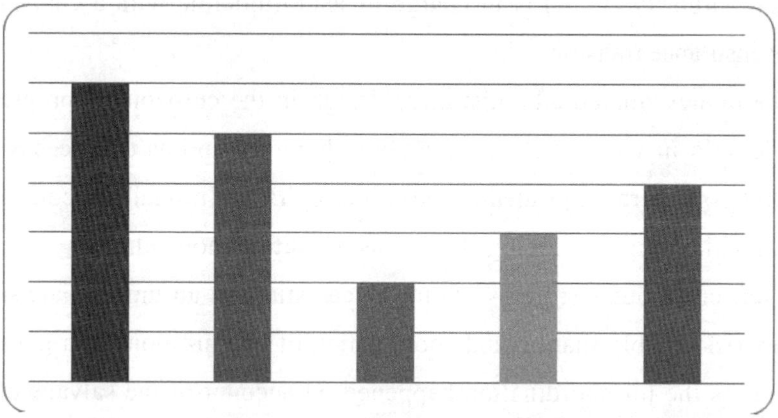

4.3.2 Impact of social banking on bank's sustainability

Similarly, the study established that social banking had a significant impact on sustainability of financial institutions as provided for by the sustainability function of the concept of social banking. In this case, by investing in sustainable management practices, banks were critical in ensuring that more and more investments and operations were sustainable going into the future. Figure 2 below indicates the expected levels of sustainability in social banking practices.

Figure 2

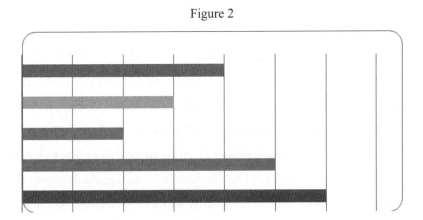

4.3.3 Impact of social banking on banks' risk exposure

However, the study noted that social banking platforms increased the risk exposure of banks, meaning that they needed to incorporate various performance mechanisms and operations in order to cushion their activities from market and financial risks. The social banking systems required that these financial institutions adopt new technological platforms and engage their customers on online interactive platforms, which were susceptible to hacking by unauthorized parties that could steal confidential information about the banks or its customers.

Figure 3

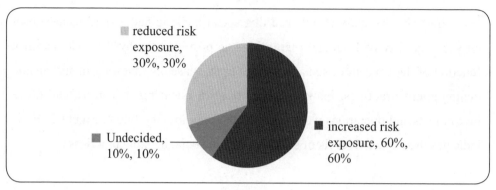

4.3.4 Impact of social banking on banks' profitability (P2P platforms)

The study also noted that social banks had a negative effect on the profitability of financial institutions in the sense that it took their businesses away from them, especially through the P2P banking platforms. This is because more and more customers were willing to borrow money from other customers as opposed to borrowing money from banks, thereby reducing the business of banks as their main line of work entailed extending loans to their customers and earning an interest from these loans.

Figure 4

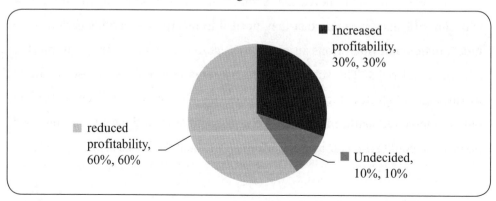

4.3.5 Impact of social banking on banks' competitiveness

Nonetheless, the study established that social banking had a positive effect on the competitiveness of the financial institutions as it provided them with a platform to engage customers using advanced operational systems and practices, thereby improving on the quality of service delivery offered by the banks.

Figure 5

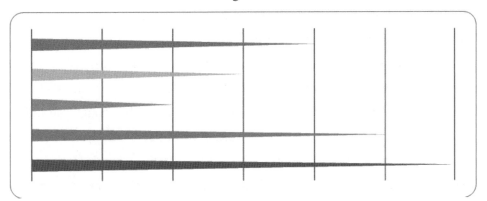

4.4 Discussions

The most recent two decades saw some crucial moves in the idea of money related administrations arrangement in cutting edge economies. Advancement in data innovation expanded the accessibility of "hard" (quantifiable, evident) data on borrowers. This diminished the grasp that banks had over their clients on account of "delicate" (restrictive) data aggregated in existing bank-client connections. Banking turned out to be increasingly contestable, with lower benefits and decreased sanction esteems. What's more, hard data made bank tasks versatile, as banks could all the more effectively get to new clients. Furthermore, hard data expanded the tradability of bank resources.

Banks would now be able to utilize markets to gain or discard resources (for example of securitized obligation) and take part in exchanges (for example restrictive exchanging). Market-based tasks of banks are especially contestable, with low per unit benefits, yet effectively adaptable[38]. All things considered, a few pieces of the financial business, for example, SME and syndicated loaning, just as a lot of loaning in less propelled economies, are as yet concentrated in delicate data. Be that as it may, in general, hard data assumes an undeniably significant job. A cutting edge bank joins organizations dependent on hard and delicate data.

The move to present day banking makes prudential difficulties. When banking is progressively contestable, with lower edges and contract esteems per unit of presentation, banks have higher motivators to go for broke. In the meantime, banks can develop forcefully in size, in light of the fact that hard data enables them to extend past the set up client base. Also, banks can utilize advertise based exercises to take huge scale, shrewd bets[39]. So banks have the two impetuses and a high capacity to go out on a limb on a substantial scale. These prudential difficulties suggest requirement for a more grounded prudential segment in rivalry approach.

In the meantime, customary challenge approach that centers around bank showcase structure (section/exit and combination of banks) to keep up sanction esteems and confine chance taking of banks turns out to be less viable[40]. The reason is that, because of contestability, contract esteems (and motivating forces to go for broke) react less to changes in market structure. The way that the connection between market structure and rivalry from one perspective, and hazard

[38] Dadzie, J. K., & Ferrari, A. (2019). Deregulation, efficiency and competition in developing banking markets: Do reforms really work? A case study for Ghana. *Journal of Banking Regulation*, 1-13.

[39] Claessens, S., & Laeven, L. (2003). *What drives bank competition? Some international evidence*. The World Bank

[40] Dick, A. A., & Hannan, T. H. (2012). Competition and antitrust policy in banking. In *The oxford handbook of banking*.

taking then again is frail has been for quite some time perceived in the writing. However deficiently reflected so far in strategy discusses.

The new prudential difficulties raised by the more market-based nature of money related intermediation and the lower viability of existing approach devices suggest a requirement for a central re-assessment of the goals and devices of bank rivalry arrangement. Customary devices portrayed in Section II.B stay pertinent to the degree that financial keeps on depending on some delicate data. Be that as it may, the expanding nearness of hard data based budgetary administrations calls for new needs and techniques in how rivalry approach could improve the steadiness of current banks. In particular, it raises three new strategy and research zones for bank rivalry approach:

Tending to the TBTF issue - The capacity of present day banks to effectively expand scale prompts a progressively intense TBTF issue. Rivalry arrangement apparatuses may should be utilized to confine the extent of huge banks. Rivalry strategy ought to likewise manage the twists made by TBTF: an uneven playing field that emerges as a result of less expensive subsidizing accessible to TBTF banks.

Understanding the associations with auxiliary issues - Much of overabundance hazard taking in present day banks happens for basic reasons: banks may go out on a limb in market-based tasks; another wellspring of bends is rivalry from non-banks[41] . Rivalry strategy has connections with and may supplement later auxiliary bank guideline activities.

Encouraging emergency, the board - Effective goals of money related emergencies may require measures that transitory misshape rivalry, for example, government proprietorship and control of banks, or high bank focus. Rivalry

---

[41] Chen, J., & Zhu, L. (2019). Foreign penetration, competition, and financial freedom: Evidence from the banking industries in emerging markets. *Journal of Economics and Business, 102*, 26-38.

strategy may need to oblige these to encourage viable bank goals.

The writing has since a long time ago perceived the risks of "too-huge to-come up short" (TBTF) banks. Such banks are perplexing and interconnected, and can't be effectively slowed down. Generally, most mediations in TBTF banks were true bailouts, which ensured their lenders (and some of the time investors as well) from full misery related misfortunes. The expectation of bailouts builds the impetuses of TBTF banks to go for broke, and acquaints a race among keeps money with become TBTF, so as to have a lower cost of financing because of the assurance against misfortunes. In present day banking, the TBTF issue is particularly intense for various reasons:

There are minimal open or market weights to manage extensive banks. An advanced financial framework can be aggressive in spite of being concentrated, on account of contestability. Outside of budgetary emergencies, banks are not extricating surplus from savers and borrowers, so there is little strain to contract them[42] . Also, amid emergencies, specialists may unnecessarily utilize bank mergers (rather than independent goals) for emergency the executives, as they are not compelled by negative aggressive impacts.

Banks have motivating forces to develop. This is the best approach to expand the TBTF sponsorship, advantage from potential economies of scale in market-based exercises, and from business openings driven by "arrange centrality" (for instance, when a well-associated bank can run a progressively productive vendor activity, see).

It is simple for banks to develop. Exercises dependent on hard data, particularly showcase based ones, are adaptable. What's more, hard data empowers bigger associations (Stein, 2002). In this way, present day banking

---

[42] Carletti, E., & Hartmann, P. (2003). Competition and stability: What's special about banking. *Monetary history, exchanges rates and financial markets: Essays in honour of Charles Goodhart*, *2*, 202-229.

makes conditions for the TBTF issue to "creep in." The TBTF issue is all around perceived as a noteworthy prudential concern. Presently, strategy plans to address it through Basel III capital additional charges for fundamentally significant banks (SIFIs).

However, there are worries this might be lacking to completely manage the TBTF issue. The primary reason is that the Basel SIFI capital extra charge is generally little (up to 2.5 percent of hazard weighted resources). The expense of additional capital might be balanced by the advantages of less expensive financing related with being TBTF[43] . At that point the extra charge may not give banks adequate motivating forces to therapist or cut dangers. There is along these lines both a need and much extension to use what's more challenge approach to address the TBTF issue. There are two methodologies by which this should be possible, an amount and a cost based methodology.

The amount-based methodology is to utilize rivalry arrangement instruments to straightforwardly confine bank measure. This can be accomplished by constraining mergers, driving twist offs, and so forth. The test for this methodology is to locate a right basis for utilizing such devices. Present day banks can act aggressively and be proficient regardless of their size. Additionally, extensive banks may exhibit deceptive economies of scale, i.e., appear to be more productive than little ones, because of:

a) lower cost of assets because of the TBTF sponsorship,

b) less borrower screening since they can manage the cost of more hazard in loaning activities, and

c) more market-based exercises, which are versatile however unsafe.

It might subsequently be difficult to confine bank measure on unadulterated

---

[43] Carletti, E., & Vives, X. (2009). Regulation and competition policy in the banking sector. *Competition Policy in Europe, Fifty Years of the Treaty of Rome, Oxford University Press, forthcoming.*

focused grounds. There are two different ways around this. One route is to give rivalry arrangement a chance to receive an express full scale prudential target, which would empower it to manage substantial counts on the grounds of the welfare expenses of potential emergencies. Another way, perhaps more effectively worthy, is to concentrate on subsegments of bank activities where bank size may in reality be an inconvenience to rivalry[44] . For instance, extensive banks are commonly poor in managing obscure clients, for example, independent company borrowers or different clients concentrated in "nearby" data. Guaranteeing access to back on aggressive terms by such clients may offer a justification to limit bank measure or encourage bank section on unadulterated focused grounds.

The cost-based methodology is to utilize rivalry strategy to address aggressive bends made by TBTF. Strangely, this may lessen the basic TBTF issue too. A key contortion is the uneven playing field that emerges on the grounds that vast banks approach less expensive financing than little banks. The less expensive financing is an aftereffect of an understood TBTF assurance to extensive banks' lenders (that they will be rescued in an emergency); the span of the subsidizing preferred standpoint can be as high as 80 premise focuses a year. This mutilation influences static challenge, is an obstruction to passage, and makes socially wasteful motivations for banks to develop. Adjusting the uneven playing field is a characteristic objective for rivalry arrangement.

The most immediate instrument to do as such is to force assessments or fines on substantial banks, to separate their uncalled for upper hand. (Think about an expense on discount financing of banks, with a rate that is expanding in bank measure.[45]) From the viewpoint of rivalry approach, this would guarantee a

---

[44] Casu, B., & Girardone, C. (2009). Competition issues in European banking. *Journal of Financial Regulation and Compliance, 17*(2), 119-133.

[45] Goldberg, L. S. (2009). Understanding banking sector globalization. *IMF Staff Papers, 56*(1), 171-197.

dimension playing field. From the prudential point of view, such charges or fines would decrease the abundance impetuses of banks to develop, diminishing the TBTF issue and upgrading budgetary dependability.

V. Conclusions and Recommendations

5.1 Conclusions

As mentioned above, the research covered an expansive study population, and in this regard, it meant that there were risks of representation of the research participants, as well as the difficulties in reaching out to the entire study population to conduct the study. In this regard, the researcher overcame these limitations by narrowing down the number of study participants to two per state across the entire nation, and the use of the random sampling technique to identify and select the right participants from each of the 50 states in the US. Furthermore, the decision to use online survey tools such as Survey Monkey to perform the study was also critical in ensuring that the researcher reached to every corner of the study population with ease, thereby ensuring both appropriate representation as well as effective surveying in the process.

The study focused on evaluating the impact of competition policy on the operations of financial institutions, especially with regard to the introduction of social banking practices. Social banking was considered as an improved means of banking that involved three means of operations, including sustainable banking practices, improved communication through social media platforms, and alternative banking and lending practices, such as P2P banking. In this case, the study established that competition policy had a significant effect on the way financial institutions implemented concepts of social banking in their operations, including evaluating the manner in which the banks were exposed to risks, sustainability in operations, as well as protection of their activities from negative financial developments, such as changes in the economic structures of the organization. In the same regard, it is worth noting that the study considered social banking as a positive step in the way banks conducted their operations, and as such, its potential could be harnessed to ensure success in the management and profitability of financial institutions.

5.2 Recommendations

It is recommended from the findings of the study that financial institutions adopt social banking practices in order to promote their competitiveness and effectiveness in business operations. However, while implementing these policies, it is imperative for the concerned stakeholders to ensure that the implementation of social banking practices are in line with the provisions of competition policy in order to reduce or eliminate any market risks that could be attributable to this inclusion.

5.3 Future research

The future research areas that can be reviewed in this case include investigating the impact of competition policy on sustainable operations of financial institutions.

References

Achua, J. K. (2008). Corporate social responsibility in Nigerian banking system. *Society and Business Review, 3*(1), 57-71.

Akande, J. O., Kwenda, F., & Tewari, D. (2019). The Interplay Of Competition, Regulation And Stability: The Case Of Sub-Saharan African Commercial Banks.

Albaity, M., Mallek, R. S., & Noman, A. H. M. (2019). Competition and bank stability in the MENA region: The moderating effect of Islamic versus conventional banks. *Emerging Markets Review, 38*, 310-325.

Andrés, J., Arce, O., & Thomas, C. (2013). Banking competition, collateral constraints, and optimal monetary policy. *Journal of Money, Credit and Banking, 45*(s2), 87-125.

Badarau, C., & Lapteacru, I. (2019). Bank Risk, Competition and Bank Connectedness with Firms: A Literature Review. *Research in International Business and Finance*.

Beck, T., & Casu, B. (Eds.). (2016). *The Palgrave Handbook of European Banking*. Palgrave Macmillan.

Botta, M. (2016). Competition policy: safeguarding the Commission's competences in State aid control. *Journal of European Integration, 38*(3), 265-278.

Carletti, E. and Hartmann, P. (2001). Competition and Stability: What's Special About Banking? *Forthcoming in Monetary History, Exchange Rates and Financial Markets: Essays in Honour of Charles Goodhart Vol. 2, ed. by P. Mizen, Cheltenham: Edward Elgar.*

Carletti, E., & Hartmann, P. (2003). Competition and stability: What's special about banking. *Monetary history, exchanges rates and financial markets: Essays in honour of Charles Goodhart, 2*, 202-229.

Carletti, E., & Vives, X. (2009). Regulation and competition policy in the banking sector. *Competition Policy in Europe, Fifty Years of the Treaty of Rome,*

Oxford University Press, forthcoming.

Casu, B., & Girardone, C. (2009). Competition issues in European banking. *Journal of Financial Regulation and Compliance, 17*(2), 119-133.

Chen, J., & Zhu, L. (2019). Foreign penetration, competition, and financial freedom: Evidence from the banking industries in emerging markets. *Journal of Economics and Business, 102*, 26-38.

Claessens, S. (2009). Competition in the financial sector: Overview of competition policies. *The World Bank Research Observer, 24*(1), 83-118.

Claessens, S., & Laeven, L. (2003). *What drives bank competition? Some international evidence*. The World Bank.

Coyle, D. (2018). Practical competition policy implications of digital platforms. *Bennett Institute for Public Policy working paper no: 01/2018*.

Dadzie, J. K., & Ferrari, A. (2019). Deregulation, efficiency and competition in developing banking markets: Do reforms really work? A case study for Ghana. *Journal of Banking Regulation*, 1-13.

Dalla, E., & Varelas, E. (2019). Regulation & Oligopoly In Banking: The Role of Banking Cost Structure. *Journal of Economics and Business*.

de Guevara, J. F., & Maudos, J. (2017). Competition in the European banking markets in the aftermath of the financial crisis. *Handbook of Competition in Banking and Finance, Edward Elgar*, 118-138.

Degl'Innocenti, M., Fiordelisi, F., & Trinugroho, I. (2019). Competition and stability in the credit industry: Banking vs. factoring industries. *The British Accounting Review*.

Dick, A. A., & Hannan, T. H. (2012). Competition and antitrust policy in banking. In *The oxford handbook of banking*.

Falkner, G. (2016). The EU's current crisis and its policy effects: research design and comparative findings. *Journal of European Integration, 38*(3), 219-235.

Ghossoub, E. A., & Reed, R. R. (2019). Banking competition, production externalities, and the effects of monetary policy. *Economic Theory, 67*(1), 91-154.

Goldberg, L. S. (2009). Understanding banking sector globalization. *IMF Staff Papers*, *56*(1), 171-197.

Hasan, I., & Marin , M. (2016). Should competition policy in banking be amended during crises? Lessons from the EU. *European journal of law and economics*, *42*(2), 295-324.

Jayakumar, M., Pradhan, R. P., Chatterjee, D., Sarangi, A. K., & Dash, S. (2019). Banking Competition and Banking Stability in SEM Countries: The Causal Nexus. In *Advances in Analytics and Applications* (pp. 275-297). Springer, Singapore.

Kanas, A., Hassan Al-Tamimi, H. A., Albaity, M., & Mallek, R. S. (2019). Bank competition, stability, and intervention quality. *International Journal of Finance & Economics*, *24*(1), 568-587.

Lee, S., & Bowdler, C. (2019). Banking sector globalization and monetary policy transmission: Evidence from Asian countries. *Journal of International Money and Finance*, *93*, 101-116.

Leroy, A., & Lucotte, Y. (2017). Is there a competition-stability trade-off in European banking?. *Journal of International Financial Markets, Institutions and Money*, *46*, 199-215.

Leroy, A., & Lucotte, Y. (2019). Competition and credit procyclicality in European banking. *Journal of Banking & Finance*, *99*, 237-251.

Li, S. (2019). Banking Sector Reform, Competition, and Bank Stability: An Empirical Analysis of Transition Countries. *Emerging Markets Finance and Trade*, 1-25.

Lyman, T. R., Pickens, M., & Porteous, D. (2008). Regulating transformational branchless banking: Mobile phones and other technology to increase access to finance.

Mariotto, C., & Verdier, M. (2015). Innovation and competition in Internet and mobile banking: an industrial organization perspective.

Maudos, J., & de Guevara, J. F. (2007). The cost of market power in banking: Social welfare loss vs. cost inefficiency. *Journal of Banking & Finance*,

31(7), 2103-2125.

Maudos, J., & Vives, X. (2019). Competition Policy in Banking in the European Union. *Review of Industrial Organization*, 1-20.

Mitic, P. & Rakic, S. (2011). Social Finance and Social Banking – A Path Towards A More Sustainable Future. *The State and the Market in Economic Development: In Pursuit of Millennium Development Goals*

Munitlak Ivanovic, O., Raspopovic, N., Mitic, P.-Rakic., 2013. Analysis of Life Insurance Premium in Regard to Net Income as an Influencing Factor - the Case of the Republic of Serbia. Industrija, 41(4), pp.23-38.

Naturesave Insurance, 2017. www.naturesave.co.uk. [Online] Available at: http://www.naturesave.co.uk/charity-insurance/

Ndou, E., Gumata, N., & Tshuma, M. M. (2019). What Is the Role of Competition in the Banking Sector on the Interest Rate Pass-Through and Loan Intermediation Mark-Up?. In *Exchange Rate, Second Round Effects and Inflation Processes* (pp. 351-370). Palgrave Macmillan, Cham.

Pawlowska, M. (2016). Does the size and market structure of the banking sector have an effect on the financial stability of the European Union?. *The Journal of Economic Asymmetries, 14*, 112-127.

Postelnicu, L.-Hermes, N., 2016. Microfinance Performance and Social Capital: A Cross-Country Analysis. *Journal of Business Ethics, pp.1-19.* doi:10.1007/s10551-016-3326-0.

Pradhan, R. P., Arvin, M. B., Nair, M., & Bennett, S. E. (2019). Inter-linkages between competition and stabilisation policies in the banking sector and stock market development in Europe. *Applied Economics*, 1-12.

Rafay, A., & Farid, S. (2019). Competitive Environment in Banking Industry: Evidence from an Emerging Economy. *Rafay, A. & Farid, S.(2018). Competitive Environment in Banking Industry: Evidence from an Emerging Economy. Business and Economic Review, 10*(3), 65-84.

Rakshit, B., & Bardhan, S. (2019). Bank Competition and its Determinants: Evidence from Indian Banking. *International Journal of the Economics of*

Business, 1-31.

Relano, F. (2015). Disambiguating the Concept of Social Banking. *ACRN Journal of Finance and Risk Perspectives Special Issue of Social and Sustainable Finance, Vol.4 Issue 3, July 2015, p. 48-62, ISSN 2305-7394.*

Sugarda, P. P., & Wicaksono, M. R. (2017). Strengthening Indonesia's Economic Resilience through Regulatory Reforms in Banking, Investment and Competition Law. *Journal of Economic & Management Perspectives, 11*(3), 1093-1103.

Titmuss, R. (2018). *The gift relationship (reissue): From human blood to social policy*. Policy Press.

Vives, X. (2001). Competition in the changing world of banking. *Oxford review of economic policy, 17*(4), 535-547.

Vives, X. (2010). Competition and stability in banking.

Vives, X. (2011). Competition Policy in Banking. *Forthcoming in Oxford Review of Economic Policy, IESE Business School, September 2011.*

Vives, X. (2019). Competition and Stability in Modern Banking: A Post-Crisis Perspective. *International Journal of Industrial Organization.*

Part 5

數位貿易與醫療、社福及正義

後疫情時代遠距及智慧醫療：
醫病關係重構及創新技術發展

吳俊穎*、楊增暐**

壹、前言

新冠肺炎（COVID-19）2020 年 1 月底爆發後，經歷十八個月的時間，在 2021 年 8 月底，總計感染了 2.17 億人口，造成 452 萬人死亡[1]。台灣在 2021 年 5 月中旬爆發疫情，在 8 月底有近 16,000 人感染，而且死亡率高達 5.22%，遠高於世界致死率平均值 2.08%[2]。我們的研究團隊以近 200 個國家，80 多億人口，2,000 多個參數的全球大數據，分析造成台灣新冠肺炎致死率遠高於全球平均值的問題，我們發現檢測數、疫苗施打率，以及各種封城指數，會具體影響致死率之高低。新冠肺炎檢測數越多，致死率越低，特別是在政府效能低、人口結構較年輕、病房人口比較低的國家，影響特別顯著[3]。我們也發現疫苗施打率越高，新冠肺炎致死率越低，疫苗施打覆蓋率達到 32%，即可降低 31.3% 致死率，特別在政府效能高、交通便利，以及

---

* 國立陽明交通大學醫學院副院長、生物醫學資訊研究所教授兼所長、臺北榮總轉譯研究科主任。

** 國家衛生研究院博士後研究員、國立屏東大學博雅教育中心兼任助理教授。

[1] 參與世界衛生組織新冠肺炎即時資料，World Health Organization Coronavirus (COVID-19) Dashboard，https://www. covid19.who.int（最後瀏覽日：2021 年 9 月 1 日）。

[2] 新冠肺炎（COVID-19）全球疫情追蹤之動態報告，載於衛生福利部疾病管制署，https://www.cdc.gov.tw（最後瀏覽日：2021 年 9 月 1 日）。

[3] *See* Li-Lin Liang, Ching-Hung Tseng & Chun-Ying Wu, *COVID-19 Mortality is Negatively Associated with Test Number and Government Effectiveness*, 10 Sci. Rep. 12567 (2020).

人口結構較年輕的國家，降低致死率的效果特別顯著[4]。封城指數部分，我們發現關閉學校與關閉工作場所，是兩個效果最好的封城方式，而且在疫情不同階段、不同國家，效果均相當顯著。取消公共活動、限制聚會人數、居家令、疫情調查、管制國際旅遊、強制戴口罩等管制方式，僅在疫情爆發初期，以及政府效能較高的國家，才有控制疫情的效果[5]。

戰爭及疫情，常常為許多新興科技提供了應用的場域，也迫使各國政府採取較為寬鬆的管制措施。基於新冠肺炎之高傳染力及高致死率，衛生福利部於 2020 年 2 月 10 日，放寬了遠距醫療的應用限制（衛部醫字第 1091660661 號函釋）。過去遠距醫療僅限於醫師法第 11 條所規範的山地、離島、偏僻地區[6]，但在新冠肺炎疫情下，放寬了遠距醫療之適用對象，針對接受檢疫或隔離 14 天之居家民眾，得依醫師法第 11 條視為急迫情況，准予通訊方式詢問病情、提供診療、開給方劑；或依全民健康保險醫療辦法第 7 條規定，得委託他人向醫師陳述病情並領取方劑；或者納入「通訊診察治療辦法」之特殊情形病人，許以遠距方式同享醫療服務。

遠距醫療科技的應用，以及政府規範的鬆綁，提供了一個很好的機會，以檢視後疫情時代，遠距醫療應該如何規範。特別是遠距醫療結合其他之新興科技，例如：5G 通訊技術、機器人手臂之發展，將顯著影響醫病關係之互動模式。舉例而言，隨著 5G 通訊技術之發展，外科醫師已經可以透過機器人，對相距 50 公里遠外之小豬，施行肝小葉切除手術，進行所謂的

---

[4] *See* Li-Lin Liang, Hsu-Sung Kuo, Hisu J Ho & Chun-Ying Wu, *COVID-19 Vaccinations are Associated with Reduced Fatality Rates; Evidence from Cross-country Quasi-experiments*, 11 J. Global. Health. 05019 (2021).

[5] *See* Li-Lin Liang, Chien-Tse Kuo, Hisu J Ho & Chun-Ying Wu, *COVID-19 Case-doubling Time Associated with Non-pharmaceutical Interventions and Vaccination: A Global Experience*, J. Global. Health. in press (2021).

[6] 依據醫師法第 11 條第 1 項之明文規定：「醫師非親自診察，不得施行治療、開給方劑或交付診斷書。但於山地、離島、偏僻地區或有特殊、急迫情形，為應醫療需要，得由直轄市、縣（市）主管機關指定之醫師，以通訊方式詢問病情，為之診察，開給方劑，並囑由衛生醫療機構護理人員、助產人員執行治療。」

跨域醫療[7]。隨著新興科技的進步，台灣人口結構快速老化，少子化又讓照護人力不足，如何修正法律規章，讓遠距醫療以及跨域醫療，得以普遍應用於醫療實務以造福病患，同時促進台灣醫療產業的發展，將是一個重要的議題。

　　後疫情時代，剛好也是許多智慧醫療技術產出及落地的時間，例如：大數據、雲端計算、人工智慧、區塊鏈，乃至於次世代基因定序與分析等發展。比方說：智能穿戴裝置普遍應用於健康監測，大量的生理資料上傳雲端，作為醫師與病患溝通的重要工具，例如蘋果公司與史丹佛合作醫學研究，使用 Apple Watch 隨時偵測心律不整[8]。美國食品藥物管理局（FDA）於2018年4月，批准人工智慧型眼部診斷軟體 IDx-DR 上市，該軟體無需醫師解讀影像或數據，即可單獨依照視網膜照片診斷出糖尿病視網膜病變[9]。英國政府投資 3,600 萬英鎊在 NHS 實驗室 AI 醫療項目，以人工智慧在胸部 X 光片辨識疑似肺癌、在攝護腺癌檢測幫助病理學家辨識癌症、分析電腦斷層以尋找未被確診之脊椎骨折等[10]。次世代基因定序的進步，結合人工智慧的精準判讀，客製化的精準醫療應運而生，台灣也於 2021 年初，由科技部、衛福部及經濟部共同推動健康大數據永續平台計畫，以打造台灣精準健康戰略展業[11]。

---

[7]　全球首例！外媒：中國成功完成 5G 遠端外科手術 幾近零延時，中國日報中文網，2019年 1 月 21 日，https://world.chinadaily.com.cn/a/201901/21/WS5c458acba31010568bdc568c.html（最後瀏覽日：2021 年 8 月 27 日）。

[8]　蘋果與史丹佛大學合作醫學研究，用 Apple Watch 隨時偵測心律不整，iThome 新聞，https://www.ithome.com.tw/news/118947（最後瀏覽日：2021 年 9 月 5 日）。

[9]　*See* Biotechnology, *FDA approves AI-powered diagnostic that doesn't need a doctor's help*, MIT TECHNOLOGY REVIEW (Apr. 11, 2018), https://www.technologyreview.com/f/610853/fda-approves-first-ai-powered-diagnostic-that-doesnt-need-a-doctors-help/, last accessed 01/10/2021.

[10]　英國政府豪擲 3,600 萬英鎊，資助 NHS 實驗室 AI 醫療項目，科技新報，https://technews.tw/2021/06/24/uk-funded-nhs-ai-medical-project/（最後瀏覽日：2021 年 8 月 27 日）。

[11]　健康大數據永續平台啟動，經濟日報新聞，https://money.udn.com/money/story/5612/5182115（最後瀏覽日：2021 年 9 月 5 日）。

　　伴隨前舉之遠距醫療、穿戴裝置、人工智慧判讀以及精準醫療相關進展，將影響醫病互動方式，醫師的注意義務、親自診療義務、病患的知情同意，以及相關產品責任歸屬等層面，凡此在新的遠距醫療以及智慧醫療發展情境下，也將面臨重大挑戰而成為法律規範之熱門課題。

貳、遠距醫療與醫師親自診療義務

一、醫師親自診療義務規範下，老年及行動不便患者就醫之困境

　　醫師法第11條課予醫師親自診察義務，醫師非親自診療，不得施行治療、開給方劑或交付診斷書。衛生主管機關過去解釋「親自」，係指醫師需當面診察病患，該解釋使得遠距醫療僅能限於醫師法第11條的例外規定：山地、離島、偏僻地區或有特殊、急迫等情形。相關規定係為了保障病患就醫權益，但也造成許多年老病患以及行動不便病患的就醫困境，這樣的困境在2025年台灣進入超高齡社會之後[12]，將特別顯著，屆時將有大量老年人口欠缺就醫時所需要的人力照護。雖然許多地方政府透過居家醫療方式，來解決部分患者就醫問題，但卻需要大量的人力，也僅限於少數病況穩定的長照患者。隨著遠距醫療的進步，該類醫療服務已納入健保之給付項目[13]，如果政府能夠適當放寬遠距醫療相關法規，讓老年病患以及行動不便病患之就醫，更為方便，也更具有尊嚴，未嘗不是人民之福。

---

[12] 參見國家發展委員會網頁，https://www.ndc.gov.tw/Content_List.aspx?n=695E69E28C6AC7F3（最後瀏覽日：2021年9月5日）。超高齡社會的定義，係指65歲以上人口占總人口比率達到20%以上。

[13] 健保署提出「全民健康保險遠距醫療給付計畫」，明年將加碼該項醫療服務之健保預算，也將逐步予以放寬適用對象與場域，譬如納入慢性病患、瞄準居家療養或急診，同時廣推虛擬健保卡，年底普及化有為數多達千家之醫事機構共同參與。專訪健保署署長李伯璋談遠距醫療未來，iThome新聞，https://www.ithome.com.tw/news/146499（最後瀏覽日：2021年9月27日）。

二、美國遠距醫療相關規範

誠如世界醫師會（World Medical Association, WMA）在遠距醫療所揭櫫之倫理聲明[14]，開宗明義提及「遠距醫療用於因路程、失能、工作、家庭因素（包括必須照顧他人）、醫療費用和醫師看診時間有限等障礙而無法及時找到合適醫師的病人。遠距醫療能接觸到醫療資源有限的病人，並有改善醫療服務的潛力」[15]。另一方面，本件聲明也特別強調「醫師和病人之間的面對面諮詢，是臨床照護不變的黃金標準」[16]，顯見遠距醫療乃藉由資通科技擺脫時空環境之多重限制，從中連結人際互動加以形諸於醫病兩方之信賴關係，進而成為當面診療之替代選項。

就事論事，遠距醫療不盡然是完美理想的解決方案，但最起碼必須擔保醫療照護之服務水準，亦即「遠距醫療服務需與醫師當面提供一致，並有證據支持」[17]。此處訴求之品質把關如何付諸實踐，WMA也在倫理聲明予以提出建議，「遠距醫療應適時納入地方管理體系以保障病人最佳利益，包括遠距醫療平台許可執照的核發。世界醫師會與各國醫師會應在適當時機，鼓勵制定執行遠距醫療業務相關的道德準則、醫療指引、國內立法與國際協定」[18]。操作上乃從醫事人員之執業資格，向外延伸到醫療服務之行為規範，逐層進行嚴格設限以保周延。

光以資格限制而言，美國之各州醫療委員會聯合會（Federation of State Medical Boards of the United States, Inc., FSMB）早於1996年通過「跨州醫

---

[14] WMA Statement on the Ethics of Telemedicine, https://www.wma.net/policies-post/wma-statement-on-the-ethics-of-telemedicine/, last accessed 01/10/2021.

[15] 中譯版本，參見全聯會國際事務工作小組，世界醫師會遠距醫療倫理聲明（譯文），臺灣醫界雜誌，第62卷第12期，頁40，2019年12月。

[16] 同此倫理聲明之前言部分，全聯會國際事務工作小組，世界醫師會遠距醫療倫理聲明（譯文），臺灣醫界雜誌，第62卷第12期，頁40。

[17] 全聯會國際事務工作小組，世界醫師會遠距醫療倫理聲明（譯文），臺灣醫界雜誌，第62卷第12期，頁40。

[18] 見於倫理聲明之文末建議，全聯會國際事務工作小組，世界醫師會遠距醫療倫理聲明（譯文），臺灣醫界雜誌，第62卷第12期，頁41。

療行為模範法案」[19]，內載醫方務必先取得患者所在地公家核發之許可證照，否則不得從事遠距醫療之相關業務[20]。不僅如此，FSMB更於2002年制定Model Guidelines for the Appropriate use of the Internet in Medical Practice，以供各州之醫療主管部門有所依循，除重申執業許可之醫療證照不可或缺以外，其餘涉及遠距醫療之臨床指引，諸如治療前的紀錄製作、提出治療方針建議、知情同意，乃至醫病間電子郵件往來之保密措施等[21]，一應俱全。

前述類屬注意範本之成套義務最為重要者，莫過於責求治療建議之考量過程，線上必須充分掌握患者紀錄在案之臨床資訊，包含其病史及生理健康之評估報告，真憑實據以利做出正確診斷而予開立處方。凡此遠距醫療提供之照護水準，無論如何應與傳統的當面診療一致[22]。直至2014年FSMB所頒布之Model Policy for the Appropriate Use of Telemedicine Technologies in the Practice of Medicine，復以架設（第四節）遠距醫療技術之應用指南[23]（Guidelines for the Appropriate Use of Telemedicine Technologies in Medical Practice）、（第五節）執業倫理規範[24]（Parity of Professional and Ethical Standards）為由，接連肯認該項專業達標之根本要求在遠距醫療不打折扣。

---

[19] Federation of State Medical Boards, *A Model Act to Regulate the Practice of Medicine Across State Lines* (April 1996).

[20] Federation of State Medical Boards, *Model Policy for the Appropriate Use of Telemedicine Technologies in the Practice of Medicine*, p.4 (2014), https://www.fsmb.org/siteassets/advocacy/policies/fsmb_telemedicine_policy.pdf, last accessed 01/10/2021.

[21] The FSMB Special Committee on Professional Conduct, *Model Guidelines for the Appropriate use of the Internet in Medical Practice,* http://citeseerx.ist.psu.edu/viewdoc/download?doi=10.1.1.371.5105&rep=rep1&type=pdf, last accessed 01/10/2021.

[22] (Treatment and consultation recommendations made in an online setting, including issuing a prescription via electronic means, will be held to the same standards of appropriate practice as those in traditional (face-to-face) settings.) *Model Guidelines for the Appropriate use of the Internet in Medical Practice,* p. 5.

[23] *Model Policy for the Appropriate Use of Telemedicine Technologies in the Practice of Medicine* (2014), p. 4.

[24] *Id.*, p. 7.

此舉背後的政策用意正如 WMA 所想，與其說是著重於醫方能否具備從事遠距醫療之專門學識，外加自律嚴守倫理規範得以勝任職務，倒不如說是為維持醫療照護之服務水準，設法來確保病方不因跨域醫療而受有不利於己之差別待遇。

反觀地方層級之加州法例也不遑多讓，另循漸進方式促成遠距醫療之普及發展，先於 1996 年通過「遠距醫療發展法案」（Telemedicine Development Act of 1996）[25]，採由知情同意附加患者之書面要式，允許醫方得以開啟遠距服務之門；接著在 2011 年制定「遠距醫療促進法案」（Telehealth Advancement Act of 2011）[26] 予以逐步鬆綁，後續結果不僅納入口頭同意、放寬適用對象（如自閉症專業服務人員或家庭治療師等），甚至將此項服務升格為私人健保之給付範圍[27]，造福社會大眾。

參、病患隱私權及醫療品質如何保障

而今伴隨著人工智慧的興起，醫療服務形態又將開啟嶄新的一頁，類同世界衛生組織（WHO）對於智慧醫療所下的註解，意指「資通訊科技（information and communication technology, ICT）在醫療及健康領域的應用，包括醫療照護、疾病管理、公衛監測、教育和研究」[28]。也就是說，先進科技之輔助功用不僅限於遠距醫療，其餘整合跨領域之創新研發，加上掃描影像、電子病歷、穿戴式感測裝置，及居家健康監控所匯集而成之海量數據，然後入庫採由雲端技術進行資料共享乃至加值利用，大有助於人工智慧

---

[25] http://www.leginfo.ca.gov/pub/95-96/bill/sen/sb_1651-1700/sb_1665_bill_960925_chaptered. pdf, last accessed 01/10/2021.

[26] https://leginfo.legislature.ca.gov/faces/billNavClient.xhtml?bill_id=201120120AB415&search_ keywords=, last accessed 01/10/2021.

[27] https://www.cchpca.org/california-telehealth-policy-coalition/, last accessed 01/10/2021.

[28] Global diffusion of eHealth: making universal health coverage achievable. Report of the third global survey on eHealth. Geneva: World Health Organization; 2016, http://apps.who.int/iris/ bitstream/handle/10665/252529/9789241511780-eng. pdf, last accessed 01/10/2021.

在醫療照護上面一展身手[29]。

於是乎，遠距醫療之轉型發展，非但盡數涉及軟硬體設備之品質要求，還可能透過穿戴裝置來蒐集個人之數據紀錄，進一步整合電子病歷、生物資訊、保險給付，乃至生活習慣，藉以協助醫師迅速且精準掌握患者之健康動態，就此如何操作得當已然成為法律規範之熱門課題，特別是在隱私自主與機密安全遭受侵害之潛在危險多所著墨。從而，本文在引介醫療服務指引規範之餘，也將分別從病患隱私之保護措施，以及醫用器材之審查機制進行探討，並予提出若干淺見以供參酌。

一、病患隱私保護

前述 WMA 於遠距醫療所揭櫫之倫理聲明，其中原則三即予文字細述：「醫師應致力為病人守密，確保其隱私和個資不受損害」[30]。之所以有此守密義務之特別要求，無非在確保醫病間賴以維繫雙方互動關係之信任基礎[31]。再者，由於事關病歷、健康檢查、性生活或基因等敏感性資料（sensitive data），悉數納入個資法加以升級保密而成特種個資[32]，一旦遭以揭露或散布則容易引人側目，隱私權之危害性也如火燎原蔓延開來。

正因如此，WMA 之倫理聲明也在原則三加以補充說明，「遠距醫療諮詢期間所取得的資料必須加密，依當地法規透過適當和最先進安全技術以防止未經授權取得並擅用足以辨識病人之資料。電子傳輸之資料也應採取嚴密保護措施，以防止未經授權之取用」[33]。前者常見採取之處理技術，包括

---

[29] 參見張孟筑，人工智慧醫療器材之美國法規管理方向及上市產品簡介，當代醫藥法規月刊，第 107 期，頁 4，2019 年 9 月。

[30] 參見全聯會國際事務工作小組，世界醫師會遠距醫療倫理聲明（譯文），臺灣醫界雜誌，第 62 卷第 12 期，頁 40，2019 年 12 月。

[31] *See* Klaus M. Brisch & Claudia E. Haupt, Information *Technology Meets Healthcare: The Present and Future of German and European E-Health Initiatives*, 12 DePaul J. Health Care L. 105, 130 (2009).

[32] 個人資料保護法第 6 條第 1 項。

[33] 參見全聯會國際事務工作小組，世界醫師會遠距醫療倫理聲明（譯文），臺灣醫界雜誌，第 62 卷第 12 期，頁 40，2019 年 12 月。

加密、編碼、去連結或其他相類之匿名方法。反觀德國聯邦議會則於 2015 年 12 月 4 日通過「健康制度安全數位通訊與應用法」（Gesetz für sichere digitale Kommunikation und Anwendungen im Gesundheitswesen, E-Health-Gesetz，簡稱數位健康法）[34]，旨在推展醫療保健系統加諸資訊安全之基礎設施 [35]，主要藉由存儲在數位健康卡（die elektronische Gesundheitskarte）內之醫用緊急資料，可供迅速獲悉有關患者之過敏症或既往病史等重要訊息，免於藥物交互作用之危險發生；進一步輸入電子病歷（如出院摘要等）並得以協助診斷與治療；另外，患者亦可自行決定何種臨床資訊納入卡片儲存，並予提取或授權他人查閱，例如血糖測量值、穿戴裝置或隨身手圈所蒐集之健康數據等；反過來此處插卡之身分查驗、上線紀錄等機制，更將成爲數據安全的保護利器 [36]。

　　後者如何訴諸隱私安全防護之配套機制，不外標舉知情同意之倫理要求 [37]，此即根植於隱私權之保障意義，側重於保護個人資料自主權之面向，亦即釋字第 603 號解釋之意旨，個人對於與其自身相關之資訊，擁有決定在何種範圍內、於何時、向誰及以何種方式加以揭露之自主權，乃至就其資料之使用有知悉與控制權及資料記載錯誤之更正權 [38]，缺一不可。歐盟也於

---

[34] 本法業於 2016 年 1 月 1 日生效，https://www.bundesaerztekammer.de/aerzte/telematiktelemedizin/earztausweis/e-health-gesetz/（最後瀏覽日：2021 年 10 月 1 日）。

[35] https://www.bundesgesundheitsministerium.de/service/begriffe-von-a-z/e/e-health-gesetz.htm, last accessed 01/10/2021.

[36] https://www.bundesgesundheitsministerium.de/ministerium/meldungen/2015/e-health.html, last accessed 01/10/2021.

[37] WMA 之倫理聲明指出合適的知情同意內容，應予涵蓋向病人充分說明所有關於遠距醫療重要特徵的必要訊息，包括但不限於：說明遠距醫療如何運作；如何預約；隱私問題；技術故障的可能性，包括保密性遭侵害；遠距醫療服務期間的聯繫程序；在不影響病人選擇的情況下，以清晰易懂的方式提供醫囑，並與其他醫療人員協調照護事宜。

[38] 個人資料保護法亦同斯旨高舉告知後同意之程序要求，相關規定散見於第 6 條、第 7 條、第 8 條、第 9 條、第 15 條、第 16 條、第 19 條及第 20 條等條文。另於第 3 條提供資料自主權之保障規定，繼而形成特定權利不得預先拋棄或訂約加以限制，包括：一、查詢或請求閱覽；二、請求製給複製本；三、請求補充或更正；四、請求停止蒐集、處理或利用；五、請求刪除，亦值留意。

2016 年通過「一般性個資保護規則」（General Data Protection Regulation, GDPR）[39]，從中揭示國際公認個資保護之基本原則，諸如目的限制、資料使用最小化、透明性要求、問責制等，凡此皆可納為機密安全保護之操作準則。即使通過知情同意而取得之個人資料，亦必須合於授權目的加以使用並予小心保管，轉而附加個資檔案之安全維護義務，見於個人資料保護法第18 條、第 27 條等規定。尤以設有敏感個資之健康數據庫，更應伴隨科技發展而採取足以確保資訊安全之防護措施[40]，但凡在蒐集、儲存、處理、利用或傳輸等作業過程，防免諸如毀損、滅失、竄改、竊取、洩漏[41]，乃至其他不當使用之情形發生，嚴陣以待。

二、醫療品質管控

誠如 WMA 在前述之倫理聲明提及「遠距醫療指涉遠距離的醫療行為，透過資通訊系統傳遞病人數據、文件和其他資料，提供介入、診斷、醫療決定和後續的治療建議。遠距醫療可以在個別醫師和病人之間進行，或在兩個或更多醫師，包括其他醫療專業人員之間進行」[42]。而今伴隨著人工智慧的興起，先進科技之輔助功用不僅限於遠距醫療，其餘整合跨領域之創新研發，加上掃描影像、電子病歷、穿戴式感測裝置，及居家健康監控所匯集而成之海量數據，然後入庫採由雲端技術進行資料共享乃至加值利用，當有助於人工智慧在醫療照護服務大展身手。

---

[39] 為因應新興資訊科技對於個資保護所生之影響，歐盟於 2016 年通過「一般性個資保護規則」（General Data Protection Regulation, GDPR），中文譯名為「第 2016/679 號關於自然人資料處理及此類資料自由流通的個人保護規則」，並取代 Directive 95/46/EC，2018 年 5 月 25 日生效，全文分 11 章，共 99 條。而告知後同意原則在此屬重要的核心原則，其中第 12 條規定告知原則之基本要求；第 13 條（直接蒐集）、第 14 條（間接蒐集）各別載明告知內容為何；第 7 條則先予律定同意方式。

[40] 參見司法院釋字第 603 號大法官林子儀所提之協同意見書。

[41] 關於個資外洩通知當事人之法定義務，參見個人資料保護法第 12 條規定。

[42] 參見全聯會國際事務工作小組，世界醫師會遠距醫療倫理聲明（譯文），臺灣醫界雜誌，第 62 卷第 12 期，頁 40，2019 年 12 月。

　　試想此處轉型付諸實現之關鍵環節為何，矛頭指向工欲善其事，必先利其器。首當其衝之規範課題，諒必與軟硬體設備之品質要求緊密相連，如何針對醫用器材加諸審查機制至關重要。尤其，人工智慧擔當醫療決策之輔助任務，已身賴以運轉之演算法疑似黑箱作業，問世以來或多或少招人物議；上市產品又可蒐集在地族群之罹病特性、醫方人員之作業習慣，存檔轉由電腦系統帶入自動化學習加以改進效能[43]。從而，美國FDA近期所提出之對應規範，核心訴求放在醫用器材之臨床驗證與市售監管，期使患者安全與創新研發得以兼籌並顧[44]。

　　首先，FDA 將類屬 AI 驅動之儀器設備定性為軟體醫材（Software as a Medical Device, SaMD），接著導入國際公認之 SaMD 風險分類架構[45]，此即端視 AI 器材所標示之臨床資訊有何真正功用而定，一則置於醫療照護決策可得占有之重要性，由強至弱依序為治療或診斷（如檢傷分類或鑑別疾病等）、推動臨床管理（如維護用藥或儀器操作之安全性等）、告知臨床管理資訊（如提供治療選項等）[46]；二來實際適用在醫療照護之基本樣態，區隔為危急、嚴重、非嚴重三種類型，交相組合列出醫用器材對於公眾健康之影響程度，總共分成四個風險層級（如表 11-1 所列之Ⅰ、Ⅱ、Ⅲ、Ⅳ）[47]。其中潛在風險最低的是第Ⅰ類器材，大都用於告知臨床管理資訊，或單純推動非

---

[43] 參見張孟筑，人工智慧醫療器材之美國法規管理方向及上市產品簡介，當代醫藥法規月刊，第 107 期，頁 1，2019 年 9 月。

[44] 張孟筑，人工智慧醫療器材之美國法規管理方向及上市產品簡介，當代醫藥法規月刊，第 107 期，頁 4-9，2019 年 9 月。

[45] 參見國際醫療器材法規管理論壇（International Medical Device Regulators Forum, IMDRF）公告 SaMD 之風險分類，SaMD N12: Software as a Medical Device (SaMD): Possible Framework for Risk Categorization and Corresponding Considerations (2014).

[46] USFDA (2019), "*Developing a Software Precertification Program: A working model-v1.0-January 2019*", p. 28, https://www.fda.gov/media/119722/download, last accessed 01/10/2021.

[47] Software as a Medical Device (SaMD): Clinical Evaluation. Guidance for Industry and Food and Drug Administration Staff. Document issued on December 8, 2017, p. 11, https://www.fda.gov/regulatory-information/search-fda-guidance-documents/software-medical-device-samd-clinical-evaluation, last accessed 01/10/2021.

嚴重病症之臨床管理；反之，最高者即第IV類器材，乃爲治療或診斷危急病症所需[48]，井然有序。

表 11-1　IMDRF 提出 SaMD 對公眾健康影響程度之分級建議

SaMD置於醫療照護之基本樣態	SaMD在醫療照護決策之功用類型（重要性）		
	治療或診斷	推動臨床管理	告知臨床管理資訊
危急	IV	III	II
嚴重	III	II	I
非嚴重	II	I	I

　　除籲求具此風險意識應予管控得宜之外，FDA 也於 2017 年 12 月提出配套指引（Software as a Medical Device, SAMD: Clinical Evaluation）[49]，建請製造業者於市售前進行臨床評估（clinical evaluation），以求驗證產品具備安全性、有效性，乃至與其預想之特定用途相符；上市後也在眞實世界找出相應顯現之性能數據（real world performance data）多加蒐集情報，據以改善設計而使 SaMD 滿足臨床需求[50]。

　　申言之，上市前至少必須完成三階段之檢驗步驟[51]，包括：

　　（一）臨床關聯性（valid clinical association）：重在舉證 SaMD 之輸出資訊與其預定用途的確有所關聯，操作上可透過文獻搜尋、試驗研究，及醫學會提出臨床指引等方式，從中找出既有之科學證據加以佐證，就此輸出資訊之關聯意義加掛信心指標。

[48] 參見曾育婕，醫療器材軟體之臨床評估，當代醫藥法規月刊，第 97 期，頁 1-2，2018 年 11 月。

[49] Software as a Medical Device (SaMD): Clinical Evaluation. Guidance for Industry and Food and Drug Administration Staff. Document issued on December 8, 2017.

[50] 參見曾育婕，醫療器材軟體之臨床評估，當代醫藥法規月刊，第 97 期，頁 3-4，2018 年 11 月。Software as a Medical Device (SaMD): Clinical Evaluation, pp. 11-12.

[51] 參見曾育婕，醫療器材軟體之臨床評估，當代醫藥法規月刊，第 97 期，頁 4-5，2018 年 11 月。Id., pp. 13-14.

（二）技術確效（technical validation）：此即驗證產品是否符合可靠性之技術要求，包括 SaMD 本身是否照預設規格加以穩定地處理或分析資料，其後又能否精確提供資訊以滿足使用者之期待水準。

（三）臨床確效（clinical validation）：再三確認 SaMD 之輸出資料可否達成預定用途。從這層意義來看，無異要求 SaMD 之演算結果可實質對應到目標族群之臨床需求，諸如診斷、治療、風險評估、預後效果等。至於臨床驗證之評量準據，則包括靈敏度（sensitivity）、特異性（specificity）、勝算比（odds ratio）、信賴區間（confidence interval）等。

假以時日，則不難得知 SaMD 在真實世界有何具體功效，參考資料包含安全性報告、性能檢測、臨床試驗、其他類同支持或強化 SaMD 特定用途之文獻研究，或者是終端用戶之回饋意見等。FDA 於是建議廠商對此類產品在售後進行追蹤評估，以檢視其安全性、有效性或功能表現是否有所改變，或該變化對於其產品本身的效益及風險是否可能產生影響，從而判斷有否必要調整設計、或加予更換產品相關之禁忌症、警告、預防措施、注意事項或使用說明等標籤[52]。

肆、智慧醫療的法律責任：醫師責任還是產品責任？

伴隨智慧科技而肇生醫療事故之棘手問題，所幸透過親自診療義務、病患隱私保障，乃至儀器設備之品質管控，層層規範有此逐步成形之防護網以謀解決，但全程還要加上法律究責的最後關卡，否則難保不會功虧一簣而在制度設計有所缺憾。

---

[52] 參見曾育婕，醫療器材軟體之臨床評估，當代醫藥法規月刊，第 97 期，頁 7-9，2018 年 11 月。*Id.*, pp. 18-20.

一、醫療設備之產品責任

話說回來，醫療器材訴諸品質管控之餘，如何多加擔保病方之人身安全或敏感個資免於遭受不當侵害，消費者保護法第 7 條第 1 項從嚴課以無過失之產品責任妥爲相應。在此規範下，製造業者務必自我提高警覺，小心翼翼從事交易活動，尤其「於提供商品流通進入市場，或提供服務時，應確保該商品或服務，符合當時科技或專業水準可合理期待之安全性」[53]，並以之爲首要誡命而形成智慧醫療不可逾越的法律底線。

則如窮於設防仍有美中不足之處，尚可退而求其次轉向消費者據實以報，但凡「商品或服務具有危害消費者生命、身體、健康、財產之可能者，應於明顯處爲警告標示及緊急處理危險之方法」[54]。再不然，就只好立即「回收該批商品或停止其服務」[55] 用以畫下停損點。相較之下，經銷商僅僅充當販售他人製造產品之中介橋梁，同法第 8 條第 1 項但書設有免責事由[56]，當事人得以抗辯己身「對於損害之防免已盡相當之注意，或縱加以相當之注意而仍不免發生損害」，並予舉證證明有此事實存在，即可不負損害賠償之責。

二、醫療機構之組織責任

但不可諱言，智慧醫療有賴於儀器設備之正常運轉，就此部分往往必須憑藉醫療組織提供企業化管理，例如投入大規模的維修資金或爲經營上的分工合作，方可提高臨床的成效。影響所及，醫師漸失其既有之專業自主性，充其量僅擔當醫療院所出資者之幫手角色，與從事其他經濟活動之受僱人相差無幾。基於保護受僱人之衡平考量，每當醫療事故導致損害發生，對

---

[53] 如有違反則應予擔負損害賠償之責；但企業經營者能證明其無過失者，法院得減輕其賠償責任，見於同法第 7 條第 3 項之規定。

[54] 同法第 7 條第 2 項之明文規定。

[55] 同法第 10 條第 2 項規定。

[56] 消保法第 8 條第 1 項之立法理由：「經銷企業經營者對於危險的控制能力，較遜於設計、生產、製造者，故有關危險責任應輕於設計、生產、製造者，爰爲第一項規定。」

於受僱醫師之個人責任，原則上應有從輕酌定之必要[57]。回歸到法律政策的層面，較諸醫療機構之組織能力，對於這些系統性錯誤如何防患於未然，受僱醫師本難具有法律上的可期待性。

再者，從維護病患安全的角度來看，組織管理疏失可能招致醫療風險之上升，諸如醫院臨時欠缺必要的藥物、手術使用的麻醉儀器不合於使用狀態、醫療器材的消毒純度不合規定、注射針劑受到細菌污染、醫院指派實習醫師為病患看診，或任由工作超時而精神狀態不佳的醫師負責手術工作等[58]，不一而足。

前舉醫療事故之歸責道理淺顯易懂，智慧醫療類此模式潛藏某種之系統性風險（systemic risks），不乏化身組織過失而生損害賠償之紛爭，醫療機構既為該危險源之製造者，唯有其本身才對危險發生具有相當的控制效能[59]。就此情形，若將組織之系統性錯誤完全委由個別受僱醫師承受，則形同解免醫療機構在法律上所應承擔之自己責任，反而無法有效維護病人安全，不可不慎。

更重要的是，大型醫療機構藉由從業人員或儀器設備的擴充，進一步延展經濟活動範圍，並配合市場營運以增加利潤，倘因組織管理不善而肇生醫療事故，在此情形下，一端是資力厚實但僅具選任監督之責的醫療機構，另一端則是生命、身體或健康遭受侵害之病患。基於公平正義之原則，此際如不將該損害納入醫療機構其經營風險範圍之內，移轉予經濟上有能力之深口袋（deeper pocket），亦即加重醫療機構之責任分擔[60]；居然轉嫁由受害病方

---

[57] 參見陳聰富，醫療侵權之歸責原則（下），月旦法學教室，第 76 期，頁 106，2009 年 2月。

[58] 參見詹森林，德國醫療過失舉證責任之研究，醫療過失舉證責任之比較，頁 52-53，2008年。

[59] 參見侯英泠，我國醫療事故損害賠償問題的現況與展望，台灣本土法學雜誌，第 39 期，頁 118-120，2002 年 10 月。

[60] 類似看法，參見陳聰富，醫療侵權之歸責原則（下），月旦法學教室，第 76 期，頁 106-107，2009 年 2 月。

自行吸收損失，變相承認醫療機構可憑藉民法第188條第1項之歸責漏洞[61]來不當牟利，豈能令人心安？

三、遠距醫療之分工責任

　　誠如最高法院所言：「醫療行為固以科學為基礎，惟本身具不可預測性、專業性、錯綜性等特點。醫師對求治之病情，須依其專業，為正確、迅速之判斷其原因及治療方式。然人體生、心理現象，錯綜複雜，又因每人之個別差異，於當今之醫學知識、技術、仍受侷限，此猶如冰山，其潛藏未知部分，恆較顯露已知者為多，是有其不可預測性。對此，近代醫學專業分工極細，……從而面對不知詳由之複雜病情，往往需多科會診綜合判斷。」[62]遠距醫療在此現身提供及時會診之便利性，動輒訴諸團隊分工之操作模式，反而觸及醫療過失歸責的燙手山芋，殊值留意。

　　隨著醫療環境的改變，現今醫療分工日趨精細，病患前往醫療機構就醫時，並非僅有單一醫師為病患進行疾病診治，而係交由一整個醫療團隊為病患提供醫療照護服務。基本上，醫療團隊的分工情形，可以分為垂直分工之上下指揮監督關係，以及水平分工之彼此各司其職而地位平等關係[63]。

　　先就遠距醫療之垂直分工而論，在臨床上對於病患的照護，並非所有的醫療處置皆由主治醫師為作成決策，再交由值班醫師負責執行；對於不具爭議的常規治療，通常係委由近端之值班醫師獨立診斷加以開立醫囑，為病患進行治療。至若值班醫師未予轉知主治醫師的情況下，即逕自依病患之病情進行決策作成錯誤之醫療處置，一旦病患因該錯誤決策受有健康傷害，值班醫師即應負相關過失之責；反之，若該錯誤決策係由遠端之主治醫師所為，值班醫師僅單純聽命行事，此際當轉由主治醫師承擔過失之責。

　　按醫師法第11條第1項之前段規定：「醫師非親自診察，不得施行治

---

[61] 此即固守成規採以第三人（受僱醫師）有醫療過失為前提，並予適用僱用人之免責要件。
[62] 參見最高法院102年度台上字第809號判決。
[63] 詳細說明，參見吳俊穎、賴惠蓁、陳榮基，組織醫療行為的刑事過失責任釐清，月旦法學雜誌，第202期，頁166-184，2012年3月。

療、開給方劑或交付診斷書。」在值班期間，若遠端之 on call 醫師未親自到場診治，僅聽取在場護理人員之病情回報，據以指示相關人員如何進行醫療處置，類此便宜行事之舉是否違反注意義務？有論者認為，應視醫師是否能夠掌握患者的病情而定。當面對的是未曾接觸過的病患或其病況非親自診視無法掌握者，醫師應到場診視病患始得為相關處置，若非如此，致病患受有傷害時，醫師應負過失之責；反之，若醫師能根據過去與該名病患之接觸經驗，並透過其他醫事人員或監測設備來充分掌握病況，醫師雖未親自問診即予指示相關之醫療處置，尚在法可容許之列 [64]。

歸結而言，除須視個案情狀而定之外，前所述及遠距醫療構成過失責任之法律評價 [65]，至少還應特別留意以下兩個關鍵點：一是客觀上是否已有臨床公認之操作規則，足供提出明確之權責劃分而為人所得預見 [66]；二是在此照例從事醫療決策之遠端醫師，主觀上是否能夠充分掌握患者之實際病況，同於當面診療之合格標準據以做出適當處置。進一步將此判準套用在遠距會診之水平分工，亦即在組織醫療中，醫師各司其職，醫師常須憑藉許多的檢驗結果作為擬定治療方針之依據，值得討論的是，第一線醫師是否應具備檢驗結果的判讀能力？在專業分工的要求下，放射科醫師與負責診治病患之主治醫師本是互補關係，X 光片與電腦斷層檢查結果的判讀，應是放射科醫師的職責，而非為病患進行治療之醫師。從法政策分析的角度切入，若在醫療機構中 X 光檢查或電腦斷層的報告需要交由放射科醫師進行判讀，而放射科醫師亦打從 X 光或電腦斷層報告的判讀而獲取相關報酬時，對於 X 光或電腦斷層檢查結果判讀延遲或錯誤的相關法律責任，照理說應由放射科醫師來承擔？否則不難想見，法院逕自認定外科專科醫師亦應具有電腦斷層

---

[64] 參王皇玉，論醫師的說明義務與親自診察義務—評九十四年度台上字第二六七六號判決，月旦法學雜誌，第 137 期，頁 278-279，2006 年 10 月。

[65] 除個人責任外，此處亦觸及民法第 185 條共同侵權之歸責問題，本文礙於篇幅有限暫且不予申論，另請參閱陳鋕雄、劉庭妤，遠距醫療之民事過失責任標準，東吳法律學報，第 22 卷第 1 期，頁 74-75，2010 年 9 月。

[66] 類似見解，陳鋕雄、劉庭妤，遠距醫療之民事過失責任標準，東吳法律學報，第 22 卷第 1 期，頁 78-79，2010 年 9 月。

的判讀能力，乃至課以相關之法律責任，結局是否可能會導致放射科醫師藉故推諉，面對病況未明或病情危急的患者，一旦疏於及時提供檢查報告，索性把法律責任轉嫁第一線醫師而陷身道德危機？如此一來，毋寧與醫療法保障病患安全的立法意旨背道而馳。

伍、結語

新冠肺炎的疫情造成全球性的封城管制，明顯影響了病患的就醫行為、醫院的工作流程、醫病關係的互動，以及政府對於法規鬆綁的態度。此際搭配許多創新研發，諸如：人工智慧、5G 通訊設備、區塊鏈、次世代基因定序與分析、大數據雲端計算等科技，不僅帶來後疫情時代醫療場域的重大變革，也替醫病關係開啓了更多的想像空間，乃至大有助於醫療產業快步更新面貌。

諸如此類醫療模式之發展變遷，法律提出對應規範先予設想之答題順序，依本文所見，首要擔保遠距醫療得以成為臨床適格之替代選項，亦即基於病人最佳利益之考量，將儀器設備、操作技術及個案情狀納入綜合評估，據以肯認遠距醫療可供擔保之服務水準，和當面診療相比，只有過之而無不及。美國採行執業證照之配套制度，外加遠距醫療之臨床指引，用以確保該項服務達標之基本訴求付諸實現。

除同上關切病患健康而以療效大於風險為審查起點之外，在此也特別顧及病人之隱私保障，進一步標舉知情同意之把關機制，輔以個資機密之安全防護措施，如同德國所頒布之數位健康法，患者亦可自行決定何種臨床資訊納入 IC 卡儲存，並予提取或授權他人查閱，反過來插卡流程附設之身分查驗、上線紀錄等機制，更將成為數據安全的保護利器。

而今先進科技之輔助功用不僅限於遠距醫療，其餘整合跨領域之創新研發，諸如掃描影像、電子病歷、穿戴式感測裝置，及居家健康監控所匯集而成之海量數據，然後納入雲端技術進行資料串聯並予加值利用，大有助於人工智慧在醫療照護一展身手。IMDRF 已將該類 AI 驅動之儀器設備定性為軟體醫材（SaMD），美國也循此導入國際公認之 SaMD 風險分類架構，近期

FDA 所加諸之對應規範，訴求重點置於臨床評估與市售監管，期使患者安全與創新研發得以兼籌並顧。

展望將來，連番透過親自診療義務、病患隱私保障、加上儀器設備之品質管控，法制規範藉此成套對策力求防患未然之餘，也須正視智慧科技可能引生醫療事故之究責問題，文末將之類型化加以概分成三種態樣，包括醫療設備之產品責任、醫療機構之組織責任，及遠距醫療之分工責任。實則醫療照護之臨床操作，勢必伴隨科技應用、服務模式、參與者之間的互動關係，乃至社會環境變遷而有所調整，往後如何納入個案情狀進行完整評價，據以認定當事人之注意義務並課予過失責任[67]，謹此拋磚引玉有待學界提供更多深入的討論。

---

[67] 與此相關之學理分析，參見陳鋕雄、劉庭妤，遠距醫療之民事過失責任標準，東吳法律學報，第 22 卷第 1 期，頁 91-92，2010 年 9 月。

社會福利服務數位轉型與監管：
以長期照顧服務平台經濟為例

蔡璧竹*

壹、前言

數位化使得社會互動形貌發生巨大改變，科技始終反映人性與社會需求。社會福利向來為各國主權核心領域，具有凝聚社會共識和形塑社會連帶（social solidarity）的功能，但隨著社會結構變遷和福利國家發展，各國社會福利支出不斷攀升，如何增進社會福利體系效率並公平分配社會資源，是當代國家皆需面對的挑戰。

近年數位經濟的出現，打破傳統服務輸送架構、創新服務形態並促進服務提供效率，而社會福利領域數位轉型將成為滿足社會需求，同時減輕行政與財政負擔之契機，然而此目標，須以完善數位經濟管制及數位經濟工作者權益保障為前提。平台經濟蓬勃發展帶來大量彈性工作形態勞動者，傳統的僱傭關係與自營作業者間二元論，已無法直接套用至新興平台經濟工作者，增加勞動關係不安定性，同時衝擊政府傳統管制體系；在維持彈性或加強管制之拉鋸間，唯有取得創新效率和保護既存秩序間之平衡，方可創造雙贏局面。此外，這樣的進退維谷在具高度公益性的社會福利服務領域，更加明顯且具重要性；基此，本文將以長期照顧服務人力媒合平台為例，探討平台經濟法制在社會福利領域中的問題與應用，另鑑於歐盟對於平台經濟管制政策與法規居於世界領先地位，且已透過司法實踐逐漸發展出穩定的判斷準則，故本文以歐盟平台經濟管制規範為比較對象，分析歐盟相關規範與司法實踐之演進，期對我國未來社會福利數位轉型中的平台經濟管制提出建議。

---

* 國立政治大學法律學系博士生。

貳、社會福利服務之數位轉型

一、社會福利服務之概念

　　社會福利的定義、內涵與範圍，係隨著社會與政治環境變遷而改變的概念，其可能是一套具體的福利制度，也可能是抽象的價值觀念，並依不同社會文化背景而有不同的意義與理解。國際最廣泛援引的社會安全概念則可溯至1952年國際勞工組織（International Labour Organization, ILO）第102號「社會安全公約」（Social Security Convention）[1]，依據公約內容社會安全係當社會成員的社會風險實現時，所提供的公共給付或措施，並設定九項社會安全給付最低標準，包括：醫療照護、疾病給付、失業給付、老年給付、職業災害給付、家庭給付、生育津貼、失能給付及遺屬給付等。國家為實現社會國原則，可採取多種手段，社會安全制度為其中一種選項，國內學者曾指出社會安全制度係「為因應社會風險所產生的短缺現象，所為的公共給付」[2]，或有更進一步描述社會風險內容者認為，「社會安全所指為對個人或家庭因生老病死傷殘等社會風險所造成之危害，以集體力量採行補償與預防措施」[3]。社會安全制度下涵括各種社會福利服務，並以可發揮一定社會連帶（social solidarity）功能為特徵，亦即社會成員間的「互助意願」，社會連帶不僅是形成社會安全制度之基礎，更是社會安全制度所欲表彰的精神。

　　經濟合作暨發展組織（Organization for Economic Co-operation and Development, OECD）將社會福利定義為：保護個人及其家屬之社會政策，協助其達成充實的生活，並使社會與經濟工作運作更有效率[4]。在歐盟定義下，社會福利服務（social services）對於改善生活品質及提供社會保護扮演關鍵角色，其內容包括：社會安全、職業訓練、社會住宅、兒童照護、長期照顧以及社會支持服務等；這些服務對於達成歐盟社會、經濟及地域融合、

---

[1]　C 102, Social Security (Minimum Standards) Convention, 1952 (No. 102).

[2]　郭明政，社會安全制度與社會法，台北：翰蘆，頁127，1997年。

[3]　郝鳳鳴，社會法之性質及其法體系中之定位，中正法學集刊，第10期，頁7，2003年。

[4]　OECD, Social and welfare issues, https://www.oecd.org/social/, last accessed: 14/08/2021.

就業率、社會融合及經濟成長等目標，具有相當重要意義[5]。中華民國憲法亦明定人民工作權、勞工及農民保護政策、社會保險與社會救助、婦女兒童福利政策，及衛生保健事業與公醫制度等，則勾勒出我國社會福利範疇，至少包含社會促進、社會保險、社會救助等。台灣傳統社會福利服務，多由公部門或非營利團體或組織提供，但近年隨著福利需求擴張及新自由主義（the neo-liberal route）思潮影響下，也逐漸開放營利團體投入，藉由導入私部門經營模式和理念，提升服務提供效率並更貼近人民需求，同時也有部分跨國企業投入社會福利市場，使得該領域多元化程度逐漸提升。

二、社會福利數位轉型之種類

社會福利領域數位轉型所帶來的影響和衝擊逐漸浮上檯面，且以極快的速度發展而備受關注，例如[6]：(1) 社會福利任務和職務的自動化：機器人、人工智慧和機器學習（machine learning）；(2) 服務提供過程數位化：運用感應器和數位處理（digital processing）、物聯網（Internet of Things）、3D列印、虛擬現實、擴增實境（augmented reality, AR）及遠距照護（telecare）等；(3) 數位平台及區塊鏈的運用：透過線上平台提供或媒合各種社會福利服務；(4) 數位文件系統：電子病歷、照護資料電子化；(5) 人工智慧：家庭照護機器人、智慧型輔具；(6) 建立網絡和監測系統：透過緊急救援裝置和系統、跌倒偵測等，提升照顧需求者的居家安全；(7) 利用大數據創新個人化服務。

數位科技在社會福利領域的應用仍有相當發展空間，且供給與需求雙方尚未能充分理解其隱含的機會與潛能，社會福利服務數位轉型進程較緩慢的原因可能與其多屬人力密集服務有關[7]，但隨著人口結構變遷與社會需求擴

5　European Commission, Employment, Social Affairs & Inclusion, https://ec.europa.eu/social/main.jsp?catId=794&langId=en, last accessed: 14/08/2021.

6　EPSU (2019), Joint Position Paper on Digitalisation in the Social Services Sector–Assessment of Opportunities and Challenges, European Public Service Union, pp. 1-2.

7　*Id.*, p. 2.

張,社會福利領域數位轉型的必要性將會逐漸提升。值得注意的是,社會連結和人際關係將仍然是社會服務的必要元素,因此社會福利數位轉型須特別著眼於以人為本的核心初衷。

接著科技創新對於社會福利服務的勞動市場和工作結構將產生極大影響。數位科技的運用確實提供廣泛機會,包括改善勞動結構及提升服務品質;但數位化也可能帶來許多新挑戰,例如擴大薪資差距和降低社會安全體系可及性,這些新議題若未能妥善處理和解決,將可能對服務接受者、工作者和整體社會帶來負面效應。

基此,有關數位轉型對社會福利服務部門勞動結構之影響,需要社會和政策加以重視並妥當處理。數位科技可協助提供高品質的社會服務,進而改善接受服務者的生活;然而,社會福利領域的數位轉型也需要安全且負責任地實施,有必要透過與社會福利服務人員的充分溝通與協商來推動,此外,由於社會福利服務乃屬給付行政範疇,其轉型尚須依據一定程度的社會共識凝聚,方可能達成科技服務人類與社會的基本原則。可否將創新科技融入社會福利服務領域,除了仰賴工作組織與新科技的整合能力外,還須視服務使用者對於該照護與協助整體流程的接受程度而定,包括降低使用數位科技所生風險之措施,例如依資訊科技建立工作流程及其風險管理。

其次,數位化對不同專業和職位的社會工作者也將產生不同衝擊和影響,因此許多社福工作者仍抱持警惕態度,包括擔憂可能增加工作負荷、行政作業繁瑣化、數位化服務流程中失誤將導致更嚴重的後果、職場組織形態和工時劇烈轉變,及可能衝擊勞雇間安全與信任關係等[8]。正由於社會福利服務屬於人力密集型產業,特別重視人與人之間的互信,所以其數位化更須強化專業人員、服務對象對創新科技的駕馭能力,並慎重檢視各個角色在數位轉型後的定位[9]。

---

[8] *Id.,* p. 2.

[9] *Id.,* pp. 2-3.

三、社會福利數位轉型之挑戰與機會

（一）機會

　　社會福利服務數位轉型帶來的機會主要包括：(1) 改善現況並創新社會福利服務：透過數位科技發展創新服務模式，更好地回應社會需求；(2) 提升獨立性、生活品質和福祉：數位科技有助於維持服務對象的獨立性，如採用智慧輔具推動長照需求者自立支援模式，另可緩解社會排除現象，如利用即時視訊或定位，提升照顧需求者活動的安全性，並降低潛在社會孤立感；(3) 促進社福工作效率及跨專業合作：數位科技有助於推動跨專業團隊、跨組織和跨部門合作；(4) 提升社會福利部門吸引力以招募新血：現代化工作環境和設備可吸引年輕人投入，數位網絡也有助於從業人員提升自我專業，或透過篩選軟體（screening software）等科技提升招募效率；(5) 優化服務流程管理並降低工作負荷：數位工作模式有巨大的改善社會福利服務效率潛能，如電子病歷可節省事務處理時間、機器人能夠減輕照顧工作造成的身體勞累等；(6) 促進職業安全及培訓效率：利用數位裝置提升獨行工作者（lone worker）安全，此外線上課程則可加速人才培訓效率。

（二）挑戰

　　社會福利領域數位轉型面臨挑戰包括 [10]：(1) 適應全新工作模式：如品質標準和組織管制議題，包括非正式僱用比例增加，如臨時工（casual work）、待命工作（on-call work）、派遣仲介工作（temporary agency work）、非正式工作（informal work）和非獨立性自營作業（dependent self-contractual work）等，恐弱化社福工作者社會保障及動搖整體社會安全制度穩定；(2) 數據管理和個資保護：健康和社會數據通常具高度敏感性，如醫療資訊、社會福利狀態或醫療支出等，此外工作人員足跡追蹤資料亦應符合個人資料保護相關法規範；(3) 數位技能訓練：運用新科技對社福工作者及服務對象而言都需要額外的技能訓練；(4) 缺乏資金：推動數位轉型需要一

---

[10] *Id.*, pp. 4-5.

定資金投入，如購買設備、員工訓練等；(5) 科技應用情形不均且不平等：由於服務對象的經濟和社會背景通常較平均水準為低，同樣的，社會福利領域管理者和工作者大多缺乏數位能力或經驗，因此營造適當且充分的數位科技近用環境與機會具關鍵重要性；(6) 建立新夥伴關係：社福工作者必須與新創企業和資訊科技研發者等建立新夥伴關係。

四、社會福利數位轉型之爭議

　　社會福利服務領域數位轉型尚處於萌芽階段，此點有利於在發展初期借鑑其他服務領域發展軌跡和遭遇困境，通盤規劃可行的應對措施，以緩解轉換過程中可能產生之衝擊和影響。首先，社會對話有助於確保社會福利領域管理階層（雇主團體）和工作人員（及其代表，包括工會組織）充分評估新科技帶來的影響，並共同研議應對方案，以緩解過渡期間衝擊，或縮短轉型所需時間。

　　其次，由於社會福利領域具備「人力密集原則」、「高度人際關係互動與連結」、「強調信賴關係建立」，以及「個別領域特殊專業」等特性，因此數位轉型過程中可能遭遇獨有的爭議，例如其社會溝通重點包括：(1) 以行動裝置取代傳統紙本文件；(2) 全時性 GPS 追蹤；(3) 工作起訖時間核實登錄；(4)「最佳化」路線或「空檔時間」界定；(5) 服務人員遲到之處置；(6) 獨行工作者職業安全；(7) 臨時指派工作或取消服務；(8) 服務使用者反饋評價機制之採用。

　　上述議題所涉爭議主要包含兩面向：「數位科技帶來的隱私權挑戰」及「社會福利服務商品化之可容許性」。前者如服務提供過程中產生的大量數據常與個人敏感性資訊相關，如社會福利身分別、失能狀態及就醫紀錄等，此類資料經串聯分析後將產生高度商業價值，因此以行動裝置取代傳統紙本文件管理，必須確保相關加密措施；此外，運用 GPS 科技追蹤人員的動線及位置，雖可作為組織估算成本和改良服務流程的參考依據，但同樣也可能觸及隱私權保障界線，宜透過勞資協商形式達成共識。

　　其次，保守（Conservative）和社會民主福利（Social Democratic）國家體制下，強調國族主義與家庭主義，透過普及式社會服務去除市場依賴，

即採用「去商品化」（de-commodification）策略提升社會凝聚。在此發展脈絡下，主張社會福利服務應去商品化者，認為社會福利市場乃準市場性質，與一般競爭市場之「服務」不同，應受較高度國家管制，因此抗拒商業化概念滲入社會福利體系，例如提升給付價額營造競爭環境、接受服務者反饋機制等。由於社會福利制度是發展社會連帶之基礎，也是社會共識的具體展現，故為確保社會福利領域能夠在永續和公平原則下進行轉型，尤應落實社會溝通，建立主管機關和相關利益團體間的有效社會對話途徑，方可在各界共識基礎上，發展適當的轉型措施及其過渡期程。

參、平台經濟於社會安全體系之運用

一、數位平台之法律定性

　　隨著數位平台經濟興起，使得許多傳統社會與產業界劃定界線不再涇渭分明，如專業和非專業之間、勞動和自營作業之間、仲介者和雇主之間，現行平台經濟運作模式中，多由平台工作者承擔主要風險，而平台則獲取主要利潤並透過大數據運作創造更多額外的利益；又平台業者多宣稱與平台服務提供者間為合作夥伴關係而非其雇主，且往往著重或標榜媒合消費者與平台服務提供者，而非自身提供商品或服務，因而主張其不涉入個別平台服務提供者與服務需求者間的具體法律關係。然而平台與其所屬個別服務提供者間之法律關係，實對於平台工作者之權益、平台經營成本及消費者權益保護等關係甚鉅。

　　有關數位平台業者之法律定位究竟是單純中介者或雇主，以及其產業定性是否將隨媒介商品或服務內容而更動之爭議，論者有指出問題癥結乃在於既有分類之侷限，亦即傳統的受僱人與承攬人（或獨立承包商）二分法，並無法掌握因應平台經濟帶來的創新與新形態工作關係，因此 2017 年起已有相關文獻討論是否應創設第三種法律關係類型，如從屬合約商（dependent contractor），以因應隨著網路與數位科技日趨破碎化且充滿變動的勞務提供模式，並促進是類平台工作者的勞動權益保障。此外，若平台所媒介服務

乃以受管制的特定專業為前提，有見解即指出，當平台工作者擁有相關服務所需的執業或營業證照時，因為服務提供者本即被認為具備能獨立在市場上提供服務，故該平台被認為僅扮演居間角色的機會較高[11]。

二、平台經濟之社會價值與管制必要性

（一）平台經濟之優勢與挑戰

平台經濟泛指在平台的世界，連結包括生產者、消費者，或兼具生產與消費兩種角色的各類用戶，使用平台所提供的資源，彼此連結與互動，從中交易、消費，或共創價值[12]。ILO於2018年研究報告曾指出，數位科技發展下創造的平台經濟優勢主要包括四項[13]：(1) 提升市場透明度；(2) 降低交易成本；(3) 創造效率和彈性的服務模式；(4) 滿足個人化、客製化需求。平台工作的本質是透過增加使用者數量，連結供給和需求提升交易效率，或為閒置的資產和勞動力創造新的經濟效益，進而開創嶄新市場或服務模式，並透過滿足更多個別化需求，例如隨選經濟的應用。

至於平台經濟的挑戰主要導因於其工作形態的國際化、彈性化及短期特性[14]，必須重新界定社會安全機制中的「勞動」，方可正確評價平台工作者的價值，並提供充分社會安全保障。

（二）平台經濟評價機制

數位平台對於其提供商品和服務之品質控管，主要係透過使用者評價和其自我控制機制，即由平台服務使用者在每次使用服務後，對使用經驗和服務品質予以回饋評價，評價形式包含質性描述或評等機制，並藉由公開使用者評價方式，提供潛在服務使用者參考，強化平台工作者與服務使用者間之

---

[11] 顏雅倫，共享／對等平台在台灣進對維谷之外送員權益與保險議題—以食品外送平台為例，侯英泠主編，數位平台之相關法律問題，台北：元照，頁131，2021年。

[12] 陳綠蔚、楊浩彥主編，平台經濟興起對產業發展與資源使用的影響，財團法人中技社，頁8-9，2019年。

[13] Enzo Weber (2018) Setting out for Digital Social Security, ILO, Working Paper No. 34, p.2.

[14] *Id.*, at p. 3.

信任，有時平台業者將對評等優良的工作者提供獎勵，同時部分業者則對評等不佳者施以處罰，如刪除資格。此種使用者評價機制，稱為「使用者管制」（users as regulators），因其即時反映和貼近社群之特性，逐漸成為數位經濟建構消費者信任的重要元素之一，然而平台使用者評價機制乃事後管制措施（ex post）且對於不適任或服務品質不佳的平台工作者而言，欠缺直接、立即的處罰效果，通常須待累積相當數量差評等級或申訴，方啟動相關因應懲處機制（如將差評服務提供者自平台服務名單中刪除，且不再允許其利用平台廣告服務），因此對於服務使用者的即時救濟或避免損害擴大之效用，乃相當有限[15]。另由於平台服務安全與品質的監督者是使用者本身，但使用者並不一定具備相關專業，其僅能提供經驗性評價，而無法避免存在主觀性和偏差性評述，導致其信效度均不如傳統規制工具嚴謹及可信。

最後，線上評價作為企業經營者內控機制之一部，本質上欠缺公共利益保障誘因[16]，且可提供反饋者限於使用者本身，故平台經濟的外部效應並不限於檯面上所呈現者，還有許多受影響的第三方仍欠缺表達意見管道。

（三）平台管制與國家管制比較

承上所述，平台對於服務品質的管控，需仰賴服務使用者事後評價及自我控制機制[17]，雖有提倡此種管制機制者認為相較於國家管制，平台管制的優勢包括：(1) 有較佳資訊；(2) 因更接近社群，有利其監控；(3) 可即時調整；(4) 面臨較少法規限制等。但不可否認的，縱使平台業者建立的管制機制如何完善，仍無法完全取代政府主管機關之行政管制，蓋國家管制係事前與事後併行，例如進入市場事前許可、設定社會規範（如設立標準）、不定期抽查，及採取行政強制力執行違規者的取締和裁處等。本文以為相較於平台業者，僅能將違規或服務品質不佳的平台工作者（服務使用者亦同），排除於平台社群之外，而少有進一步裁罰措施，行政管制手段較具有效性及嚇阻作

---

[15] Sofia Ranchordás (2019), Public Values, Private Regulators: Between Regulation and Reputation in the Sharing Economy, LAW AND ETHICS OF HUMAN RIGHTS, 13(2), p. 234.

[16] *Id.*, at p. 232.

[17] *Id.*, at pp. 229-230.

用，對於部分涉及高度公益性的產業，行政管制仍有其必要性。

（四）平台經濟之社會價值及外部效應

平台經濟在大數據運作下可能產生客觀上偏差或是歧視性結果，例如有名的共乘平台歧視案，美國非裔族群經常有叫不到車的困擾，所以他們經常在駕駛接受要約並收取車資後才揭露其個人檔案照片；在短期租屋平台部分，則有研究顯示，在美國相似地段、交通條件的短期租屋商品，西班牙裔屋主定價平均低於白人屋主定價，理由在於其預期發生歧視效果，故採取減價補償策略以維持商品的競爭力[18]。

行政管制在平台經濟產業面臨的困境，與國家任務私有化後產生的問題相似，營利組織較欠缺解決公共價值爭議或提升社會福祉誘因，平台經營者也傾向最大化其平台營運價值，僅有少數情形，如吸引使用者或營造企業社會責任形象，間接產生抑制外部效應效果。平台經濟可能對周遭環境產生的外部效應，如短期租屋盛行地區湧入大量遊客，使原住宅區在週末與假期期間出入人口眾多、環境吵雜，甚至影響房價[19]，這些皆為平台經濟繁榮表面之下，所形成的隱形社會外部成本。

三、數位平台工作者之勞動保護

第四波產業革命浪潮下，全球企業正試圖以數位化科技將分工更加細緻化，提升企業經營效率及獲利，於此同時數位平台也解構了傳統僱傭關係模式，對固有勞動法律規範造成佫大衝擊。由於多數國家的勞動法律體系存在著「勞工」與「非勞工」之二元區分，並以僱傭關係中的「勞工」為勞動法規的主要保護對象，但平台工作的特色與優勢即在於「即時性勞動力」的提供，平台工作者、平台業者及服務對象間僅存在短暫且不穩定的勞務供給關係，迥異於典型的勞動關係樣貌，導致難以歸類於勞工或自營作業者的類別中[20]。若大量平台工作者未納入國家社會安全體系範疇，不僅會影響社會安

---

[18] *Id.*, at p. 231.

[19] *Id.*, at p. 232.

[20] 邱羽凡，自營作業者之勞動保護與「準勞工」立法之初步分析－以德國法為參考，月旦法學雜誌，第 314 期，頁 27，2021 年。

全財務機制，並可能提升整體社會成本，另還存在逆選擇的道德風險[21]。

在勞動保護部分，學者指出我國過去幾年針對平台業者與平台工作者間之法律關係為僱傭、承攬或其他勞務提供模式展開熱烈辯論後，似轉向借鑑在其他國家已經存在的「第三類勞動關係」。近年各國也紛紛在法制上尋求平台工作者之勞動保護及社會安全保障，主張其屬準勞工並已立法者包括德國、希臘、奧地利、義大利、西班牙、英國等，歐盟經濟和社會委員會亦於2012年會議提出「具有經濟依賴性自僱工作者」（financially dependent self-employed workers），提供處於受僱與承攬間歐洲工作者獲得勞動保護之機會[22]。

四、社會安全制度數位轉型之可行性

面對數位轉型對整體社會所帶來的根本性變革，國際勞動組織提出一個彈性且具可行性的「數位社會安全」（Digital Social Security, DSS）機制[23]。數位社會安全機制將為平台工作者建立個人帳戶，並依據協定的薪資，自動撥付固定比率至該 DSS 個人帳戶（可能依據協定薪資上限、扣除或混合形式），此種「現收現付」（Pay-As-You-Earn, PAYE）機制是各種不同平台經濟運作模式的唯一共通元素。累計總額將每月由平台工作者的 DSS 帳戶轉換至相關國家社會保障體系（依據其居住地或國籍），至於後續一切工作將循既存社會安全架構進行，包括決定平台工作者依 DSS 繳納費用應如何分配至不同社會保險機制，及其相應產生的請求權益。DSS 帳戶體系可由既存的國際機構如國際勞工組織或世界銀行負責管理，其運作基本架構及流程如圖 12-1，且其關鍵乃在於平台必須建立一項自動機制，取代可行性極低的逐案式全體消費者和社會保障體系直接協作模式[24]。

---

[21] Enzo Weber (2018) Setting out for Digital Social Security, ILO, Working Paper No. 34, p.2.

[22] 邱羽凡，自營作業者之勞動保護與「準勞工」立法之初步分析—以德國法為參考，月旦法學雜誌，第 314 期，頁 28-29，2021 年。

[23] Enzo Weber (2018) Setting out for Digital Social Security, ILO, Working Paper No. 34, p.3.

[24] *Id.*.

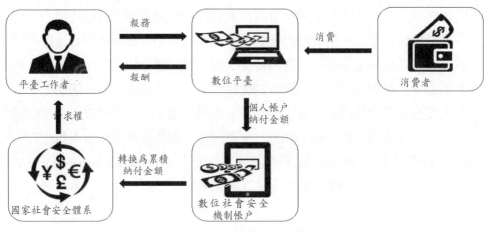

圖 12-1　數位社會安全機制運作

資料來源：本文作者製作。

　　平台工作者多為優秀的自由工作者（freelancer）且在許多情形下其工作屬性乃處於灰色地帶，因此將其一概歸類為非獨立就業，可能會低估了變動市場中所面臨平台工作的國際和彈性特色、消費者與工作者共謀詐欺，以及國家規制的有限性等問題。因而，國際勞工組織主張，非官方的數位社會安全機制應可填補此現實差距[25]。其次，平台工作者通常屬於較低薪資所得族群，特別是執行簡易任務的工作者，且在平台經濟減少交易成本背景下，更遭受到強大的國際競爭壓力。根據 2018 年調查報告指顯示，一到二年資的微型任務平台工作者（micro-task platform worker）平均時薪為 4.92 至 3.76 美元（折合新台幣約 136.3 元至 104.2 元），其中包含部分無報酬工作（如資料搜尋或溝通），且在低度發展國家可能低於此水準[26]。

　　雖然 DSS 也存在部分負面效應，例如理論上平台工作多為非正式勞動，則當體系使得財稅和勞動市場主管機關得知 DSS 現金流，則有可能

[25] *Id.*, at p. 5.

[26] Uma Rani & Marianne Furrer (2018), Work and Income Security among Workers in On-demand Digital Economy, Development Implications of Digital Economies: Findings and Next Steps International Workshop paper, University of Manchester, 11-12 April 2018.

發生規避稅賦和福利詐欺等情形，也可能促使平台轉型為地下不受管制之平台。又 DSS 機制本質為個人帳戶，即不具備社會再分配功能，論者曾指出，以基金、強制個人帳戶模式建構的社會保障機制，將導致資源重大浪費，並因大量資金集中化而產生管理危機，非但可能無法履踐社會保障制度的風險分攤任務，還進一步創造幣值、投資與管理等新風險[27]。惟縱使還存在許多有待進一步探討的問題，DSS 仍不失為一具前瞻性的選項，蓋從低費率開始推動試辦模式，可彰顯國際與國家正視平台工作者社會保障議題之決心，並跨出具體可行的關鍵一步。

五、平台經濟於社會福利領域之運用

平台經濟興起反映社會需求變遷及特定社會價值，另伴隨著現代福利國家發展進程而來的是越來越龐大的國家給付任務，在全球人口結構變遷之下，社會福利對國家財政產生巨大壓力，為維持福利給付內容和水準，縮減服務給付範圍可行性不高，故各國福利制度朝向提升行政或給付效率邁進，此點恰好符合平台經濟理念。基此，本文歸納平台經濟對於社會福利領域發展公私協力提供之啓示包括：

（一）使用者本位理念須以充分賦能為前提

當代社會福利政策經常倡議應以服務使用者為中心，重視服務使用者之主體性與選擇權，而非僅是國家給付行政之接受者，並藉此杜絕社會福利服務是國家恩給式給予的傳統理念。賦予福利服務給付對象充分權力之形式，如實質選擇權；失能者或其主要照顧者、家屬可參與照顧計畫之擬定並提供意見，或強化服務使用者反饋機制之效力，例如目前我國社會福利機構評鑑機制中，有關接受服務使用者意見多僅有問卷調查一項，以及部分類型機構有採取服務使用者訪談，且評鑑機制乃定期實施原則，欠缺服務使用者可即時反應意見之管道。

---

[27] 郭明政，勞退新制之政策形成與立法過程之分析，台灣勞動法學會學報，第 5 期，頁 271-274，2006 年。

（二）建立信賴關係為核心

平台經濟模式之建立，當以建立交易雙方信任機制為前提，一般情形下，存在許多影響交易雙方信任程度因素，包括資訊揭露程度、當事人個人特質（如對風險的排斥程度）、標的物價值、一次性或長期繼續性契約等，然其中最重要者乃資訊揭露程度，當交易雙方資訊不對稱，使一方無法掌握交易重要資訊時，將會降低信任度[28]。據此觀諸社會福利服務領域，由於接受服務者多為社會弱勢，關於服務資訊應適當揭露並提升其透明度，俾使社會公眾共同監督，促進接受服務者與接受政府委託的服務提供者之間，以及其與政府之間的信賴關係，進而維護社會福利服務輸送體系之穩定性，提升整體社會福利。

（三）傳統行政管制機制之改革必要

平台經濟蓬勃發展的背後，彰顯其部分機制運作吻合當代社會需求，因此當行政主管機關面臨平台經濟創造嶄新經營形態，對傳統產業管制帶來之難題時，亦可藉機檢視現行制度不足之處，並可借鑑平台經濟成功模式進行改革，例如考慮強化福利服務使用者意見在行政管制措施之比重。

（四）數位轉型社會更須強調即時且有效的社會溝通

鑑於行政資源及量能有限，因此社會福利領域經常透過公私協力形式來履行國家給付行政任務，也特別強調政府與民間專業團體與組織的「社會夥伴」關係。平台經濟乃源於群眾經濟理念，沒有任何一種經濟形式比起數位平台更明白個別使用者資訊或意見所帶來的整體價值，除大數據面向意義之外，即時且有效溝通也是平台業者成功運用使用者評價機制所帶來的啟示，歐盟近年數位轉型策略也同樣強調社會溝通的關鍵性。基此，檢視現行社會溝通機制的有效性，乃社會福利領域提升效率的第一步，且為數位轉型挑戰奠定堅實基礎。

---

[28] 王文宇，從平台經濟論 UBER 管制爭議，會計研究月刊，第 393 期，頁 48，2017 年。

（五）重視社會外部效應

平台經濟繁景不應以眾多外部效應受害者爲代價，必須正視平台工作者保護及大數據造成的歧視性效果等問題[29]，是以，針對部分高度公益性議題，行政管制應適當介入控管或提供獎勵誘因，以維護重要社會共同利益不致淪爲新形態經濟崛起的犧牲品。又特定產業平台經濟蓬勃發展甚至擴張至近乎獨占市場之事實，乃社會共同需求之彰顯，若屬公益性較高產業，政府亦應評估自行經營平台之可行性。

肆、平台經濟管制之規範與實踐

一、歐盟之規範與實踐

（一）數位單一市場

歐盟執委會 2016 年發布「歐洲平台和數位單一市場之機會與挑戰」（Online Platform and the Digital Single Market Opportunities and Challenges for Europe）通訊，確立歐盟整頓數平台管制架構之方向，一方面列出平台經濟相關指標性議題，另一方面則確立歐盟對於平台經濟帶來的創新機會和規制挑戰間應扮演的角色[30]。線上平台（online platform）形態多元且持續以與其他任何經濟領域不同的速度演進，其涵蓋範圍相當廣泛的一系列活動，包括線上廣告平台、商品賣場、搜尋引擎、社群媒體、創意內容商店、應用程式分配平台、溝通服務、支付系統，以及協同經濟（collaborative economy）平台等。這些線上平台功能、運作形態各異，不過其具備幾項共同特徵，包括：(1) 具有創造和形塑全新市場、挑戰傳統市場的能力，且可能建構新的參與模式，或進行大量數據之蒐集、製造與編輯；(2) 在多元

---

[29] Sofia Ranchordás (2019), Public Values, Private Regulators: Between Regulation and Reputation in the Sharing Economy, LAW AND ETHICS OF HUMAN RIGHTS, 13(2), p. 244.

[30] COM (2016) 288 final, Online Platform and the Digital Single Market Opportunities and Challenges for Europe, Brussels, 25 May 2016, p. 2.

市場中運作,並不同程度地控制使用者團體間的互動;(3) 受益於「網絡效應」,大致上平台使用者數量越多,則平台服務的價值也越高;(4) 通常密集地利用資訊和通訊科技(ICT)分析其使用者;(5) 對於創造數位經濟價值扮演關鍵角色,透過掌握重要價值(包含數據累積)來促進新興商業和創造新的策略性依存關係[31]。

數位平台的共同特色為數位經濟和社會帶來重大效益,平台能夠產生收益效率性,促進數據導向的創新;平台也增加消費者選擇,因此有助於改善產業競爭力,進而強化消費者福祉。此外,在公共政策領域,政策擬定者也能夠透過平台促進公民參與,特別有助於年輕世代和跨境意見蒐集。然而,隨著數位經濟的重要性提升,平台運作的生態也帶來新的政策和管制挑戰,對此,除完善基礎建設及排除市場進入障礙外,執委會提出策略方向包括[32]:

1. 營造衡平的數位平台規制架構

除整合各會員國平台管制規範外,還需協調平台經濟所涉不同領域相關規範,如競爭政策、消費者保護、個資保障和歐盟共同市場等,透過整合政策法規架構來建構可提供數位平台業者相互間、平台和傳統產業間公平競爭之場域,同時強化消費者保護機制,確保數位經濟發展的「信賴」核心要素[33]。

歐盟主計院(European Court of Auditors)於 2021 年「影響歐盟的假消息:解決而非被馴服」[34] 報告結論中建議,歐盟應改善對於線上平台的監督及增加其責信;另外歐盟執委會也在 2021 年公告新歐洲民主行動計畫(European democracy action plan)[35],規劃於 2021 年底前對於線上平台活動之監管,強化風險溝通流程,使相關利害關係人得充分參與決策過程,並設

---

[31] *Id.*, at pp. 2-3.

[32] *Id.*, at pp. 3-4.

[33] *Id.*, at pp. 4-5.

[34] European Court of Auditors (2021), Disinformation affecting the EU: tackled but not tamed, pp. 43-48.

[35] COM (2020), On the European democracy action plan, Brussel, 3 December 2020.

定有意義的績效指標，作爲對抗假消息的策略之一。

2. 數位雙法草案及數位十年計畫

　　2020 年 12 月 15 日歐盟執委會公告數位服務法（the Digital Service Act, DSA）及數位市場法（the Digital Market Act, DMA）草案，前者旨在保護數位服務使用者，後者則係爲維護數位市場公平競爭，展現歐盟準備實質管制境內外網路環境的決心。其中，數位服務法係修定現行歐盟內部市場數位服務主要規範的電子商務指令，該指令調和歐盟會員國法規並消除跨國營運障礙，但施行近二十年後，已不再符合今日社會所需；執委會遂提出「數位服務法」草案，強化對線上環境消費者權益及其他基本權利之保護。數位市場法草案主要則在於禁止「守門人」（gatekeeper）的不公平交易行爲，依草案內容將對 Google、Apple、Facebook、Amazon 及 Microsoft 等企業產生重大影響[36]。

　　歐盟執委會在 2021 年 3 月 19 日數位日（Digital Day）發布三項聲明，表示將致力於提升國際連結性、獎勵推動乾淨數位科技，以及改善新創產業規制環境，並有助於歐洲數位十年（Europe's Digital Decade: digital targets for 2030）目標之達成。歐盟數位十年計畫的內容包含確立歐洲數位公民（digital citizenship）之權利與原則，其中數位權（digital rights）包括：(1) 表意自由，包含多元、可信賴且透明資訊的可近性；(2) 設立和執行線上商務的自由；(3) 保護個人數據及隱私；(4) 保護網路空間的個人智慧財產創作等。另一方面，執委會提出七大項數位原則，分別是：(1) 安全且可信賴的網路環境；(2) 普遍的數位教育和技術；(3) 具備尊重環境意識地利用數位系統和設備；(4) 以人爲中心的數位公共與行政服務；(5) 以人爲本的演算法道德原則；(6) 網路空間兒童保護與賦權；(7) 數位健康服務之近用性[37]。

---

[36] 林文宏，歐盟執委會提出「數位服務法」及「數位市場法」草案，公平交易委員會電子報，第 166 期，頁 1，2021 年 3 月。

[37] European Commission, Europe's Digital Decade: digital targets for 2030, https://ec.europa.eu/info/strategy/priorities-2019-2024/europe-fit-digital-age/europes-digital-decade-digital-targets-2030_en, last accessed 23/05/2021.

（二）歐盟法院判例見解

　　歐盟法院在 2017 年針對法國與西班牙訴運輸媒合平台 Uber 案，認定 Uber 對駕駛提供服務的內容與條件，有決定性的影響力，也一定程度能透過淘汰機制控制服務品質，且非職業駕駛與乘客正是透過媒介服務，才能構成商業模式的連結，故此媒介服務須被視為只是「整體服務的部分組成」，整體服務本身是以達成物理性運輸行為為目的，電子媒介服務只是手段，實際利潤是來自物理性運輸行為的完成，並非媒介服務本身，故 Uber 媒介服務不應被分類為資訊社會服務，而是運輸服務本身 [38]。

　　但其後在法國酒店業協會 AHTOP 控告美國 Airbnb 集團旗下在歐盟分公司 Airbnb Ireland 線上住宿預訂平台之地產出租運作模式，規避適用法國地產法管制規範且違反競爭法之短期住宿出租平台 Airbnb 案，歐盟法院認為 Airbnb 之服務模式符合網際網路中介服務提供者要件，屬於「社會資訊服務」，故無須受地產法規管制 [39]。歐盟法院也指出 Airbnb 平台並非以提供即時住宿服務為營運宗旨，毋寧只是提供尋找住宿服務的工具，且關於租金定價，Airbnb 僅依房屋所在城市、地段等特性，參考其他相類出租物件價格，提供建議租金區間供房東參考，最終出租價格仍取決於房東 [40]，Airbnb 並無決定性影響力 [41]；加上房東和租客本可透過其他方法提供出租和短期住宿需求相關資訊，故 Airbnb 對旅遊業來說並非必要的存在，易言之，Airbnb 平台服務僅是作為短期住宿供需雙方一種額外的洽商媒介管道，尚未達到創造新市場之程度。

　　近年來歐盟法院多次嘗試正面解構平台經濟業者之法律定性，且主要可歸納出三項判準，包括：(1) 對於服務內容與定價有無決定影響力；(2) 平台媒介行為是否構成整體服務之一部分；(3) 是否達到創造新市場之程度等。不過，從歐盟法院在 Uber 案到 Airbnb 案見解之更迭，可看出歐盟司法實務

---

[38] Judgement of 20 December 2017, C-434/15, EU:C: 2017:981.

[39] Judgment of 19 December 2019, C-390/18, EU:C: 2019:1112, para. 52.

[40] Id., at para. 62.

[41] Id., at para. 68.

見解對於平台經濟下數位平台之法律定位，仍處於發展階段。

二、我國平台經濟管制規範與司法實踐

我國法院判決實務見解曾指出，評估平台對其所屬工作者的控制力時，應檢視平台是否會對於服務提供者之資格或使用設備有一定要求並為審核[42]。後於2018年交通部公路總局裁處宇博數位服務股份有限公司（以下稱宇博公司）案，最高法院認定雖然宇博公司未親自駕駛或提供車輛載運乘客，惟其媒合乘客與司機之行為，已構成「傳統乘客以電話聯絡、或由業者駕車行駛於道路上尋覓乘客」部分行為，平台與駕駛分擔攬客及載客工作，兩者共同經營「汽車運輸業」[43]。雖最高法院未進一步分析平台業者與駕駛間究法律關係，但學者有主張法院既稱兩者共同經營汽車運輸業，則應係認定駕駛並非平台業者之受僱人，而為獨立承攬人，始為邏輯一致[44]。

行政機關見解部分，衛生福利部曾於2019年針對長期照顧服務人力媒合平台所涉爭議，作成行政函釋列舉三項標準以區別「長照廣告」及「單純資訊服務」，包括[45]：(1) 單純以網路頁面提供長照人員刊登服務提供資訊，並收取資訊上架費用；(2) 除供刊登收取對價外，並對刊登內容真偽或服務品質有保證之宣稱；(3) 除前述情形外，尚進一步聯繫服務、調派工作或從中抽取一定比例之服提供費用。並指出符合第2項或第3項者，原則上應屬「長照廣告」行為[46]，亦即構成整體長照服務提供行為之一部分。上開我國

---

[42] 臺北高等行政法院105年度訴字第1772號判決。

[43] 最高行政法院107年度判字第363號判決、107年度判字第364號判決、107年度判字第384號判決、107年度判字第419號判決、107年度判字第420號判決、107年度判字第443號判決、107年度判字第581號判決、108年度判字第41號判決。

[44] 顏雅倫，共享／對等平台在台灣進對維谷之外送員權益與保險議題—以食品外送平台為例，侯英泠主編，數位平台之相關法律問題，台北：元照，頁137，2021年。

[45] 衛生福利部衛部顧字第1081960972號函。

[46] 長期照顧服務法第29條規定：「（一）非長照機構，不得為長照服務之廣告。（二）長照機構支廣告，其內容以下列事項為限：一、長照機構名稱與第二十六條第二項所定應加註之事項、設立日期、許可證明字號、地址、電話及交通路線。二、長照機構負責人之姓名、學歷及經歷。三、長照人員之專門職業及技術人員證書或本法所定之證明文件

司法及行政機關見解，均僅以具體個案所涉產業服務內涵，套用至數位平台服務，得出是否構成整體服務一部分之結果。

三、長期照顧服務媒合平台：我國「優照護」訴願案評析

（一）案件事實

　　台北市政府於 107 年 9 月 12 日查認訴願人架設網站及於臉書（Facebook）專頁為長照服務之廣告，已違反長期照顧服務法第 29 條第 1項非長照機構不得為長照廣告之規定，遂依同法第 51 條第 2 項裁處書處訴願人新台幣 1 萬元罰鍰。訴願人不服，於 108 年 1 月 24 日提起訴願。

（二）訴願人主張

　　本案平台業者主張其為「第三方預約照護平台」，主要業務為提供有居家看護需求家庭即時、透明及專業之「預約媒合服務」，符合「行政院所屬各機關因應平台經濟發展法規調適參考原則」規定，透過網路達成媒合與傳遞、接收相關「長照服務資訊」者，且其所媒合的服務提供者，皆為依相關法令得提供照護服務之專業人員。強調平台未涉入使用者與照護人員間之照護契約，僅係獨立第三人，單純於網路媒體上提供及彙整照護供應與需求等訊息，供照護業者及民眾使用 [47]。

（三）機關答辯

　　訴願人未依法事先申請主管機關取得長照機構設立許可，顯非長期照顧服務法規定之長照機構；又長期照顧服務法雖未對「廣告」加以定義，然依教育部重編國語辭典修訂本所載，「廣告」係指「經由平面、電子、數位、戶外媒體等傳播平台，將商品或服務訊息、政治理念、公益倡導，傳播給消費者或閱聽大眾」。本案訴願人於網路平台介紹居家看護、居家照顧、短期

字號。四、服務提供方式及服務時間。五、停業、歇業、復業、遷移及其年、月、日。六、主管機關核定之收費標準。七、其他經中央主管機關公告指定得刊登或播放之事項。」
[47] 衛生福利部衛部法字第 1080005710 號訴願決定書，頁 3。

照護及喘息服務，並針對各種需求提供不同服務資訊，如照顧服務員可提供服務項目為生活照顧、家事服務、代購物品及鼻胃管灌食等照護服務，並公告收費資訊，且於臉書專頁亦揭示相關資訊等行為，足認訴願人係從事廣告行為，又長期照顧服務法對「廣告」之定義，與醫療法第9條規定迥異，應不得類推適用[48]。

（四）法律爭點及訴願決定

本案主要爭點在於，平台透過網路達成媒合與傳遞、接收長照服務供需相關資訊之行為，究僅是「資訊服務」抑或是已構成「長照服務提供」？如僅為資訊服務，則下一階層問題就是該資訊服務之目的、形式與內容是否該當長照服務法第29條「長照廣告」？相對的，若其媒合長照供需之行為已構成「長照服務提供」本身，可能違反非長照機構不得提供長照服務之規定，其透過數位媒介提供長照服務資訊之行為是否構成長照廣告，即成為附帶議題。

針對本案所涉爭點，訴願機關指出為健全長照服務體系提供長照服務，確保照顧及支持服務品質，發展普及、多元及可負擔之服務，保障接受服務者與照顧者之尊嚴及權益，非長照機構不得以書面、廣播、電視及網際網路等方式為長照服務之廣告。據此，依訴願人架設網站及提供資訊內容等整體表現綜合研判，已涉及長照服務之提供、項目及長照機構之服務內容等事項，且訴願人亦有刊登提供長照人員之服務資訊，核為使多數人知悉其宣傳長照服務內容之廣告，原處分自應予以維持[49]。此外，按系爭服務合約書記載，足認訴願人對與其簽約之照護人員有進行審核、簽到退管理，認定是否確實提供長照服務，並有權決定是否給付照護人員照護費用、單方逕行取消照護人員資格等管理作為，且對照護人員實際所提供之長照服務，按照護人員與照護對象另簽訂之各筆服務契約訂單金額多寡再抽取20%費用等情事，尚非單純預約媒合、代收代付收費，併予敘明[50]。

---

[48] 衛生福利部衛部法字第1080005710號訴願決定書，頁5。
[49] 衛生福利部衛部法字第1080005710號訴願決定書，頁7。
[50] 衛生福利部衛部法字第1080005710號訴願決定書，頁7-8。

（五）本文評析

　　長照服務人力媒合平台的崛起，反映出我國長照服務政策與社會需求變遷之間存在的落差，公費長照服務體系下，民眾申請長照服務須通過層層關卡，包括向地方政府長照中心提出申請、主管機關派員進行訪視評估、確定失能等級並擬定個人照顧計畫、照會特約服務單位、簽訂服務提供契約等程序；相較長照人力媒合平台透過 app，使服務使用者可迅速預約服務，且標榜最快今日預約明日使用服務。另方面，長照人員亦得自由安排接案時間，或於工作以外時間提供服務，作為額外的收入來源，發揮現代零工經濟之效益，使得部分平台長照人員收入較受僱於長照機構為高，且不被固定時間班表制約，可自主選擇服務對象等彈性自由特色，使得相關平台得以蓬勃發展，並逐漸具備經濟規模。

　　回到平台業者營運方式及服務內容定性之核心爭點，就平台的實際運作模式以觀，其對服務內容及價額之形成皆有決定性影響力，且其營收乃按每筆服務交易抽成計算，而非一次性的資訊處理及上架費用，再者平台透過App 和 GPS 高度管控長照人員服務地點與時間，如有違規或評價過低情形，則得採取調降服務費用或予以除名等實質管理權限。據此，本文認為本案平台業者提供服務之本質乃「派遣長照人員至案家提供照護服務」，故仍屬整體長照服務提供之一部分，而非僅是其所聲稱之資訊服務[51]。

　　未來主管機關勢必需要解決自費長照服務市場之長照人力媒合平台業者是否應納入管理範疇之爭議，質言之，現階段主管機關依據違反「長照廣告」規定而為裁處之行為，實際上是迴避了平台業者行為定性的先決問題。然而，隨著平台經濟蓬勃發展，其往往反映著社會需求變遷，決策者有必要直面此一趨勢，在保障長照需要者權益及兼顧長照人員勞動保護間，尋求適當的解決路徑。建議或可參照歐盟或美國做法，正面檢視數位平台服務內容

---

[51] 對於平台只是媒合功能之說法的反駁也呈現在訴願書略以：平台對其簽約之照護人員有進行審核、簽到退管理，並有權決定是否給付照護人員照護費用、單方逕行取消照護人員資格等管理作為，且對各筆契約訂單金額多寡再抽取 20% 費用，非單純預約媒合、代收代付收費服務而已。

之核心內涵及界線，從歐盟法院在 Uber 案與 Airbnb 案判決論理的轉折，可看出其對於新興服務業之判斷方式及管制態度雖仍有所搖擺，但已逐漸形成幾項較穩定的判準，或可提供台灣未來監管資訊平台業者跨足其他行業之立法管制思考方向：(1) 平台業者對平台上服務提供者之控制或影響程度，通常是判斷該平台業者定性之重要標準，例如：價格（使用者支付之最終價格或費率）是否由平台業者指定、服務內容條款是否由平台業者主導等，均構成判斷有否控制力之重要因素；(2) 是否創造新市場；(3) 社會資訊服務定義的操作亦為重要輔助判斷標準。

事實上，我國實務上勞動保護適用與勞動關係成立，已出現若干鬆動現象，例如依據 2021 年修正長期照顧服務法增訂第 32 條之 2 規定，長照特約單位應為其長照人員辦理參加勞工保險、勞工職業災害保險、就業保險及全民健康保險，並應確保其長照人員之勞動條件符合勞動有關法規。易言之，長照特約單位應確保其所屬長照人員之勞動保護條件，至其與長照人員間是否存在勞動關係，在所不問。據此，本文認為由於確立平台工作者之勞動法上定位，還需透過立法途徑解決之，故現階段為保障人數龐大的平台工作者權益，無妨先將其納入社會安全制度範疇，同時保留平台業者與平台工作者間法律關係認定之彈性。

伍、結論

數位化改變了勞動世界及其他許多面向，同時也摧毀了部分工作形態，使工作本身的條件與內容發生質變。國際數位轉型策略提供我國許多有價值的訊號，其中平台經濟的蓬勃發展，也展現了許多當代社會所重視的價值，包括互信關係的重要性、社會大眾對透明性與效率性的渴求、重視使用者賦能和參與，以及即時有效的社會溝通等。不過凡事皆為一體兩面，數位轉型也為社會帶來新的問題，例如大量平台工作者衝擊傳統勞動市場法律關係、大數據的偏差和歧視風險、隱形的外部效應（逐底競爭或環境負面效應）等。當代各國社會福利領域無不冀求提升資訊利用效率及減少成本，平台經濟的運作模式或可為新一代社會福利公私協力注入新的觀點，包括透過

充分賦能來落實使用者本位原則、透明公開相關資訊以建立信賴機制、改革傳統行政管制之必要、應建立實質有效的社會溝通機制，及謹慎對待社會外部效應等。社會福利體系乃與人類福祉緊密相關，唯有儘早完備我國社會福利體系相關基礎設備與能力，並擬定社會福利數位化因應策略，方可充分利用數位科技帶來的效益，並及早採取適當措施減緩衝擊，以達成科技服務人類與社會的最終目標。

社會福利服務的特殊性乃在「人與人緊密關聯性」，歐盟 2017 年公布機器人民事法律規範建議，其中關於照顧機器人和人工智慧的討論即指出：「人與人接觸是人類照護工作的基本面向，倘如以機器人完全取代照護工作的人性要素，則可能造成照護工作非人性化的後果」[52]，爰基於人性尊嚴考量，社會福利領域特別是照護工作，人類提供的包含社會互動在內的服務，仍將持續扮演重要角色，此一特性恰巧能夠最佳地反映出科技始終來自於人性之深層意涵。本文認為可借鑑歐盟數位權理念，透過數位科技來充實社會權利之內涵，嘗試在新興社會需求與傳統產業管制秩序和利益間尋求平衡之點。

最後有關數位平台業者之法律定性，我國目前實務運作偏向採取具體個案認定方式，僅就具體涉及產業特性或規範架構，判斷平台業者提供服務究竟是否屬於實際「經營該產業」之行為，尚未發展出穩定的判斷準則。惟為保障平台服務使用者權益、維護產業公平競爭環境，並奠定我國數位平台業者發展基礎，政府應提供明確的規範架構和責任範圍，對此或可仿效國際法上正面界定之做法，列舉具體的判斷標準，並強化社會溝通以加速數位經濟法制化之進程，同時提升我國數位競爭力。

---

[52] European Parliament resolution of 16 February 2017 with recommendation to the Commission on Civil Law Rules on Robotic (2015/2013 INL), OJ C 252/239.

參考文獻

一、中文部分

王文宇，從平台經濟論 UBER 管制爭議，會計研究月刊，第 393 期，頁 53-58，2017 年。

林文宏，歐盟執委會提出「數位服務法」及「數位市場法」草案，公平交易委員會電子報，第 166 期，頁 1-3，2021 年 3 月。

林佳和，勞動 4.0 與數位時代：結構變遷與新興發展，台灣勞工季刊，第 62 期，頁 4-20，2020 年。

邱羽凡，自營作業者之勞動保護與「準勞工」立法之初步分析─以德國法為參考，月旦法學雜誌，第 314 期，頁 26-46，2021 年。

侯英泠，UBER 網路交車平台經營模式為居間行為？汽車客運？計程客運服務業？─從台灣台北地方法院 105 年度簡上字第 386 號民事判決談起，月旦裁判時報，86 期，頁 14-24，2018 年。

侯英泠主編，數位平台之相關法律問題，初版，台北：元照，2021 年 5 月。

財團法人台灣網路資訊中心，歐盟的平台管制野心：數位服務法與數位市場法（上下篇），2021 年 1 月 29 日，https://blog.twnic.tw/2021/01/29/16751/（最後瀏覽日：2021 年 5 月 30 日）。

陳綠蔚、楊浩彥主編，平台經濟興起對產業發展與資源使用的影響，財團法人中技社，2019 年。

二、外文部分

Enzo Weber (2018) Setting out for Digital Social Security, ILO, Working Paper No. 34, pp. 1-8.

EPSU (2019), Joint Position Paper on Digitalisation in the Social Services Sector – Assessment of Opportunities and Challenges, European Public Service Union.

Sofia Ranchordás (2019), Public Values, Private Regulators: Between Regulation and Reputation in the Sharing Economy, LAW AND ETHICS OF HUMAN

RIGHTS, 13(2), pp. 203-237.

Ulrich Becker & Olga Chesalina (2021). Social Law 4.0—New Approaches for Ensuring and Financing Social Security in the Digital Age, Nomos, 1st edition.

Uma Rani & Marianne Furrer (2018), Work and Income Security among Workers in On-demand Digital Economy, Development Implications of Digital Economies: Findings and Next Steps International Workshop paper, University of Manchester, 11-12 April 2018.

數位貿易與永續發展：貿易正義下「南方觀點」對台灣的策略啓示

楊宗翰*、翁藝庭**

壹、導論：永續發展、數位貿易與地緣政治

2015 年，聯合國宣布了「2030 永續發展目標」。SDGs 包含 17 項核心目標，內容涵蓋：消除貧困、環境生態、永續經濟與社會正義等價值，以指引全球邁向永續社會[1]。當前，世界各國正積極尋求合作夥伴，將 SDGs 納入國家法律體系，並訂立具體執行計畫，此過程可稱爲「永續發展目標的在地化」。

與此同時，全球更爲普遍的線上商業活動，也帶來更嚴峻地的治理挑戰。數位科技已是當前 21 世紀，世界各國在日常工作、開展商業、國際貿易，以及個人作爲社會參與的核心方式。2020 年 COVID-19 新冠肺炎疫情爆發，其所帶來的健康危機更加證實：電子商務可成爲全球消費者的重要工具[2]。疫情對經濟與社會的衝擊，預期可能會持續一段相當長的時間。因

---

* 國立清華大學環境與文化資源學系助理教授。本文作者均十分感謝兩位匿名審查委員的寶貴意見，以及有幸參與本次線上論壇，與學術與實務先進交流，獲益良多，並盡量納入修改。惟本文許多謬誤與粗率觀點，仍均由作者承擔。

** 中華民國仲裁協會推廣發展專員。

[1] Hanson, D. (2019). The United Nations sustainable development goals, the WHO general program of work 2019-2023 and international safe communities. *Journal of injury and violence research*, 11(4 Suppl 2).

[2] Goggin, G. (2020). COVID-19 apps in Singapore and Australia: reimagining healthy nations with digital technology. *Media International Australia*, 177(1), 61-75. See also: Muralidharan, S., Panigrahi, T., Paramita, P., & Ray, A. P. (2020). *The Great COVID19 Depression: Bearing the Burnt* (No. 3469). EasyChair.

而，數位經濟之發展也需持續適應疫後經濟復甦的新環境。而此一數位化趨勢，也將加強未來「經濟增長」與「永續發展間」的互動作用，此即為本文所關切議題的重要背景[3]。

一、數位貿易與全球永續經濟：世貿組織與批判者的觀點

數位化對於貿易的影響也幾乎無處不在。WTO 於 2019 年出版了一本有關數位貿易的報告。這本題為《適應數位貿易時代：挑戰與機遇》（Adapting to the Digital Trade Era: Challenges and opportunities）的重要報告，具體探討了 WTO 成員如何因應數位科技對貿易帶來的衝擊與變化，以及如何制定可惠及全球所有公民並同時具有支持與包容性的貿易政策[4]。該出版報告也嘗試將數位貿易的學術觀點與政策建議相結合，著眼於數位科技的快速採用，將如何有效幫助發展中國家參與世界貿易。

具體關於採用數位科技對於貿易和發展的影響，該份 WTO 報告分析發現：全球各公私部門，由於更密集地使用資通信技術（ICT）服務、更依賴大數據和人工智慧，這些新的數位科技可以降低貿易成本，而採用智慧機器人等也都能提供增加貿易收益的機會[5]。

在具體數據與方法論上，該報告係使用 WTO 全球貿易模型，以說明數位科技對於貿易的重大影響。從現在到 2030 年，由於採用了數位科技，預估全球貿易增長率將每年平均增長 2%。而對於發展中國家，該模型預測全

---

[3] Lund, S., & Manyika, J. (2016). How digital trade is transforming globalisation. by International Centre for Trade and Sustainable Development (ICTSD) 7 Chemin de Balexert, 1219 Geneva, Switzerland Tel:+ 41 22 917 8492–E-mail: ictsd@ ictsd. ch–Website: www. ictsd. org Publisher and Chief Executive: Ricardo Meléndez-Ortiz World Economic Forum 91-93 route de la Capite, 1223 Cologny/Geneva, Switzerland Tel:+ 41 22 869 1212–E-mail: contact@ weforum. org–Website: www. weforum. org Co-Publisher and Managing Director: Richard Samans.

[4] 本報告全文請見 WTO 官方網站，https://www.wto.org/english/res_e/publications_e/adtera_e.htm。

[5] Janow, M. E., & Mavroidis, P. C. (2019). Digital trade, e-commerce, the WTO and regional frameworks. World Trade Review, 18(S1), S1-S7.

球貿易增長將達每年平均增長 2.5%。該經濟模型還預測，在未來，服務出口貿易將占全球貿易的 25% 以上。但與此同時，人們也擔心因 3D 列印和智慧機器人的使用增加，將導致生產回流到已開發的國家或經濟體中。

　　該報告還以不同的國家爲案例，介紹處於不同發展階段的區域與國家，如何看待數位科技的挑戰和未來契機等觀點。該報告發現，若國際上能形成對於數位貿易的「廣泛共識」，該項政策便可在支持採取數位科技上發揮關鍵作用，以確保全球弱勢群體不被數位貿易的浪潮徹底抛棄。

　　然而，WTO 近年報告中對於數位科技與國際貿易間美好關係的描述，是否僅是一個官方版且過於理想的烏托邦圖像？事實上，對於 WTO 的數位貿易報告，也有相對批判的觀點指出：世貿組織等國際機構實際上並未能有效解決國家之間的發展差距問題。在數位領域，發展中國家持續面臨跨國大型企業和主要經濟體，就數位經濟議題進行貿易談判的壓力[6]。隨著全球數位貿易規則談判與數位新科技演進，全球各地許多公民卻群起抵抗，證明了開發中國家在數位貿易談判中與主流經濟體，確實具有許多看法的分歧，甚至對於數位貿易的基本定義都有不同的理解與差異存在[7]。因此，國際組織與各國政府應持續探索更完善的數位經濟政策，並透過更廣泛的線上消費者、全球公民與企業參與，共同就法律規則與政策擬定進行交流及合作。

　　既然，數位貿易的未來，未必如官方報告所呈現地一片美好。或者說，至少仍存在有許多亟需處理的談判障礙與衝突議題。以下，將先從數位貿易的地緣政治談起，以釐清南方觀點與 WTO 報告中代表主流經濟體意見的內容，有何主要差異？以及可能之緣由何在？是不是有些邊緣的觀點與聲音，在目前進行數位貿易規則談判的國際平台上，尚未被充分重視與傾聽的？而這些觀點，對於長期努力遵循國際規則的台灣，有無在經濟思潮、國家發展戰略，與規則提案上的啓發？

---

[6]　Burri, M. (2015). The international economic law framework for digital trade. Zeitschrift für Schweizerisches Recht, 135, 10-72.

[7]　Azmeh, S., Foster, C., & Echavarri, J. (2020). The international trade regime and the quest for free digital trade. *International Studies Review*, 22(3), 671-692.

二、數位貿易的地緣政治

數位科技和永續性，均已成為全球地緣政治中競爭與合作的關鍵領域[8]。世界各先進大國利用自身在這些領域累積的經濟實力，來實現各自的外交與經貿政策目標。這種趨勢，事實上對於開發中國家可能有著嚴重的影響。

國際間對於數位貿易，特別是在數位資料、數據自由流動和隱私權保障方面，不同的主要觀點存在於：美國、歐盟和中國大陸[9]。在美國，主要觀點是來自大型企業等私部門其需要保留數位資料的存取權，以及確保數據在國際間的自由流動。這種觀點，推其極致可能創造了由私部門所主導的大規模創新，而國家為了能夠保持其競爭力，在某種程度上，則可能犧牲一般消費者的隱私權[10]。

在歐盟對於發展數位經濟的思考架構下，主流觀點則優先考慮公民和消費者的權利。儘管隱私可以成為一種競爭優勢，但這種模式推其極致可能會降低經濟競爭力並阻礙創新。歐盟主要倡導自由、非個人資料的流動，而一般資料保護規範（GDPR）正是這種模式落實的適例[11]。

而第三種模式，則是在中國大陸實施的模式。由國家支持科技公司在該國推動創新，但國家仍然保有、掌控數據資料的權限。由於政府不會面臨強烈隱私和消費者權利保護的權衡，因此可以專注投入鉅資財力，使市場相對

---

[8] Meltzer, J. P. (2015). A New Digital Trade Agenda. by International Centre for Trade and Sustainable Development (ICTSD) 7 Chemin de Balexert, 1219 Geneva, Switzerland.

[9] 靖心慈，WTO 和 APEC 近期對電子商務／數位經濟之推動方向，經濟前瞻，第 183 期，頁 95-100，2019 年；靖心慈，我國對數位貿易議題應有的因應作為，經濟前瞻，第 170 期，頁 98-104，2017 年。

[10] Fefer, R. F., Akhtar, S. I., & Morrison, W. M. (2017). Digital trade and US trade policy. *Current Politics and Economics of the United States, Canada and Mexico*, 19(1), 1-52.

[11] 郭戎晉，論區塊鏈技術與歐盟一般資料保護規則之衝突，臺大法學論叢，第 50 卷第 1 期，頁 69-152，2021 年。

受到保護，並能維持競爭 [12]。

　　鑑於目前在數位經濟領域，尚缺乏國際規範和一致標準作爲維持多邊秩序、合作與因應現有挑戰的基礎。一般認爲，雙邊或多邊自由貿易協定，可以成爲促進雙方與多方經貿合作的重要手段。各國致力於當前國際體系共同的問題，並能增強互助信心。然而，在數位貿易的領域中，由於多邊層面上，長期沒有取得進展，若對許多基本議題，例如：數位人權或數位權利（digital rights）[13]，也缺乏可預測性的規則基礎，國際貿易和各方之間的信任反而可能會下降，特別是中小國家或開發中國家。他們期望加強其經濟主權，參與此類數位貿易國際協議之協商，使他們的國際政治與經貿關係多樣化。但若在數位貿易領域，因當前南北數位落差嚴重，很可能在談判過程中，衝突、矛盾漸增，合作空間與國際信任反而下降。

三、本文的架構

　　確實，數位化在 WTO 的電子商務工作中，於近年獲得很多關注。WTO正在整合近年的談判進度與成果，強調加強國際合作的好處與重要性，以促進商品和服務的跨境流動，縮小數位落差鴻溝，並爲微型、中小型企業（MSME）創造公平的競爭環境。世貿組織與其合作夥伴（包括產業、各國政府等），希望提供一條通向更高的可預測性、具有可行性和信任度的發展路徑。他們認爲，數位貿易的國際規則，可以同時降低企業和消費者的成本 [14]。

---

[12] Azmeh, S., Foster, C., & Echavarri, J. (2020). The international trade regime and the quest for free digital trade. *International Studies Review*, 22(3), 671-692. 許茵爾，數位貿易對全球區域經濟整合發展之影響，經濟前瞻，第 195 期，頁 99-105，2021 年。

[13] 數位權利意指個人合法使用電腦的權限，包含所有的電子儀器或是溝通網路。特別是針對現實已存的權利，諸如在新興科技中內容的隱私權、言論自由等。人權被認爲是網際網路上科技及價值觀之間遺失的環結。相關定義可參考 APC 網際網路權利憲章、2008 年里約熱內盧的世界資訊社會高峰會會議（WSIS）之中動態聯盟的網路人權法案等。

[14] James, D. (2019). Anti-development impacts of tax-related provisions in proposed rules on digital trade in the WTO. *Development*, 62(1), 58-65.

　　世貿組織當前的討論，確實已使各國政府更充分瞭解電子商務與資訊社會所面臨的重大問題。然而，關於數位貿易談判、科技演進與永續發展（特別是聯合國永續發展目標）之間的關係，目前則較少有文獻對此議題進行系統性地探究。例如：為 21 世紀的數位經濟公平進展，網際網路平台必須保持對所有人開放的態度，以實現包容性和惠及全球公民的解決方案，尤其是世界上最為弱勢的群體。國際組織與世界各國，究應如何幫助發展中國家和最不發達國家縮小數位鴻溝，從而促進能夠實現永續發展目標的經濟？

　　而在本文寫作的當下，正值全球疫後經濟復甦與數位經濟地緣政治變遷的時刻，本文擬探討：在數位化與美中衝突時代，貿易政策應如何回應 SDGs 所指各項全球與在地化的挑戰？數位貿易規則，在國際、區域與內國層次，與 SDGs 之間，可能產生的正向匯流與牴觸之處？此外，就目前數位貿易規則形成之重要時刻，關鍵的經貿國際組織（如：UN、WTO、歐盟、非洲聯盟等）與各國立場為何？特別是非主流的南方國家集團，對於當前的數位貿易國際規則之形成，採取何批判觀點？更重要的，台灣在當前國際情勢中，應採取何種談判與戰略立場，得以充分發揮自身之數位科技、經貿與文化長處？我國應如何於數位貿易相關之多邊與雙邊談判中，思考最有利與可能造成多贏局面的立場？台灣應如何藉由數位貿易中的強項優勢，同時推動永續發展？

貳、數位貿易與永續發展：正向匯流與負面衝突

　　2015 年 9 月，全球 193 個國家共同通過了聯合國永續發展目標。此 17 項永續發展目標構成了有史以來為世界社會、經濟和環境進步所制定最雄心勃勃的全球議程[15]。其中包括到 2030 年結束貧困、消除飢餓、實現性別平等、促進公平經濟增長、減少不平等和應對氣候變化的目標。但在實現這些

---

[15] Hassani, H., Huang, X., MacFeely, S., & Entezarian, M. R. (2021). Big Data and the United Nations Sustainable Development Goals (UN SDGs) at a Glance. *Big Data and Cognitive Computing*, 5(3), 28.

目標方面仍然存在重大差距，尤其是在發展中國家 [16]。

數位貿易可以促進正向永續發展，但也可能對永續帶來負面的衝擊。如果數據資料可在全球範圍內自由移動，則數位網際網路可以加快世界各地在獲得醫療保健、水和能源的速度，促進永續發展目標的落實 [17]。

本文於此部分，先討論數位科技可以如何促進永續發展。並且探討「南方觀點」所指稱，目前傾向跨國巨型科技公司的數位貿易規則，可能如何負面衝擊永續發展目標？最後，本文則將提出目前國際組織（如歐盟與WTO）對於弭平數位落差與促進數位貿易與永續性已有或規劃的具體作為。

一、數位科技如何促進永續發展

在實現聯合國永續發展目標方面，各國仍然存在重大差距，尤其是在發展中國家之情形。一般來說，數位貿易可以透過以下三種方式，為縮小永續發展目標差距做出貢獻 [18]：

首先是數位科技本身。IT 數位解決方案以前所未有的傳播速度，被普遍的採用。數位科技的進展，允許各國向世界上一些最貧窮的人，以非常快速的部署技術，從而改善當地居民獲取資訊和參與數位經濟的機會。例如：在第一支數位手機進入市場僅僅二十三年後，數位網絡已經覆蓋了撒哈拉沙漠以南非洲 70% 的地區。

其次，是數位科技促成產品的提升。數位科技若將消費者置於產品和服務的中心，從而能設計出降低成本、提高永續性和使用者的友好性，並進而

---

[16] Mori Junior, R., Fien, J., & Horne, R. (2019). Implementing the UN SDGs in universities: challenges, opportunities, and lessons learned. Sustainability: The Journal of Record, 12(2), 129-133. 曾育慧、江東亮，全球發展新紀元：從千禧年發展目標到永續發展目標，台灣衛誌，第 36 期，頁 1-5，2017 年。

[17] Janow, M. E., & Mavroidis, P. C. (2019). Digital trade, e-commerce, the WTO and regional frameworks. *World Trade Review*, 18(S1), S1-S7.

[18] Nizam, H. A., Zaman, K., Khan, K. B., Batool, R., Khurshid, M. A., Shoukry, A. M., & Gani, S. (2020). Achieving environmental sustainability through information technology: "Digital Pakistan" initiative for green development. Environmental Science and Pollution Research, 1-16.

提供有商業消費吸引力的產品。例如,在一些最不發達國家,衛生醫療工作者開始使用數位科技來學習如何管理和引進新的治療方法[19]。

第三則是新的數位科技也促成了新的商業模式,從而促進更廣泛領域的創新和增長。網際網路有望改變許多行業,在全球範圍內為經濟和社會帶來突破性的好處。雖然預測報告各不相同,但根據一項研究,到 2025 年,網際網路每年將產生 3.9 萬億至 11.1 萬億美元的潛在經濟影響,這主要來自設備維護、庫存優化、節能和勞動效率的生產力提高[20]。網路基礎設施依賴於遠程資料蒐集、分析和管理設施,這些設施通常位於不同的國家與區域內。

數位網路科技結合電子商務與貿易,確實可以為實現永續發展目標做出相當大的貢獻。正如以下許多例子所示,這些數位創新解決方案在醫療保健、水、農業和生計、自然資源管理、能源和基礎設施等一系列或領域促進了人類福祉。而每項也都與聯合國永續發展目標所述內容,有相對的呼應。

案例 1:健康。確保健康的生活方式,並促進所有年齡段的所有人的福祉(永續發展目標 3)。數位網路技術允許治療行為客製化,在醫病關係中蒐集臨床數據,更早地發現並主動治療疾病進展,並為一系列疑難雜症找到更有效的治療方法[21]。物聯網技術也被用於應對人道主義響應中的緊迫挑戰。一個典型的範例是監測、預測和保護患者的傳感器技術和分析(STAMP2),該技術已在美國對埃博拉患者進行了測試。STAMP2 蒐集患者數據,包括心電圖、心率、氧飽和度、體溫、呼吸頻率和位置。這些數據被發送到中央服務器以支持對疾病爆發的響應。目前,它正在擴大規模,以滿足美國國際開發署等政府機構對其在利比亞的伊波拉病毒治療戰略的需求。

案例 2:水。確保人人享有水和衛生設施並對其進行永續管理(永續發

---

[19] Daza Jaller, L., Gaillard, S., & Molinuevo, M. (2020). The Regulation of Digital Trade.

[20] Watanabe, C., Naveed, K., Tou, Y., & Neittaanmäki, P. (2018). Measuring GDP in the digital economy: Increasing dependence on uncaptured GDP. Technological Forecasting and Social Change, 137, 226-240.

[21] Panesar, A. (2019). Machine learning and AI for healthcare (pp. 1-73). Coventry, UK: Apress.

展目標6）。數位平台解決方案可以改善清潔水供應和衛生設施，其中全世界有20億人處於貧困狀態[22]。例如，印度社會企業Sarvajal開發了低成本反滲透技術爲農村地區提供清潔水，以及遠程監控水的質量和數量的智能儀表。此外，該國正在使用無線傳感器網絡（WSN）來改善貧困和半乾旱地區的水資源管理。無線網絡測量卡納塔克邦農村的溫度、濕度、土壤濕度、環境光和氣壓。來自傳感器的數據在網站上可視覺化以進行實時監控。

　　案例3：農業和基本生計。消除飢餓、實現糧食安全和改善營養，促進永續農業（永續發展目標2）。例如，Gamaya是一家瑞士公司，它使用網路技術精準的爲農業提供解決方案。這是一種基於觀察、測量和響應作物田間和田間變異的農業管理技術。從無人機拍攝的田地圖像，並經由專門的軟件進行分析，該軟體根據作物濃度對土地進行分類。輸出資訊被上傳到拖拉機，拖拉機經過土地時並分配不同水平的肥料。雖然可以自動導航，但拖拉機在轉彎時只與幾釐米的土地重疊。Gamaya爲播種和收穫提供了類似的解決方案，這些解決方案利用土壤含量和水分的傳感器數據。所有措施相結合，化肥和化學品的使用量減少了30%，作物產量增加了7%至25%，病害和雜草相關的損失減少了50%[23]。

　　案例4：能源／基礎設施。確保人人獲得負擔得起、可靠、永續的現代能源（永續發展目標7）；建設包容、安全、有彈性和永續的城市和人類住區（永續發展目標9）。關於能源方面，網際網路技術讓風力發電更高效。GE爲其客戶提供基於網際互聯網的解決方案，該解決方案實時使用整個風電場產生的數據。該技術允許單個渦輪機直接相互通信，共享有關實時風況的數據資料。利用這些資訊，渦輪機可以調整葉片角度和渦輪機設置，以最大限度地提高效率[24]。網際網路還實現了智慧城市——城市住區，旨在更好

---

[22] Sparviero, S., & Ragnedda, M. (2021). Towards digital sustainability: the long journey to the sustainable development goals 2030. Digital Policy, Regulation and Governance.

[23] Birner, R., Daum, T., & Pray, C. (2021). Who drives the digital revolution in agriculture? A review of supply side trends, players and challenges. Applied Economic Perspectives and Policy.

[24] Rui, H., Yao, W., & Gemsjaeger, B. (2020, December). Planning of Digitalization and Smartness for Industrial Infrastructures. In 2020 10th Smart Grid Conference (SGC) (pp. 1-6). IEEE.

地利用公共資源,提高向公民提供的服務品質,同時降低公共管理的運營成本。例如:西門子智慧停車解決方案依賴於一個傳感器系統——不斷蒐集停車情況的訊息——讓司機瞭解從他們的起點到最終目的地的信息,從而更容易更智能地規劃行程,找到停車位並更智慧地通勤[25]。

綜上案例,主流觀點仍相信數位科技能夠正面促進永續發展。例如:世界經濟論壇(World Economic Forum)近年的研究,不斷確立數位網路將給全球經濟和整體社會帶來的四種主要轉型[26]。根據研究預測,到2030年,數位網路技術可以使世界各國的實際 GDP 增加 1.5%(前提是各國能成功地建立吸收這些技術的能力,並增加了數位網路基礎設施的投資)。因此,國際政策與調和的重點在於:(1) 強調網際網路對於永續發展的重要性;(2) 指出限制數據資料國際流動所帶來的挑戰;(3) 提出一系列可行的措施來消除這些障礙,以確保網際網路能夠有效地為實現永續發展目標做出貢獻。

然而,在過去的二十年裡,各國政府越來越多地限制數據跨境流動,為此提供了各種理由[27],例如公共秩序、隱私、國家安全和國內經濟增長。具體的法規障礙包括:本地化要求、保護隱私的特定法規。這種跨境流動的障礙,某程度上確實削弱了網際網路與數位平台的巨大經濟潛力。然而,本文初步認為,這根本上會是一個平衡與選擇的問題。

二、數位落差對永續發展目標之負面效果

當我們討論數位貿易與永續發展的關係,相對於主流樂觀的觀點,國際

---

[25] Paroutis, S., Bennett, M., & Heracleous, L. (2014). A strategic view on smart city technology: The case of IBM Smarter Cities during a recession. Technological Forecasting and Social Change, 89, 262-272.

[26] Sabbagh, K., Friedrich, R., El-Darwiche, B., Singh, M., Ganediwalla, S. A. N. D. E. E. P., & Katz, R. A. U. L. (2012). Maximizing the impact of digitization. The global information technology report, 2012, 121-133.

[27] Meltzer, J. P. (2019). Governing digital trade. World Trade Review, 18(S1), S23-S48. Gao, H. (2018). Digital or trade? The contrasting approaches of China and US to digital trade. Journal of International Economic Law, 21(2), 297-321.

上也存在著許多不同的假設。許多跨國企業，特別是大型的科技公司，以及已開發國家，企圖呈現出關於數位貿易未來的一幅美好的烏托邦景象。在這幅烏托邦畫面中，科技可以作爲核心的元素，來協助世界上最落後、最貧窮國家的人民。事實上，眞實的情況與此差異甚遠。目前尚未有直接的資料顯示，數位貿易或電子商務，對於全球發展是完全朝向跨國企業與政府的這幅理想烏托邦畫面。

　　實際上，目前全球貧窮階層在數位經濟的整合浪潮中，反而呈現完全相反的圖像。在非洲，1 吉位元組（gigabyte）的網路使用流量，平均要花當地居民 9% 的平均收入 [28]。在非洲與其他世界落後的地方，甚至也缺乏最基本的數位基礎設施，這讓許多來自開發中國家的平民，對於當前主流的數位經濟平台，幾乎沒有親近與利用的可能。

　　全球巨大的發展情境差異，存在於各國特定的社會、文化、經濟和政治動態中。儘管如此，這些狀況也是混合過往殖民主義、帝國主義和不平等的共同形成經驗，同時觸發了未來潛在的國際合作。在國家層面，全球開發中國家面臨的挑戰直接關係到該國的發展和安全。

　　在國際層面，在聯合國 2015 年有關永續發展具有里程碑意義的文件〈改造我們的世界：2030 年永續發展議程〉中，與數位經濟有關的用語「網路」和「數位」只各出現一次。然而，永續發展目標中其他包括：促進教育、婦女賦權和永續發展綠色產業等，則多次出現 [29]。是否可以解讀成，諸如聯合國等國際組織對於數位經濟議題之著墨，未如永續發展目標的其他面向一般重視，或仍容有爭議。

　　可以確定的是，全球數位落差的情況，其實是相當嚴峻。根據聯合國在永續發展的報告，原先預計在 2020 年讓全球幾乎所有人，都可以獲得網路的連線與使用權限，但依照目前的進度看來，這個全球連線的目標，最快

---

[28] De Juan, A., & Wegner, E. (2019). Social inequality, state-centered grievances, and protest: Evidence from South Africa. Journal of Conflict Resolution, 63(1), 31-58.

[29] Colglazier, W. (2015). Sustainable development agenda: 2030. Science, 349(6252), 1048-1050.

也要到2042年左右，才有實現的可能[30]。甚至，目前世界各地最不發達的國家中，還有多達 60% 的人民，都還未能確保最基本、穩定的能源與電力供給[31]。

在中產階級收入或開發中國家，情況也絕非樂觀。大型的科技巨頭，可說幾乎壟斷了數位經濟平台與網路，透過各種各樣的廣告與搜尋引擎等，牟取巨大的商業利益[32]。從公部門到私部門，產業別的涵蓋也從健康醫療產業到一般的商業零售業等，均有科技巨頭壟斷的影子。根據近年的幾份報告，Google 與 Facebook 目前一共壟斷了 84% 以上的網路流量，且此比例逐年在增加[33]。Facebook 平台與行動手機的結合，在許多開發中的貧窮國家，有很強的「鎖定效應」（lock-in effect）。許多貧窮國家的網路使用者，只能使用 Facebook 平台，被鎖進這個壟斷體系之內。

而這些壟斷的趨勢，也造成當地地方經濟、中小企業或微型企業、創業家，發展空間的嚴重受限。例如：我們可以設想一般的地方小書店，要如何在數位經濟的環境下，與亞馬遜等大型連鎖，進行公平競爭？

因而，批評者指出，多邊貿易體系，像是 WTO，從多哈回合談判以來，在處理全球發展的議題上，幾乎是全然停滯與毫無具體成就[34]。在多哈回合談判破局的十幾年後，目前對於數位貿易的談判，又企圖提出一個多邊

---

[30] Johansen, J., Noll, J., & Johansen, C. (2021). InfoInternet for education in the global south: A study of applications enabled by free information-only Internet access in technologically disadvantaged areas. African Journal of Science, Technology, Innovation and Development, 1-13.

[31] Lay, J. (2017). The G20 Compact with Africa: An Incomplete Initiative.

[32] Wu, T. (2018). The curse of bigness. Antitrust in the new guilded age. Columbia Global Reports.

[33] Wu, T., & Yoo, C. S. (2007). Keeping the internet neutral?: Tim Wu and Christopher Yoo debate. Federal Communications Law Journal, 59(3), 06-27. Wu, T. (2003). Network neutrality, broadband discrimination. J. on Telecomm. & High Tech. L., 2, 141.

[34] Jones, K. (2010). The Doha blues: Institutional crisis and reform in the WTO. Oxford University Press. Pritchard, B. (2009). The long hangover from the second food regime: a world-historical interpretation of the collapse of the WTO Doha Round. Agriculture and Human Values, 26(4), 297-307.

理想國的樣貌，將所有在開發中國家的貧窮人民一起鎖進這個看似美好的全球數位未來。

批評見解認爲，貿易協定與區域經貿整合，透過了市場開放與自由化，減低了法規的成本，極大化了跨國企業的利益，並且對於各國國內政策的多樣性，有所限制與扼殺。跨國科技巨頭，基於自身的商業利益，希望世界各地的人民，能夠盡快上網連線，並且加入他們目前已經設定存在的數位平台、系統與運作之中。他們進而宣稱，此些數位平台可以爲貧窮世界的人民，帶來許多新的商業機會、生活希望與經濟成長。

爲促進全球發展的電子商務之友（Friends of E-Commerce for Development, FED）正是一個站在批判觀點，近年相當知名的非營利與遊說組織。近年來，該組織主導了有關數位貿易與全球發展議題中的南方觀點[35]。該組織的成員，有來自於阿根廷、智利、哥倫比亞、哥斯大黎加、巴基斯坦、墨西哥、斯里蘭卡、烏拉圭、肯亞、奈及利亞等，以及最近才加入該聯盟的中國大陸。該倡議組織認爲，電子商務基本上應該作爲一種工具，其目的根本上是用來縮減全球數位落差、提升經濟發展動能，並且爲最不發達的貧窮國家，提供數位經濟的解決方案。

就目前全球政策全貌上不確定的時刻，FED等倡議者認爲，在WTO與其他國際平台探討的數位貿易規則，很有可能將商業利益保護，高於人權與公共利益，侵蝕到開發中國家貧窮人民的權利、限制其選擇的自由。這對於全球網路法規與政策，是一種破壞性的效果。當前FED在數位貿易規則談判的立場，獲得歐盟、澳大利亞與日本等國的支持[36]。但值得注意的是，即使在開發中國家之中，對於數位貿易也存在著許多不同的立場觀點，像是印度、南非等，因此很難說目前有一個統一的「南方觀點」[37]。

---

[35] Lemma, A. (2017). E-commerce: The implications of current WTO negotiations for economic transformation in developing countries. London: Supporting Economic Transformation.

[36] Dhar, B. (2017). Electronic Commerce and the WTO: The Changing Contours of Engagement. *Briefing Paper*, 21.

[37] Lemma, A. (2017). E-commerce: The implications of current WTO negotiations for economic transformation in developing countries. London: Supporting Economic Transformation.

在世貿組織的第 11 屆與第 12 屆部長級會議中，數位貿易與電子商務都是相當核心的談判議題[38]。跨國科技巨頭對於網路有越來越強的監控性，並且在許多國家中都與當地的公共政策相衝突，像是個人資料與隱私保護、虐待勞工、剝削式的商業模式等。FED 與開發中國家的立場，則是希望可以確保網路的開放與自由。世貿組織的談判並未有共識，甚至連部長聯合宣言都無法達成。以歐盟、日本、澳大利亞、俄羅斯為主的 70 多個國家，在數位貿易相關的談判立場上，表達對於網路、全球與各國數位基礎建設的關注，以及希望強化各國國內的立法權限，以規制保障自由開放的網際網路空間。

相對的，對於全球具有壟斷的科技巨頭公司而言，他們的目標是要確保沒有太多內國的法律、反壟斷法，或與個人資料隱私保護相關的法律，可以阻擋他們的商業利益，或可阻擋他們對於來自地方規模較小的企業與創新者的絕對優勢。這種局面，對於市場中的競爭者與一般消費者來說，未必是最有利的情況[39]。跨國公司使用的許多強制手段，其實已內建在數位科技當中，容許資料獲取的界線會越來越模糊，而關於數位人權與隱私等的爭議，將會透過超國界的法院來處理。一旦壟斷的情形使一般的地方型競爭者很難存活，或很難與跨國科技巨頭競爭，這對於當地的經濟發展與工作機會，通常將造成諸多負面的影響。

為對抗跨國科技巨頭，對於關心數位人權的非營利組織與倡議者而言，在目前這個階段，最重要的就是對於參與高度技術化的數位貿易與電子商務國際規則談判，做好充足的準備。因為相關規則的談判結果，將會對於南方國家中貧窮人民的數位人權與保護機制，產生直接的衝擊。

然而，在組織的成員中，或許除了中國大陸之外，都還沒有做好任何參與數位貿易談判的實質準備。因為在這些南方國家中，衡酌其科技發展與經濟情況，都使這些南方集團的成員目前尚未有能力，在國際上制定數位貿易

---

[38] Abendin, S., & Duan, P. (2021). Global E-Commerce Talks at the WTO: Positions on Selected Issues of the United States, European Union, China, and Japan. World Trade Review, 1-18.

[39] Wu, T. (2018). The curse of bigness. Antitrust in the new guilded age. Columbia Global Reports.

規則談判中，主張眞正有利於他們立場的意見。對於 FED 的成員來說，目前需要盡快選擇，並鎖定跨國科技巨頭認定的一些優先領域。在這些議題場域中，能盡力提出自己的觀點，避免在這些優先領域中，規則制定權完全掌握在現有的壟斷者身上，或進一步將完全消除未來提出另類方案的機會。

具體以目前有關網路中立性的討論現況爲例，跨國的科技巨頭，無論在知識上與資源上，都比一般的人民與非營利組織，具有更強的發言能力，甚至即使在一國境內的數位科技議題上。以 WTO 談判數位貿易規則的情況來說，過程中已然呈現了非常多元的議題範圍，也有相當高的專業知識要求與複雜性。即使是參加數位貿易規則談判的世界各國，都需要有很廣泛的技術專家，組成談判的專業團隊，提供諮詢與支援。像是跨境服務的提供、隱私資料保護、消費者保護、網路空間安全、網路中立性等，以及與網路相關的智慧財產權法等。對於消費者、新的網路使用者或競爭者而言，這些困難的討論與挑戰也才算剛開始。

而對於每個關心數位貿易的參與者來說，關注最新的發展，獲取閱讀獨立且有可信性的資料，以充分暸解現況應該是基本條件。並且應該思考數位貿易，會爲永續發展目標，帶來如何的正面與負面衝擊？事實上，對於數位經濟、數位科技的前景，其實還面臨著許多未知。我們需要持續形塑、思考人與資料間的關係，關心並且討論數位人權。

三、改革方案：歐盟貿易政策與WTO數位經濟與投資便捷化調查

對於以上所呈現的批判觀點，國際上也已有許多努力，企圖弭平各國之間的數位落差，以確保數位人權、創新與資料保護等基本價值，得以實現。但其眞正能發揮的效用有多大，仍值後續觀察。

（一）聯合國2021年數位和永續貿易便捷化全球調查

全球數位和永續貿易便捷化調查（Global Survey on Digital and Sustainable Trade Facilitation），這是自 2015 年以來每兩年由五個聯合國區域委員會（UNRC）──非洲經委會、歐洲經委會、拉加經委會、亞太經社會和西亞經社會聯合開展的調查。第四次調查已於 2021 年 1 月啓動，調查

結果已於 2021 年 6 月公布[40]。

　　2021 年調查基於更新版的問卷調查進行，該問卷由聯合國區域委員會與貿發會議、國際商會、經合組織和許多其他合作機構合作開發。今年的調查涵蓋 58 項措施，包括一套關於「危機時期的貿易便捷化」的新措施，旨在解決 COVID-19 大流行等危機情況的近期和長期措施。

　　透過調查，UNRC 蒐集和分析了 53 項可持續和數字貿易便利化詳細措施的實施數據，包括但不限於 WTO 貿易便利化協定（WTO TFA）的措施。最新的 2019 年調查涵蓋全球 128 個經濟體。歐洲經委會區域報告分析了 42 個成員國實施貿易便利化措施的進展情況。

　　調查結果將使世界各國能夠監測永續和數位貿易便利化措施的實施進展，並作為決策的證據基礎，幫助確定最需要努力解決政策、法律、監管和技術障礙的領域，作為能力建構和技術援助的需要。成員國可以從其他國家的經驗中受益並學習良好做法。這是近年聯合國結合數位貿易與永續發展的具體客觀指引。

（二）歐盟新貿易政策對數位化、包容性成長與永續性之努力

　　歐盟需要新的貿易戰略來應對當前世界面臨的挑戰：經濟復甦、氣候變化和環境退化、日益加劇的國際緊張局勢、更多訴諸單邊主義及其對多邊機構的影響[41]。因此，新戰略將進一步把歐盟貿易政策納入歐盟的經濟優先事項，如綠色協議和歐洲數位化戰略所反映的那樣，明確貿易政策在 COVID-19 後經濟復甦中的作用，並支持追求歐盟的地緣政治野心。因此，它將展示貿易政策如何支持歐盟的開放戰略自主權。新戰略旨在為基於開放性、具有永續性和自信的貿易政策建立新的共識。它鞏固了歐盟作為公平和永續性的開放、基於規則的貿易的全球擁護者的地位。

---

[40] 報告全文請見：https://www.untfsurvey.org。

[41] Leblond, P., & Viju-Miljusevic, C. (2019). EU trade policy in the twenty-first century: change, continuity and challenges. Duina, F. (2019). Why the excitement? Values, identities, and the politicization of EU trade policy with North America. Journal of European Public Policy, 26(12), 1866-1882.

歐盟的貿易政策需要關注三個核心目標：根據其綠色永續和數位化目標，支持歐盟經濟的復甦和根本性轉型；爲更永續和更公平的全球化訂定全球規則；提高歐盟追求其利益和執行其權利的能力，包括在需要時自主執行[42]。爲了實現這三個目標，委員會將重點關注：改革世貿組織；支持綠色轉型並促進負責任和永續的價值鏈；促進數位化轉型和服務貿易；加強歐盟的監管影響；深化歐盟與周邊、擴大和非洲國家間的夥伴關係；加強歐盟對實施和執行貿易協定的持續關注，並確保歐盟企業公平的競爭環境。對於這些領域中的每一目標與方案，該戰略都列出了在歐盟委員會的任務期間要完成的一些主要行動。

針對永續發展，歐盟將綠色目標作爲貿易政策的核心[43]：永續性也是首次成爲貿易政策的明確目標和核心支柱。歐盟致力於利用其全球實力和強大的貿易關係來支持更永續和公平的貿易，並增強其貿易夥伴應對氣候變化等全球挑戰的雄心。在具體行動上，歐盟計畫促進世貿組織的永續性行動，包括：貿易和氣候倡議；尋求 G20 國家承諾使其經濟實現碳中和，以此作爲締結貿易協定的基礎；利用歐盟貿易和投資協議的全部潛力作爲平台，與合作夥伴就歐洲綠色協議的各個方面進行接觸，包括生物多樣性、永續的食品政策、污染防治和循環經濟；提議將巴黎協定作爲未來所有貿易協定的基本要素；對貿易協定中的貿易和永續發展章節進行全面的早期審查，以確保以最有效的方式執行和實施，並將審查結果納入正在進行和未來的談判。

在貿易政策制定上，歐盟採用「由下而上」的模式，重視公民參與，此點值得重視。歐盟執委會歡迎並爲回應公衆諮詢而提交的 400 多份意見書，這些意見書在貿易政策的準備過程中發揮了重要作用。歐盟重視利益相關者的參與程度，並繼續致力於確保透明和包容的貿易政策。鑑於利益相關者對

---

[42] Commission sets course for an open, sustainable and assertive EU trade policy, European Commission, https://ec.europa.eu/commission/presscorner/detail/en/ip_21_644, last accessed 30/09/2021.

[43] Dröge, S., & Schenuit, F. (2018). Mobilising EU trade policy for raising environmental standards: the example of climate action. German Institute for International and Security Affairs, in collaboration with the Institute European Environmental Policy and GLOBE EU.

話的重要性，並鼓勵在關鍵問題上開展具體合作，歐盟未來將在 2020 年啓動的民間社會對話審查研究的基礎上，持續深化與民間社會的接觸。

根據利益相關者的分析意見，歐盟仍將開展：歐盟對各種涉及環境協議的事後評估；更好地理解貿易政策對性別平等的影響；貿易政策對就業和社會發展的影響分析。戰略中規定行動，與開放和永續的貿易政策之關聯性。該戰略包括一系列重要行動，以支持經濟復甦和促成歐盟綠色和數位化轉型，加強各方面的永續性，並採取更加果斷的方法來捍衛歐盟基本的公民權利和價值觀[44]。

歐盟作爲先進的區域組織與國際規則促進者，近年致力於兼顧永續與數位化的貿易政策。無論係其實質內容以及政策形成的程序機制（如：著重由下而上、公民參與等），均值得台灣參考。

（三）非洲聯盟的自由貿易區框架

如今，美國和中國占全球七十大數位平台市值的 90%，其中非洲和拉丁美洲加起來僅占1%[45]。爲了應對大型科技公司與大國之間當前和未來的緊張局勢，全球南方國家（開發中國家）必須確定共同利益並制定更好的協調行動。特別是在數位基礎設施、資訊協議、安全性和包容性。例如：全球南方國家和企業需要推進包括非歧視性的協議條款、衝突解決機制、監管協調、關稅削減和聯合融資舉措區域層面的數字化轉型。區域數位對話有助於重振南方共同市場一體化進程，以應對 2019 冠狀病毒疫情。

其中重要案例是來自非洲大陸自由貿易區（AfCFTA）所設立的框架[46]。2021 年 6 月，38 個國家在非洲聯盟（AU）批准了該條約，54 個簽署國計畫在 2021 年 12 月之前完成電子商務章節的談判，此一談判亮點，預期可

---

[44] Drieghe, L., Orbie, J., Potjomkina, D., & Shahin, J. (2021). Participation of civil society in EU trade policy making: how inclusive is inclusion?. New political economy, 1-16.

[45] Banga, K., Macleod, J., & Mendez-Parra, M. (2021). Digital trade provisions in the AfCFTA. Apiko, P., Woolfrey, S., & Byiers, B. (2020). The promise of the African Continental Free Trade Area (AfCFTA) (No. 287). ECDPM Discussion paper.

[46] *Id.*.

促進數位貿易之區域與全球談判。由於非洲聯盟已經制定了網絡安全和個人資訊保護公約，若 AfCFTA 可以採用單一的通用數位原產地證書（RoO）系統，並且有效的平衡稅收，這將對全球談判產生重大影響。如前所述，COVID-19 疫情確實加劇了國家和社會群體之間的不平等，數位貿易可以幫助恢復和轉型。非洲聯盟也承認，數位貿易是未來全球經濟和安全的重要組成部分，全球網路社區應密切關注其衝突和潛力。但在規則設計上，應有平衡全球南北落差之具體考量。

參、貿易正義的觀點

　　許多人認爲，目前進行的國際貿易涉及嚴重的不公正問題。但很難知道這種信念是否正確，即使是正確的，我們又將如何準確定義或描述所謂的不公正。儘管最近關於全球正義的研究激增，但專門針對國際貿易中的貿易正義進行討論的文獻卻相當稀少。考慮到這個問題的道德重要性和公眾對它的興趣程度，這其實是十分可惜的。

　　Mathias Risse 是少數幾位討論貿易正義議題的哲學家。Risse 最近出版的《論貿易正義：新全球協議的哲學觀點》一書中對貿易正義做了深入的討論，目前有像 Risse 如此深入的討論貿易正義的文獻也只有 5 份，因此，僅憑這一點，本文認爲 Risse 的貿易正義論是當代關於全球正義議題一個非常有價值的研究，所以決定選擇 Risse 的貿易正義論作爲論述基礎[47]。

　　因此，本文將在此部分介紹哈佛大學教授 Risse 貿易正義論的觀點，此觀點試圖把貿易正義和其永續發展放入一個哲學的框架中。接著，本文將把 Risse 的理論與數位貿易做連結。

---

[47] Helena de Bres. (2014). Risse on Justice in Trade. Book Symposium: On Global Justice.

一、貿易正義論

不可否認的，「貿易創造了這個世界」[48]。此句話爲 Risse 於新書《論貿易正義：新全球協議的哲學觀點》的開篇文句。

在討論 Risse 所提出的貿易正義論之前，我們或許可以先自問：「社會應該如何看待國際貿易。」相信對大多數的人來講，這並不是個簡單的問題，也無法簡短的用一兩句話回答。每一天，在這個世界上人們透過陸海空交易成千上萬的貨品，這些交易不受到國界、時差等的限制。要將國際貿易中複雜的人類互動整合成一個可以定義並清楚的區分；對跟錯、公正和不公正等概念的哲學理論是一件極爲困難的任務。這個困難的任務正是 Risse 教授嘗試於他的新書中完成的任務。

Risse 提出了一個嶄新的貿易正義論點並試圖回答「我們如何讓貿易更公正」的疑問。Risse 於書中介紹了一個新的道德本體論（Moral Ontology），稱之爲新全球交易（暫譯）（The New Global Deal）。在新全球交易的概念中，國際貿易機構的首要任務並不是讓各國或企業透過貿易獲取最大的經濟利益，而是保障人權並促進全球經濟的公平性。此國際貿易機構要使國家和企業對他們的貿易行爲負起責任，進而保障參與其貿易中者之權利，從而達到貿易的公平與正義。雖然 WTO 成立逾二十年，爲目前世界上最大的貿易組織，但 Risse 認爲 WTO 並沒有正視且有效處理殖民主義留下的和歷史上一直存在的不公正問題，例如，WTO 中較爲富裕的國家仍擁有最大的發言權。這也是爲什麼在「新全球交易」中，Risse 定義了在貿易中的「公正」和「不公正」分別代表什麼。根據 Risse 的定義，「公正」在貿易中代表互惠（reciprocity），相反的，「不公正」則代表剝削（exploitation）。Risse 針對剝削的基本概念又進一步闡述，認爲其代表著貿易中的參與者皆擁有某些可支配或施行的權力，但因貿易過程中不對等的

---

[48] Johannes Kniess. (2019). On Trade Justice: A Philosophical Plea for a New Global Deal, Mathias Risse and Gabriel Wollner. Economics and Philosophy 36(3):1-6. DOI:10.1017/S0266267120000176.

權力分配導致某些參與者的權力被剝奪[49]。

Risse 在所提出的貿易正義論中有兩個主要並且重要的論點。第一，Risse 試圖將貿易融入一種更廣泛的、多元化的全球正義理論。第二，Risse 提出貿易中剝削的概念來強調正義應於貿易中被重視，唯有貿易中所獲得的利益在沒有被剝削的情況下，貿易中得到的利益才能公平的被分配[50]。

此文章將在此簡單介紹 Risse 在貿易正義論的兩個論點[51]。

首先，Risse 所想表達的剝削概念並不是一個廣泛的概念，而是貿易中的剝削概念。在國家的層級上，剝削被定義爲透過權力造成的不公平，此處的不公平意味著未能按照比例滿足所有的相關要求。在貿易的脈絡下，相關要求指的是要求公平的分配透過貿易合作所獲得的互惠利益。因此，在貿易的領域，剝削是指權力引起的互惠失敗。例如，已開發國家和開發中國家做生意時，因技術、資源等而擁有較多話語權的已開發國家可能要求更多貿易所獲得的利益給自己，但這種分配是不公平的，也就是 Risse 所說的互惠失敗。

另一方面，在企業的部分，Risse 認爲企業爲了滿足貿易正義必須提供工資和相對應的補償。要達到不剝削需要在所產生的成本方面互惠，由於企業的員工產出的勞動力進而產生了成本，公司便應該提供支付這些成本相對應的工資。另外，互惠也同時要求公平的分配公司產生的盈餘，全球知名品牌耐吉（Nike）剝削勞工的事件便是個很好的例子。根據 2011 年美聯社的報導，耐吉[52]不僅苛待其印尼工廠的員工，給員工的時薪僅 0.5 美元，還不准員工請病假，更是經常辱罵員工。根據 Risse 教授貿易正義的理論，Nike 並沒有做到貿易正義，因其剝削了員工，並未在所產生的成本方面互惠，只給員工生產勞力而應得相對應的工資。

---

[49] *Id.*.

[50] *Id.*.

[51] *Id.*.

[52] 盧永山，耐吉、愛迪達曾是血汗工廠，自由時報，2012 年 2 月 20 日，https://ec.ltn.com.tw/article/paper/562250（最後瀏覽日：2021 年 9 月 30 日）。

接下來，此文章將簡單的介紹 Risse 如何將貿易帶入一個多元化的全球正義理論。Risse 將正義區分為國內的正義和貿易的正義兩種不同的情況，在貿易正義中，應遵守前述提到的不剝削理論；但在國內的正義中，Risse 則認為應遵守類似羅爾斯的正義論，而不是貿易中的剝削理論，因為國家施加的強制力比貿易施加的強制力更普遍且直接[53]。

羅爾斯的正義論有兩個中心理論：第一，「平等自由原則」，每個人和其他人都享有相同的自由平等的權利，這些權利包括言論和集會自由、良心和思想自由等，社會決不能以整體利益為由侵犯上述的個人權利。第二，政治和經濟上的不平等需要滿足兩項條件才是正義的，首先，這些不平等倚賴的職位和機會要對所有人開放；再來，這些不平等的存在，得要對最弱勢者最有利[54]。Risse 將貿易正義的概念帶入一個多元化的全球正義理論是一個非常嶄新的做法，讓我們理解到要讓貿易公平、公正，並且永續發展，不能只考慮經濟方面，而是要多方面的去考量，從公平的分配透過貿易所獲得的利益，到公平的對待員工。

二、貿易正義論與數位貿易

隨著智慧設備與網際網路的普及，以網際網路為媒介的交易模式也逐漸成為主流。因網際網路的本質超越了國界，不受到實體疆域的限制，它所提供的便利性使得以網際網路為媒介的跨國貿易也日趨頻繁。

（一）貿易正義論：剝削概念

數位貿易比傳統貿易的門檻低很多，只要有網路和一台電腦或手機等裝

---

[53] Johannes Kniess. (2019). On Trade Justice: A Philosophical Plea for a New Global Deal, Mathias Risse and Gabriel Wollner. Economics and Philosophy 36(3):1-6. DOI:10.1017/S0266267120000176.

[54] 畫哲學，政府該長什麼樣子？——羅爾斯的正義二原則，香港 01，2017 年 11 月 14 日，https://www.hk01.com/%E5%93%B2%E5%AD%B8/133424/%E6%94%BF%E5%BA%9C%E8%A9%B2%E9%95%B7%E4%BB%80%E9%BA%BC%E6%A8%A3%E5%AD%90-%E7%BE%85%E7%88%BE%E6%96%AF%E7%9A%84%E6%AD%A3%E7%BE%A9%E4%BA%8C%E5%8E%9F%E5%89%87（最後瀏覽日：2021 年 9 月 30 日）。

置便可以開始與人做交易。此種貿易形態對於擴大新創企業、中小企業拓展海外市場、跨國企業資源的配置與效率等皆有強大優勢。但在這些優勢的背後，也可能潛藏著不公正的問題。Risse 提出關於貿易正義的首要觀點便是貿易中的剝削概念，不公平的貿易代表著未能按照比例公平的分配給參與貿易國透過貿易合作所獲得的利益。

　　雖然相對富有或已開發的國家（大多屬於地球北方國家）從數位貿易中獲得許多好處與利益。但相對的，開發中國家或較貧窮的國家在數位貿易的發展上相對落後。許多國家在數位基礎設施及科技發展上面落後已開發國家一大截，多項的科技還尚未得到發展，例如人工智慧（artificial intelligence）、大數據（big data）、物聯網（internet of things）、雲端運算（cloud computing）等。在這些能夠促成數位貿易的基礎科技技術都尚未成熟的國家中，數位貿易對他們來說是件相對複雜的交易模式。

　　跨國數位貿易中隱含著許多一個國家在交易中應當注意的點，例如，數位貿易中可能會產生的隱私權、資料保護安全、網路安全、網路中立性等的問題，這些問題都很有可能對一個國家造成長遠的傷害，有可能涉及到的不僅僅是社會、經濟問題，也可能包含人權、安全等的問題。許多開發中國家在科技方面的發展尚未成熟，也尚未有足夠的相關知識。並且，多數的開發中國家目前在這些科技與技術還是很依賴已有此科技的國家。也因此，在 WTO 裡，開發中國家在科技方面的劣勢也影響了與已開發國家的互動。開發中國家並沒有足夠的知識去瞭解數位貿易可能產生的問題和其長遠的影響，也並未有足夠的知識與能力去預防此等問題的發生。然而，在 WTO 中他們卻承受著來自大國的壓力，要求他們一同參與和談判全球數位貿易的規則。關於未來科技的進步和隨著這些變化而發展的數位貿易，還存在著許多未知數。鑑於政策的不確定性，WTO 制定的貿易規則很有可能會給這些開發中國家造成不可挽回的後果[55]。

---

[55] Burcu Kilic. (2021, May 15). Digital trade rules: Big Tech's end run around domestic regulations. Heinrich Boell Stiftung, https://eu.boell.org/en/2021/05/19/digital-trade-rules-big-techs-end-run-around-domestic-regulations, last accessed 30/09/2021.

　　Risse 提出的貿易中的剝削概念，讓我們可以把前述不公正的情況放入一個哲學的探討框架。依上述的開發中國家和已開發國家的互動情況，便可預期開發中國家有很大的可能性無法被依照比例公平的分配到透過數位貿易合作所獲得的互惠利益。合作的過程中，因已開發國家擁有的關於數位貿易的技術、知識和經驗相對於開發中國家完備，開發中國家將有可能在數位貿易中處於相對弱勢的地位，也因此無法獲得其所應得的互惠利益。

　　區域貿易協議也有可能造成不公正的問題。與前述 WTO 同樣，因區域貿易協議的排他性，無法加入區域貿易協議的國家便無法享受關稅（例如數位稅等）減免等協議裡提供給簽署國的好處。區域貿易協議產生的貿易轉移效應便是 Risse 教授提出的貿易中的剝削所造成的不公正問題。貿易轉移效應是指因關稅同盟對簽署國取消了關稅，而相反的，對非簽署國實行統一的保護關稅，所以這些同盟國把原來從同盟外非簽署國進口低成本生產的產品，轉為從同盟內成員國進口高成本生產的產品。因同盟外的國家在關稅上處於一個劣勢的地位，所以同盟內成員國在和他們貿易的過程中可能會要求他們在其他方面減價，此舉便可能導致同盟外的國家未能按照比例被公平分配到貿易合作所該獲得的利益。

（二）貿易正義論：多元化全球正義理論

　　Risse 的第二個理論便是將貿易帶入一個多元化的全球正義理論。本文認為在數位貿易中要考慮到兩點：第一，雖然數位貿易，如電子商務的入行門檻低，但不可否認大多數的市場和資源還是被如 Amazon、Google、Alibaba 等科技巨頭把持，中小企業其實是很難平等的與這些科技巨頭競爭。政府所簽的許多經貿協議或所加入的區域談判也大多往有利於大企業的角度去邁進，因大企業的利潤最能表現國家整體的經濟能力與表現。但在這狀況下，被犧牲的就是中小企業或新創企業，這些貿易協定與談判有可能不僅沒幫助他們成長，還對他們造成了傷害。

　　第二，數位貿易雖然為一國帶來了很好的經濟成長，但如羅爾斯正義論所說的，為了確保正義，社會決不能以整體利益為由侵犯個人權利，如隱私權等。歐盟於 2016 年提出的一般資料保護規範（GDPR）便是一個很好的

示範，GDPR 詳盡的對於資料保護和隱私保護做了規範。根據 Risse 的貿易正義論，各國政府在努力推進數位貿易時，爲了其公正、公平和永續，應該要把人民資料和隱私權的保護一起納入考量。

本文認爲貿易正義在國際秩序架構中，可以提供一個探討何爲貿易正義很好的理論架構。貿易中的公正和不公正是十分抽象的概念，但 Risse 的貿易正義論則帶著我們探討何謂貿易公正、何謂貿易不公正。Risse 不僅提供貿易公正和貿易不公正的定義，同時也舉了實際的例子讓讀者可以更瞭解國際貿易中目前有哪些問題。政府或立法者等也可以參考 Risse 貿易正義的架構更完善的去檢視與檢討當前國際貿易公正與不公正的問題，和國家政策是否要改善的地方。

肆、南方觀點對台灣的啓示

本文將於第一部分先介紹南方國家如何透過貿易協定、區域談判等促進其數位貿易；第二部分本文將介紹南方國家如何透過政府與地方的力量來發展數位貿易；第三部分將討論南方國家的做法對台灣的啓發。

一、貿易協定、區域談判

許多 ASEAN 的成員國積極的透過貿易協定來發展其數位服務和數位貿易。早在 2010 年 ASEAN/Australia/New Zealand FTA（AANZFTA）的協定就有一大篇章是關於電子商務。ASENA 的 10 個成員國（汶萊、柬埔寨、印度尼西亞、寮國、馬來西亞、緬甸、菲律賓、新加坡、泰國和越南）也聚在一起共同爲了促進數位貿易而合作。另外，由澳大利亞、汶萊、日本、馬來西亞、新西蘭、新加坡和越南組成的跨太平洋夥伴全面進步協議（Comprehensive and Progressive Trans-Pacific Partnership, CPTPP）的貿易協議中不僅做了許多關於電子商務的承諾，也處理了一系列數位貿易可能產生的問題，此協議中列了幾個大目標：(1) 減少數位貿易的障礙；(2) 建立兼容性高的標準且更統一的政策規定，以促進更高的操作性和建立信任；(3) 合作建設網路設備，尤其針對小公司；(4) 要透明並且與大眾和企業溝通；(5)

建立起跨境消費者的信任；(6) 在新的領域（如數位貿易）思考可用於促進其發展的政策規範（World Economic Forum, 2020: 8-12）[56]。

以下幾項政策為上述貿易協定所努力之方向：（World Economic Forum, 2020: 14-16）[57]

（一）數據傳輸政策

數位貿易的最大優點便是其不受國界和時空拘束，也因此其潛在的交易對象遍及全球。但因各個國家的數據傳輸政策大相逕庭，此問題將可能成為跨國數位貿易的障礙。雖然 ASEAN 一直以來都有嘗試草擬一份「數位檔案管理框架」（Digital Data Governance Framework），內容涵蓋保護隱私的規範、數據分類規範、在成員國之間傳輸數據時可以使用並同時能夠確保不會違反成員國法律的機制等。但成員國間對於數據傳輸的規定均不一致，大家很難對草案的細節達成共識。

（二）消費者的權益

亞洲的顧客大多數對數位貿易的成長並不排斥。但隨著數位貿易日益的普遍，越來越多人透過網路購買國外的產品，相繼衍生出來的問題越來越多。例如，詐欺、不實廣告、付款問題（例如顧客付了款卻沒有收到貨物等）、無法跨境退貨等，這些問題均需政府透過設立政策和規範來保護消費者的權益。

（三）創新的科技

數位科技日新月異，政府政策規範和法律有諸多跟不上科技的地方。隨著數位貿易的發展，政府需要制定明確並統一的規範才有辦法有效率的處理跨國數位貿易中可能產生的種種問題。

---

[56] World Economic Forum. (2020, October). Advancing Digital Trade in Asia. World Economic Forum, http://www3.weforum.org/docs/WEF_GFC_Advancing_Digital_Trade_in_Asia_2020.pdf, last accessed 30/09/2021.

[57] *Id.*.

（四）數位稅的政策

隨著數位經濟的成長，是否要課徵數位稅也隨之成為了一個熱門的話題。但課徵數位稅並不是一件非常具有挑戰性的事情，因為許多進行數位貿易的公司未必在每個有交易的市場都有實體的辦公室存在，這便導致政府很難有效率的徵稅。

另外一點非常具有挑戰性的便是定義數位貿易。現今許多國家都用廣義的定義數位貿易，並且考慮將在自己管轄區內的所有線上銷售和廣告產生的收入，以及通過自己管轄區的 IP 地址所促成的收入均納入課徵數位稅的範圍。隨著科技快速的發展，可以預期會有越來越多的線上交易方式被納入收稅的範圍。

（五）政府與地方的力量來發展數位貿易

數位經濟被稱作第四次工業革命，某種程度延續，甚至加強了之前工業革命和殖民時代造成的不公平。現今，世界上為之少數的國家或科技巨頭掌握了數位經濟時代最重要的資源——資料（Data）。中小企業根本無法與科技巨頭或大企業在蒐集資料上競爭。因南方國家還有許多在基礎數位設施上還仰賴著科技大國，所以很難與已開發國家等科技大國平起平坐。許多南向國家在 big data 等資料蒐集的能力上也遠遠不及已開發國家，再者，比起傳統的產業，數位經濟的發展非常之快速，所以數位經濟發展反而造成更大的國家間發展上與社會間的落差。

坦尚尼亞的政府為了發展數位貿易，創設了許多地方的軟體中心和創新中心，不僅提供使用者資源，也開了許多課程讓人民有機會學習相關知識。同時，坦尚尼亞的政府也致力於讓網路覆蓋率達到 80%[58]。確實，如果連最基本的網路設施都沒有或負擔不起，簽署再多的協議都是沒有用的。

另外，盧安達的政府也在做類似的事情。為了發展盧安達的經濟，盧安

---

[58] eTrade for all. (2021, August 9). Digital development through entrepreneurship-driven innovation. eTrade for all, https://etradeforall.org/news/digital-development-through-entrepreneurship-driven-innovation/, last accessed 30/09/2021.

達政府宣布經濟數位化為其首要的任務。大部分盧安達的人民並沒有直接接觸數位、電子設備的機會，同時也並沒有足夠使用或處理電子設備的知識與經驗，也因此，盧安達政府認為從提供基礎的設施與教育等做起是當前最重要，也最能直接幫助到盧安達人民。盧安達政府的目標不僅是讓人民有更好的數位技能，同時也能讓數位經濟永續發展[59]。

　　從上述兩點南向國家的例子來看，政府與地方人民等的努力似乎比起簽署貿易協定、加入貿易談判等更能對症下藥，因為他們可以不用受到其他國家立場的影響，為自己量身訂做一套適合自己國家狀況的解決方案。

二、對台灣的啟發

　　對於台灣而言，面對製造業持續外移、服務薪資相較他國偏低等挑戰，發展數位貿易非常有潛力成為維持經濟成長的助力。行政院宣布於 2017 年至 2025 年推動「數位國家、創新經濟」的發展方案。發展方案有六大主軸，包括提升數位經濟價值、創造應用基礎環境、保障數位人權、打造數位政府、強化數位建設與創新應用、平衡城鄉發展。雖然台灣不是聯合國的成員，無法有效的與世界各國交流分享如網路侵犯與犯罪等議題，但台灣還是積極的在已加入的 WTO 和 APEC 等國際組織中與各國的政府相互討論及分享發展數位經濟的相關經驗[60]。

　　此外，我國政府也積極因應數位經濟與第四次工業革命（工業 4.0）的浪潮。工業 4.0 著重於生產思維的徹底改變，不再侷限於追求效率和成本，反而更重視與現實世界間的適應性，以能夠生產最適宜消費需求的產品為目標。要言之，其內涵涵蓋：如何掌握客戶需求的功能、時間、數量、品質、價格、服務和使用經驗等項目。智慧製造的複雜度，將遠超過傳統產業模式

---

[59] Deutsche Gesellschaft für Internationale Zusammenarbeit (GIZ). (n.d.). Digital solutions for sustainable development – Rwanda Digital Transformation Center. GIZ, https://www.giz.de/en/worldwide/73176.html, last accessed 30/09/2021.

[60] 靖心慈，我國對數位貿易議題應有的因應作為，中華經濟研究院 WTO 及 RTA 中心，2016 年，http://www.cier.edu.tw/site/cier/public/data/170-16WTO%E8%AB%96%E5%A3%87.pdf（最後瀏覽日：2021 年 9 月 30 日）。

中單一企業能力，需要形成一產業與規範生態系，以及優異的系統平台來完成。亦言之，工業 4.0 之關鍵在於跨界整合，它是虛、實整合的完整系統，也可視爲是一個 Cyber System，需同時在系統運行時具備種種條件[61]。

　　正因爲消費者選擇性與需求多樣性能力增強，以往由供應商主導之局勢已然全面改變，傳統大量生產製造的模式如今已不再適用，企業製造與生產，變成從需求出發、智慧配置生產要素，並需要有智慧化生產流程來進行從設計、生產到銷售之供應鏈上下游整合。爲兼顧生產時效與成本等要求下，以人爲主要生產力的形態也將改變，取而代之的，反而是可視化與感知、大數據分析與即時預測，以及自動化和數位行動等新概念的引入與運用[62]。此即爲智慧製造比重提升，傳統大量製造下降的趨勢指標。就我國政府的作爲而言，智慧機械產業爲「5+2」產業創新政策之一，「智慧機械產業推動方案」已於 2016 年 7 月間由行政院核准，此爲促使台灣機械產業從發展精密機械升級爲智慧機械，以創造就業並擴大整廠整線輸出，使我國機械設備業者具備提供整體解決方案及建立差異化競爭優勢之能力[63]。未來如何結合數位經濟、智慧製造與對外的數位貿易規則，應爲台灣產業發展的重中之中。

　　此外，借鏡南方國家的經驗，加入國際組織、簽署貿易協定、加入多邊談判等未必利多於弊。台灣或許也可以做相同的反思，而不是一味的跟風認爲簽署越多貿易協定一定是最好。同時，台灣也可反思主流，如美國、歐洲等思想未必對台灣是最好的。南方國家的坦尚尼亞、盧安達兩國便是很好的例子，兩國在最基本的基礎設施、國民的數位教育等方面還不足的情況下，簽署貿易協定等似乎很難幫到忙，這時候，政府和地方的努力反而更有可能可以解決問題。順著這個邏輯，台灣也可以退一步反思並自問，加入國

---

[61] 遠見雜誌，引領數位新經濟工業 4.0 與大數據分析占要角，2016 年 6 月 6 日，https://www.gvm.com.tw/article/32854（最後瀏覽日：2021 年 9 月 30 日）。

[62] 李傑，工業大數據：工業 4.0 時代的智慧轉型與價值創新，CommonWealth Magazine Ltd. (Vol. 310)，2016 年。

[63] 行政院重要施政成果，產業創新（智慧機械），https://www.ey.gov.tw/achievement/E922CA92C2BAE4E（最後瀏覽日：2021 年 9 月 30 日）。

際組織、簽署貿易協定和跟隨主流想法等是否真的對台灣數位經濟的發展是最好的選擇。

在積極的加入和簽署貿易協定時，我們是否真的有認真研究並探討過台灣數位產業的情況。台灣並沒有像美國的 Google、Amazon，大陸的 Alibaba 等科技巨頭，台灣產業的支柱主要是中小企業。那我們是否有瞭解中小企業或甚至新創企業等資訊科技的使用情況、其所面臨到的數位貿易的挑戰和障礙等，以及國內法規和國際接軌後可能造成的影響等。如果沒有足夠的反思，而只是一味的跟隨著科技大國的做法與方向，台灣可能將因此損失許多對數位經濟產業發展的好機會。如前述舉出南方國家的例子，政府或許可以先好好花時間瞭解台灣數位經濟的現況，已明確我國數位貿易之立場與主張，除了大家已相對熟悉的努力簽署和加入貿易協定等，我國政府也可以思考從地方或政府的角度著手，對台灣的數位經濟的情況制定一套客製化的發展方案。

綜合本文所述，台灣政府於制定數位貿易政策時可以考慮三點：

（一）政府（尤其是地方政府）有很大的潛能為台灣的數位貿易化提出一套新的客製化發展方案。此方案不僅更能對症下藥，也可以有利於中小企業與新創企業的發展。

（二）政府於制定數位貿易政策的程序上，可以參考歐盟新經貿政策，使用由下而上的方式，讓企業與公民多多參與。畢竟數位貿易是與人民息息相關的產業，目前透過手機 App 即可從事數位貿易，其所使用的應用程式或是隱私權政策等，可能都是數位政策的結果，因此個別公民的數位人權與參與非常重要。

（三）將永續的思考放入數位經濟的決策之中，兼顧永續發展的經濟、環境與社會三大面向。就如 Risse 於其著作中所說的，唯有在發展的同時維護公平、正義才有辦法讓永續發展的理念也進入每一個產業與施政領域，包括數位經濟與國際貿易。

此外，在實際談判策略上，本文認為台灣可以參考國際上有關「非對稱

談判」之運用與相關政策及學術討論[64]。爲平衡跨國企業利益至上的氣勢，國際組織與各國政府於近年也強調「安全、公平正義」、「永續發展」的公共利益與政策考量之空間擴大。此外，若客觀評估自 20 世紀 90 年代全球化、市場自由化的成果，其中也有不少所謂：(1) 非對稱性發展成果；(2) 非對稱性談判力量發揮的案例[65]。此外，在國共內戰時期，中國共產黨對於國民政府之談判策略，文獻也指出是當代運用非對稱談判策略，以小博大、翻轉戰局最爲成功者[66]。此部分之運用也應逐漸受到我國談判代表之重視，以及後續研究之投入[67]。

伍、結論

2020 年 COVID-19 新冠肺炎疫情爆發，其所帶來的健康危機更加證實電子商務可以成爲全球消費者的重要工具[68]。由於新冠肺炎疫情的後果，預期可能會持續一段相當長的時間，因而數位經濟發展也需持續適應疫後經濟復甦的新環境。而這一數位化趨勢只會加強未來「經濟增長」與「永續發展」間的互動作用。

---

[64] Allan, J. T., & Mirumachi, N. (2013). Why negotiate? Asymmetric endowments, asymmetric power and the invisible nexus of water, trade and power that brings apparent water security. In *Transboundary water management* (pp. 26-39); Routledge. See also Quiliconi, C., & Wise, C. (2009). The US as a bilateral player: The impetus for asymmetric free trade agreements. In *Competitive regionalism* (pp. 97-117). Palgrave Macmillan, London.

[65] 陳胤融，以雙層賽局、不對稱理論檢視加拿大與歐盟之自由貿易協定談判，臺灣大學政治學研究所學位論文，頁 1-145，2015 年；馬克‧曼格爾，不對稱談判：加拿大在 NAFTA 談判的經驗及其未來，2009 年。

[66] 何輝慶，不對稱結構下的兩岸談判，國家發展研究，第 1 卷第 2 期，頁 103-134，2002 年。

[67] Park, J. H. (2000). International trade agreements between countries of asymmetric size. *Journal of International Economics*, 50(2), 473-495.

[68] Goggin, G. (2020). COVID-19 apps in Singapore and Australia: reimagining healthy nations with digital technology. *Media International Australia*, 177(1), 61-75. See also: Muralidharan, S., Panigrahi, T., Paramita, P., & Ray, A. P. (2020). The Great COVID19 Depression: Bearing the Burnt (No. 3469). EasyChair.

　　數位貿易可以促進正向永續發展，但也可能帶來負面的衝擊。如果數據資料可以在全球範圍內自由移動，則數位網際網路可以加快獲得醫療保健、水和能源的速度，促進永續發展目標的落實。

　　當我們討論數位貿易與永續發展的關係，國際上存在著許多不同的假設。許多跨國企業，特別是大型的科技公司，以及已開發國家，企圖呈現出關於數位貿易未來的一幅美好的烏托邦景象。但實際上，目前全球貧窮階層在數位經濟的整合浪潮中，其實呈現完全相反的圖像。

　　在理論層次上，美國哈佛大學甘迺迪政府學院（Harvard Kennedy School of Government）的 Mathias Risse 教授在 2019 年底出版了《論貿易正義：新全球協議的哲學觀點》一書。本文認爲，若從 Risse 貿易正義的理論架構出發，觀察開發中國家對數位貿易與數位落差之觀點，以及南方國家在當前包含 WTO 在內之國際機構內，努力反對形成有利於大型跨國商業平台（如 Facebook 與 Google 等）壟斷之數位貿易規範的「南方觀點」。此類批判性立場與倡議，或許對於台灣在全球數位貿易規範形成領域、美中對抗新地緣政治下的國際參與，以及反思自身經濟思潮與國家發展戰略調整等，均有所啓發。

　　不可否認的，國際性的貿易組織、貿易協定、區域談判等爲數位經濟與貿易的發展出了一大份力，並且也確實給各國帶來幫助與好處。但從更廣泛的貿易正義論來看時，許多開發中國家狀況與問題並無法透過上述的貿易協定等解決，主流的做法也未必眞的能幫助到他們。

　　反觀台灣，不可否認的，貿易協定、區域談判等可以給台灣帶來好處，但我們更需要的是反思與獨立思考的能力，而不是只是一味的跟隨歐美等大國的做法。唯有反思的思考能力才能爲發展台灣的數位貿易做出一套最適合和最好的方案，不僅能讓台灣數位貿易顧及到貿易正義，也可以讓它成爲一項能永續發展的經濟。台灣在國際經貿與其他國際組織參與上，常是一個自願遵守規範的國際模範生（國際規範的遵循者），但較少扮演新規範倡議者（規範創新者）與批判提問者的角色。而所謂南方觀點、Mathias Risse 的貿易正義，或像是前幾年日本學者中野剛志所撰寫的《TPP 亡國論》，這些不同的聲音都在提醒我們：除熟悉國際規則外，要有更多的批判思考，特

別是在國家戰略與背後的發展哲學與經濟思潮層次，並且勇於思考台灣自己的立場。

　　實際落實於政策法規的方向，台灣政府於制定數位貿易政策時可以考慮三點。第一，在具體做法上，歐盟與之有所提及，透過「由下而上」形成貿易政策的趨勢，在眾多個別電商與文藝工作者所參與的數位貿易領域中，將會特別重要。第二，政府透過匯集在地意見後，如能在國際層次運用「非對稱談判」的策略進行提議，相信在未來會有產生關鍵扭轉的契機，也能增加貿易政策的正當性與民主性。第三，未來也可再對於處於不對稱結構下的國際經貿談判台灣策略，加深學術研究與經貿實務的對話。

　　終究，貿易不是只是達成經濟成長的工具性（instrumental trade）價值，而是有更高遠、促成全球永續、正義與人類文明的目的，這也是 Risse 教授書中最後提到追求結構性的平等與公正（structural equity），亦即，全球整體貿易體系的公正，目前需要一個新的全球議程（global new deal），這不是單靠政府的經貿談判團隊，而是需要參與貿易與受貿易影響的每個公民的參與。

參考文獻

一、中文部分

行政院重要施政成果，產業創新（智慧機械），https://www.ey.gov.tw/achievement/E922CA92C2BAE4E（最後瀏覽日：2021 年 9 月 30 日）。

何輝慶，不對稱結構下的兩岸談判，國家發展研究，第 1 卷第 2 期，頁 103-134，2002 年。

李淳，建立國際數位貿易規則之動向與爭議：以法國數位稅爲例，中華經濟研究院 WTOR 及 RTA 中心，2019 年 11 月 27 日，https://web.wtocenter.org.tw/Page.aspx?pid=332915&nid=252（最後瀏覽日：2021 年 9 月 30 日）。

李傑，工業大數據：工業 4.0 時代的智慧轉型與價值創新，CommonWealth Magazine Ltd.(Vol. 310)，2016 年。

画哲學，政府該長什麼樣子？——羅爾斯的正義二原則，香港 01，2017 年 11 月 14 日，https://www.hk01.com/%E5%93%B2%E5%AD%B8/133424/%E6%94%BF%E5%BA%9C%E8%A9%B2%E9%95%B7%E4%BB%80%E9%BA%BC%E6%A8%A3%E5%AD%90-%E7%BE%85%E7%88%BE%E6%96%AF%E7%9A%84%E6%AD%A3%E7%BE%A9%E4%BA%8C%E5%8E%9F%E5%89%87（最後瀏覽日：2021 年 9 月 30 日）。

馬克・曼格爾，不對稱談判：加拿大在 NAFTA 談判的經驗及其未來，2009 年。

許茵爾，數位貿易對全球區域經濟整合發展之影響，經濟前瞻，第 195 期，頁 99-105，2021 年。

郭戎晉，論區塊鏈技術與歐盟一般資料保護規則之衝突，台大法學論叢，第 50 卷第 1 期，頁 69-152，2021 年。

陳胤融，以雙層賽局、不對稱理論檢視加拿大與歐盟之自由貿易協定談判，台灣大學政治學研究所學位論文，頁 1-145，2015 年。

曾育慧、江東亮，全球發展新紀元：從千禧年發展目標到永續發展目標，台灣衛誌，第 36 期，頁 1-5，2017 年。

靖心慈，我國對數位貿易議題應有的因應作爲，經濟前瞻，第 170 期，頁 98-

104，2017 年。

靖心慈，WTO 和 APEC 近期對電子商務／數位經濟之推動方向，經濟前瞻，
　第 183 期，頁 95-100，2019 年。

靖心慈，我國對數位貿易議題應有的因應作爲，中華經濟研究院 WTOR 及
　RTA 中心，2016 年，http://www.cier.edu.tw/site/cier/public/data/170-
　16WTO%E8%AB%96%E5%A3%87.pdf（最後瀏覽日：2021 年 9 月 30 日）。

遠見雜誌，引領數位新經濟 工業 4.0 與大數據分析占要角，2016 年 6 月 6 日，
　https://www.gvm.com.tw/article/32854（最後瀏覽日：2021 年 9 月 30 日）。

盧永山，耐吉、愛迪達曾是血汗工廠，自由時報，2012 年 2 月 20 日，https://
　ec.ltn.com.tw/article/paper/562250（最後瀏覽日：2021 年 9 月 30 日）。

二、外文部分

Abendin, S., & Duan, P. (2021). Global E-Commerce Talks at the WTO: Positions on Selected Issues of the United States, European Union, China, and Japan. World Trade Review, 1-18.

Allan, J. T., & Mirumachi, N. (2013). Why negotiate? Asymmetric endowments, asymmetric power and the invisible nexus of water, trade and power that brings apparent water security. In Transboundary water management (pp. 26-39).

Apiko, P., Woolfrey, S., & Byiers, B. (2020). The promise of the African Continental Free Trade Area (AfCFTA) (No. 287). ECDPM Discussion paper.

Azmeh, S., Foster, C., & Echavarri, J. (2020). The international trade regime and the quest for free digital trade. International Studies Review, 22(3), 671-692.

Banga, K., Macleod, J., & Mendez-Parra, M. (2021). Digital trade provisions in the AfCFTA.

Birner, R., Daum, T., & Pray, C. (2021). Who drives the digital revolution in agriculture? A review of supply side trends, players and challenges. Applied Economic Perspectives and Policy.

Burcu Kilic. (2021, May 15). Digital trade rules: Big Tech's end run around domestic regulations. Heinrich Boell Stiftung, https://eu.boell.org/

en/2021/05/19/digital-trade-rules-big-techs-end-run-around-domestic-regulations, last accessed 30/09/2021.

Burri, M. (2015). The international economic law framework for digital trade. Zeitschrift für Schweizerisches Recht, 135, 10-72.

Colglazier, W. (2015). Sustainable development agenda: 2030. Science, 349(6252), 1048-1050.

Commission sets course for an open, sustainable and assertive EU trade policy, European Commission, https://ec.europa.eu/commission/presscorner/detail/en/ip_21_644, last accessed 30/09/2021.

Daza Jaller, L., Gaillard, S., & Molinuevo, M. (2020). The Regulation of Digital Trade.

De Juan, A., & Wegner, E. (2019). Social inequality, state-centered grievances, and protest: Evidence from South Africa. Journal of Conflict Resolution, 63(1), 31-58.

Deutsche Gesellschaft für Internationale Zusammenarbeit (GIZ). (n.d.). Digital solutions for sustainable development – Rwanda Digital Transformation Center. GIZ, https://www.giz.de/en/worldwide/73176.html, last accessed 30/09/2021.

Dhar, B. (2017). Electronic Commerce and the WTO: The Changing Contours of Engagement. Briefing Paper, 21.

Drieghe, L., Orbie, J., Potjomkina, D., & Shahin, J. (2021). Participation of civil society in EU trade policy making: how inclusive is inclusion?. New political economy, 1-16.

Dröge, S., & Schenuit, F. (2018). Mobilising EU trade policy for raising environmental standards: the example of climate action. German Institute for International and Security Affairs, in collaboration with the Institute European Environmental Policy and GLOBE EU.

Duina, F. (2019). Why the excitement? Values, identities, and the politicization of EU trade policy with North America. Journal of European Public Policy, 26(12), 1866-1882.

eTrade for all. (2021, August 9). Digital development through entrepreneurship-driven innovation. eTrade for all, https://etradeforall.org/news/digital-development-through-entrepreneurship-driven-innovation/, last accessed 30/09/2021.

Fefer, R. F., Akhtar, S. I., & Morrison, W. M. (2017). Digital trade and US trade policy. Current Politics and Economics of the United States, Canada and Mexico, 19(1), 1-52.

Gao, H. (2018). Digital or trade? The contrasting approaches of China and US to digital trade. Journal of International Economic Law, 21(2), 297-321.

Goggin, G. (2020). COVID-19 apps in Singapore and Australia: reimagining healthy nations with digital technology. Media International Australia, 177(1), 61-75.

Hanson, D. (2019). The United Nations sustainable development goals, the WHO general program of work 2019-2023 and international safe communities. Journal of injury and violence research, 11(4 Suppl 2).

Hassani, H., Huang, X., MacFeely, S., & Entezarian, M. R. (2021). Big Data and the United Nations Sustainable Development Goals (UN SDGs) at a Glance. Big Data and Cognitive Computing, 5(3), 28.

Helena de Bres. (2014). Risse on Justice in Trade. Book Symposium: On Global Justice.

James, D. (2019). Anti-development impacts of tax-related provisions in proposed rules on digital trade in the WTO. Development, 62(1), 58-65.

Janow, M. E., & Mavroidis, P. C. (2019). Digital trade, e-commerce, the WTO and regional frameworks. World Trade Review, 18(S1), S1-S7.

Johannes Kniess. (2019). On Trade Justice: A Philosophical Plea for a New Global Deal, Mathias Risse and Gabriel Wollner. Economics and Philosophy 36(3):1-6. DOI:10.1017/S0266267120000176.

Johansen, J., Noll, J., & Johansen, C. (2021). InfoInternet for education in the global south: A study of applications enabled by free information-only Internet access in technologically disadvantaged areas. African Journal of

Science, Technology, Innovation and Development, 1-13.

Jones, K. (2010). The Doha blues: Institutional crisis and reform in the WTO. Oxford University Press.

Lay, J. (2017). The G20 Compact with Africa: An Incomplete Initiative.

Leblond, P., & Viju-Miljusevic, C. (2019). EU trade policy in the twenty-first century: change, continuity and challenges.

Lemma, A. (2017). E-commerce: The implications of current WTO negotiations for economic transformation in developing countries. London: Supporting Economic Transformation.

Lund, S., & Manyika, J. (2016). How digital trade is transforming globalisation. by International Centre for Trade and Sustainable Development (ICTSD) 7 Chemin de Balexert, 1219 Geneva, Switzerland Tel:+ 41 22 917 8492–E-mail: ictsd@ ictsd. ch–Website: www. ictsd. org Publisher and Chief Executive: Ricardo Meléndez-Ortiz World Economic Forum 91-93 route de la Capite, 1223 Cologny/Geneva, Switzerland Tel:+ 41 22 869 1212–E-mail: contact@ weforum. org–Website: www. weforum. org Co-Publisher and Managing Director: Richard Samans.

Meltzer, J. P. (2015). A New Digital Trade Agenda. by International Centre for Trade and Sustainable Development (ICTSD) 7 Chemin de Balexert, 1219 Geneva, Switzerland.

Meltzer, J. P. (2019). Governing digital trade. World Trade Review, 18(S1), S23-S48.

Mori Junior, R., Fien, J., & Horne, R. (2019). Implementing the UN SDGs in universities: challenges, opportunities, and lessons learned. Sustainability: The Journal of Record, 12(2), 129-133.

Muralidharan, S., Panigrahi, T., Paramita, P., & Ray, A. P. (2020). The Great COVID19 Depression: Bearing the Burnt (No. 3469). EasyChair.

Nizam, H. A., Zaman, K., Khan, K. B., Batool, R., Khurshid, M. A., Shoukry, A. M.,... & Gani, S. (2020). Achieving environmental sustainability through information technology: "Digital Pakistan" initiative for green development.

Environmental Science and Pollution Research, 1-16.

Panesar, A. (2019). Machine learning and AI for healthcare (pp. 1-73). Coventry, UK: Apress.

Park, J. H. (2000). International trade agreements between countries of asymmetric size. Journal of International Economics, 50(2), 473-495.

Paroutis, S., Bennett, M., & Heracleous, L. (2014). A strategic view on smart city technology: The case of IBM Smarter Cities during a recession. Technological Forecasting and Social Change, 89, 262-272.

Pritchard, B. (2009). The long hangover from the second food regime: a world-historical interpretation of the collapse of the WTO Doha Round. Agriculture and Human Values, 26(4), 297-307.

Routledge. See also Quiliconi, C., & Wise, C. (2009). The US as a bilateral player: The impetus for asymmetric free trade agreements. In Competitive regionalism (pp. 97-117). Palgrave Macmillan, London.

Rui, H., Yao, W., & Gemsjaeger, B. (2020, December). Planning of Digitalization and Smartness for Industrial Infrastructures. In 2020 10th Smart Grid Conference (SGC) (pp. 1-6). IEEE.

Sabbagh, K., Friedrich, R., El-Darwiche, B., Singh, M., Ganediwalla, S. A. N. D. E. E. P., & Katz, R. A. U. L. (2012). Maximizing the impact of digitization. The global information technology report, 2012, 121-133.

Sparviero, S., & Ragnedda, M. (2021). Towards digital sustainability: the long journey to the sustainable development goals 2030. Digital Policy, Regulation and Governance.

Watanabe, C., Naveed, K., Tou, Y., & Neittaanmäki, P. (2018). Measuring GDP in the digital economy: Increasing dependence on uncaptured GDP. Technological Forecasting and Social Change, 137, 226-240.

World Economic Forum. (2020, October). Advancing Digital Trade in Asia. World Economic Forum, http://www3.weforum.org/docs/WEF_GFC_Advancing_Digital_Trade_in_Asia_2020.pdf, last accessed 30/09/2021.

Wu, T. (2003). Network neutrality, broadband discrimination. J. on Telecomm. &

High Tech. L., 2, 141.

Wu, T. (2018). The curse of bigness. Antitrust in the new guilded age. Columbia Global Reports.

Wu, T., & Yoo, C. S. (2007). Keeping the internet neutral?: Tim Wu and Christopher Yoo debate. Federal Communications Law Journal, 59(3), 06-27.

Part 6

數位貿易與文化創意產業

專題演講

芝麻開門：尋找文化創意的咒語

羅智成[*]

　　很高興也很榮幸跟大家聊一聊我對於文化創意、文化創意產業的看法。自從上個世紀末英國開始大張旗鼓地推動創意產業，世界各國也開始各種文化創意產業政策，台灣也不例外，陸續在教育推廣上有很多作為，我長期以來在第一線的媒體、各種文化事業裡工作，對此現象有很密切的觀察，也有一些自己的想法。今天我想從文化創意的觀念、概念層面來聊聊。因為我念的是哲學，我一直覺得一件事情在觀念上要先弄清楚、想清楚，這是很重要的事。對一件事情的想像，決定了那件事情對我們的影響。因此，在文化創意產業觀念上，是否有一些更值得掌握的訊息，像一把鑰匙能幫助我們進入？這也是我今天的題目叫做〈芝麻開門：尋找文化創意的咒語〉的原因。

你對一件事情的想像，決定了它對你的作用

　　文化創意產業世界各國有不同稱呼，大部分叫做創意產業、內容產業、或類似文化內容產業等。在華人地區都是把它稱為「文化創意產業」，相對來說比較周延，但是可能會有誤解的地方。通常我們理解文化創意產業有兩個途徑，一個是定義、一個是它所列舉出來的一系列相關名單。台灣文化部對於「文化創意」的定義是「創意或文化積累，透過智慧財產的形成與運用，具創造財富與就業機會潛力，並促進整體生活環境提升的行業」。

---

[*]　詩人、作家、媒體工作者、文化觀察者等多重身分，現為文化創意事業負責人，創作多次獲得時報文學獎、詩歌藝術獎、台灣文學獎。曾擔任過公職，亦長期參與多種媒體的經營管理。

定義或許有點抽象，但是如果透過列舉，我們可以對於文化創意產業有更清楚的認識。基本上，它包括了 16 個類別，例如：視覺藝術產業、音樂及表演藝術產業、文化展演設施產業、工藝產業、電影產業、廣播電視產業、出版產業、廣告產業、設計產業、設計品牌與時尚產業、建築設計產業、創意生活產業、數位休閒娛樂產業、流行音樂及文化內容產業，以及其他透過中央政府來規定的可能產業等。

為什麼這些產業會擺在一起？

上述列舉產業最大的特點是什麼？為什麼這些看起來五花八門的東西會被擺在一起？雖然台灣是從二十年前開始談文化創意產業，看似很新的產業，可是如果我們仔細看這十幾個列舉的內容，有些產業可能幾百年前就有了，像出版、表演藝術、新聞媒體、電影等都是已經有上百年歷史；但是「數位內容」卻是很新，為什麼這些東西會被擺在一起呢？如果我們可以先找到答案，大概就可以抓住文化創意產業的核心到底是什麼。

「文化創意產業」的產業屬性差別很大，雖然稱為文化創意的好處是比較周延，但「文化」的內涵到底是什麼？我們通常指的是同一群人、相同社會結構底下在生活上累積出來的種種作為、資源、符號等，但是它本質上最大的特點就只有兩個字──「價值」。所有文化活動指的就是我們所相信或追求的「價值」，在生活上的實踐、表現、創造，甚至反省與批判。總之，與文化最有關聯的字眼就是「價值」，而「價值」就是你所「喜歡與不喜歡」的事情、所「追求與逃避」的事情、你所「嚮往」的事情，在生活之間不停地透過你的種種價值判斷把它表現在各種的形式之上。第二個詞是「創意」。很多人認為「創意」就是一個點子或創新，用比較周延的說法，「創意」是「為了解決問題、滿足需求、增創價值所進行的各種改造、重組與創新的作為」。

所以「文化創意」這兩個詞彙加起來就包括了很多事情，但它有一個小小的麻煩，在文化創意產業之前，其實許多事情已經長久被歸之為「文化事業」，過去的「文化事業」和現在的「文化創意產業」到底是不是一樣的東

西？分清楚這兩件事情很重要，有一些文化界的友人，不太喜歡「文化創意產業」這個名稱，覺得「文化創意產業」是不是就要把文化事業商業化，所以很排斥這個字眼；但是另外一方面，有些人又倒過來，覺得「文化創意產業」專門指的是另外一些以市場爲主的產業，與文化並無關聯。

「文化事業」與「文化創意產業」的區隔

區隔「文化事業」最大的特點，就像剛剛提到過的文化其實與價值有關，如果我們來談「文化事業」的特點在於它的產品基本上是創作者的意見、態度與想法；而「文化創意產業」則是用「文化創意」來加值，利用這個元素來爲它想像中、或者正在從事的事業來增加價值的產業，這兩個概念有些差別。簡單來說，你可以看到「文化事業」的商品其實就是創作者的意見跟態度，「文化創意產業」的商品可能是各式各樣量產的東西，但是文化創意是被它拿來加值的，所以像文學、藝術，我們到書店去買的、到電影院去看的一些作者的作品和導演的電影，或者是去國家劇院看各種表演，這些商品就是創作者、舞者、作者用其所相信或者渴望表達的事情傳達出來的形式。可是文化創意通常是透過文化的元素，但賣的東西很可能是廣告、建築、服裝、汽車等，文化創意只是其中一個工具，最後的產品可能不是創意者本人的態度。

創意者本人的態度在文化創意產業中不見得會那麼清楚地被表達，但是很特別的是這兩者只是我們對於各種事業光譜上的兩個極端，很多事業、很多人的做法與詮釋其實都是介於這兩個極端中間的。曾經有人問我，像誠品書店有很多優美的文案，這到底算是文學？還是廣告？如果根據我前述的區隔，就可以很清楚的說這些優美的文案，其實就是廣告，只是用了文學的形式與特質，但它的本質是廣告，也就是說在那些文案裡，文學家的態度與意見其實不在裡面，這個商品裡面的態度與意見是這個書店渴望傳達的訊息。

典範的轉移與變遷

回到剛才談到的問題，為什麼這些看起來差別很大的 16 個產業會被規範成為「文化創意產業」？我認為這些事情之所以會被綁在一起，基本上是一種重新分類的過程，也就是透過一個判準把這些東西歸在同一類，這個判準就是檢視這些產業裡的文化創意元素是不是達到了一定的、關鍵性的理想。如果是的話，就歸在一起。

文化創意自古皆有，為什麼在這個時候要特別把它重新組合在一起，更加強調與推廣？我會用一個比較深奧、抽象的詞，稱為「典範的轉移與變遷」，這個詞有點抽象，簡單來說，類似對於某個事業、學問或世界觀最根本興趣與態度的改變。在這個領域裡，人類關心的事情改變了，也就決定了這個領域、學科的價值觀，是非對錯是否吻合需求的判斷也跟著改變。「文化創意」被突顯，代表著人類對於產業、對於世界運行經濟動力的某些元素有了不同的看法，所以文化創意的元素就被特別鮮明地標舉出來。

回歸到人的視角

人類到底發生了哪些事情，造成了對於某些產業、或經濟動力的關注點開始改變？有幾個明顯的趨勢，都是從 20 世紀開始再到世紀末突然有了一個比較大的轉移。第一個轉移，是我們人類的科學或技術重新回到了「人的視角」，在 20 世紀開始時，人類文明累積的力量來自於分科，為了要把學問弄得更通、更深刻，所以不停地把它分得越來越細，所以「科學」、「學科」，大概跟這個趨勢有密切關聯。透過把學問分得越細，從而得到更深刻的理解和掌握的成就。但問題是來自於人類生活經驗的學問或知識被分得越來越細，就漸漸遠離了實際生活應用與感受的層面。當學問、科學、或各種類似的專業知識越來越精深，常常意味著它們已經遠離人類的觀點與視角。

不過，在 20 世紀後期有個現象稱為「後現代」，反映的就是人類對於所吸收的知識與訊息量已經大到無法充分消化吸收後，轉變為一種內在一致性的觀點，形成一種「拼貼現象」。換句話說，也許你腦袋中想的是一件

事，嘴巴或生活中做的是另一件事情；或者是一個建築物看起來有著玻璃帷幕，卻可能冠上了一個新古典建築的屋頂，旁邊加上了巴洛克式的圓柱或者新藝術的形式等，開始做各種拼貼、組合與融合。從某個角度看來是四不像，但這些其實代表人類已經沒辦法把所吸收的巨量知識、資訊和衝擊完全整合到非常成熟才表現出來，生活也因此變得比較碎片化，我們越來越可以看到有些事情或專業領域開始回到人或者是平常人的角度來呈現。

　　整個 20 世紀就從現在的科學到後現代拼貼、到網路侏羅紀這種蠻橫的天真。在網路時代裡，人類比以前更加自由自在，因為他發現到個人在此時此刻變成凌駕一切的存在。在古代，甚至在 20 世紀之前，有很多事情的存在是比人類更高、更重要的，在早期也許是神、上帝，也許是道德，也許是國王貴族，到最後也許是國家社會或群體，但這現象其實漸漸都已經退散了。從某個角度而言，個人或個體的重要性已經沒辦法用剛才那些更高的價值來壓制，也就是說，人類現在已經變成一個更高的存在及位階。最主要的原因是一些更高的存在並不被一般人重視，在過去也許有所謂的來世，有所謂的絕對道德，也許是好人有好報，或各式各樣的報償；也許犧牲了自己的利益而去達成更高的利益可以得到報酬，但是這些事情，現代人已經不太相信。

　　現在瀰漫的是「現實主義」，或某種「享樂主義」的氛圍。雖然人類變成一種凌駕一切的存在，但大家不要太高興，只有在兩種狀況下的身分才是如此。作為「選民」或「消費者」時，你是被這個世界或社會重視的，大家可以看到，選民其實從某角度來講也是政治的消費者，也就是說，人類因為作為一個消費者而受到這個社會各種既存體制的重視。就是因為典範改變，人類越來越重要，重要的原因就是與「消費能力」很有關係。

中產階級的無聊

　　我用一個比較駭人聽聞的講法，什麼是「中產階級的無聊」？人類為了追求穩定及可預測性，放棄了一些不可得或不穩定的東西，然而，現在因為社會「過度的穩定及可預測」，一些穩定的中產階級者，又開始追求不穩

定或放棄了穩定及可預測，而去追求更新鮮的事情。而因為我們的一些想法，有時候跟我們的能力有關係，這就跟今天的主題有很密切的關係，特別是各種科技的進步，讓很多我們在過去達不到的想做的事情、願望和欲望，現在都可以做到了，那會產生什麼結果其實我們都可以想像到。這裡講的技術，當然也包括數位科技，你可以看到數位科技最大的改變甚至讓整個電影生產的過程改變。在過去的電影裡，最重要就是在拍攝現場透過一台機器，每個鏡頭分門別類地去一個一個的拍攝下來，再加以剪接。現在很多時候其實都不在一個大片場裡，而是在提供後製的綠棚裡，把電影中可能可以呈現的一些景觀，在後製的時候透過數位技術添加上去。

被謫放到地球的科技神燈，給了每個人三個願望

因為科技進步，實現願望的可能性跟方式也越來越多，導致人類的欲望變得越來越大，這些欲望大的人同時也是消費者，大家會為了取悅消費者，所以又去不停地滿足欲望。以前人類覺得欲望被滿足以後，強度會降低，所以會有一個平穩期，可是現在當欲望被滿足後，它反而會更加被強化。但現代人的欲望卻無窮無盡，內外在的消費欲望的束縛被鬆綁，大家都在鼓勵消費。現在大部分的執政者都視經濟成長為重要政績，也曉得經濟成長是靠消費力與消費意願，所以消費行為是被直接、間接地受到各方鼓勵，透過媒體傳播也透過感知主體（消費者本身變化）。

在「文化創意產業」產生的背景裡，我們對消費者，特別是最基層的消費者的重視是前所未有地提高。在這樣狀況下，文化創意之所以越做越多，和上述幾個趨勢有密切關係。為什麼在這個時間點上會做得到？我稍微快速整理如下：人類現在作為一個消費者是被高度重視，在過去的時間裡，也許只是商店在取悅消費者，但現在除商店外，科學家在取悅消費者、政治人物在取悅消費者、所有人都在取悅消費者。取悅消費者的結果，使得消費者欲望變得越來越高，但能不能透過滿足消費者的欲望，來達到原先目的呢？其實一味地靠取悅消費者，雖然可以鼓勵消費，但我不覺得這是一個正確方式，也不是一個永續方式。

爲什麼此時此刻做得到？

爲什麼古代建築方方正正的，在現代建築看起來就像是雕塑的精品一樣，像那位伊朗的建築師札哈‧哈蒂，或者是像中國大陸那位札哈的學生 MAD 一樣，他們的建築都做的非常流線形，原因很簡單，就是「技術的限制」。因爲人類在建築技術及工法上有很大突破，所以過去想像的房子，只能想到是垂直的，可以抵抗地心引力；但現在對房子的想像越來越多元，因爲技術上使我們的現實被突破了。我們現在擁有源源不絕的資源，不只是滿足溫飽，像以前可能水果與蔬菜有季節上的差別，現在因爲貿易形式改變，所以四季都沒有差別了。以前一些乾旱地區，人們吃不到什麼、也種不出什麼東西，現在也透過無遠弗屆的交易行爲，什麼東西都可以獲得及滿足，所以資源也沒有限制了。在肉體上，現代人活得更久、更健康、更強壯，也讓我們的欲望更沒有束縛。

各種效率的增強（特別是交通工具）也是很重要的理由。在一百年前，我們去美國可能要坐船好幾個月，現在去美國只要 11 個小時；在一百年前，從台灣的南部到台北，可能要好幾個星期，但現在我們只要坐高鐵 2 個小時就可以到了，對於我們做事情的效率也就大幅提高。例外，知識上沒有了各種限制，最重要的是在道德上也突破了限制，在過去貧窮時代的道德觀，節省是重要的，勤奮工作是重要的，可是現在這些價值觀都已經動搖了，大家覺得要鼓勵消費的話，就不能再強調節儉，再來生產力提高；甚至因爲透過休閒也可以提高更多生產力，整天工作也被認爲不值得被鼓勵。所以，我們的價值觀正在快速改變，簡單而言，文化創意概念的產生，是與此時此刻的人類想要去享受更多東西的生活態度有巨大關係。整個世界的能量沒有了更高要服務的目標，所以就傾向於以消費者爲主，或以市場爲主，這些都有非常密切的關聯。

文化創意如何作用？

究竟「文化創意」如何作用，以致於可以幫我們去取悅滿足、開拓消費市場？這邊進入到比較屬於神祕學的階段，我長久作為一個文學創作者，在這邊也稍微故弄玄虛。簡單而言，文化創意的確在此時此刻有著巨大作用，尤其透過網路而產生很大影響。試想，一個耗資幾千萬甚至幾億的網站（尤其是像官方或大企業的網站），它的流量與影響力可能遠遠比不上一個土法煉鋼的「網紅」所創造出來的能量，其中各種傳統的機制、組織、資金、技術，都比不上個人的文化創意來的有貢獻。這是一個很大的效應，過去我們各種生產行為很少遇到這樣的轉換，這就是「文化創意」，在許多場合與領域中，它的貢獻度遠遠超過資金、組織、技術等，因為文化創意可能包括了好幾個特別的元素以及關鍵字眼：「創新與突破」。我常說「在數字 3 還沒有出現之前，我們只有 1 跟 2 可以選擇」，也就是說，如果沒有創新的話，我們永遠就只能在現有的條件內去選，非黑即白，或者是兩害取其輕。但是我們內心裡總渴望一個更好的東西出來，但這個東西如果沒有透過創新跟突破它是不會出來的，文化創意生產的特質之一就是「創新與突破」，所以就這點來講的話，廣義的「創新與突破」可以包括很多很多事情，當然也是我們解決問題一個非常重要的關鍵。

再來談到的是「心靈上的新陳代謝」。創新跟突破，有時可能包括硬體、科技等，但是在「心靈上的新陳代謝」指的是一個比較感性的消費。這是我自己創造的字眼。大家都曉得人類或說各種生物，隨時隨地都在進行肉體或物質的新陳代謝，也就是從外界去吸收新鮮的物質，不停地更新，替代掉我們體內用過的、耗盡的、舊的物質。我們吸氧氣然後呼出二氧化碳，我們吃了很多東西、排泄掉很多東西等，這些肉體上的新陳代謝，我們隨時隨地都注意到了，可是我們一直很少注意到心靈上也需要新陳代謝。

古代的農業時代是一個勞力的社會，所以心靈上的消耗沒有那麼大，但一直到現代社會以後，由於巨量的壓力，還有速度、效率、競爭，使我們心靈上產生巨大壓力，迫使我們心靈上的新陳代謝越來越快，所以我們有時候

會覺得疲憊、無聊、枯燥，或者是沒辦法集中注意力等，這就代表心裡已經非常疲憊，需要新陳代謝。心靈上的新陳代謝是怎麼做到的呢？簡單講，就是透過外界去感覺到新鮮的刺激，來刺激內心裡枯燥的、慣性化的、無聊化的那種心理狀態，所以也許我們會去看一幅畫、會去看看風景、會停下手邊的工作去散步，或者去喝口水，各種「現有行為的中斷」就是新陳代謝的基本形式。但更基本的形式，是我們去尋找新奇、新鮮、感官的刺激來更新我們心靈上的疲憊狀態，像藝術表演、看電影，這就是非常強烈有效的心靈上的新陳代謝，又例如旅行一直被視為充電的代名詞，我也稱這是「終極的新陳代謝」。心靈上的新陳代謝，從另外角度來講，就等於是幫我們的靈魂充電的意思，這也是文化創意這個元素最能提供的一個貢獻。

文化創意的元素

文化創意產業，或者所有的文化創意都必須瞭解人性、表現人性，當然同時它也可以掌握人性，對於人的理解，它有最充分的知識，這不是像我們對機器的理解、對氣候的理解、對大自然的理解，那都是專業的知識，而文化創意產業最重要的專業知識就是對人性的理解，滿足人類的感性需求、剛性需求再透過個性的發揮，然後更接近跟每一個人的互動。在這裡其實有另外一個詞，也跟掌握人心有密切關係，就是「態度」，凡是人皆有態度，態度越鮮明，有時候會讓人家覺得越人性化。人類在消費的很多時刻，分辨的標準就是他所消費的商品所暗示的訊息，是不是符合或者同時表達他個人的生活態度，有態度就會有溫度，跟個性就有更密切的關係。在此時此刻，個體化或個性化的結果，每個人都希望能突顯自己與眾不同的地方，渴望他的獨立價值會被人家注意到，而這些東西都是必須來自於生活態度上的突顯跟反映。文化創意產業大部分都是透過態度：生活態度、人生觀、世界觀、各種的價值來突顯他的特點，所以態度也是文化創意元素最重要的元素之一。

附帶提一下，為什麼官方網站或官方媒體永遠不會最吸引人，因為為了追求某種公平性或正式性，它必須壓抑。因為它是為了群體而存在，所以它的無聊跟不夠人性化就可以被理解了。越是強烈的態度，有時候越能激起強

烈的好惡。這個就是文學藝術形式，都是要透過媒介，媒介是最容易被消費者看到跟碰觸到的東西，善用媒介包括了很多事情。媒體有它的一些特殊性格，可能可以傳播的很廣，很多人用了媒介可還是沒辦法讓他的媒體受到重視，就是因爲他只知道使用媒體，但不曉得媒體的特質，我們舉個最簡單的例子來講，就是媒體跟一般人，至少跟閱聽人有從簡到繁五種以上不同層次的關係，從被注意、被記住、被喜歡、被認同、被需要等，因爲這年頭確實是一個媒體大爆炸的時代，每個人每天接觸到無數的刺激跟各式各樣的訊息量，所以即使只是要讓閱聽人注意到，就已經是一件超難的事情，但是注意到的是不是立刻轉眼之間就忘掉了呢？所以被記住比被注意到更難，被記住以後要被喜歡就更難，因爲這才開始讓人有了消費的動機，但被喜歡到被認同又更難，因爲認同是代表一種更長期的喜歡，那到被需要，也就是說即使他不喜歡他都得消費、都得購買，這就是更高的境界。

　　無論如何，文化創意對於我們此時此刻的各種產業，至少有這些貢獻跟它產生的功能。「加值」這個字我覺得也是很重要，文化創意爲什麼會這麼容易的被加值呢？在古代，很多東西我們都希望它加值，簡單講價值就讓你的產品有競爭力，就代表你買的東西更划得來，當然不能一味的只是在降低它的價格，而要增加它的功能，才會創造出它新的價值。一雙皮鞋如果好看就增加了價值，耐用又增加了更多的價值，安全也增加了價值，甚至可以拿去做別的用途。所以功能越多，也是不停的加值，所有的產品都希望透過加值來增加競爭力，但是各種實際功能的增加都有它的限制，只有一種價值是無限的，透過文化創意產業創造出來的態度、創造出來的喜好度、創造出來的時尚感、創造出來的身分與品味的暗示等，這種加值是永遠沒有終點，所以這些就是我們希望使用到文化創意的原因。

尋找咒語：對美好生活的想像

　　文化創意產業不是說只會具備上述幾個元素，有些時候那幾個產業本身不見得有更重要的「咒語」。爲什麼我說是「咒語」？現在的人，包括很多的學生，他總覺得既然現在文化創意產業這麼的受重視，是不是我學了文化

創意的學科，學成之後我就可以有一個比較好的市場上的回饋呢？其實並不是，因為所有的文化創意產業都只是一個載具、一個工具而已，最重要的是用這個工具表現的某些事情，觸動了閱聽人或者是消費者，這個工具我就把它稱之為「咒語」。就像阿里巴巴他到沙漠去，他在這個藏寶庫面前，他說：「我是阿里巴巴，我是阿里巴巴」，那個門是不會開的，他必須說「芝麻開門」——也就是我今天的題目——寶庫才會開。

在面對市場的時候，對受眾講說「我是創意產業，我就是文創產業」這個市場寶庫的大門也不會為你打開的，你必須說什麼？必須說「我會讓你更美麗」，或者說「我讓你更快樂」，還是「我會讓你更能去實踐保護地球生態」，我後面講的這些才叫做文化創意產業的「咒語」。「咒語」可以有很多很多種，我隨便舉一種有相當大能量的「咒語」，就是「對美好生活的想像」，簡單而言，不管我是哪個產業，特別是文化創意產業，或者我透過文化創意，跟市場叫賣一句話，我知道你對美好的生活有什麼樣的想像，而我可以滿足你的這個想像。

我們對美好生活的想像大概有哪些呢？太多太多了，我快速舉個例子，每個人都希望過得心安理得，覺得他跟其他人是一樣的，他沒有一種落單的感覺，他沒有一種犯罪的感覺，他沒有內疚的感覺，他沒有覺得自己不正常的感覺等，人格從眾傾向，其實有些時候也是我們對市場的一個重要的訴求，就是：我會讓你覺得心安理得，讓你覺得更像是我們這個時代的人，讓你覺得更像是在核心的人。每個人都渴望被友善的對待，所以你可以看到幾乎所有的市場永遠對消費者都是笑臉相迎的，每個人都不希望被排斥或者感受到敵意，每個人都渴望自由自在、無拘無束，這也就是為什麼美國的好萊塢電影，它最常強調的價值都是自由，就是在放飛自我的這種感覺，然後我們每個人都希望資源寬裕、有錢、有閒、不會受餓挨凍等；每個人都希望，在生活上永遠是感覺到安全、感覺到便利的；每個人都希望可以常常看到各種賞心悅目的東西；每個人都希望有情感上的支持，有特別喜歡的人，或者你和特別喜歡的人是如此的有默契；每個人都希望自己是非常健康、活躍的；每個人都渴望去享受安適、偷懶；每個人都需要遠離工作的壓力、生活的壓力、生病的壓力、恐懼的壓力等；每個人也都希望可以短暫地脫離現

實，去感覺超現實的狂想、去探險；每個人都希望自己有各種豐富的體驗，吃過最好吃的東西、看過最棒的風景、玩過最厲害的東西、去過最遠的地方等；每個人也希望自己有更大的能力。

對這一代的很多人來講，變得漂亮、帥氣、身材體態很好都是一種社會的認同。一旦有一個產品告訴消費者：「你使用了我，你就可以滿足某種想像。」我相信它基本上都會受到歡迎，這些想像有時並不是那麼容易做到，舉個例子來講，你需要一個非常優美的體態，那我現在告訴你一個方法，你想要讓你的身體看起來更優美、更迷人，那你在接下來的這一年，每天只能吃兩餐，每餐只能喝一點水跟吃一點蔬果，不能吃肉，不能吃所有好吃的東西，也不能吃糖，然後你每天再工作、運動 4 個小時，一年之後你一定變得非常棒，我相信那個人即使想要達到這樣的結果也不會想要中間的過程。

最好玩的就在這裡，所有的美好生活的想像中，每個人都希望不勞而獲，就是能不能告訴我一個簡單的方法讓我不要那麼辛苦，就可以維持一個美好的身材？什麼方法可以不勞而獲呢？又回到了原來的問題，消費成為解決焦慮的最低代價，就是要滿足剛才所有的事情，簡單講，只要用買的，大概都可以得到。但是當然也必須說，消費同時也是最需要解決的焦慮，因為你需要有錢，你需要有各種的資訊跟各種正確的概念等。其實我是站在一個文化觀察者的角度 —— 文化創意產業裡的一種非常特別的角色 —— 來討論，消費者的被重視，然後消費者成為各種專業領域，包括科技領域、產業領域，跟一般人民共通的語言跟重疊點，實際上就是在消費的場域裡，而消費的場域最能直接跟消費的個體互動的，也就是文化創意的這些元素。

我們可以觀察現在所謂的文化輸出大國裡，它們最大的本事，是不是就在滿足消費者對美好生活的想像？也可以這樣說，從 20 世紀到現在，美國在滿足我們對美好生活的想像的貢獻度可能是最高的，不管是花園洋房、生態環保、科技數位，甚至包括蘋果科技、臉書、亞馬遜、民主自由等，大概對美好生活的想像裡面，有很多東西是美國人做的貢獻；法國人也做了很多貢獻，包括一種特殊的生活態度、浪漫的愛情，或者是紅酒、各式各樣的時尚品牌；英國也做了不少的貢獻，貴族的生活、公主跟王子的美好婚姻，或者是各種的品牌，或者傳統的珍惜，以及包括現在的文化創意產業，它是最

大的輸出國；日本也有，它的物質文化的純粹，或者它的商業、科技產品，或者是無所不用其極的精美化、精緻化的匠人精神等，所以這個就是我們對美好生活的想像，它都有很大的貢獻；韓國也有，不只是它們的流行音樂，也不止是電影跟影視，連醫美整容，它們都把門檻拉到了那麼低，本來某種像是外科手術一樣的行為，現在都變成了像上便利商店一樣的行為。回頭來看看我們自己的作為，全世界可能最大文創商品的市場就是華人，包括我們台灣，我們對於美好生活的想像，貢獻了什麼東西？我覺得這是值得大家思考的。

文化創意是未來每個事業的必修課

「文化創意」看起來越來越不適合透過產業別來做區分，因為有許多產業會活用「文化創意」這個元素，果眞如此，「文化創意產業」會不會越列越多呢？例如，旅行社到底算不算文化創意產業？很棒的餐廳算不算文化創意產業？這些都是有可能發生的事情，所以文化創意產業比較不應該用「產業別」來理解，而應該當作一個「元素」來理解，其中差別是什麼？關於「文化創意」的元素是每個事業都應該去學的，而不是只有讓從事文化創意產業的人去學習，導致別人繼續對文化創意無知、麻木、無感，到頭來社會還是沒辦法變成一個充滿人文化、人性化的社會。

因此，文化創意應該是屬於每一個人的必修課，每一個事業的必修課，而不是像此時此刻把它歸類成為某種產業，好像就是比較有「外星人性格」的人去玩那一塊就好，其他人都不要去懂那些，然後讓它產業化的方法就是逼著這些文化創意的專業人士去學習產業，這就有點像是，你努力的教天鵝去耕田的感覺，應該是去告訴每個有生產能力的人，去欣賞天鵝的美麗跟飛翔的技巧，這可能是讓這個社會或者每個產業快速提升的更好的契機。

圓桌論壇實錄

數位時代的金融科技與金融監理

羅至善*

　　我現在是在中國信託服務，不過我之前有六年的經驗是協助金管會去推動整個金融科技創新，園區裡面有一個蠻重要的「監理門診」服務，整合主管機關到整個在高監管下很多創新的議題，也可說是創新下的監理議題，原本金融服務裡就有一些「法遵」，同樣都是需要有合規跟適法性；但可能因為金融科技是一個完全全新的環境，所以透過對金融體系內的瞭解，在「創新下的監理」跟「一般傳統金融服務的創新」的過程，二者其實很不一樣，尤其是「數位創新」又更是新的發展。今天我想從實務經驗來跟各位分享「數位時代下金融科技跟金融監理」的幾個面向，尤其是在「金融科技業者」與「監理機關」之間有哪些「坎」？

由內到外的互動模式

　　第一個點是「由內到外」。在金融科技的數位環境裡，「內」就是「創新者的思維」與「金融監理」之間的互動。在監理門診裡常看到一些現象，創新者往往有個很突破性的創新商業模式、技術、或很特別的應用場景，可能市場上沒有碰觸過，舉例而言：像是監理沙盒團隊在投資部分，協助小資群眾去做「團購」。原本小資群眾沒辦法個別買債券，但現在可以集眾人之力，大家團購買債券，這就是小資做到一般認為必須由專業投資人才能做到的服務。另外就是做「交換」，有個例子是「好好投資」轉成「好好證券」。「好好投資」在轉成金融業前希望能讓「基金」這個金融產品，不用等到10天後才能完成申贖，可以在想交換時就交換。

---

* 　中國信託商業銀行副總經理暨數位金融處處長。

創新應用包括「比特幣」，這種數位貨幣也是金融科技；對我們而言，監理科技本身談論到「金融監理數位化」也是金融科技。普遍來說，專注於創新科技業者的思考下，比較難從監理的角度去理解很多事情，我們在「跨域思維」上常會看到的一個重點就是，很多的數位平台團隊希望跟金融機構合作做「導購」，就是在社群討論完後導回去金融產業、金融公司、或金融機構去做產品購買，這個「導購」過程對於很多團隊或原本對數位科技產業來說，我們叫做「推薦」。大家常說用一個廣告去做「推薦」，可是在監理門診時發現「推薦」這個名詞，如果對應到的是證券商品，可能就會涉及到投信顧的牌照；如果你對應到的是保險產業，可能就會涉及到保經、保代的執照。

因此，在很多語言與跨領域思維上，我們發現：同樣是「跨域裡談創新」這件事，「金融科技業者」與「監理思維」中間存有很大差異，雖然我們都在講「中文」，但是往往這二者中間很需要有一個翻譯的角色，很多時候 lost in translation，不一定只是在「語言上的不同」，其實也有「認知上的不同」。所以我們就體會到，當你在談創新的時候，也要更能夠去換位思考、去理解對方，再對應到對口的思考邏輯。換句話說，「從監理的角度」怎麼去看同一個創新；而不是「從創新者自己本身的角度」去談創新，這樣才能夠真的達到「從監理的角度」去做創新監管或對創新做分類的一個重要技巧。這樣的技能對我們來講叫做「軟技巧」，是一個重要的關鍵，會讓一個「跨域思維」或者「跨域創新」能否真的達到最後想要突破的溝通點。所謂的「從內」就是「跨域思維」，不只是「語言」，還有在「認知」思考方面，其實這樣的一個 gap，不是只有在不同世代（generation）、或者在不同領域，我後來發現在不同角色扮演上也存在。很多時候我們在談創新，尤其是「金融加科技」很多時候本來就是一個「跨域整合」，而「跨域整合」裡面要再去談「創新」，其實不是單一領域的創新，而是跨領域之下的「協同式創新」，會衍生出來更多議題，這就是我說的「第一關」。

金融科技下的數位身分識別

第二個重點就是「金融科技」。既然是「科技」，在 5G 環境下有很多

大數據可以快速透過演算法，去完成很多應用性的突破。在金融體系中也是如此，在數位平台下，有很多的服務都會涉及到資訊串通及數據串流，所以在提到整個數位監理環境時，在高監管之下的數位創新，會有更多關於數位平台的「數位治理」議題。如果實質上遇到金融創新落地到市場上時，「數位治理」就會是另外一個金融監理的議題。因為金融機構受到廣告監管，是屬於特許行業，且必須符合金融體系所要求的安控、客戶保護、自我內部的內稽內控管理等。然而，在創新環境下，它勢必跟很多非金融體系的業者會進行互動或交流，甚至它們的資訊具有一定的透通性，「數位治理」就像打開一個新的「數位之門」。

原本金融體系的實體運作時，一定第一個先去「臨櫃驗身」，就是金融機構必須確認它所服務的客戶，必須要做很清楚的核身。這在數位虛擬環境下稱為「e-KYC」（Know Your Customer），在 KYC 前面多加個「e」。原本在臨櫃的時候就是一次核身，在臨櫃的客服或是櫃檯的前台櫃員，核身是一次性完成的動作；可是在數位環境裡，如同現在疫情下，所有服務都要改到線上時，e-KYC 也會去分層。例如，e-KYC 的第一個階段就是數位登入（on boarding），國外其實在 KYC 的 on boarding 是牽扯到身分識別（數位核身）。大家常覺得 KYC 身分認證就是做認證、做授權，其實其中最難的，是在認證授權之前，要做的核身識別。

在數位身分識別中，有個很重要的「雙因子認證」。在實體環境其實也是「雙因子認證」，所以會以個人帶著健保卡與身分證；在數位環境中，也是需要「雙因子」，所以可能會有搭配一個有效的第一識別身分證件，以及可能的 MOTP（Mobile One-Time Password）或 OTP（One-Time Password），會請你提供相關密碼，這些其實就是我們必須在數位環境裡再去完成的。所以在 on boarding 的時候，其實從「身分識別」到「身分認證」，到最後能夠授權，每一層其實到後來會有不同強度。所以在這樣的環境之下，他要能夠完成，如果我們要做，我們也會去區分：現在只做純粹開戶？還是我們要做借貸？還是我們要做高額的交易？會針對不同的識別程度再去做授權權限的開放。

各國在談到的 digital identity，台灣之前有在講「e-ID」，不過個人身分

的數位憑證（也就是數位文件的憑證），金管會在推的「金融 FidO」就是如何去運用一個金融認證過憑證的「個人信物」，能夠確保你在 on boarding 的時候，「你就是你」，然後再搭配自己到臨櫃、ATM、插卡，或是個人設備去做綁定。這個動作完成後，後續就是再做一次，只需要再做個人信物的保管與管理；因此，比較像是「頭理順了，後面就會順了」，後續的所有授權與認證，很多業務就比較容易去推展。所以現在其實在一開始的身分識別，也就是說在「開門進去自己的數位市場」（自己的虛擬世界）時，要先讓開門進去的 gate keeper 很清楚的知道，「我要進去了」。

在數位治理環境中，第一個環節就是 KYC，進去確認是本人後，就要針對個人做很多的 Customer Due Diligence（CDD），所有在臨櫃會做的事情，例如：確保個人身分審查、黑名單確認等，將會於很多程序上進行「數位化」，因此，on boarding 加 CDD 就是數位登入後去確認個人的機制。但是 CDD 也會基於金融服務層次高低，做不同層次的 CDD，以「核身嚴謹度」作爲搭配，在數位金融環境中註冊完成。一旦客戶完成「實」與「虛」兩邊的驗證條件後，如果希望透過帳戶去做很多創新，接下來就是「數據治理」的問題。

資料分享管理與數據治理

在「數據治理」環境中，關鍵的步驟就是必須做資料分享的管理。從金融機構或主管機關角度來看，資料分享治理和過往數據治理有何不同？以前數據治理就只有存在自己家中的網路環境做好數據管理，可是現在的資料分享管理對金融監理來講，是正在努力探索的過程。國外大部分都是透過很多個案實證，然後慢慢變成一個不同業務可做到數據交換的條件與配套，最後變成通案。而在法規設計時，除了個資外，就是各主管機關可能會有的消保規劃。

整體而言，現在會碰到的數位金融監理，大概就是這兩個部分，一個是我要確認數位身分的正確性，然後再來就是我個人在數位市場裡面，所有的資訊的交換的透通與治理。整體而言稱爲「金融數位基礎建設」，所以當這個基礎環境建構完成後，所有上面車子的或者交通流動，自然就會在一個比較規律的環境下進行，創新也更會在一個比較穩定的環境開展。

疫情下的現場斷裂與數位連結：除了等待「救援」，藝術產業還能主動做些什麼？

夏學理*

　　進入今天的這個議題之前，我想先透過最新的一則新聞來跟大家做資訊分享，也就是「現場斷裂與數位連結」，到底跟我們整體的文化創意或產業能夠獲得什麼機會？這則新聞的主題是「臺中國家歌劇院慶祝五年生日」，他們公布了一些數字，第一個是「消費者」（觀眾）在過去五年，將近 1,500 個可被演出場次裡，又可以再去做另外一個推算。一般民眾可能比較願意去欣賞演出的時間大概是在週末的時間，也就是星期五至星期天，再用每週只有三個可能的日子來簡化，差不多有 7、800 天，而台中是一個全新的都會區，國家歌劇院的地理位置和熟悉的臺北兩廳院的地理位置不太一樣。國家歌劇院直接位在台中的七期重劃區，周圍都是高樓大廈，以這個高級住宅華廈為主的重劃區內，如果你是周邊 1 公里方圓內的住戶，其實你散步就可以去非常方便，因為附近有很多高級住宅林立，我們也瞭解白領階級、高收入的、高學歷的又是表演藝術的核心觀眾。

　　在上述 7、800 天的週末所組成一個可被表演演出的機會裡頭，到底有多少觀眾前往看過在國家歌劇院裡的演出呢？依照國家歌劇院所發布的五週年調查研究，全部是 96 萬位觀眾。所以五年 96 萬等於一年不到 20 萬。試想，20 萬的觀眾怎麼去支撐一個國家級表演殿堂呢？這樣子到底怎麼去支撐「現場參與」？然而，就算「參與」也有分「付費」與「免付費」二種。國家歌劇院到底有多少人付費呢？我想這個也是一個很重要的關鍵，所以在 96 萬觀眾，就是五年裡實際購票入場的人數只有 13%～18%，也就是從 2018 年購票入場的人數是 13%，然後逐步的提高到 2020 年，入場的購票人數是 18%，再用整數來換算一下好了，也就是 96 萬，我們把它算成 100 萬，

---

*　臺灣師範大學表演藝術所教授。

然後 18%，我們把它算成 20%。換句話來講，真正在過去五年內，曾經買票進入臺中國家歌劇院的觀眾，就是實際有購票行為的，一年其實最多不超過 4 萬人。

臺北兩廳院曾經在 2019 年公布 2013 年到 2018 年透過兩廳院消費系統，發現如果以台灣人數去換算的話，每一個人購票支出大概是 50 元（銅板價），這 50 元比一杯手搖飲的費用還要少。換句話說，台灣民眾平均願意付費入場，透過兩廳院購票買票入場的觀眾，年平均消費是比一杯手搖飲還少。去年因為疫情影響了全球，到現在還在被影響中，太陽馬戲團就首當其衝，遇到了必須要重組與申請破產，而且裁員了 95%，也取消本來 2020 年要在加拿大總部上演新作品，非常可惜。

從「現場、即時、互動」到虛擬實境

表演藝術在意的是「現場、即時、互動」，每一個行業如果真需要做到第一線的人跟人的接觸狀態時，我們不太可能脫離「現場、即時、互動」這三個元素。可是過去一直很堅持的藝術演出應該要有「現場性、即時性、互動性」，不然就不能稱之為「表演」，在疫情影響下，很不幸的，或者是說也很幸運地做了一個重大的改變。表演藝術在 2018 年起，可以透過數位串流方式來重建現場體驗，而且這種現場體驗還可以透過特殊視角與觀眾互動。國外現在已有很多公司、廠商，透過與音樂家合作，來做影音記錄及 VR 應用，透過頭戴式設備讓使用者在自己方便觀賞的任何一個環境裡享受。所以，剛剛前面提到 50 元的平均消費，以及平均一年不到 4 萬人出席的臺中國家歌劇院，到底有沒有可能可以作出改變？

2020 年，中國大陸首當其衝的遇到了新冠肺炎在武漢爆發，全世界突然受到影響的狀態下，中國大陸排名第二的廣州大劇院（排名第一的是北京的國家大劇院區）立刻做出反應，他們在 4 月 5 日到 6 日間完成了中國首部線上戲劇的創舉，以經典名著「等待果陀」做了線上協作的演出。換句話說，從項目策劃、劇本研讀、演員面試、幕後製作、排練、演出等，這些工作人員全程都沒有見過面，他們分別在不同城市，包括：北京、武漢、廣州、大同等四個城市透過聯合協作的方法，線上交流，用互聯網線上技術進

行了一個即時舞台的調度。這樣不同地理位置的主創、主演與觀眾的跨越空間，能夠感受到戲劇的眞實與鮮活，還原了戲劇的現場感跟即視性。

這些表演有多少人觀賞？實際上，一個晚上就超過 19 萬人，而在兩個晚上，就是上、下集，總共有將近 30 萬，有 29 萬多的人去看了一場單場的演出，也因此創造了話劇史上最高觀賞人次的紀錄，我們用這個來對照剛剛前面跟各位所說的，如果一場線上的戲劇就能夠吸引 19 萬到 29 萬的人，同樣的，剛剛以臺中歌劇院來說，五年的時間才能夠讓 96 萬人走入劇院。如果一年 20 萬跟別人一個晚上 19 萬來比的話，我們到底應不應該要思考順勢而爲的把劇院裡的場景，在劇院外也能夠透過虛擬實境的方式來重建，讓更多的觀眾是有機會能夠享有文化服務。

新冠肺炎疫情對藝術產業的衝擊

台灣受到影響，世界各地受到影響，美國本身的影響當然非常的巨大，如果以去年截止，新冠疫情開始一直到去年 11 月 16 日所做的統計，美國全國非營利及文化組織的財務損失差不多是 145 億，有 99% 的製作與策展組織幾乎都把所有的活動取消掉了，然後將近有 4 億 7,800 萬美元的票房損失，也就是入場的票卷還有 151 億，因為這是一個附隨影響（collateral effect），所以不是只有票價的影響而已，對於當地其他消費的影響也產生一個連鎖的巨大效應。有 35% 的解僱或休假員工，就是有 35% 的人離職或失業，63% 改變了他們的文化藝術表演方式，選擇遠距上線（online）或從網路媒體（social media）去做改善，有 67% 的人說在後疫情時代（post-pandemic period），他們還是會繼續的如次選擇而且還可能增加。

在藝術家的創意面，63% 的人是完全失業，在這樣完全失業的狀態下怎麼辦呢？政府有提供一些政策工具讓他們有所支撐，不過我們看這些數據其實很恐怖，就是 95% 的人收入變少了，79% 的人減少了收入外，工作也受到影響，再來就是有 62% 的人收入是「急劇減少」（drastic decrease），這是一個非常嚴重、巨大的損失；67% 無法獲得創意工作所必要的補貼、資源、空間或人力。更嚴重的是，78% 的人沒有後疫情的財務補償方案（financial recovery plan），在當下還無從想像自己到底該怎麼辦，他們對

於精神健康狀況（mental health）到底如何，也是我們研究的課題。

除財務、物資、人力的消費外，到底藝術人文創意的存在跟人類心靈中間能夠產生如何的「再刺激」與「再升級」？李登輝總統曾經在 1990 年代提出了一個叫做「心靈改革」方案，當時受到很多討論，也得到了重視。當時爲什麼會探討「心靈改革」，其實背後有另外一個原因，就是在那個年代，曾經有一首音樂廣告告訴青少年「只要我喜歡，有什麼不可以？」於是產生了社會上的衝突與動盪，一直影響到現在，其實已經對兩代人產生影響。所以藝術到底能夠在一個衝突情境裡或者是人的狀態裡，與食物、糧食、生活上的基本生理有什麼截然不同的地方？爲什麼即使在賠錢狀態下，也需要有文化藝術？透過對於 COVID-19 的研究發現，藝術在 COVID-19 發生的大流行狀況中確實有幫助。被關在家裡就是必須隔離的這些人，對於他產生了心理健康福利（mental health benefit）。

從去年起，我們看到很多免費的線上演出，包括音樂、舞蹈、戲劇、音樂劇等，很多名人都提供免費演出，包括在去年宣布考慮破產，然後 95% 的人被裁員的太陽馬戲團，也把一系列的經典演出放在網路上，讓大家可以免費觀看，包括在 Las Vegas 最受歡迎的 O Theater 演出也都放在網路上面分享給大家。爲什麼呢？因爲他們所做的研究發現，無論是在美國或在英國，透過每天的藝術活動，可以降低焦慮和抑鬱，並提高生活滿意度。我想這個大概就是爲什麼今天即便是屬於賠錢的狀態，還是要有文化藝術的產生。可是觀眾不進到劇場裡，我們可不可以讓文化藝術產生一個外溢的狀態呢？就是不要只是在屋子裡，透過我們剛剛前面已經有很多先進探討的這種新的科技、新的載具而能夠外溢出來呢？

外國挽救藝術產業的做法

美國的做法是在去年的 3 月有一個 2.3 兆的 Cares Act 去幫助大家去思考怎麼樣可以透過新的方法來確保這些工作能夠被保障，然後他們也另外提供一個「薪水保護計畫」（Paycheck Protection Program, PPP）的貸款方案幫助大家重新思考，如何能夠不只是在屋裡想像，而可以在固定的物理空間之外，能夠進入到一個虛擬平台，讓你的才華被人家接受跟看見。於是他們

就產生了一些解決方案，在紐約時報，去年的 9 月 11 號登了一個新聞就是「重回經典」，要把經典的門打開，讓大家重新去擁抱經典，然後願意擁抱串流媒體，讓票價具有親和力，讓利潤重新做分配，去解禁劇院的禮儀，我想在解禁劇院的禮儀的這一塊，應該對於青少年、年輕人鼓勵他們進到劇場會是一個最受歡迎的措施之一。

針對台灣的可能方案

　　「使用者付費」是一個好觀念，可是我們也看到了臺中歌劇院位在台灣最大的都會區之一，而且附近有最貴的高樓住宅，也不過就是 13% 到 18% 的人願意付費，所以付費這樣的一個策略跟方法在台灣推動了三十多年、將近四十年以上，到今天為止，我們還是看到離開台北市的其他地區，包括到高雄，大家都是不太願意付費的，從不太願意付費可不可以透過網絡轉化成異業結盟或企業社會責任的做法呢？換句話說，如果我們今天在網路上能夠去想像廣州大劇院做了一個演出，他在兩天就有將近 30 萬人上網去看一個演出。從贊助商的角度，這 30 萬的點擊率是不是一個值得去投資，去以贊助換取門票的一種做法？用點閱率來換取門票，用點閱率來改變我們傳統認為的票卷收入，或許是一個可以思考的做法。

　　同時也很巧，我們現在準備進行到整個論壇的最後階段，今天也是文化部的藝 fun 券讓大家可以登記去領用的一個時間點，藝 fun 券的概念其實也就等同於某一個企業，各位去想像一下，藝 fun 券如果不是文化部去發的，是某一個企業某一個結盟的企業。我舉例來講，中國信託對於文化事業做了非常多的推動，原來的新舞台就是他們支持的，假如中國信託說我們來異業結盟，做一個企業社會責任，來做一個心理劇，然後這個心理劇跟醫療有關，故事是講述了一個金融投資的事情，然後中國信託委託陽明交通大學與臺灣師大的表演藝術研究所一起合作，用點閱率來換取門票跟收入，我想也許是在大家逐漸習慣在數位串流的狀態下，無論是開會、欣賞、看影片、上 Netflix，應該會是一個好的時機來嘗試看看。

後疫情時代文化內容產業國際市場趨勢

李正上*

Welcome to the Metaverse

　　非常榮幸有機會可以受邀來參與今天這場數位貿易政策的論壇，我希望在演講中給大家帶來一些國際趨勢跟一點希望的亮光，題目是 "Welcome to the Metaverse"，是國外最近在這個文化內容產業最新的一個關鍵字。今天跟大家分享國外的文化內容產業，他們在做些什麼事情，我們有沒有可能從中得到新的啓發。2020 年開始的新冠疫情席捲全球，影響最重要的就是文化內容產業，所有的產業都被迫關上了門，再也沒辦法去電影院看電影、沒辦法去小巨蛋聽演唱會、表演藝術更沒辦法演出、畫廊博物館也都被迫關門，當然在這麼多的門都被關上的同時，還是有一些人非常努力地想要去打開一些其他的窗戶，希望我今天引言就是可以陪同大家一起來探視這些被打開的窗，能夠從中找到一些產業未來的一些希望的亮光。

　　第一扇窗打開的故事是從 1999 年開始，美國的一個創投平台 Roundhill 的 CEO Will，他在推特上問 App Game（美國最大，也是世界最大的遊戲平台使用）：「請問『要塞英雄』，它是一個非常熱門的一個即時多人互動的線上遊戲，這是款遊戲？還是平台？」，得到的答案是：「當然是一款遊戲，不過，請你 12 個月之後再來問這個問題」。不到十二個月，美國的饒舌歌手 Travis Scott 在「要塞英雄」這個平台上辦了他個人第一場虛擬演唱會，只要你是「要塞英雄」的玩家登入這個遊戲，就可以用你的虛擬身分參與這場非常酷炫的視覺特效演唱會，這可能給大家一點希望的亮光。這場演唱會同時在線一共是 1,230 萬玩家同時線上觀看，那在最後整場演唱會總結一共到達了 2,700 萬玩家的參與，這是這整場演唱會達成的一個數字。這個「要塞英雄」遊戲的終極目標是成爲一個平台，可以讓所有的藝術創作者在

---

* 文化內容策進院國際市場處處長。

這個平台上面去發布、傳送他們的藝術創作，而利益回饋最後是希望可以回歸到創作者身上，所以我希望利用這個故事來告訴大家，我們今天要來講的這個關鍵字就叫做 "Metaverse"。

元宇宙的出現

元宇宙（Metaverse）是一個網路 3.0 時代一個與現實世界平行存在的另外一個虛擬宇宙，但是跟過去我們所謂的「虛擬宇宙」的封閉系統不一樣，在 Metaverse 底下的虛擬宇宙相互之間串聯，所以在 Metaverse 的概念中，你可能會在漫威世界裡面遇到 DC 漫畫（DC Comics）的超人；你也可以在動物森友會裡遇到超級瑪利歐與皮卡丘，在這個虛擬宇宙裡所有不同的 IP 都是可以互相串聯、跨越，你也可以利用「分身」在裡面做遊戲、消費、學習、社交，當然你可以把產出的文化的內容作品在這邊做交易或是做交換。這會是一個數位跟物理世界交會的地方，我們未來的趨勢就是，「虛擬分身」與「物理身分」可能再也沒有辦法明確區別。

Metaverse 這個概念可以被實踐，有幾個很重要的關鍵因素。第一個是所謂現在的 VR 頭銜，這個硬體的成熟跟它的價格普遍有關；第二個是 5G 寬頻高速上網，更讓虛實世界可以同步進行，有直接的關聯性。還有像是量子電腦帶來的高速運算能力，以及數位分身的成熟，讓你可以在這個虛擬世界中有更深的沉浸感，當然很重要的是，如果在這個地方要做交易，區塊鏈作為金融交易的保護，以及支付成本更低也是非常重要的一個相關的原因。虛擬平台除「要塞英雄」外，還有像是 Roblox（機器磚塊）這樣的平台都是讓過去只出現在科幻小說裡的概念，成為今天有可能實現的現實。

在國際上的一些大廠更證實 Metaverse 的時機即將開始，例如，臉書執行長多次在公開場合宣布臉書在五年內會從一個傳統平面的一個社交媒體，轉換成一個元宇宙公司，他所屬旗下的 Oculus（VR 頭戴式裝備）是全世界市占率最高的，當然也協助 Facebook 成為元宇宙公司裡面非常非常重

要的一個關鍵要素。除此以外，他們也不放棄要去開發更多新形態的 XR[1]的內容，所以他也宣布即將會投資 5,000 萬美金，在相關的 XR 領域裡面證實 Facebook 對於元宇宙這個時代，是真要花決心開始進入這個市場裡面。

　　另外一個與 Metaverse 概念最直接相關的就是「遊戲產業」，也是第一波即將會受惠的產業。「要塞英雄」的母公司 Epic Games 宣布接下來投入約 10 億美元做後續相關平台與內容的開發，也獲得 SONY 公司 2,500 萬美元投資；另外，Roblox 線上虛擬網路平台，一上市市值就超過了 400 億美元，有非常多的青少年開發者在上面開發新的產品內容與虛擬物件，他的臉書都可以到達破百萬美元的程度。如果我們要正視這個政策是不是真正已經開始在世界上被接受，可以看看韓國政府。韓國非常快速擁抱這些新趨勢，該國財政部已經宣布在 2022 年將投入 2,000 萬美元去開發元宇宙相關平台；該國科技部也預計在 2025 年投入超過 22 億美元去支持相關技術開發。大家應該可以認同這個 Metaverse 關鍵字的重要性，但是 Metaverse 關鍵的影響，絕對不會只有科技跟影視產業，其他的文化內容產業其實都是非常重要的，接下來我就會跟大家介紹一些其他不同內容產業領域的一些案例，還有其他一些不同的公司，他們開始在做的一些布局。

音樂產業在Metaverse的策略

　　第一個跟大家分享的是「音樂產業」，我們先來看看華納音樂是怎麼透過數位分身及虛擬演唱會的關鍵技術公司合作，布局他們的 Metaverse 策略。他們最初是與 Genies 公司合作，Genies 是全球最大的一個數位分身科技公司，在國外、在美國，流行音樂的數位分身算是一個領導的品牌，旗下藝人包括 Justin Bieber 或是 Rihanna 這樣的流行樂歌手，也協助他們創造數位分身，因此這些流行歌手就可以在他們的平台上推出相關的服飾化妝配件

---

[1] XR 英文全名為 X-Reality 或 Cross Reality，也有人稱為「延展實境」（Extended Reality），基本只要是 AR、VR、MR 等任何包含所有的現實與虛擬融合的技術，都可以視為 XR 的一部分。

等等的 NFT，[2] 讓這些產品也變成限量版的商品，變成一個數位可穿戴式裝置，讓消費者可以在這個平台上面去購買一些相關的服飾跟配件。

今年華納音樂跟他們合作，也會協助幫旗下的流行歌手跟音樂人去開發相關的虛擬分身，以及虛擬可穿戴式的 NFT，透過華納跟 Genies 公司的夥伴關係，更強化未來的沉浸式內容以及 Metaverse 裡面跟歌迷互動的新形態。除了數位分身以外，虛擬演唱會的部分也是非常關鍵且重要的技術，華納就是在今年跟國外頂尖的虛擬演唱會及演出平台 WAVE 正式宣布成立合作關係。透過這次合作，WAVE 為華納旗下的音樂人新秀以及相關的巨星發展出虛擬的演出，還有一些相關新形態的售票、贊助，以及歌迷在演出當中的一些互動方式。WAVE 跟華納策略合作夥伴關係可以追溯到大概 2016 年的時候開始，當時 WAVE 還只是一家 VR 的公司，第一次服務華納當時的 CEO Steve Corbin 體驗到 VR，當然也是讓他非常驚豔，也認為這可能是演唱會的未來。從此之後，這兩家公司就開始非常頻繁地互相交流，也在今年開始正式成立新的戰略合作夥伴，大規模地開發未來新形態的一些表演。

除了前面兩項的投資之外，華納其實也開始投入並關注到了 Roblox 這個新形態的數位線上平台投資，在這一輪投入了大概 5.2 億美金的募資，對於 Roblox 本身來說，也藉由這個跟音樂專業的一個合作的關係，去提升他們平台在虛擬演唱會上面的一個關注，讓這個平台上面的使用者也有更多的機會去接觸到流行音樂的演出者，這是一個雙贏的合作關係。從這些案例，其實我們可以發現到一個亮點，音樂產業過去可能比較少去擁抱一些新形態的科技或技術，但是當華納音樂這麼大的公司都開始願意踏出他們的腳步，我相信這也是另外一個事實來證明 Metaverse 經濟已經是我們不可以忽視的趨勢。

2　NFT 係指「非同質化代幣」（Non-Fungible Token），指的是一類具有唯一性的數位資產，這些資產的所有權是在區塊鏈上，NFT 在一些全新的應用場景中使用，而它們都只有在區塊鏈上才能實現。

當代藝術領域在Metaverse的策略

下一個和大家分享的是「當代藝術領域」，這個藝術家叫做 KAWS，是一個街頭藝術家 Brian Donnelly 所使用的藝名，他是一個插畫藝術也是一個視覺藝術家。他這幾年其實有各式各樣的跨界，不管是流行時尚，或者是不同的 IP、在品牌上面都有非常多的合作。各位如果有看過各種不同玩偶上面的眼睛被打叉叉，有像是 Snoopy 或是 Sesame Street 芝麻街，這些可能都是跟 KAWS 的合作。這個藝術家在 1999 年開始將他的作品從平面走到了立體，創造了新的玩偶叫做 COMPANY。在 2019 年，他開始把這個巨型公仔 COMPANY 巡迴全球並開始做展覽，現在我們可以看到簡報上面左邊的照片，就是 2019 年在台灣中正紀念堂上面做的展覽，我們可以看到這個巨型的 COMPANY 充氣玩偶，用非常放鬆的姿態在中正紀念堂上面，也如同這個主題 HOLIDAY 一樣，就是希望這個玩偶可以帶給大家非常輕鬆愜意的意境，度過美好的看展時光。

隨著時間到了 2020 年，疫情封鎖了所有現場演出及展覽的可能性，現場不可能聚集這麼多的人，但這當然不可能讓藝術家停下他們的腳步，KAWS 就把他的藝術作品延伸到 AR 擴增實境的部分，他在全球有 12 個不同標誌的地點，都是非常知名的關鍵的場域來做藝術展覽，台灣也是其中之一，選擇中正紀念堂；在日本東京，他就會選擇澀谷，全世界最繁忙的那個十字路口；在法國巴黎，他就選擇羅浮宮；其他國家也是選擇當地重要的地標，讓相關玩家與粉絲持續使用，以及關注藝術展出與作品。

當然，這位藝術家不只是單純藝術創作而已，他合作的 AR 公司叫做 Acute Arts，這個公司擅長的部分，除了是把藝術家的實體作品變成虛擬化之外，其實更重要的是成為一個粉絲在線上交易的一個平台。平台上面的玩家可以去購買限量版玩偶，也可以跟其他粉絲就現在所收藏的一些玩偶做線上交易。當然，透過這次 KAWS 跨越全球的現場展，吸引了非常多人的目光跟交流，只要有人潮的地方就有錢潮，他們不會放棄這個做生意的好機會，所以 Acute Arts 就在這個活動同時發售了大概有 25 件可以供收藏版 AR 虛擬實境的雕塑。每一座雕塑大約都是 1.8 米高，其實是非常大的，一個作

品基本上是一個真人的實際大小，販賣的方式也很有趣，如果只是想要輕鬆的玩一玩，配合像是網美一樣拍照的話，你可以只買 7 天的版本，只要付 6.99 美金；如果想要他陪你久一點，也提供一個月的版本，就要付 29.99 美金；當然如果你是 KAWS 的死忠粉絲想要永久收藏這個版本的玩偶也沒問題，只要口袋夠深，你可以掏出 1 萬美金，就可以永久收藏這個線上 AR 的藝術作品。這是當代藝術怎麼透過 AR 實境來做出新商業模式的測試。

出版產業在Metaverse的策略

接下來跟大家聊聊「出版產業」。出版產業不只是在疫情期間，其實疫情之前就已經很困難了，到了疫情期間，大家每天都悶在家，可能不知道要做什麼好的休閒娛樂，過去常常有個有爭議的短影音平台 TikTok 是中國抖音的國際版，開始推出了一個新的分類叫做 Book Tok 風潮。Book Tok 其實就是 TikTok 上的一個閱讀社群，只要你是讀者，都可以透過拍攝簡短有趣的影片來推廣你喜愛的書籍。簡單來說，你可以拍個 10 秒、20 秒，長的可以拍個 1、2 分鐘，這些短影片相對來說會達成非常驚人的轉換率，每一則相關的短影片平均來說可以達到 10 萬冊銷售量的這個轉換率。這個相關的閱讀社群，其實 TikTok 在平台上從 2020 年開始到現在，相關的標籤在抖音上已經有高達 182 億次的觀看次數，在美國其實有非常多的線上零售平台也是會推出 Book Tok 專區讓讀者購書，我們也透過了 Book Tok 讓出版產業在疫情期間突破重圍，可以把線上的觀看率轉換成實質的銷售力。

時尚產業在Metaverse的策略

最後再分享的一個產業類別是「時尚產業」。流行時尚產業當然也是在疫情當中受到非常大的影響。一般而言，流行時尚產業每年會有兩次發表會，是他們年度與外界發表自家產品最重要的場合，因為疫情的關係，許多品牌也被迫取消發表會，但是法國的時尚品牌巴黎世家 Balenciaga，在 2020 年推出了一個創舉，將時裝週的發表會的平台以電玩遊戲來發表，利用一個未來世界感的背景遊戲，讓消費者透過進入這個遊戲去體驗設計師所設計出

來的品牌與新的服裝設計，模特兒也都是真人去做建模與掃描。

在整個場景當中，有放置了非常多設計師過去的一些設計，還有一些相關的經典物件當作彩蛋，讓玩家可以在裡面不斷的探索跟搜尋，去發掘這些彩蛋。跟所有遊戲一樣，這個故事總結的時候，都要有個壓軸的重點才可以讓玩家去記住印象，這個遊戲的最終觀點，就是要參與到這個類似穿著聖女貞德的盔甲角色，大家做互動。這個看起來像是聖女貞德的盔甲，事實上是一個服裝的單品，是設計師用輕量化的皮件創造出來的單品，鞋子的部分，也是用他們公司特有的漆塗層創造出來的金屬感，玩家透過線上平台享受虛擬世界的同時，也傳達他們公司的非常重要的時尚工藝能量。

從Culture Economy到Creator Economy

過去文化內容產業比較強調消費者與創作者單向的「聽與說」之間的關係，而未來產業可能更強調的是活在故事裡面「Story Living」。作為文化內容產業不可忽視的一個關鍵字，我們的確是要開始從「文化內容經濟」開始進入到「文化創作者經濟」。除了創作者經濟的可能性，就是因為有透過更新、更無痛發表的一些創作的新工具，還有更多的新形態線上溝通平台，發展出更多的新商業模式。這個新的經濟可以開始被發揮，當然實現這個未來可能有一些問題跟挑戰需要被解決，比如我們是不是已經在各地都有足夠完善的高速網路，這些基礎設施是否都更完善了？在更多的網路交易跟線上平台的金流，是不是有足夠好的網路安全及平台被搭建？當然在更全面的跨國體驗跟消費，是不是也能夠掌握國際貿易的金流？這些都是接下來可能要去面對與思考這些問題及挑戰。

後疫情時代數位包容與數位平權政策的挑戰

須文蔚*

一場大疫、兩個台灣

　　我在偏鄉一直從事數位機會中心設置跟輔導的工作，目前也從事數位包容跟數位平權政策協調平台辦公室的工作，整體來觀察台灣未來這方面的發展，有些個人觀察，也希望能得到大家一些指教。疫情造成的影響，應該包含城鄉及弱勢與比較優勢階層人之間的差異。舉例而言：教育界談到「停課不停學」，大家都在家裡上網，有沒有造成學習上問題？或是弱勢學童成為教育難民？依據「上下游」網站的採訪，大體上就可以看到，原來以為是偏鄉的小孩特別可能會遇到狀況，但事實上連都會區都不能倖免，特別是都會區當中有些比較弱勢的家庭，就得不到企業或相關單位的重視。所以，在家學習實際上是連基本的設備可能都會遇到問題，我們目前大學都網路上課，也會發現滿多的學生事實上還是存在設備的問題。

　　疫情的衝擊讓我們看到了一些過去沒有看見的台灣。在「後疫情效應」這本有趣的新書裡，特別提到了幾個重大的問題：疫情是不是產生更大的社會不平等，特別是發生在比較弱勢區域或貧窮階層的人，事實上，他們的生存機會相對比較低，再加上數位零售慢慢地超越實體的零售。現在可看到，在高租金地段店面，零售商店很多，台北現在都已經貼出招租廣告。能遠距工作的人，當然更掌握到工作的機會，這些全球化公司的人，可以遠距工作，而服務業或其他行業的人，只能是無薪假在家裡頭待著或甚至失業，所以我們可以發現疫情衝擊最大的挑戰，應該是說未來幾年當中可能是成千上億的人會陷入一種極端貧窮當中，究竟會不會造成我們環境裡頭巨大的變化？於此同時，國際組織下長期對於網路整備度關懷的組織，特別強調新冠肺炎會加速數位的轉型，數位轉型會不會擴大原來的貧富差距，而使得

*　臺灣師範大學國文學系教授兼文學院副院長。

不同的城鄉或者是不同階層的人們之間有更大的差別？

數位包容與數位平權

　　為什麼要談數位包容？過去台灣其實很長的時間，一直都是關心偏鄉弱勢者的基礎建設、資訊素養以及相關應用能力。但這問題已經不再是城鄉之間的差距，更大的部分很可能是出現在都市當中不同階層、不同族群數位差異的問題，如果從這個角度來去看，我目前正在推動的計畫裡，很大一個部分其實是把「數位權利」，特別是對一般民眾來講，當作一種基本權；也就是「數位平權」的工作，期望透過各種不同的框架，透過八個不同的努力方法，讓不同的族群能夠改善資訊素養的能力，進而掌握未來的資訊生活，或者是使得偏鄉有機會不至於過度的落後。因此，在進行新的一期計畫、規劃、或想像時，我提出了一個比較翻轉式的思考，也就是說，我們過去花太多的概念，想像的是比較社服式的照顧，也就是城鄉落差；但其實全世界非常多的國家，在推動數位包容政策的時候，把它當作是一個國家的「數位主權」，或把基礎能力提升後，至少國內內需能夠增加或提升全球競爭力，應該把「數位主權」當作一種基本權利，其中一個重要的翻轉重點，應該放在弱勢族群的資訊素養上。

　　第二個重點是不應該再把焦點放在「城鄉」差距，應該開始重視都市區域中的弱勢族群，我投注在這項工作應該已經超過了十三年以上，在偏鄉設置各種數位機會中心的時候，每鄉設立一個電腦教室，同時推動教育工作、文化紀錄及經濟基礎能力，這種電商基礎的能力及社會照顧的應用，未來當然跟就業都會是後疫情時代裡非常重視的一些新興主題，我們可以發現我們的手機普及率已經有一定程度，連網大概就是到了九成左右就有一個天花板一直上不去，原因也是因為我們的這個聯網的成本還是太高。就高齡者而言，就可能因為沒有類似需求；或在偏鄉民眾，始終就是沒有辦法跨越最後的10%，當然另外一個狀況，也就是4G並沒有非常能夠普及服務到所有的偏鄉，更不要講5G。5G建設基本上是大都會區域為主，在這樣狀況下，平板持有率又只有42.3%。

　　「經濟學人」發布的數位包容指標國際評比，可以看出台灣是起起伏

伏，全球排名約在25%。當然這幾年稍有進步，但是從2018年的19名、22名、27名到24名，爲什麼數位包容政策裡比不上我們在其他數位科技的全球評比？我們的科技與知識都很發達，可是我們在包容面的努力，事實上是不夠的，特別是平板電腦普及化是落後的。如果再從其他的國際評比可看出來，我們在電子商務，特別是農村地區電子商務的普及、電子支付的普及，都是在全球評比中比較偏低的；我們在數位治理力、信任法規以及包容力部分，都是相對較低。

在談到數位法律時，整體研究都是積極進取發展的，就是新科技不斷討論，可是對於我們如何去提高更好的信任與包容的法規政策評比，相對來講，在我們的法學或政策研究來說，都是非常不足。因此，我們發現行銷學大師科特勒最新一本書在談行銷5.0，也就是疫情後究竟在整個商業環境面對的是什麼？他提出了一個非常好的說法，其實全世界都面臨了一種極端化，不管在意識形態、工作、生活、市場都是兩極化的，所以「包容」和「永續」就成爲未來重要的目標。

後疫情時代的數位包容策略

從政策方面觀察，如果從地方或弱勢者角度來看，究竟疫情衝擊會造成地方重新獲得機會？還是從此再也沒有優勢？悲觀者大概會告訴我們，疫情加速了「大者恆大」，從非常多的報告中可以發現，臉書或Youtube類似這樣擁有數位資本的巨型企業，有大數據或AI的創新產業，未來的平台競爭力就會控制更大的廣告收益，5G的發展實際上還是以都會區爲主的，偏鄉永遠是要去排隊在等待的，恐怕要等上很長一段時間；樂觀的人會說，例如說我前幾天訪問了一位日本的研究地方設計的年輕的學者，他特別強調，不管從地方創生和地方設計的角度，類似重要的設計師長岡賢明就特別指出說，疫情其實是可以沉澱出更好更多的地方設計，讓更多的人才回流。因爲失業的緣故，社群平台也可能有更好的個人化或地區化的發展機會。

當然，我比較相信的是，台灣社會一直擁有非常好的推動數位包容的基礎組織，各部會也都很努力在地方上，或對照顧弱勢者有所想像。舉例而言，在平板目前持有率很低的狀況下，疫情發生沒多久，宜花地區開始發動

募捐,實際上台灣真是一個充滿愛心的地方,我們在很短的時間之內就募集,本來是要募集二手資源,但是很快地募集到200多台全新設備,也使得這些偏鄉的孩子們有機會可以在很短的時間之內正常上課。在偏鄉服務的過程裡,也不斷的提出怎麼樣做更好、有更多數位創新應用的可能。

在教育面「非接觸的教育遠距線上學習」,當然會是一個未來的重點,在這些學習裡,如何把非接觸的經濟和非接觸的技能,能夠提供給所需要的弱勢者,對我們來講會是一件很急迫的事。至於社會面,如何導入遠距醫療,如何導入更多的保健概念,加強偏鄉的保健能量;或者在文化面,如果當實體的展覽或者是社區的小旅行都不能進行的狀況下,如何進行更好的線上策展來跨越距離障礙,或是經濟面怎麼推動更好的直播,或是 podcast 應用,可能都會是一個急迫的挑戰。

培養非接觸式技能

在談台灣怎麼做之前,也不妨參考一下外國政策,例如:韓國在疫情衝擊下,執政黨面臨了巨大的衝擊與挑戰,在2021年5月特別提出「數位新政」,特別在教育面,韓國顯然相信未來很長一段時間,手把手的教育很難進行,如何盡快導入更好的 AR 與 VR 方式讓技職教育,或讓實體教育和藝術教育能夠不至於因此而看不到細膩的手做或操作部分,成為他們認為應該要積極發展的功課。新加坡事實上也極快地去強調推動數位穩健的基金,讓業者能夠盡快「數位轉型」,特別是中小企業能夠迅速地完成,像餐飲業若不能完成從電子支付一路到外送的整合,實際上很難因應疫情衝擊,而新加坡在這部分的投入比較快,未來也是遠距工作非常重要的大轉變期;日本就開始去推動「眾包平台」思考,以平台來促成多元轉型。

因此,如何讓孩子有辦法能夠取得更便宜的平板、或是上網的機會,對我們而言值得努力。台灣正在做的工作,在教育面,我們導入美國學校一群孩子的志工團,做遠距英語教學的志工協助偏鄉。在經濟面,也提到直播的可能性,以及如何因應外送的各種轉換。

最後,我在閱讀張翎(加拿大作家)在疫情期間寫了一本書叫《一路惶恐》,我們看到的是很多死亡與恐懼,但她特別提到,「沒有人是孤島獨具

自成一體的,每個人都是一角連結著大地的」。我們應該把更多的關懷付出給更多需要關心的人,在這個疫情時代裡可能會受到傷害的人,這是我們工作持續會想要進行的,也期待大家給我們指教。

附　錄

主編簡歷

王震宇

　　美國美利堅大學法學博士，現職爲國立臺北大學法律學院副院長兼系主任。主持國際經貿談判人才培育跨校學分學程、X-Lab（人文社會科學異質跨域實驗室）。

作者簡歷

羅智成

　　台大哲學系畢業，美國威斯康辛大學東亞所碩士。現爲文化創意事業負責人。身兼詩人、作家、媒體工作者、文化觀察者等多重身分，創作多次獲得時報文學獎、詩歌藝術獎、台灣文學獎。曾擔任過公職，亦長期參與多種媒體的經營管理。

洪德欽

　　英國倫敦政經學院法學碩士、倫敦大學學院（UCL）法學博士，現職爲中央研究院歐美研究所研究員兼副所長、世界國際法學會（ILA）國際消費者保護委員會委員。

吳俊穎

　　臺大醫學博士、哈佛大學法學碩士暨公共衛生碩士。現職爲國立陽明交通大學生物資訊研究所所長暨醫學院副院長、臺北榮總轉譯研究科主任、卓越癌症研究中心主任、台灣醫事法律學會理事長。

夏學理

美國加州拉汶大學（ULV）公共行政學／文化行政學博士。現職爲國立臺灣師範大學表演藝術研究所教授。

須文蔚

國立政治大學新聞學研究所博士。現職爲國立臺灣師範大學國文學系教授兼文學院副院長。曾任中華傳播學會理事／監事、中央通訊社董事、多項刊物主編。

汪志堅

國立中興大學企業管理博士，現職爲國立台北大學特聘教授。曾任台北大學資管所所長、台北大學商學院電子商務中心主任、台灣資訊系統研究學會理事長。

吳盈德

美國聖路易市華盛頓大學法律學博士。現職爲中國文化大學法律學系教授兼法律學系系主任暨研究所所長、財團法人金融消費評議中心評議委員會委員。

林宜賢

臺灣大學會計學士、美國紐約大學管理碩士、荷蘭萊登大學法學院國際租稅進階碩士。現職爲安永聯合會計師事務所稅務服務部執業會計師。

羅至善

英國伯明罕大學國際經濟管理碩士。現職爲中國信託商業銀行副總經理、數位金融處處長。曾任金融科技創新園區 FinTechSpace 執行總監。

林映均

　　英國萊斯特大學法學博士。現職為中原大學法學院財經法律學系助理教授。曾任台灣經濟研究院國際事務處副研究員、中華台北 APEC 研究中心副研究員。

楊宗翰

　　英國劍橋大學法學博士，國立清華大學環境與文化資源學系助理教授。曾任經濟部投資業務處法律顧問、中小企業處榮譽律師。

郭戎晉

　　國立臺北大學法學博士，現職為南臺科技大學財經法律研究所助理教授。曾任資策會產業情報研究所資深產業分析師、阿里巴巴集團資訊安全高級專家。

李正上

　　英國華威大學創意與媒體產業碩士。現職為文化內容策進院全球市場處處長，曾任聯合國創意經濟計劃國際顧問。

楊增暐

　　國家衛生研究院博士後研究員、國立屏東大學博雅教育中心兼任助理教授；國立中山大學社會科學博士

鄭嘉逸

　　清華大學科技管理研究所博士候選人，現職為資策會科技法律研究所專案經理。曾任國家通訊傳播委員會法律研究員、委員室研究助理。

王牧寰

　　政治大學法律學系博士，現職為電信技術中心研究員。

楊儷綺

中原大學財經法律研究所碩士，現職爲電信技術中心助理研究員。

王煜翔

國立臺北大學法律學系博士生，現職爲中華經濟研究院臺灣 WTO 及 RTA 中心分析師。

翁藝庭

歐盟法律經濟學碩士，中華民國仲裁協會推廣發展專員。

蔡璧竹

政治大學法律學系博士生。

張馨予

東海大學法律學系博士生。

論文編輯委員會名單（依姓氏筆畫排列）

王怡蘋	國立臺北大學法律學系教授
王震宇	國立臺北大學法律學系教授
徐慧怡	國立臺北大學法律學系教授
陳彥豪	國立臺北大學應用外語學系教授
蔡瑄庭	國立臺北大學法律學系副教授
羅至美	國立臺北大學公共行政暨政策學系教授

遠距技術諮詢顧問

汪志堅	國立臺北大學資訊管理研究所特聘教授

製作企劃

呂依嬙	國立臺北大學國際經貿談判人才跨校學分學程執行總監

籌備助理團隊

召集人	沈芳仔
論壇司儀	孫千雯
視覺設計組	廖偲爲
網路技術組	黃瑀瑄、曾傑國
文字編輯組	馮椀筑、陳畋菱
財務行政組	劉彥葶、劉家慈

國家圖書館出版品預行編目資料

數位貿易政策與資訊科技法律／震宇，洪德欽，
汪志堅，吳盈德，林宜賢，林映均，王牧寰，
楊儷綺，郭戎晉，王煜翔，鄭嘉逸，張馨予，
楊宗翰，翁藝庭，蔡璧竹，羅智成，楊增暐，
吳俊穎，羅至善，夏學理，李正上，須文蔚
作. -- 初版. -- 臺北市：五南圖書出版股
份有限公司, 2022.06
　面；　公分
　ISBN 978-626-317-862-5（平裝）

1.CST: 國際貿易　2.CST: 電子商務
3.CST: 貿易政策　4.CST: 文集

558.107　　　　　　　　　　111007632

1UF5

數位貿易政策與資訊科技法律

主　　編 ― 王震宇（7.6）

作　　者 ― 王震宇、洪德欽、汪志堅、吳盈德、林宜賢、
　　　　　　林映均、王牧寰、楊儷綺、郭戎晉、王煜翔、
　　　　　　鄭嘉逸、張馨予、楊宗翰、翁藝庭、蔡璧竹、
　　　　　　羅智成、楊增暐、吳俊穎、羅至善、夏學理、
　　　　　　李正上、須文蔚

發 行 人 ― 楊榮川

總 經 理 ― 楊士清

總 編 輯 ― 楊秀麗

副總編輯 ― 劉靜芬

責任編輯 ― 林佳瑩、李孝怡

封面設計 ― 姚孝慈、廖偲為

出 版 者 ― 五南圖書出版股份有限公司

地　　址：106台北市大安區和平東路二段339號4樓

電　　話：(02)2705-5066　　傳　　真：(02)2706-6100

網　　址：https://www.wunan.com.tw

電子郵件：wunan@wunan.com.tw

劃撥帳號：01068953

戶　　名：五南圖書出版股份有限公司

法律顧問　林勝安律師事務所　林勝安律師

出版日期　2022年6月初版一刷

定　　價　新臺幣560元

經典永恆・名著常在

五十週年的獻禮——經典名著文庫

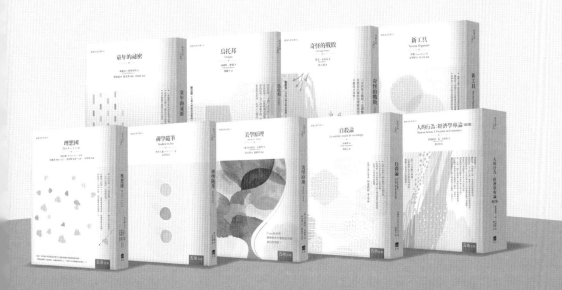

五南，五十年了，半個世紀，人生旅程的一大半，走過來了。

思索著，邁向百年的未來歷程，能為知識界、文化學術界作些什麼？

在速食文化的生態下，有什麼值得讓人雋永品味的？

歷代經典・當今名著，經過時間的洗禮，千錘百鍊，流傳至今，光芒耀人；

不僅使我們能領悟前人的智慧，同時也增深加廣我們思考的深度與視野。

我們決心投入巨資，有計畫的系統梳選，成立「經典名著文庫」，

希望收入古今中外思想性的、充滿睿智與獨見的經典、名著。

這是一項理想性的、永續性的巨大出版工程。

不在意讀者的眾寡，只考慮它的學術價值，力求完整展現先哲思想的軌跡；

為知識界開啟一片智慧之窗，營造一座百花綻放的世界文明公園，

任君遨遊、取菁吸蜜、嘉惠學子！